复旦国际关系评论

FUDAN INTERNATIONAL STUDIES REVIEW
Vol.33/2024

《复旦国际关系评论》第三十三辑／2024年

FUDAN INTERNATIONAL STUDIES REVIEW Vol.33 / 2024

主办单位：复旦大学国际关系与公共事务学院

主 编： 张楚楚 贺嘉洁

区域国别研究：新视野与新方法

复旦国际关系评论

第三十三辑

上海人民出版社

目 录

国际关系评论

编前语

张楚楚　　贺嘉洁

在百年未有之大变局下,区域国别研究站在了新的历史起点和学术创新的关键节点。首先,国际格局处于深刻转型期,国际规范与话语体系之争日趋激烈,西方主导区域国别研究范式的局限性日益凸显,构建超越"中心主义"的分析框架与话语体系势在必行。其次,随着设立学科意义上的"区域国别学"被提上日程,以现实问题分析见长的区域国别研究面临传统学科意义上的学科归属与学问定位的难题。最后,第四次工业革命的加速发展和时代进步,对传统人文社科研究产生冲击,给区域国别研究带来新的机遇与挑战。

新形势下,区域国别研究如何平衡传统范式与新范式?如何在本体论、认识论和方法论层面实现创新?如何统筹学理研究与现实关怀?如何兼顾中国情怀与国际视野?这些重大理论与现实问题亟待人们深入思考,也为区域国别研究提出了必须探索的时代课题。

为此,本辑《复旦国际关系评论》从中国学者的视角出发,围绕上述问题开展理论与实证研究。全辑分为国际关系评论与三个专题,分别为"区域国别理论与方法""区域国别与比较政治""区域治理与发展研究"。本辑论文涉及政治学、国际关系、经济学、历史学、人类学等多个学科及其交叉领域。在研究方法上,不仅包括混合田野调查、文学透视等方法的融合创新,也包括针对传统研究方法的传承发展;既包括有关如何突破传统的依附理论框架、建构发展中国家发展新模型的学理反思,也包括综合采用民族学、历史学、社会科学研究方法研究中等强国治理问题的前沿探讨。在研究视野上,不仅包括从中国外交实践出发,打破传统区域国别划分的积极尝试,也包括从文学美学出发,提升区域国别研究品位的有益探索;既不乏对有关传统政治议题的深入研究,也包含国际问题研究中新边疆的细致分析。我们希望这本文集能为从事区域国别研究的师友同仁提供一些有益的参考。

无论如何,我们需要感谢上海人民出版社的潘丹榕女士,她对本文集的出版给予了重要关注和支持。我们尤其感谢赵荔红女士、冯静编辑、宋子莹编辑,她们细致入微的校对和编辑工作加强了本文集的可读性,也对文集的最终面世作出了难以替代的贡献。

最后,我们还感谢复旦大学的郑宇教授,他在我们组稿和编辑过程中的指导和勉励是促使我们致力于本文集出版不可或缺的动力。

专题研究
区域国别理论与方法

中国的区域国别学:新视野与新方法 *

孙德刚　马文媛**

【内容提要】 区域国别研究是国家、组织、群体和个体跨境互动的产物,从弥散到统合,大致经历了古代感性认识时期、近代欧洲中心主义时期、当代美国中心主义时期,以及新时代多极化时期四个阶段。随着中国综合实力的上升,中国与外部世界的政治、经济和人文联系日益紧密,区域国别研究从自在到自觉,正朝着建立区域国别学的方向努力。中国的区域国别学以学科交叉与融合为手段,以建立自主知识体系为目标,以培养复合型人才为任务。它源于基础学科,坚持问题导向和综合创新,既服务国家战略,又打破传统学科之间的壁垒,利用学科群的优势,解决人类安全与发展中面临的重大理论与现实问题。在中国区域国别学从实践到理论,再从理论到实践的建设过程中,学科建制、教材体系、人才培养、国际交流、学术分工、二级学科设置等是国别学建设面临的主要任务,需要认真处理好基础与应用、存量与增量、一般与特色之间的关系。

【关键词】 区域国别研究,自主知识体系,区域国别学,学科交叉,学科建设

【Abstract】 Area and country studies is the outcome of cross-border interaction among states, organizations, groups and individuals. It has roughly gone through four stages: the ancient period, the modern European-centrism period, the contemporary American-centrism period, and the new era of multi-polarization. With the rise of China's comprehensive strength, the political, economic and cultural ties between China and the outside world are increasingly close. Regional and country studies are moving towards the goal of establishing a discipline. China's regional and country studies take the interdisciplinary and integration as the means, the establishment of independent knowledge system as the goal, and the training of multi-discipline talents as the task. It originates from basic disciplines, adheres to problem-resolution and comprehensive innovation, providing service for the national developmental strategy, breaks the barriers between traditional disciplines, and make use of the advantages of discipline groups to solve major theoretical and practical problems in human security and development. In the process of the building China-styled area and country studies, the main tasks facing China are discipline governance, textbooks, talent training, international exchanges, division of labor, and sub-disciplinary buildup. It is necessary to carefully handle the relationship between academic and policy studies, between accumulation and innovation, and between overall and featured studies.

【Key Words】 Area and country studies, Knowledge system, Regional studies, Interdisciplinary, Discipline building

* 本文系教育部人文社科重点研究基地重大项目"百年变局下中东治理的大国作用与影响研究"(22JJD81004)的阶段性成果。

** 孙德刚,复旦大学中东研究中心主任、国际问题研究院研究员;马文媛,复旦大学国际关系与公共事务学院 2022 级博士生。

3

区域国别研究被称为"大国之学",是大国实力增长到一定阶段的必然需求,是大国知识生产能力的标志,既服务于加强大国同外部世界政治、经济联系等硬目标,又服务于构建国际话语体系和增强本国叙事能力等软目标。

中国的区域国别学建设方兴未艾,离不开中央关于教育与科技发展战略的顶层设计。2016 年 5 月,习近平总书记在哲学社会科学工作座谈会上的讲话指出,新时代中国需要大力建设五类学科,"一是要加强马克思主义学科建设。二是要加快完善对哲学社会科学具有支撑作用的学科,如哲学、历史学、经济学、政治学、法学、社会学、民族学、新闻学、人口学、宗教学、心理学等,打造具有中国特色和普遍意义的学科体系。三是要注重发展优势重点学科。四是要加快发展具有重要现实意义的新兴学科和交叉学科,使这些学科研究成为我国哲学社会科学的重要突破点。五是要重视发展具有重要文化价值和传承意义的'绝学'、冷门学科"。①从马克思主义学科到基础学科,从重点学科到新兴学科、交叉学科和冷门学科,新时代中国的学科布局不断完善,体现出中国教育强国和科技强国战略稳步推进,教育与科技服务改革开放和社会主义现代化建设的能力不断提高。本文探讨从区域国别研究到区域国别学的发展历史,探讨新时代中国区域国别学建设的主要任务,评估区域国别学建设面临的主要挑战。

一、从弥散到统合:人类区域国别学的发展历程

概念是逻辑的起点。长期以来,区域国别学界存在较多争论有,区域国别学的研究对象究竟是什么?它的边界在哪里?"区域"是否仅为地理空间概念?是否仅为陆地概念?区域国别学的学科交叉专指人文学科与社会学科的交叉,还是文科、理科、工程、农学和医学的交叉?②

---

① 《加快构建中国特色哲学社会科学》,《人民日报》2021 年 5 月 18 日,第 14 版。
② 李晨阳教授认为,宜把国别与区域研究的范围限定在人文社会科学领域,但是应提倡文理交叉、协同攻关。参见李晨阳:《关于新时代中国特色国别与区域研究范式的思考》,《世界经济与政治》2019 年第 10 期,第 145 页。

在不同的语境下,区域(Area 或 Region)有不同含义,可分为地理维度、历史维度、文明维度、民族维度和虚拟维度(如数字化过程中的"元宇宙")。一般情况下,区域系指地理范畴中的"区域",既包括一国之内的"区域",又包括一国主权管辖范围以外的"区域"。20 世纪 80 年代初,中国"六五"期间哲学社会科学规划重点研究项目"中国经济史"中设置"区域经济史研究"子项目,可以说是近半个世纪中国区域研究取向的里程碑。①然而,经济学背景下的区域主要是指"国内区域",而区域国别学视阈下的"区域"专指国际区域。

在区域国别学语境下,所谓区域,就是指"在政治、经济、文化、社会或历史传统等诸方面具有相同、相近或相似的某个国家、多个国家或多个国家毗邻的部分组成的广域空间"。显然,区域与国家有时会产生重叠,但大多数情况下区域又跨越民族国家,甚至区域之间还有交叉。②认识区域国别学有两个维度——横轴与纵轴,横轴为"地域研究",纵轴为"领域研究"。一般来说,区域国别研究中的"区域"和国别按领域从小到大依次为地区学(对象国之内的特定地区)、国别学、区域学、跨区域学和全球学。海洋研究是区域国别研究在地理上的延伸;政治、经济、法律、社会、语言、民族、宗教等是区域国别学的重要研究领域。在人类不同国家、民族、文明数千年互动过程中,区域国别研究从感性到理性、从地方到全球、从经贸和人文到政治和安全领域,最终形成了区域国别学的雏形,这一过程主要经历了四个历史阶段。

古代感性认识时期为第一阶段。 中外历史上都曾有过类似于今天区域研究的丰富成果。《诗经》《山海经》《史记》《匈奴列传》《南越列传》《东越列传》《朝鲜列传》《西南夷列传》《大宛列传》《诸蕃志》《西洋番国志》《大唐西域记》《道里邦国志》《马可·波罗游记》《伊本·白图泰游记》等都被视为区域国别研究的雏形。③这些列传和游记基于作者的观察、体验和思考,描写生动,形式活泼,大多建立在感性认识基础上,但也有不少尝试进行抽象化、概念化的理性研究。《史记·匈奴列传》所建构的阐述方式,成为其

---

① 程美宝:《国别思维与区域视角》,《史学理论研究》2022 年第 2 期,第 19 页。

② 陈恒:《超越以西方话语霸权和民族国家为中心的区域研究》,《学海》2022 年第 2 期,第 34 页。

③ 刘鸿武、李安山、钱乘旦、唐世平、任晓等学者对此均有相关论述。

他古代历史著作记载北方民族乃至亚洲内陆古代诸国的范例。按照一些美国学者的观点,这个"范式"至少有两个层次:一是在民族志历史的意义上理清北方游牧民族的实际情况;二是以理性化的方式将北方游牧民族纳入中国历史的范畴,从而使其被置于一个能够被理解和掌握的知识谱系之下。①

近代欧洲中心主义时期为第二阶段。欧洲区域国别研究的特点是重视人文学科,对殖民地国家和地区的民族、风俗、历史、语言、文学、艺术、考古和哲学怀有兴趣。"地理大发现"时旅行家的思考、传教士的报告、启蒙运动时期的探讨、殖民时期的调研及第一次世界大战后对人类命运的担忧而催生的学术研究,丰富了区域国别研究。②在欧洲列强对亚非拉殖民统治过程中,"埃及学""斯拉夫学""东方学"等成为一门独立的区域国别研究,催生了伦敦亚非学院的成立,今天的中东研究就是其中重要的研究分支。

当代美国中心主义时期为第三阶段。第二次世界大战结束后,美国GDP 占世界的 56%,成为全球霸权国家。依靠强大的综合国力,区域国别研究在美国蓬勃发展。在欧洲人文学科的存量基础上,美国更加重视社会科学的研究。经过数十年的发展和沉淀,制度化为美国各大学以及区域国别智库搭建了体制性架构,美国的区域国别研究成果丰硕。③美国的区域国别研究被美国用于维持全球霸权地位与领导权,以打赢"冷战"为政治目标,将苏联和社会主义国家作为重点研究对象,既重视人类学、历史学、考古学、宗教学、文学等传统学科,又重视政治学、军事学、经济学、法学等社会学科,具有战略性、现实性、工具性和政策导向性。美国政府和基金会成为推动区域国别研究的重要力量。1946 年,时任洛克菲勒基金会会长雷蒙德·福斯迪克(Raymond Fosdick)在《沉默的隔绝》报告中提出重振各国间社会科学和文化交流,将人文学科和社会学科纳入重点资助范围;1946—1954 年,洛克菲勒基金会投资 1.2 亿美元用于建

① 昝涛:《区域国别研究:学科建设如何走出新路》,《光明日报》2022 年 1 月 15 日,第 10 版。

② 李安山:《中国的区域国别研究:历史、目的与方法》,《云大地区研究》2020 年第 2 期,第 174 页。

③ 任晓:《再论区域国别研究》,《世界经济与政治》2019 年第 1 期,第 59 页。

立跨学科区域研究中心，其中最突出的就是对苏联研究的资助。①1957年苏联成功发射第一颗人造卫星后，美国极为震惊，美苏教育与科技竞争从此拉开帷幕。1958 年美国通过了《国防教育法》，宣布在 7 年内拨款10 亿美元，从国家安全的高度出发维护美国在教育与科技领域的优势，与苏联展开全方位竞争。该报告强调增强对外部世界的理解、加强区域研究的重要性。②

新时代的多极化为第四阶段。在新的历史背景下，西方与非西方国家、大国与小国、联合国与国际组织、政府与民间力量都是区域国别研究的参与者和建设者，其中发展中国家在区域国别知识体系建设中的作用不断增强。在多极化的新时代，区域国别研究具有以下几个特征：一是区域的动态性，如后苏联空间、突厥语世界、伊斯兰世界、阿拉伯世界、什叶派地区等在不同的历史时期范围不同；③二是区域的发散性，如移民研究、犹太研究、华人华侨研究、气候问题、毒品问题等；三是区域间关系的复合性，如金砖国家、海湾阿拉伯国家合作委员会、上海合作组织、阿拉伯国家联盟等，成为区域国别研究的新边疆。

多极化新时代的全球区域国别研究体现出多中心的特点，中国既是全球区域国别学术共同体的参与者，又是全球知识的生产者。按照地理空间进行分类，中国的区域国别研究大致可分为欧美研究、周边研究和发展中地区研究。中国将区域国别学作为交叉学科的一级学科，旨在加强对对象国和地区的整体性研究，形成综合性知识，培养复合型人才，提供专业化咨询服务。中国的区域国别研究主张从抽象的概念中抽离，直面现实，直面对象国和地区的政治、经济和社会新发展，主张围绕对象国和区域重大现实问题展开学术探讨，形成跨学科研究团队，形成综合性知识，培养复合型人才。

---

① 李秉忠：《区域国别学的西方传统和中国路径》，《史学集刊》2022 年第 4 期，第19 页。

② "National Defense Education Act", https://history.house.gov/HouseRecord/Detail/15032436195.

③ 在全球联动不断增强的背景下，我们不能视"区域"为一个固定的、静态的实体。它是重叠的、边界模糊的，有时是交错甚至冲突的经济和社会关系，受宗教信仰、政治活动、工业活动、农业活动、商业活动、人口流动以及志愿者组织等因素的影响。参见陈恒：《超越以西方话语霸权和民族国家为中心的区域研究》，《学海》2022 年第 2 期。

中国区域国别学内涵丰富,涵盖关于中国之外国家和地区一切知识的总和,也是中国与世界互动关系基础上的一切实践经验总结。过去以文学、翻译、语言学等为重点的师资、科研、生源、政策、资金分配体系难以满足为国家治理提供咨政服务的综合需求,各个单位开始将历史、法律、贸易、政治、民族、宗教和国际关系等纳入区域国别学研究范畴,致力于培养跨学科复合型人才。①

中国的区域国别学建设酝酿了长达半个世纪,其发端于革命与建设时期。20 世纪 60 年代,经中央批准,北京大学、中国人民大学和复旦大学成立了国际政治系,分别研究第三世界国家、社会主义国家和资本主义国家。当时还有一些大学也成立了区域国别研究机构,如西北大学中东研究所和四川大学南亚研究所的前身等。中央部门还专门成立了区域国别研究机构,如中联部的拉丁美洲研究所等。②限于国力和研究条件,革命与建设时期中国的区域国别研究未能做到"全球覆盖",其主要任务是跟踪重点对象国政治、经济和社会发展动态。

改革开放时期,教育部社科司重点建设十几家区域与国别研究基地,如中国人民大学欧洲研究基地、吉林大学东北亚研究基地、复旦大学美国研究基地、华东师范大学俄罗斯研究基地、上海外国语大学中东研究基地、四川大学南亚研究基地等。党的十八大以来,中国的区域国别研究服务"一带一路"倡议,取得了飞速发展。教育部国际司备案的国别与区域研究中心达到 400 多个,体现出国家对区域国别研究和人才培养的高度重视。

2022 年 9 月,国务院学位委员会正式发布了《研究生教育学科专业目录》,区域国别学成为六个交叉学科之一,可授经济学、法学、文学、历史学学位。③区域国别学被列为独立的交叉学科,无疑具有重要意义,也与以内循环为主、国内国际双循环相互促进的新发展格局具有一致性,能够体现国家对国际问题研究的重视。

---

① 赵可金:《区域国别学一级学科建设的必要性与布局》,《国际论坛》2022 年第 3 期,第 25 页。

② 杨洁勉:《新时代中国区域国别学科建设的理论意义与学术治理》,《亚太安全与海洋研究》2022 年第 4 期,第 2 页。

③ 国务院学位委员会、教育部:《研究生教育学科专业目录(2022 年)》,第 12 页。

新形势下,中国为什么要设立区域国别学交叉学科一级学科？这实际上是中国教育改革的重要实践。钱乘旦指出,我国高等教育的特殊之处在学科制。国外有学科,但没有学科制。学科制意味着一切人才培养都需要以固定的、官方正式承认的学科为依托,没有学科依托,从招生到毕业都无法进行。学科制的缺点表现为学科边界分明、壁垒森严,各学科都有自己的研究领地,彼此不越界。新形势下,中国与世界互动更加频繁,对象国和地区的研究分布在不同学科,导致碎片化。中国设立独立的区域国别学,就是为了推动教育改革,促进学科融合,形成集群效应,以攻关重大理论与现实问题。①

在新文科建设大背景下,学科建设和智库建设一体统筹、一体规划、一体发展的新模式为国别和区域外语人才培养提供了新路径。2022 年 5 月 27 日,中宣部、教育部联合印发的《面向 2035 高校哲学社会科学高质量发展行动计划》指出,"加强和改进国别与区域研究,建强中国特色新型高校智库"。②国家对区域国别学的重视程度不断提高,为区域国别学建设提供了政策支持。

二、从自在到自觉：中国区域国别学新视野

中国的区域国别学建设,需要直面目前的重要现实问题。**其一,与研究国内的政治、经济、社会等问题相比,中国的区域国别学尚处于起步阶段。**无论是中国还是世界上其他国家,对于本国问题的研究远远超过对外部世界问题的研究。正如李巍所指出的,在我国原有的学科格局之下,所有涉及"国际"或者"世界"的学科都是处于相对边缘或弱势的地位,比如国际政治之于政治学,国际法之于法学,国际经济之于经济学,世界历史之于历史学。因为根据之前的学科分类,研究本国事务的学术体系和研究外国事务的学术体系基于不同议题性质放在一起,天然会造成前者压

---

① 钱乘旦：《以学科建设为纲 推进我国区域国别研究》,《大学与学科》2021 年第 2 期,第 82—83 页。

② 查建国、陈炼：《培养区域国别研究复合型人才》,《中国社会科学报》2022 年 6 月 10 日,第 2 版。

倒后者的情况。①

其二,区域国别的研究对象模糊不清,影响了学科建设。即使是同一区域研究的学者就本区域的地理范围也没有形成共识,如亚洲研究是否包括西亚?中东研究与非洲研究有什么关系?北非属于非洲还是中东研究?②俄罗斯研究属于欧洲还是亚洲?阿富汗属于西亚、南亚还是中亚?极地研究是否属于区域研究的范畴?除此之外,中亚、欧洲、亚太、印太、东方、西方等概念都具有模糊性,在一定程度上影响了中国区域国别学建设,削弱了区域国别学对话与交流的基础。

其三,传统学科的条块分割不适应时代发展的需要。中国的区域国别研究起步于国际问题研究、国际经济史研究、区域国别史研究和外国语言文学研究等,分布在政治学之下的国际政治和比较政治、经济学之下的世界经济、法律研究中的国际法、历史研究中的世界史、语言学和文学下的外国语言文学等领域。这些不同领域的学者往往从不同视角研究同一个问题,但由于属于不同的学科,彼此存在"盲人摸象"和"老死不相往来"的现象。区域国别研究的发展与新时代我国哲学社会科学的大发展密不可分。

随着区域国别学上升为一级交叉学科,在国家层面的顶层设计已经完成,接下来需要在中观和微观层面加以细化,形成中国特色区域国别学科体系、话语体系、人才体系、学术体系和咨政体系。从 2015 年教育部开始布局"国别和区域研究基地",到 2021 年"区域国别学"成为国务院学位委员会颁布的"交叉学科"门类下新增的一级学科,区域国别研究迎来新的发展机遇。③学界可以从以下几个方面加强中国区域国别学建设:

第一,在学科群中发挥交叉学科的优势。中国的区域国别研究学建立在人文科学(如文学、史学、哲学、民族学、宗教学)、社会科学(如政治

---

① 李巍:《区域国别学:一门大国独有的学科》,《国际论坛》2022 年第 3 期,第 32 页。

② 非洲研究的重要期刊 *International Affairs* 只发表撒哈拉以南非洲的研究成果;中国的中东研究一般指"西亚北非",美国使用"中东与北非"(MENA),印度使用"西亚研究"(West Asia)。

③ 张勇:《区域国别研究迎来发展新机遇》,《中国社会科学报》2022 年 5 月 31 日,第 8 版。

学、经济学、社会学、军事学)和自然科学(如地理学、环境学)的学科交叉之上,做到存量与增量、区域与领域、交叉与通融相结合。与基础科学的原发创新相比,区域国别研究强调综合创新。在哲学理念上,区域国别学强调系统性和整体性,反对碎片化、作坊式单打独斗,以形成大文科的跨学科交融为重任。在研究方法上,外国语言文学重文本,社会学重田野调查,经济学重数据,政治学重归纳和演绎,但研究的往往是同一个对象。通过学科融合,我们可以从不同角度,针对区域国别研究中的重大理论和现实问题联合攻关,发挥学科群的优势,形成"拳头"学术产品,如中东区域国别研究中的核扩散问题涉及物理学、政治学、安全学、军事学等多个学科;跨境民族研究涉及语言学、民族学、外交学、社会学、经济学、历史学、环境学、地理学等多个学科;"一带一路"研究涉及考古学、博物学、历史学、人口学、政治学、经济学、人类学、地理学等多个学科。正如李安山所指出的,区域国别学的独特性在于可以通过不同学科方法融多个学科于一身,形成一个多学科、跨学科的综合领域。正是由于这一特点,一方面,地区研究不可能成为一个单独的学科;另一方面,任何国家或地区的研究必须建立在一个学科基础之上。①这就是交叉学科的应有之义。

中国的区域国别学以学科交叉为底色。交叉学科不同于其他基础学科,后者类似于"原子",具有相对独立性和明晰的学科边界;前者更像是"原子团",可以发挥学术群体的聚合作用。北京语言大学罗林指出,区域国别研究经历了三个发展阶段:第一阶段是外国语言文学一级学科内部融通发展,外语专业研究力量从传统的文学研究、语言学研究向国别研究转型,构成了区域国别研究学科发展的1.0版本;第二阶段是外国语言文学、世界历史、政治学各一级学科协同交叉的阶段,探索出"文史融通""外语+"两条发展路径,构成了区域国别研究学科发展的2.0版本;第三阶段是交叉学科门类下,以外国语言文学、世界史和"优势学科"(其中优势学科根据各高校的具体情况而定,一般为政治学,也有教育学、应用经济学等)为基础,经济、社会、军事、安全等领域交叉融合发展,即区域国别研究学科

---

① 李安山:《中国的区域国别研究:历史、目的与方法》,《云大地区研究》2020年第2期,第191页。

发展的 3.0 版本。①作为一门交叉学科,中国的区域国别学在学科建制上不同于传统学科下的院系,不是在原有的院系基础上在横向层面建立同质化的新院系,而是在纵向层面建立学科交叉与融合的新平台。换言之,区域国别学源于传统学科,但又超越传统学科,以学科群建设、复合型人才培养、综合知识谱系建构、联合课题攻关、服务国家和社会需求为总体任务。

学科交叉的目的是加强对对象国和地区的整体性研究。在区域国别研究的第一阶段,人文科学是重点;在区域国别研究的第二阶段,社会科学是重点;以区域国别学作为一级交叉学科为标志,区域国别研究进入第三阶段,学术界形成的共识是——既要增强领域研究,又要增强区域研究;既要夯实基础研究,又要提升政策研究;不仅要促进人文学科与社会学科的小融合,还要促进文科与理科、医科、工科等大融合。区域国别研究注重对特定区域或国家的整体性或综合性研究,与特定区域或国家相关的政治、经济、司法、外交、防务、文化与文学、教育、环境、医疗卫生等问题都在研讨之列。②

第二,建立区域国别学的学科体系。区域与国别研究由来已久,但是上升到一门学科,意味着从量变到质变。没有严谨科学的体系就无法构成一个学科,材料的杂烩无法传播知识、影响社会、推动学科发展。③从社会科学的高度,以科学精神和科学思维来研究、阐释世界,是社会科学研究机构的独特优势,也是其首要任务。在百年未有之大变局下,无论是建设"三大体系"④还是争夺国际话语权抑或提升中国的学术影响力,增强研究国际问题和区域国别的科学意识都是第一要务。⑤戴长征指出,和经济

① 罗林:《区域国别研究的使命担当——从"大国之学"到"大学之学"》,《中国社会科学报》2022 年 6 月 16 日,第 5 版。
② 汪诗明:《区域与国别视阈下的大洋洲研究》,《俄罗斯研究》2022 年第 2 期,第 48 页。
③ 贾珺、考峋:《"区域国别与世界历史研究"学术研讨会综述》,《史学史研究》2022 年第 3 期,第 125 页。
④ 2016 年,习近平总书记指出构建中国特色、中国风格、中国气派的学科体系、学术体系、话语体系。
⑤ 李中海:《对区域国别研究学科特点及发展方向的思考》,《俄罗斯研究》2021 年第 3 期,第 151 页。

学、法学、政治学、社会学等传统意义上的社会科学不同，区域国别学欠缺学界普遍认可的概念体系和分析范式，这是由其学科交叉复合的性质所决定的。区域国别学的指涉对象在不同研究者眼中有着巨大差异。区域国别问题可以包罗万象，也可以相对聚焦，这是由区域国别本身的巨大差异性决定的。从事区域国别问题研究的知识群体构成各不相同，从事政治、经济、历史文化、语言文字研究的研究者都可以进入该研究领域，从不同局部、不同侧面对区域国别问题进行分析研究，这给区域国别学的学科体系建设带来了困难。①建设区域国别学学科体系，需要从概念和分析范式出发，打破人文与社会科学之间的藩篱，在融会贯通中实现研究方法的综合创新。

中国的区域国别学的学科建设需要平衡好先验研究和经验研究。先验研究和经验研究也是国别区域研究的一个主要争论，而且这一争论一直扩散到整个哲学社会科学领域。从柏拉图强调先验研究与亚里士多德强调经验研究开始，先验与经验之争就贯穿着整个学术发展史。近代以来，从奥古斯特·孔德提出社会科学开始，马克思、韦伯、涂尔干等一大批社会思想家也围绕这一问题展开了激烈的争论，成为推动社会科学发展的重要动力。②

第三，培养复合型人才。知识本无界限，学科本质相通。古代无论是在东方还是西方社会，都主张知识的融合，即"上知天文、下知地理""琴棋书画，样样精通"。从孔子到司马迁，从苏格拉底到亚里士多德，古代思想家、科学家往往精通多个学科。正如钱乘旦所指出的，亚里士多德研究涉及的领域很多，包括逻辑学、哲学、政治学、伦理、道德、生物学、自然科学；康德既是哲学家和政治学家，又是科学家和天文学家；汉代司马迁的历史

---

① 戴长征：《建设有中国特色的区域国别学》，《国际论坛》2022 年第 3 期，第 16 页。

② 赵可金：《国别区域研究的内涵、争议与趋势》，《俄罗斯研究》2021 年第 3 期，第 132 页。张蕴岭教授在《国际区域学概论》中从理论构建的角度对国际区域的定位、构成、研究对象、研究方法，以及涉及国际区域学的主要问题——国际区域观、国别与区域、国际区域政治、国际区域经济、国际区域文化、国际区域关系、国际区域合作、国际区域治理、国际区域构建实践等专题进行了深入研究，提出了区域国别学理论。参见张蕴岭：《国际区域学概论》，山东大学出版社 2022 年版，另可参见郭树勇等：《新编区域国别研究导论》，高等教育出版社2019 年版。

著作《史记》涉及的内容非常丰富,包括经济、立法、政体、官职、律令、典章、财政、治水等;哈佛大学费正清东亚研究中心,一共有两百多位学者,所分布的学科包括政治学、军事学、历史学、经济学、管理学、文学、语言学、新闻学、法学、社会学、人类学、哲学、宗教学、教育学、考古学、公共卫生学、生物学、环境研究、科学史、建筑学二十个领域。①

工业革命以后,人类迎来了知识大爆炸的新阶段,伴随社会分工的演进,学术界形成了不同的学术分工体系,分为不同的学科。在新的历史条件下,理工科在学科融合方面走在了文科的前面,取得了创新和进步;随着区域国别学成为交叉学科中的一级学科,人文与社科以及文科与理工农医的交叉与融合,为复合型人才的培养奠定了学科基础。国际关系的三大理论学派——现实主义、自由主义和建构主义分别融入历史学、经济学和社会心理学,产生了理论创新,推动了国际关系专业的学科建设和跨学科人才队伍培养。在新的历史时期,教育部将区域国别学列为一级交叉学科,实际上对文科学界提出了更高的要求,即从以往专注培养单一学科下的"专才"到新形势下培养复合型"通才"。

第四,提供中国的学术公共产品。中国特色区域国别学既是中国的,又是世界的。中国现有的区域国别研究体系,作为舆情搜集基础上创造、传承、积累知识,培育人才的体系仍难当其责。现实的巨大需求和这个领域里"国家知识体系"的供给能力之间仍有较大差距。这个落差与历史积累的欠缺有关,也与当下国家知识体系背后的组织方式、激励机制有关。②

提供学术公共产品,需要注重区域国别研究的国际话语体系建设。近年来,中国在发展《美国研究》《欧洲研究》《俄罗斯研究》《东南亚研究》《南亚研究》《阿拉伯世界研究》《中东研究》《当代亚太》《拉丁美洲研究》等区域与国别研究国际学术期刊和集刊的基础上,又创设了《区域国别研究学刊》(北京大学)、《区域国别学》(清华大学)、《国别和区域研究》(北京语

---

① 钱乘旦:《文科为什么要交叉——兼论知识发展的一般规律》,《文化纵横》2020 年第 5 期,第 134—135 页。

② 张昕:《以知识生产为核心推动中国的区域国别研究》,《俄罗斯研究》2021 年第 3 期,第 154 页。

言大学)、《区域与全球发展》(北京外国语大学)①、《土耳其研究》(陕西师范大学)等期刊与集刊,奠定了区域国别研究的基础。同时,中国区域国别学的国际知识传播过程中,国际学术期刊和著作偏少,在国际重要区域国别研究学术期刊的发文量不多,国际学术影响力、感召力和建构力不够,存在国内话语过剩、国际话语赤字的问题,中国的区域国别研究的国际话语权建设和自主知识体系能力建设仍有很长的路要走。

美国的区域研究把现代民族国家当作分析的基本单位,着重关注当下涉及社会精英阶层的政治经济事件。②同时,学科建设的要件之一就是教科书。迄今为止,无论在国内还是在国外,用于区域国别学教学的教科书可谓寥寥无几,编著一部区域国别学教材并非易事。③在区域国别学建设过程中,要使中国的主体性嵌入全球性,在从事区域国别知识生产时,既要从民族国家的视角思考,又要始终保持一种世界眼光。需要将研究对象和研究者置于平等的地位,把西方当作一种可以对话的知识来源,基于一种普遍主义的逻辑和路径,推动构建关于外部世界的整体全面的知识体系。④这些都是中国在区域国别学领域贡献学术公共产品要承担的重要任务。

中国的区域国别学立足中国、放眼世界,既培养中国复合型、国际化高端人才,又为世界上尤其是发展中国家培养青年区域国别人才。交叉学科注重培养研究人才的问题意识和批判思维,形成创新性概念、逻辑、理论,运用跨学科研究方法。中国的区域国别学源自中国,服务世界,为全球知识体系建设贡献力量,提供学术公共产品。在一定程度上,区域国别研究是"大国之学",因为大国有全局利益和全球关切,既借鉴人类文明的先进成果,又成为全球知识的生产者。社会科学的知识和理论在一定程度上都是本土的,但本土知识可以具有全球意义。区域国别研究与社会

---

① 该刊物以"全球视野、区域定位、中国关注"为办刊导向,旨在向国内外学术界介绍区域和全球发展研究领域的成果和最新进展。

② 刘超:《构建中国特色的区域国别研究体系》,《中国社会科学报》2022年3月22日,第1版。

③ 江时学:《评中国学术界对区域国别研究和区域国别学的认知》,《拉丁美洲研究》2022年第2期,第27页。

④ 杨成:《国别区域全球知识的重构与中国崛起的世界知识保障》,《探索与争鸣》2022年第8期,第27页。

科学的结合之道,就是从本土出发,而不是从本本出发。通过跨越二者间的鸿沟,更紧密和有效地把地区国别研究与社会科学结合起来,人们有望发展出基于中国本土经验而同时具有较普遍意义的知识和理论。①地方性知识、概念、理论经过提炼和升华,有望变成一般性理论,具有广泛适用性和学术价值。

三、从理论到实践:中国区域国别学的新方法

区域与国别学是学科,其以探求背后的规律为出发点。人类知识形态经历了从经验形态到分科的原理形态知识,再从原理形态发展到在信息技术平台上形成的差异化或交叠形态的知识。中国在经验形态知识的时代处于领先地位,却因原理形态知识的缺乏而相对落后,所以中国应该抓住新形态知识转换的历史时机迎头赶上,力争再次成为世界创新国家。②区域国别学以学科交叉和融合为理念,有望使中国在这一领域尽快处于世界领先地位,但是在建设过程中,难免会面临内部与外部、短期与长期、目标与手段、体制与机制等不同挑战。

第一,如何建立区域国别学的评价体系。学科建设有一整套评价体系,如科学研究、队伍建设、人才培养、国际交流和咨政服务等。区域国别学作为交叉学科,其评价标准是什么?这是中国区域国别学建设需要面对的首要问题。区域国别学一级学科下,还包括哪些二级学科?学术界见仁见智,存在不同看法。一种划分标准是基于地理范围确立二级学科,如美国研究、欧洲研究、俄罗斯研究、南亚研究、中东研究、非洲研究和拉美研究等;另一种划分标准是基于研究的议题,如区域国别的政治、经济、社会、文化、民族、宗教、生态、地理、地区组织等确立二级学科。③前者的优点是便于操作且自成体系,缺点是容易造成新的条块分割和地域壁垒,不利于

---

① 任晓:《本土知识的全球意义——论地区研究与21世纪中国社会科学的追求》,《北京大学学报(哲学社会科学版)》2008年第5期,第87页。
② 韩震:《知识形态演进的历史逻辑》,《中国社会科学》2021年第6期,第168页。
③ 谢韬教授也有类似的观点,参见谢韬:《区域国别学:机遇与挑战》,《国际论坛》2022年第3期,第7—8页。

次区域和跨区域综合研究；后者的问题是区域国别研究又回到相应的基础学科，如政治学、经济学、世界史、外国语言文学等，不利于学科交叉和融合。①

第二，如何平衡好大国研究与发展中地区的区域和小国研究。中国区域国别研究队伍存在不平衡不协调的问题，以大国为重点，对美国、日本和西欧国家进行研究的研究队伍相对整齐，而发展中地区的研究水平相对较弱，如在欧洲研究中，对东欧和中欧研究不足；在中国周边研究中，东亚和东南亚研究比中亚和西亚研究队伍更大。正如北京师范大学杨共乐所指出的："我们现在的'世界地区与国别史'重点主要放在对大区域和大国史的探究上，对世界上的中等区域、小型区域的研究以及小国在世界历史发展中的作用关注很少，更谈不上讨论中等区域与小型区域的关系、小国对大国发展的影响。"②

语言是人类沟通与交流的工具。世界上有数千种"活"的语言，加强对小国的研究，需要重视小语种人才的培养，形成通识教育体系，这是小国研究的基础。英国在殖民统治过程中培养了一大批发展中地区的人才，美国是移民国家，来自发展中地区的第一代和第二代移民成为区域国别研究的生力军。他们既掌握研究对象国的语言，又因为在对象国长期生活和工作而形成独特的体验，与对象国政府、高校和社会保持密切的关系。他们在欧美接受人文与社会科学系统训练，在区域国别研究方面拥有得天独厚的优势。我国的区域国别学既要培养自己的研究队伍，又要站在人类命运共同体的高度为发展中地区培养区域国别研究人才，提高中国的学术话语权和影响力。

第三，如何平衡好热点问题、冷门问题和敏感问题的研究。从区域国别研究的发展历程来看，小国往往只关注自己，区域大国只关注周边地区，而世界大国研究全球性所有问题。中国的区域国别研究重视大国，重视追踪热点问题，但对"冷门"学科和"冷门"问题关注度不够。以中东区域国别研究为例，中国学者关注的重点是中东政治、经济、能源与国际关系，

① 清华大学国际与地区研究院姜景奎教授认为，区域国别学应该以"项目制"为基础，以具体任务为导向，不需要设立二级学科，否则又会产生新的学术壁垒。
② 杨共乐：《构建中国特色"区域国别学"学科新体系》，《史学集刊》2022年第4期，第5页。

尤其关注大国在中东的地位与影响,但是对于中东法律问题、性别政治、环境问题、少数族裔问题、社会团体问题等关注度不够,研究不深入。其中宗教、教派、民族、边界等问题涉及敏感议题,成果发表难度大,导致不少人才"绕道而行",忽视了这些"冷门"问题的研究和"冷门"知识的积累。这些看似与中国无关的"冷门"和"敏感"问题话语权无形中被西方所掌握。

在实地调研过程中,须注重第一手资料的发掘、整理与研究。区域国别学服务当下,从长远来看造福人类文明的进步。习近平总书记在哲学社会科学工作座谈会上的重要讲话中强调,要重视发展具有重要文化价值和传承意义的"绝学"、冷门学科。在区域国别研究过程中,对象国尤其是发展中国家的档案、手稿、文物、遗迹、影像资料有待整理和保存。近年来,全国哲学社会科学规划办公室以及其他主管部门专门设立专项课题,对于区域国别学建设形成了重要政策支撑。

第四,如何实践跨学科研究方法。传统的区域国别研究方法单一,要么是史学研究方法,要么是文本解读法,要么是过程追踪法。随着科学行为主义研究方法在社会科学领域的运用,跨学科研究方法逐渐受到研究者的青睐。区域国别学没有独立的研究方法,但可以借鉴其他研究方法,如人文学科的文本解读方法、社会科学的定性研究和定量研究方法、自然科学的模型建构与数据分析方法等,综合运用跨学科研究方法,发挥学科群优势。

跨学科研究方法注重文本研究与实地调研相结合。实地调研,也叫田野调查(field research),是区域国别学的重要研究路径,弥补文案研究(desk research)之不足。实践出真知,"没有调查就没有发言权",区域国别学的研究问题往往是在实地调查中发现的,超越了本本主义。如钱乘旦所指出的,实地调研在西方早期对外研究中就被高度重视,18 世纪至 19 世纪欧洲列强对殖民地的研究以及第二次世界大战后美国对亚洲、非洲、拉丁美洲的研究,都是建立在实地研究的基础上,都有一批长期在对象国生活和工作的学者。他们运用民俗学、民族学、社会学的基本方法,对对象国的文字、文献、文明进行研究,努力用"他者"的眼光观察"他者",获得了一批有影响的成果。①

---

① 钱乘旦、胡莉:《区域与国别研究视野下的"欧洲研究"——关于欧洲研究发展方向的讨论》,《欧洲研究》2020 年第 4 期,第 146 页。

第五,如何形成政、学、商良性互动模式。长期以来,中国政界、学界和商界存在相互脱节甚至是相互轻视的问题,不利于区域国别学"一盘棋"建设。在新形势下,中国的区域国别学需要"顶天立地"。"顶天"就是服务国家发展战略,把论文写在祖国大地上,为改革开放和社会主义现代化建设服务;"立地"就是深入对象国,把论文写在对象国和地区大地上,服务人类社会的进步。

从学术研究与政策实践的良性互动来看,近年来中国正尝试建立中国特色的"旋转门"制度,一批优秀的专家学者担任外交官或借调到使领馆工作;一些现役和退役外交官进入学术研究队伍,为中国区域国别学注入了活力。社会需求是推动区域国别学的重要动力,社会需求源于企业、媒体和基金会等多个方面。中国企业"走出去"遇到了一系列挑战,迫切需要国别与区域研究机构和学者的智力支持;国别与区域研究机构与"走出去"企业的合作可以说是双赢。一方面,企业可以规避投资经营中的风险,更好地解决遇到的各类问题,还可以依托学术机构开展公共外交活动和履行企业社会责任;另一方面,学术机构可以依托企业开展深入调研,解决部分经费来源问题。①中国的区域国别学需要将基础性与应用性知识相结合,在掌握对象国语言和基本技能、强化区域国别知识储备的基础上,培养精通财务、公共外交、法务、国际贸易和文秘工作的能力。而目前学习财务、新闻传播、法律、国际贸易等专业的学生往往不能掌握对象国语言②,与"国别通""领域通"的复合型人才要求尚有较大距离,官、学、企良性互动关系建设任重而道远。

第六,如何加强区域国别学的学术分工。中国的区域国别学机构分布在高校、社科院、政府下属智库三大领域。各机构应根据自身优势和特色,参与建设区域国别学的某些领域,避免"大而全,小而全"。高校区域国别学融学科建设、人才建设、咨政服务和国际交流于一体。就高校建设区域国别学而言,杨洁勉呼吁各高校根据自己的优势加强学科建设的分工。一是综合性院校,如北京大学的区域国别研究院、南京大学中国南海研究

① 李晨阳:《关于新时代中国特色国别与区域研究范式的思考》,《世界经济与政治》2019年第10期,第147页。
② 李晨阳:《国别与区域研究人才培养模式亟待改革》,《世界知识》2021年第14期,第73页。

协同创新中心利用综合优势;二是理工类院校,如同济大学运用其专业特长加强对德国的研究;三是师范类院校,如华东师范大学对俄罗斯的研究;四是外语类院校,广东外语外贸大学利用其多语种和多学科的优势在中东欧研究领域形成了特色。①只有明确分工、错位发展,才能形成"全国一盘棋",为区域国别学体系建设共同努力。北京大学博雅人才计划、清华大学发展中国家项目、复旦大学卓博计划、上海外国语大学卓越学院等都是各具特色的人才培养项目。

四、结 语

继国家安全学(可授法学、工学、管理学、军事学学位)成为交叉学科一级学科后,区域国别学也上升为交叉学科一级学科。区域国别学源于政治学、经济学、外国语言文学和历史学等多个学科,但是又超越了这些学科。它不寻求基础创新,而寻求应用创新。十年树木,百年树人,从区域国别研究到区域国别学,经历了漫长的过程,今后区域国别学在学科建设、人才培养、咨政服务和国际话语权传播等方面任务相当艰巨。在上述任务中,学科建设是区域国别学的灵魂。正如周方银所指出的,区域国别研究人员需要有更明确的学科意识,建立坚实的学科内核和基础理论群,形成自身在研究方法方面的规范与特色,开展学科内部的范式争论,凝聚关于学科方向的基本共识,建立学科内普遍认可的学术评价标准,建立区域国别的体系性人才培养模式。②区域国别学的鲜明特点是推动学科交叉,运用跨学科研究方法,培养复合型人才,提供一流的咨政服务,需要在学科建制方面探索创新性研究方法,避免"假融合""两张皮"问题,体现出交叉学科与基础学科的不同之处。

2022 年 6 月,习近平总书记在中国人民大学考察时指出,"加快构建中国特色哲学社会科学,归根结底是建构中国自主的知识体系"。教育与

---

① 杨洁勉:《新时代中国区域国别学科建设的理论意义与学术治理》,《亚太安全与海洋研究》2022 年第 4 期,第 9 页。
② 周方银:《区域国别学科建设中的知识追求和学科建制》,《亚太安全与海洋研究》2022 年第 3 期,第 28 页。

科技进步是现代化的推动力，学科布局不断完善是中国综合实力上升的标志。中国的区域国别学立足中国，体现研究对象国和地区的关怀，把建立中国特色的自主知识体系与促进人类文明的共同进步结合起来，把中国的区域国别人才培养与发展中地区的区域国别人才培养结合起来，在知识体系构建过程中创新自我，构建世界。

推动政治科学与区域国别学共同进步的方法论路径："混合田野调查路径"初探

周亦奇 *

【内容提要】 长期以来,区域国别研究与政治科学研究具有密切的联系。在区域国别研究成为一级学科的当下,政治科学与区域国别研究具有实现共同进步重要契机,而两学科研究方法的对话联通将起到重要作用。田野调查作为区域国别中的常用方法,可成为连接区域国别与政治科学的重要方法路径。但是传统田野研究方法由于案例数量少、信息类型单一、侧重内部效度等问题,其科学论证程度受到政治科学研究的质疑,甚至导致两个学科隔阂的产生。因此,本文尝试提出"混合田野调查路径"概念,试图将区域国别中常用的田野调查方法与政治科学研究方法中的假设检验、过程追踪、多重定位等思路相融合。"混合田野调查法"可有效提高田野调查的论证效力,同时有助于区域国别研究与政治科学的协同效应进一步发挥。通过两个具体田野调查案例,本文阐释了"混合田野调查法"在实际中的应用。

【关键词】 学科发展,研究方法创新,田野调查,混合方法

【Abstract】 For a long time, area studies and political science have been closely related. Now that area studies has become a primary discipline, there is a significant opportunity for mutual progress between political science and area studies. The dialogue and connection between the research methods of these two disciplines will play a crucial role. Field research, a commonly used method in area studies, can serve as an important methodological bridge linking area studies and political science. However, traditional field research methods, due to issues such as the small number of cases, limited types of information, and an emphasis on internal validity, have had their scientific rigor questioned by political science researchers, leading to a gap between the two disciplines. Therefore, the concept of a "mixed field research path" has been proposed, aiming to integrate commonly used field research methods in area studies with hypothesis testing, process tracing, multiple positioning, and other techniques from political science research methods. The "mixed field research method" can effectively enhance the argumentative power of field research and foster further synergy between area studies and political science. Through two specific field research cases, this study demonstrates the practical application of the "mixed field research method".

【Key Words】 Disciplinary development, Innovation in research methods, Field research, Mixed methods

---

* 周亦奇,上海国际问题研究院公共政策与创新研究所副研究员。

在区域国别学已成为一级学科的当下，区域国别研究在我国将进入发展的黄金时期，将对我国学术理论发展、外交政策创新乃至于重塑中国与世界的相互认知具有重要的促进作用。长期以来，区域国别研究与政治科学研究就存在相辅相成的关系。区域国别研究本身具有学科的交叉性，其以具体的空间地域为分析场域，以在具体区域发生的各项政治、经济与社会现象为分析对象，实际已成为政治科学研究中国际关系、比较政治等多种理论的检验场与发源地。而区域国别学一级学科的设立更提供了区域国别与政治科学共同进步的契机。在学科建设中，研究方法的构建与创新是一个新生学科的重要问题，同时也是明确学科知识贡献，提升论断效度的重要工具。因此如要实现政治科学与区域国别的共同发展，研究方法上的相互沟通与良性互动将发挥重要的作用。在区域国别的长期研究中，田野调查已成为此类研究的常用方法，并且成为区域国别研究学科属性的象征。而在政治科学的标准方法论体系中，田野调查也是不可或缺的一环。

因此，作为政治科学与区域国别研究的共享方法，田野调查法具有沟通区域国别与政治科学，促进学科间相辅相成、共同进步的潜在作用。如何更好地在区域国别与政治科学实践中使用田野调查研究法，本文试图在此领域有所贡献。虽然当前区域国别与政治科学研究之间具有重要对话与共同进步潜力，但客观而言两学科之间也存在一定的方法上的壁垒，区域国别研究在发现在地化知识的价值与政治科学追求合理推断与普遍性理论的尝试存在一定张力，甚至使得两个学科的研究方法与路径存在隔阂。本文认为虽然区域国别与政治科学的研究旨趣不必完全相同，但一味强调两类研究在方法论证上的差异对于学科交流与共同进步无益。实际上，区域国别研究中的田野调查具有重要的科学研究方法作用，并且可成为促进区域国别与政治科学研究的桥梁。为此，本文提出旨在增强该方法科学说服力的"混合田野调查路径"。"混合田野调查路径"强调将田野调查和区域国别研究在理解特殊情景、深入具体过程、发觉原创现象上的特点与政治科学中的假设检验、过程追踪、多点定位等分析思路相结合。本文认为这一方法路径具有提升田野调查分析效度、推动政治科学理论发展等双重促进作用。

一、田野调查法与区域国别研究

社会科学研究方法是指为论证相应社会科学理论而采取的各种论证手段,涵盖论证所需的资料收集、资料整理、资料论证等各环节。田野调查是社会科学研究方法中的重要一环。本文将田野调查定义为离开研究者常驻的国家与研究机构,前往某区域进行信息数据采集、现象观察、产生灵感与思路的一项研究方法。①与社会科学其他研究方法,如比较案例分析、定量分析相比,田野调查具有强灵活性、高互动性等特点。

首先,与其他社会科学研究方法相比,田野调查灵活性更强。这一灵活性体现在田野调查背后的认识论基础与所采取的分析手段上。在认识论基础上,社会科学研究可分为解释主义与解析主义。②具体而言,解释主义强调研究者对于社会现象的客观分析,而解析主义则强调研究者对于分析对象的主观理解。③多数社会科学研究方法都秉持科学实在论与解释主义的原则,进而将世界视为客观存在,强调分析客体与主体的区别,主张使用外在客观的标准与工具对社会科学研究对象进行分析。而田野调查的认识论基础则相对灵活,在一定程度上介于解释主义与解析主义之间,更强调研究者主观意识对于分析对象的理解。在手段上,大部分政治科学研究方法都有标准可复制的操作流程,但田野调查方法具有外延广泛、形式灵活的特点。研究者常采取参与观察与无结构访谈等方式收集资料,并在参与观察甚至与研究对象共同生活的体验中产生研究灵感,因此并无可完全复制的操作流程,某些研究方法教材中甚至表示,“田野调

---

① 涉及田野调查法的讨论可参考:Diana Kapiszewski,Lauren M. MacLean and Benjamin L. Read,*Field Research in Political Science*,Cambridge University Press,2015,pp.1—3;[法]迪迪埃・法桑、阿尔邦・班萨:《田野调查策略:民族志实践检验》,刘文玲译,商务印书馆 2020 年版,第 14 页。

② 彭玉生:《社会科学中的因果分析》,《社会学研究》2011 年第 3 期,第 1—32 页;赵鼎新:《社会与政治运动讲义》,社会科学文献出版社 2006 年版,第 20—30 页。

③ [美]科琳・格莱斯:《质性研究入门指南》,崔森、苏敬勤译,北京大学出版社 2021 年版,第 12—13 页。

查法是无法教的"。①

其次，与其他研究方法相比，田野调查法具有更强的互动性。大部分研究方法都是依靠研究者利用既有的研究生产资料（档案、案例、数据）而完成，但在田野调查中，研究者需与分析的对象直接面对面互动。在整个田野调查方法的实践过程中，田野调查研究者需要获得研究对象同意进入田野②，并且与研究对象互动完成访谈或参与观察，其研究所得出的结果也需考虑保护研究对象隐私等伦理问题，因此田野调查法具有很强的互动性。

最后，知识产生性质不同。多数社科研究方法都强调对于理论的"证实"或"证伪"，也即方法针对的理论对象为具有一般普遍性的知识，而田野调查则更倾向于对田野内研究对象的深度挖掘，因此其试图得出的知识大多具有"在地性"的特点。

由于田野调查法与区域国别研究具有密切联系，因此成为区域国别研究中常用的研究方法。

首先，区域国别研究的边界性特征与田野调查法天然契合。区域国别研究是针对某一地区或国家的研究。这使得区域国别研究先天具有明确边界，也即研究者关注的重点将聚焦于某一地理边界所框定的自然空间。因此以大样本或多案例比较为特征的定量统计或比较案例分析有时无法在区域国别研究中使用，而田野调查法则与区域国别研究的边界性特征契合。田野调查通常具有明确的目的地指向，并且田野调查的长期性也使得田野调查研究大多在某一个国家或区域内展开，这使得田野调查十分适合具有边界性的区域国别研究。

其次，区域国别研究所具有的情境性特征也使其与田野调查法十分契合。虽然当前相当多的区域国别研究也会将各式各样社会科学理论作为思想工具，但区域国别研究并不追求提出具有普遍性的社会科学推断，而是始终将解释具有丰富细节与互动场景的区域国别情境作为核心。以社会抗争研究为例，更偏向政治科学的社会抗争研究通常侧重于从社会

---

① 左才：《政治学研究方法的权衡与发展》，复旦大学出版社 2017 年版，第 122 页。

② Brian M. du Toit, "Ethics, Informed Consent, and Fieldwork," *Journal of Anthropological Research*, Vol.36, No.3, Autumn 1980, pp.274—286；风笑天：《社会研究方法》，中国人民大学出版社 2018 年版，第 339 页。

冲突背后的结构性阶级对比或冲突运行过程中的抽象机制入手分析。①而偏向于区域国别研究的抗争则会从非常具体的冲突实践与冲突情景入手研讨。②区域国别研究所具有的情境性也与"田野调查法"更为契合。田野调查法本身具有重要的情境特征。研究者在田野调查中需要与研究对象近距离接触,甚至要采取参与式观察的方式。在某种意义上,田野调查是对于研究对象情境程度关注度最高的研究方法。

最后,区域国别研究针对具体国别或区域的知识需求也与田野调查法一致。区域国别研究深入挖掘某一区域或国别内的现象,因此其对于知识的需求也侧重于对于"在地性"知识的需要。在区域国别研究的视角下,许多所谓的具有普遍性意义的"政治科学"理论本质上还是对于某一区域知识的外化,甚至具有某区域中心主义的偏误。

因此,就研究方法角度而言,在区域国别研究中应用田野调查常呈现单样本案例、侧重于质性分析、注重内部效度等特点。

首先,区域国别应用的田野调查通常具有单样本的特征。在区域国别中应用田野调查法,其最终产出多为针对某一个具体研究对象的深入讨论,而非多个研究对象之间的比较。换言之,区域国别中应用田野调查通常会具有一个典型的单案例研究的属性。根据对于案例的定义,案例是某一个时间点或经过一段时期观察到的一种有空间界限的现象(一个单位)③,构成了一项推论试图解释的一类现象,是沟通理论与实践、一般与特殊、抽象与具象的重要桥梁。而单案例研究就是针对一个封闭的时空环境下发生政治现象的深度描绘。在区域国别中使用田野调查,通常也是针对某一个具体的研究对象进行深入分析,属于典型的单案例研究。

其次,区域国别研究应用田野调查常侧重于质性分析。虽然田野调查中也会涉及对于数据、统计资料的分析,但由于其通常聚焦于单一案例,因此其使用如因果推断、回归分析等统计分析的空间较小,多聚焦于

---

① Doug Mc Adam, Sidney Tarrow and Charles Tilly, *Dynamics of Contention*, Cambridge University Press, 2001, pp.72—191.

② [美]詹姆斯·C.斯科特:《弱者的武器》,郑广怀、张敏、何江穗等译,译林出版社2011年版,第207页。

③ John Gerring, Case Study Research Principles and Practices, *Cambridge University Press*, 2017, p.27.

定性分析。此外,相当多的区域国别研究重视田野调查访谈所产生的定性资料,侧重研究对象主观对事物的看法,因此也强调定性分析。

最后,区域国别应用田野调查通常主要关注研究的内部效度。效度是指研究资料对其观点支撑与解释程度。区域国别研究由于重视得出在地性的知识,因此主要关注研究对象的内部效度。也即理论能否将区域国别中具体所发生的问题进行深度全方位的解释。因此区域国别学的研究方法要求研究成果具有更高的内部效度,也即其对所研究特定对象具有更好的拟合性与解释力。

二、政治科学与区域国别的方法的张力

区域国别研究与政治科学研究存在诸多共通之处,具有共同发展的巨大潜力。然而,区域国别研究与政治科学研究也存在差异,甚至形成一定程度的学科隔阂。此隔阂的形成一方面与学科发展历史与学术共同体建构等多种因素有关,但另一方面也与政治科学对区域国别研究中常用的田野调查法论证效度的质疑有密切联系。由于田野调查法大多呈现为单案例、重视质性分析资料、侧重内部效度三项特征,而在政治科学常秉持的研究论证有效性的标准下,以上三项特征削弱了区域国别研究论证的科学性与可信度。

首先,单案例研究导致选择偏误问题。选择偏误是指由于案例数量过少,导致案例得出的信息存在以偏概全,缺乏代表性的问题。在一些讨论社会科学研究方法的著作中,选择偏误又称为根据因变量选择案例,或称为只选择符合理论预期的正面案例。①区域国别研究常以田野调查法对具体国别内部的有关情形进行深度描绘。这在提升区域国别内部效度的同时,也导致其研究所涉及的案例数量相对稀少。许多区域国别的

---

① 关于选择偏误的讨论可参考:Simon Hug, "Selection Bias in Comparative Research: The Case of Incomplete Data Sets," *Political Analysis*, Vol.1, No.3, Summer 2003, pp.255—274; Barbara Geddes, "How the Cases You Choose Affect the Answers You Get: Selection Bias in Comparative Politics," *Political Analysis*, Vol.2, 1990, pp.131—150。

研究都属于单案例研究,也即用单一的区域国别的案例对涉及的相应理论进行阐释。但从社会科学研究基本规则而言,单案例研究常存在选择偏误的问题,对个案的深描降低了对某些个案代表性与推广性的分析讨论。

其次,重视质性数据导致研究证据客观性不足问题。政治科学研究方法强调用实践中的情况对于抽象理论进行检验,通常遵循波普提出的可证伪性标准,因此其对于论证资料的客观性以及与核心观点之间的论证关系十分关注,在一定程度上,政治科学各项定量或定性研究方法都是将分散的信息(数据与案例)通过某一种系统方式(统计或比较案例)整合起来进而构成对研究假设的证据。田野调查所产生的质性数据,侧重通过访谈了解研究对象的主观评价或回忆,这虽然带来资料的原创性与鲜活性,但也可能降低了资料的客观性。田野案例还可能出现主观立场替代客观分析的问题。田野案例需要研究者亲临现场,采取直接访谈甚至直接参与的模式进行分析,这也使得在研究者与研究对象之间出现较多直接的接触机会,也可能出现更强的共情心理,进而使观察者陷得过深而失去观察的超然性与敏锐性。①但在某些情况下,研究者与研究对象之间过于深入的情感纽带也会带来研究者不自觉将研究对象的理念或意识形态变为自身的意识形态,进而将本应客观的研究变成了对于研究对象相关诉求的呼应。这就会削弱了研究本身的客观性。同时,全球化带来的信息技术便利化也导致部分政治科学家轻视"田野调查"与区域国别作用。在信息时代,伴随数字档案、网络翻译、跨国数据库以及各种定性定量资料的出现,获得更为客观的资料变得更容易,也降低了前往具体区域国别开展的田野调查的研究收益。

最后,重视内部效度所导致的推广性不足问题。田野调查所形成的成果大多侧重于对案例内部效度分析,因此从研究方法的角度,其存在"所得即所证明"的问题,也即研究者提出的理论观点就是从其田野调查的案例中总结而成。这在政治科学研究方法视角下属于理论发展案例而非理论验证案例。部分政治科学研究者认为一部分研究从某一特定区域中总结出所谓的"理论创新"实际上只是将某些平常现象进行标签创新,

① 风笑天:《社会研究方法》,中国人民大学出版社 2018 年版,第 350 页。

因此缺乏推广性的理论意义。例如,赵鼎新曾表示斯科特的"弱者的武器"与日常抗争实际上就属于将生活中正常的现象贴上一个看似高深的标签。①同时,区域国别中常用的田野调查法由于其具有灵活性与互动性,因此其产生的研究资料十分鲜活,包含诸多一手的细节线索。因为田野调查对于研究对象细节和微观行动的关注有时会出现研究信息点的广度与深度之间的失衡,也即出现所谓"只见树木不见森林"的现象,对于研究对象内部的某一个信息点进行了非常深入的挖掘,但对其他信息点有所忽略,或者过度执着于细节描述,但对总体全局的情况缺乏判断。

为应对部分政治科学家对于区域国别研究中田野调查的挑战,区域国别研究已经试图从研究方法角度确立自身的原创性贡献。一方面,区域国别研究以及田野调查法可另起炉灶,也即在认识论层面将区域国别所采用的"田野调查"认定为解析主义认识论下的产物②,而将其他政治科学领域内研究方法视为解释主义认识论的产物。通过此种"分离而自主"的路径,区域国别研究可从认识论上摆脱传统政治科学研究方法评价标准的限制,获得对于田野调查效用判定的自主性。例如,"弱者的武器"曾遭遇多重批判,但这也并不能影响"弱者的武器"概念成功地反映并概括了斯科特在亲身经历后,对于发展中国家农村阶级冲突的日常表达形式的思考与理解。总之,区域国别研究可通过认识论层面与政治科学研究方法切割以获得研究自主性,并掌握对自身研究贡献的评判。

然而另一方面,区域国别研究也可通过融合互通的方式,将自身研究方法优势与政治科学研究方法中可借鉴之处进行交融,形成方法互鉴与学科共同进步的态势。要实现这一"融合而共生"路径,区域国别研究可通过研究方法创新参与对政治科学诸多理论实证检验与评析的过程,进而将自身研究更好地参与社会科学理论的创新。同时,政治科学也可从区域国别田野调查中获得更新的研究资料、更精细的论证证据,以及更为个性化的研究设计。实际上,在人类学和民族志的研究方法中,已有一些方法开始采取了类似的路径。例如,20 世纪 90 年代中期,乔治·E.马库斯

① 赵鼎新:《社会科学研究的困境:从与自然科学的区别谈起》,《社会学评论》2015 年第 4 期,第 14 页。

② 杨善华:《田野调查:经验与误区》,《中国社会科学评价》2020 年第 3 期,第 59 页。

(George E. Marcus)提出了多点民族志的概念。多点民族志概念强调追踪过程,通过追踪人群、追踪事件、追踪生命历程等方法跨地域展开。在实践中,多点民族志也强调通过对于多个不同地点进行田野调查,通过对不同信息点的比较分析田野调查所取得的内容。在一定意义上,多点民族志是一种推动田野调查研究科学性的重要努力,其背后蕴含了通过多样本点对比的思路,是一种对于传统田野调查方法的重要补充。同时还有一些人类学学者提出参与行动研究(Participatory Action Research,PAR),并认为要在此类方法中整合如地理信息系统、焦点小组访谈、多方验证等方式。①而本文也试图在这些探索基础上有所贡献。

任何新学科发展都是一个"先破后立"的过程,在挑战其他学科分析标准与确立推广自身研究标准之间要有所平衡,因此本文认为无论是"分离而自主"路径抑或"融合而共生"路径都可成为区域国别研究发展与田野调查方法创新的路径。然而本文主要偏向第二种路径,也即通过将传统田野调查法与政治科学研究方法进行适当整合,进而在避免学科隔阂的前提下,推动区域国别研究与政治科学研究的相互促进。

三、混合田野调查路径

为了实现区域国别研究与政治科学研究在方法论上的互鉴互通,本文提出一种新的方法路径——"混合田野调查"路径。混合田野调查的灵感来自社会科学研究方法中对于混合方法的讨论,混合方法强调将定性与定量的研究方法进行整合,进而在研究的不同维度发挥各自方法的独特优势。在这一总体思路的启发下,本文提出的混合田野调查法也强调田野调查与其他政治科学研究方法交叉应用,进而在方法协同上发挥各自的作用。具体而言,混合田野调查法是指在田野调查中,研究者应考虑整合政治科学研究方法三项研究思路:假设检验(hypothesis test)、过程追踪(process tracing)以及多重定位(multi triangulation)。

---

① 周大鸣、肖明远:《复杂社会研究中人类学方法的新进展》,《民族研究》2022 年第 2 期,第 88 页。

（一）假设检验与田野调查对理论创新的贡献

假设检验是社会科学常用的方法。社会科学中的研究假设是抽象理论与现实资料的结合点。可理解为如某理论成立,则在现实中可观察到这种经验现象。假设检验是实证研究方法的基本思路,也即需要用可观察到的经验现实对抽象理论所提炼出的假设进行分析讨论。研究假设包括原假设与竞争性假设两类,分别对应研究者试图证明与证伪的理论。田野调查法与假设检验结合可充分发挥各自特长,一方面,对区域国别的研究而言,假设检验与田野调查结合可为研究者进入田野明确清晰目标。田野调查研究具有更为清晰的假设检验思路可使此类研究目标明确化。另一方面,对于政治科学研究而言,假设检验与田野调查结合,也可以田野调查所特有的迭代更新,将区域国别所观察到的创新进一步升级为具有普遍性的理论知识。

第一,假设检验与田野调查结合有助于区域国别研究目标清晰化。作为社会科学研究,田野调查的目标无论是揭示区域国别实际情况还是与某一项理论对话,其都需要一个明确的研究对象与清晰的判断标准。社会科学研究方法所提出的假设检验实际上就是明确某一项抽象观点在现实中得到证实或证伪所需的标准。研究假设并不直接对应研究观点本身,而是默认该研究观点成立情况下其在现实世界中将呈现的形态。一定程度上,假设检验背后的思路是将抽象理论或论断与现实结合,提出在现实中判断该理论或论断成立的依据。田野调查则是在现实中直接观察分析,进而判断相应理论或观点的准确性。

第二,假设检验与田野调查的结合也有助于更好促进区域国别研究的理论贡献。区域国别研究的优势在于通过进入具体的田野情景,发现与研究者固有常识乃至既有理论预判所不同的内容。这些在田野调查中发现的在地性知识可以对研究思路起迭代演化①的作用。田野调查的一个重要作用是通过直接与研究对象的观察与互动产生新思想与新思路。

①　有研究者认为田野调查对于政治科学最为核心的作用就是具有"分析迭代"的作用,可参考 Diana Kapiszewski, Lauren M. MacLean, and Benjamin L. Read, "Reconceptualizing Field Research in Political Science," Apr. 2018, https://oxfordre.com/politics/view/10.1093/acrefore/9780190228637.001.0001/acrefore-9780190228637-e-722? rskey = QvoqlC& result = 1。

因此虽然本文主张田野调查应具备假设检验思路,但这并不表示任何田
野调查都需要固步自封于具体研究假设,实际上通过田野调查,研究者完
全可以产生对于既有理论与研究假设的批判性反思,并且最终导致研究
假设的修正,进而形成新的研究假设。因此,在假设检验思路的影响下,田
野调查对于研究思路更新可体现为研究假设的更替。

(二) 过程追踪与田野调查对理论机制的探索

过程追踪是政治学研究方法中的一种常用思路①,具有两个非常重要
的理论特征。一是对于因果机制的关注。社会科学研究认为因果机制是
一种驱动变化的过程。在政治科学研究中,因果机制是导致相关研究因
变量出现或不出现的关键过程。过程追踪法的核心目标就是甄别因果机
制。二是过程追踪具有根据假设将搜集信息向证据转化的功能。

田野调查与过程追踪将有利于区域国别研究进一步发现、甄别与论
证社会科学关注的关键机制。区域国别研究具有关注情景,关注互动的
重要特征,因此可以有效地将某些政治现象中的行为体互动与关键时刻
的决策细节和决策背景进行还原。实际上,一些非政治科学的研究开始
注意到田野调查中所具有的追踪过程属性。因此,田野调查与过程追踪
结合将有助于区域国别更好地将其对过程、情景与互动的发现转化为可
证伪性的因果机制。同时,过程追踪与田野调查的结合也有利于将区域
国别研究搜集的信息转化为对论证因果机制所需的证据。过程追踪可将
实际在田野中搜集观察的现象与理论成立或不成立应观察到的现象进行
对比,进而明确相应实际资料或信息的证明与证伪作用。简言之,过程追
踪可以将观察变成证据。区域国别的田野调查将产生大量的信息,而从
大量的访谈、调研、观察中筛选有用的信息将构成区域国别研究成功的关
键。在过程追踪的指引下,相关信息的重要性将由其与假设检验的关系
所决定。爱德华·卡尔曾指出历史资料不会自己说话。②在过程追踪的指
引下,田野调查研究者更好收集资料与试图论证或否定的研究假设结合,
并通过各种充分性与必要性的分析检测手段判断信息与理论的论证关

---

① David Collier, "Understanding Process Tracing," *PS*: *Political Science and Politics*, Vol.44, No.4, 2011, pp.823—830.

② [英]爱德华·卡尔:《历史是什么?》,陈恒译,商务印书馆2007年版,第93页。

系,进而增强了资料收集对于观点的支撑作用。

(三)多重定位与田野调查对原创资料与研究设计的深度发掘

多重定位①与田野调查结合还将使得区域国别研究产生更为丰富和多元的研究资料与研究设计。多重定位是指在田野调查中采取多种方法,将分析成果从单纯的访谈与观察体会等质性资料,运用专项数据库构建、问卷调研、实验设计等多种方法,丰富田野调查所产生的资料种类。田野调查既是一种具体的方法,同时也给研究者一个研究时空,具有产生多种资料类别的可能。在既有对于田野调查研究技术的讨论中,已有学者明确田野调查实际具有特定区域信息收集的重要功能②,这其中除了访谈外,还可融合问卷③、数据集等多种定量数据。此外,随着"田野实验法"④(field experiment)成为政治科学研究中前沿方法,田野调查产生的资料种类更显多元。田野实验方法是指研究者在具体区域的研究中,设计出符合具体区域特点的社会实验,并通过控制组与实验组比较的方式开展论证。这一类研究设计虽然试图通过具有标准科学流程的研究设计实现对理论假设的分析,但实际上需要对于研究对象与研究场景十分扎实的分析与理解,且需要获得研究对象同意,并获得进入研究现场的权限。以上研究条件的取得需要研究者具有扎实与充分的区域国别知识以及熟练的田野调查与沟通技巧。通过对田野信息的深度挖掘,作者可根据其手中的不同类型资料(定性访谈或定量数据)采取不同的研究方法,进而实现研究设计的丰富化与多样化。

混合田野调查路径可成为沟通区域国别学与政治科学的桥梁,在协同发挥两学科各自分析长处的情况下,促进区域国别与政治科学的对话

---

① Diana Kapiszewski, Lauren M. MacLean and Benjamin L. Read, *Field Research in Political Science*, p.380; Ashatu Hussein, "The Use of Triangulation in Social Sciences Research: Can qualitative and quantitative methods be combined?," *Journal of Comparative Social Work*, No.1, 2009, p.2.

② 刘青尧:《特定区域信息的收集:一项基于田野调查经验的分析》,《国际关系研究》2022年第4期,第38—45页。

③ Sharon Werning Rivera, Polina M. Kozyreva and Eduard G. Sarovskii, "Interviewing Political Elites: Lessons from Russia," *PS: Political Science and Politics*, Vol.35, No.4, 2002, p.688.

④ 韩冬临:《田野实验:概念、方法与政治学研究》,《国外社会科学》2018年第1期,第134—142页。

与共同进步。

第一,混合田野调查路径可有效弥补区域国别研究推论科学性不足的问题。前文已表明,由于传统田野调查具有单案例、强调质性分析、侧重内部效度等特点,其推论科学性常受到政治科学研究者的质疑,但混合田野调查法可以有效增加田野调查所取得成果的科学性。

针对单案例所带来的选择偏误问题,混合田野调查法实际上将社会科学推断中的贝叶斯逻辑引入田野调查所取得的案例研究中。科学研究方法将分析逻辑分为频率论、消元论与贝叶斯三种不同的模式。①频率论侧重于对大样本进行的量化统计,通过统计的方法,以证明相应研究假设。而消元论则侧重于对小数量案例的深度比较,通过比较案例之间因果关系上的差异,采取求同或求异的逻辑,论证相应的研究假设。频率与消元两种论证方式都强调通过观察变量在案例中的变化进行推论,因此对案例数量要求较高,而贝叶斯逻辑则认为研究推论的可信程度将随其获得信息的质量发生变化。在此逻辑影响下,案例内部有效信息点的挖掘实际上也与案例数量增加一样起到有效论证效果。而混合田野调查法所秉持的假设检验与过程追踪思路可赋予区域国别中的田野调查类似的论证逻辑。通过对田野的深入研究,挖掘出与理论假设相符且二手资料与跨国比较数据库中无法获得的信息,这些信息就将成为提升假设信度的核心证据。此外,伴随着政治科学研究对于因果机制的关注,"混合田野调查路径"也成为检验因果机制的重要工具。由于因果机制强调过程性,因此其特别关注原因与结果之间的中间环节。而"混合田野调查法"则可通过对案例的深度描述,提供可以佐证机制中间环节存在的各项信息。

而针对田野调查重视质性数据所带来的主观性问题,混合田野调查通过多重定位思路不仅可以有效扩充研究资料的种类,实际上还将主观访谈与客观的数据搜集结合。因此,混合田野调查实际上可对研究观点进行不同类型与不同方向的论证,混合田野调查摆脱传统田野调查从田野到定性案例路径,实现了田野到"案例＋数据库＋实验"的路径转型。

---

① 左才:《政治学研究方法的权衡与发展》,复旦大学出版社 2017 年版,第 205 页。

第二,混合田野调查路径还可以帮助政治科学实现理论迭代,并且弥补传统政治学研究方法过度依赖跨国二手数据所具有的偏误。

混合田野调查将有效帮助政治科学理论获得更为准确且翔实的资料,获得原创、一手和独一无二的资料。根据贝叶斯原理,当证据越呈现独一无二性,其对假设的论证效力越强。在全球信息联通不断加深的当下,所谓"独一无二"的证据通常需要研究者从一线亲身收集。

混合田野调查也可进一步弥补二手数据所具有的不足。虽然在全球化与信息时代下,研究者可通过既有跨国数据库或相应二手资料进行研究,但仅凭跨国数据库与二手资料往往存在资料信度不足与原创性不足的问题,而混合田野调查则可有效弥补这一疏漏。例如,当前全球安全冲突研究十分关注发展中国家次国家层面的数据,但既有研究通过比较数个国际冲突数据(乌普萨拉大学国际冲突数据,英国武装冲突地点数据库等)[1],发现至少在次国家层面,不同数据库的冲突数据之间往往存在不一致的问题,进而会导致研究者难以在具体数据库之间取舍。此外,当前许多数据库常采取事件数据,因此广泛地依赖既有新闻通信社与国际新闻资料,但针对冲突等复杂的政治事件,国际新闻媒体的报道本身也具有偏向性。[2]在既有二手数据库存在偏误的情况下,混合田野调查就有助于研究者更好判断具体数据库数据质量高低。

混合田野调查还将有助于研究者实现理论与思路迭代创新。社会科学创新的根本是丰富的社会实践。在百年未有之大变局的当下,时代的变化呼唤着新理论的发展。而田野调查的初心就是深入基层进行调查研究,因此在一定程度上,田野调查在严格科学流程上的部分欠缺反而体现该方法最核心的价值,那就是通过研究者在现实社会的观察与参与中产生对既有假设、概念、理论的反思,进而形成理论的迭代。本文提出的混合田野调查方法虽突出强调田野调查方法与科学研究方法的结合,但根本目的也是推动田野调查研究更好地服务理论创新。

---

① Kristine Eck, "In data we trust? A comparison of UCDP GED and ACLED conflict events datasets," *Cooperation and Conflict*, Vol.47, No.1, 2012, pp.124—141.

② Matthew A. Baum and Yuri M. Zhukov, "Filtering revolution: Reporting bias in international newspaper coverage of the Libyan civil war," *Journal of Peace Research*, Vol. 52, No.3, 2015, pp.384—400.

在具体操作上,混合田野调查路径可秉持以进入田野为前提,将田野调查中的灵感、观察、现实资料、工作设计与假设检验、过程追踪、多点定位等相结合,围绕机制构思假设,根据过程追踪模式将田野资料证据化,并且通过增加田野调查中研究设计模式实现对于研究假设的多点论证。

第一,以甄别机制为核心,将田野调查灵感观察与学术理论不断结合,通过田野与理论相互交融,不断迭代实现研究假设机制化。田野调查与理论假设应该存在相互影响、相互迭代的关系。研究者在进入田野时应具有较多的前期案头知识,对于试图观察或论证的研究机制具有预判,但同时也不可盲目局限于书本上的理论知识,还应根据田野调查实际观察到的现象来调整其试图分析的因果机制。研究者可考虑围绕机制设置研究假设,田野调查对于甄别复杂社会现象后的因果机制具有重要的帮助作用。在现实操作中,可考虑将相应理论所提出的因果机制作为研究者进入田野前与田野调查时需要对标论证的内容。尤其应考虑因果机制具有诸多中间节点,可考虑以重要中间节点为依据,设置相应需要在田野调查考察的研究假设。同时作者也可根据不同理论学派,设置相应的竞争性假设,带着多种研究假设进入田野。

第二,将田野调查搜集资料与研究假设结合,围绕过程追踪将研究资料证据化,提升田野资料对研究假设的论证效力。在确定试图论证的因果机制以及相应假设后,研究者可根据研究假设确定田野调查搜集资料的证明作用。正如有学者所言,田野调查就如断案,在理论上即便都成立的多种因果链条,在贴近观察后才可发现何种在起作用。①而过程追踪便具有这类"断案"的功能。根据过程追踪研究方法的流程,研究者可根据资料相对研究假设的独特性标准,判断不同信息价值高低,如观察到明显契合某研究假设且可明确驳斥其他竞争性研究假设的关键信息,则可实现对相应理论假设的有效证明。

第三,将田野调查时期的研究工作多样化设计,围绕增加论证信息点,实现多点定位。研究者应秉持"大调研,小田野"的研究设计模式,在田

---

① 洪俊杰:《上海教师漂在阿富汗 7 个月:走在最危险国度,让自己离真相越来越近》,https://www.jfdaily.com/news/detail?id=559167,2022 年 12 月 12 日。

野调查尝试增加多重研究设计。田野调查过程中应采取现场调研与案头研究相结合的方式。①同时，要充分利用田野调查机会开展多种不同种类的研究，整合访谈、观察、问卷、一手数据集建设等多种调研手段。此类模式在形式上具有多样性与灵活性，但其基本逻辑仍然以多点定位为核心，也即通过增加田野调查研究设计种类、丰富田野数据类型、增加田野调查地点等方式扩大对于相关研究假设的论证模式，进而逐步发挥出混合田野调查路径的优势（见图1）。

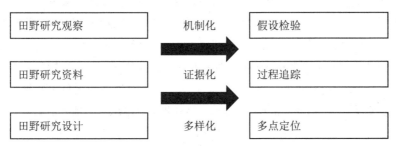

图 1　混合田野调查路径示意图

资料来源：作者自制。

四、混合田野调查的实践案例

混合田野调查为本文原创提出的概念，但已经有学者在实践中使用该类方法从事相关田野考察，进而提升研究结论的针对性与可信度。为进一步说明本方法的使用情况，本文选择两个田野调查研究作为案例进行说明。第一项田野调查研究针对一个中国国际发展的现实政策问题，而第二项田野调查研究则针对一个典型的政治科学问题，本文试图通过此类案例选择表明混合田野调查方法在不同领域中的作用。本文第一个例子来自中国学者汪段泳的调查实践。第二个例子则来自一部已发表作

---

① 汪段泳教授曾指出"田野调查更多属于边际贡献，案头工作与之比重至少需要20∶1"。洪俊杰：《上海教师漂在阿富汗7个月：走在最危险国度，让自己离真相越来越近》，https://www.jfdaily.com/news/detail?id＝559167，2022年12月12日。

品,美国西北大学副教授安娜·M.阿尔霍纳(Ana M. Arjona)的著作《反叛者统治——哥伦比亚内战期间的社会秩序》(*Rebelocracy: Social Drder in the Colombian Civil War*)。需要说明的是,由于篇幅所限,本文案例部分将侧重对于两部著作田野调查方法的评析。

（一）案例 1:谁偷盗了雨林?

该田野调查对非洲某国雨林砍伐情况进行分析,其针对的观点是部分西方反华势力提出的所谓中国掠夺非洲资源论。自 21 世纪以来,西方诸多非政府组织、智库与政府等以所谓新殖民主义的旗号抹黑中国在非洲的经贸合作。其中,部分西方媒体提出所谓中国滥砍某非洲国家雨林,造成生态破坏的指控。为反驳西方机构对中国的指控,该田野研究专门前往非洲某国进行田野调查,先后在该国访问政府官员、研究人员,国际非政府组织专家,中企经理和工人等多人,并亲自造访中企在该国负责的雨林公路。直接访谈得到的观点十分多元。部分非政府组织与当地政府的官员依然坚称中国需对雨林破坏负责,而当地大学科研人员与其他一些非政府组织官员则持相反观点,认为砍伐雨林事件在中国大量投资到来之前就存在,因此中方不应为该国雨林的破坏而负责。①面对田野中形成的多元观点,该研究人员并没有简单地根据自身预设的立场而选择性地偏听偏信,而是采取社会科学研究方法中常用的过程追踪的研究思路,对不同观点背后的证据进行支撑。具体而言,该研究者在田野调查中采取如下方式:

一是明确研究假设与竞争性假设。研究者明确该研究的核心假设是中国并未直接参与对该国雨林砍伐,该国雨林砍伐问题与中国无关。而其竞争性假设则为该国雨林砍伐问题与中国有关,中国参与了对该国雨林的砍伐。

二是根据研究假设及竞争性假设梳理更新相应的证据。该研究证据的搜集以及更新分成三个步骤。第一步在田野调查展开初期,研究者首先梳理竞争性假设所具有的证据。这包括该国雨林的确存在一定的砍伐问题,中国在该国出口市场乃至木材出口市场的占比逐步上升等,且田野调查访谈得到的观点也呈现多样性,并没有出现完全一致支持研究假设或认定中国免责。因此在第一阶段,似乎认为中国需要为砍伐雨林负责

---

① 资料源于笔者对汪段泳教授的访问,文章发表内容得到了汪段泳教授的授权。

的假设得到了支持。但是研究者在此处并没有简单地支持竞争性假设,而是进一步对两个假设进行机制还原,明确其成立所需的中间节点,进而获得了更为精细的研究假设。第二步,研究者采取与过程追踪中常用的拆解研究假设相一致的方法,对研究假设以及竞争性假设的内部环节进行进一步分解,并提出证据进行解析。研究者认为如竞争性假设成立,则应当观察到中国对该国木材需求上升的证据,因为本国需求是导致木材砍伐的最主要动力源,也构成了针对竞争性假设的必要条件与过程追踪中的"环箍检验"(loop test)。随后研究者顺此线索分析中国木材进口的贸易结构。数据分析表明虽然该国木材对中国出口呈现上升态势,但并非中国木材进口的核心区域。中国木材进口中的 70% 为针叶木,其主要产地是俄罗斯、欧洲与北美地区,非洲地区木材出口主要是圆叶木,并非中国原木进口的主流商品。①根据此信息,竞争性假设成立的必要条件并不充分,其观点的效度也随之下降。第三步,根据田野调查中发现的现象,提出支撑研究假设的证据与新的发现。虽然竞争性假设并没有完全满足其必要性条件,但这还只是对竞争性假设效度的削弱,对于该研究试图论证研究假设还不构成直接论证。作者则通过田野调查中的观察与启发寻找到支撑研究假设的证据。在田野调查中,作者发现因电力不足,许多当地民众使用木头柴火取暖做饭。受此观察启发,作者随后搜集了该国基础设施建设情况与能源使用结构,发现该国有 96.4% 的家庭使用木炭木材做饭。因此作者提出该国民众的生活需要是导致雨林砍伐的重要原因,而这恰与该国落后的基础设施与现代化发展有关。这一现实从一个侧面表明中国在该国的经济工业投资非但不会导致环境恶化,反而在长远角度有益于该国的雨林保护。

(二)案例 2:反叛武装在地方建立秩序模式

为进一步说明混合调查方法对提升分析效度的作用,本文还将以《反叛者统治——哥伦比亚内战期间的社会秩序》为例进行分析。该研究关注了国内冲突中反叛武装与控制区域的互动联系对反叛武装治理制度建设的影响。近年来国内冲突研究逐步关注反叛武装治理制度问题,并且

---

① 数据由汪段泳老师提供,类似的信息也可参考魏僮、田明华、马爽、王芳:《中国木材进口的可替代性和进口来源安全性分析》,《林业经济问题》2021 年第 2 期,第 172—179 页。

诞生了一系列通过跨国数据库对此问题的研究①,但反叛武装治理现象大多发生在次国家区域,并且涉及次区域内武装组织与民众的互动,这就使诸多跨国数据库无法全面有效地将复杂的反叛武装治理行为纳入统一测量标准,因此此议题研究需要区域国别研究的支撑。该著作明确将分析范围锁定在哥伦比亚,用对于某个有限区域的深度分析以及对田野调查方法价值的深度挖掘来提升研究结论的效度。

第一,该研究根据其理论明确研究假设。通过在哥伦比亚长期田野考察并结合相应理论文献,作者提出反叛武装与民众互动形成秩序主要受到反叛武装的长远预期与控制地区既有制度质量的高低两项变量的影响(见表1)。此外,作者还明确提出两项变量导致相应反叛武装治理制度形成的路径和关键阶段。变量与机制的提出不仅使得其理论更为周延,同时也使得作者可以更有针对性寻找支撑或反驳以上变量和中间阶段的信息与证据。

表1 《反叛者统治——哥伦比亚内战期间的社会秩序》理论框架②

		先前制度质量	
		高	低
武装组织实践预期	长	低价值领土:他者统治	反叛者统治
	短	混乱状态	

资料来源:作者根据《反叛者统治——哥伦比亚内战期间的社会秩序》整理。

第二,充分整合田野调查与过程追踪研究方法。作者根据其提出的理论机制明确了反叛武装制度从无到有的建立过程,并明确数个中间环节。随后其通过密集的田野调查对这一理论机制不同环节进行了针对性的信息收集,并根据相应的信息收集情况决定因果机制环节的成立程度。基于43个市政区的125个社群,调查、访谈了800多名前武装团体的成员和大约500名平民③,作者明确展现了反叛武装与地方社群互动建立制度

---

① 周亦奇:《武装组织治理制度与反叛成功》,《国际安全研究》2021年第4期,第128—156页;Reyko Huang, *The Wartime Origin of Democratization*, Cambridge University Press, 2016, p.31。

②③ Ana Arjona, *Rebelocracy*: *Social Order in the Colombian Civil War*, Cambridge University Press, 2016, p.42.

的历史,并用许多篇幅系统讨论,如武装组织搜集人口信息、深入社会网络、综合运用各种策略扩大影响,介入社会管理、建立统治秩序以及当地社群在反叛武装到来后,依托既有的社会网络和传统高质量制度对武装组织进行抵抗,进而实现更为平衡的统治秩序的过程。该研究表明将田野搜集的资料与因果机制的不同环节进行衔接,可帮助研究者更好地展示因果机制的具体运作过程,更为有力地提升研究结论的效度。

第三,充分利用田野调查形成多重验证优势。在该研究中,作者也意识到单纯定性案例资料的局限。在单一区域国别研究的背景下,如无其他研究资料作证,即便田野调查中所形成的案例可提供因果机制过程追踪的各个流程的证据,但终究属于"孤证",难以如大样本研究一般交叉验证。为弥补这一不足,作者充分挖掘田野调查的潜力,使田野调查不仅成为定性与访谈资料收集的场域,同时也成为定量数据与更为精巧实验研究的场合。为了增加其观点的效度,作者除了进行大量的访谈之外,还在田野研究中开设"记忆工作坊"(memory workshops),其参与者包括教师、长者、地方领导及商人等当地平民,通过这些亲历者的回忆建立起当地的"制度档案"(institutional biography)①,并以此为基础构建一个原创性的哥伦比亚内战武装组织与民众互动的数据库,以此为基础对其理论进行定量检验,提供数据支撑。同时,本书最为精妙之处在于利用田野调查寻找到一处可进行自然实验的区域。自然实验是指通过现实生活中出现重要外生政策或制度干预,进而在现实社会中形成了类似实验研究中的对照组与观测组,并以此为基础分析。在该书中,作者找到了哥伦比亚的三个村庄,该三个村庄在 20 世纪 50 年代初始条件类似,但因为偶然事件(标志性农民领袖被赠予土地)而产生制度分叉,进而使得某村庄获得了相比其他两处村庄更强的制度质量。作者以此为基础,在田野考察中专门设计所谓"过程驱动的自然实验"(process-driven natural experiment)②。通过该实验,研究者有效论证了制度质量对反叛武装最终选择统治模式的影响,并且也对一系列具有竞争性的假设进行反驳。

---

① Ana Arjona, *Rebelocracy: Social Order in the Colombian Civil War*, Cambridge University Press, 2016, p.42.

② Ibid., pp.212—220.

（三）案例总结

从以上两个田野调查的具体实践可看出,跨国田野调查方法作为区域国别研究的常用"兵器",可通过与其他社会科学研究方法的交融与互动更好地发挥作用,更有力地提升研究论证的效度。在以上两个案例中,田野调查方法提供了作者前往区域国别进行实地考察并与研究对象进行访谈的机会,而两个研究的作者都将田野调查与假设检验、过程追踪与多重定位相结合,进而提升了其结论的效力。

第一,两个研究都具有明确的研究假设与检验,并始终围绕研究假设展开田野调查。第一个案例偏向国际关系与中国外交的政策研究,而第二个案例具有明显的理论导向,但两个研究都有明确的假设检验意识。两个研究假设都具有上接核心论断、下接现实田野情况的特征。明确的研究假设使田野调查进一步与研究契合,提升了分析的可信度。同时,两个研究也表明通过田野调查,研究者也可对研究假设不断更新。例如在案例一中,作者通过田野调查提出了非洲某国林木砍伐背后的工业化不足问题,并提出新的研究假设,进而为之后的研究作出重要铺垫。

第二,两个研究都具有明确的过程追踪思路。两个研究均具有明确的证据意识,都尝试将研究假设的中间过程进行拆解,并且明确提出与相应关键环节相匹配的证据,进而有效地证明或证伪相关研究假设,彰显了田野调查所获得的一手信息的原创性作用与重要的论证作用。

第三,两个研究都具有多重定位特征。两项研究都在田野调查中不断扩大资料收集的范围,都没有将田野调查中的访谈资料作为唯一参考的资料。在第一个研究中,研究者在当地的访谈实际上取得了多样化的结论,难以有效甄别研究的假设,但此时研究者根据研究假设以及过程追踪而收集的贸易数据实际构成了削弱竞争性假设的重要证据。第二个研究也将访谈与原创数据库设计、田野实验相结合,极大地增加了论述的有效性和理论的说服力。

五、结　　论

本文尝试性提出"混合田野调查"研究路径。此路径在传统田野调查的基础上,尝试将更广泛的政治科学研究方法以及更为严格的科学论证思维融入田野,实现田野调查研究更为有效的科学论证效度,进而为实现区域国别研究与政治科学之间的协同进步提供参考。

本文的研究还处于初级阶段,在未来还有进一步发展的空间。

首先,混合田野调查法还需要补充更详细的操作顺序与流程。本文提出了混合田野调查的三项操作原则,但还需要更为明确的操作顺序与流程。例如,在传统政治学的混合方法中,就存在先定性后定量与先定量后定性之间的区别,而在混合田野调查法中,也存在先进行更开放的田野调查,后进行政治科学论证与先进行政治科学论证,后利用田野资料进行验证的区别。这些都需要在进一步的研究中细化。

其次,混合田野调查法在研究对象上的范围也需要进一步明确。前文分析表明,混合田野调查大多应用于处于次国家层面的现象,因此多关注中观或微观问题。而在区域国别研究中,许多研究者关注的依然是该国外交政策、区域总体政治经济发展走向等宏观问题。混合田野调查对于此类较为宏观的问题的适应性如何,值得在未来的研究中仔细讨论。

最后,混合田野调查法是未来区域国别研究与政治科学相互促进的一条路径,但也并非唯一的路径。区域国别研究与政治科学之间要实现协同创新,但也不必完全等同,保持各自学科特色与方法上的张力实际上有利于丰富社会科学知识供给。

"澜湄区域国别研究"的概念创新、历史流变与发展路径 *

张 励 **

【内容提要】 "澜沧江—湄公河区域国别研究"作为区域国别研究的"新议题"与"后来者"正引起国内外学界乃至全球战略界的高度关注。本文首先探讨"澜湄区域国别研究"的学理特殊性和战略重要性。其次,重点分析"澜湄区域国别研究"的历史流变、转向动因以及各阶段的研究特点。最后,本文对"澜湄区域国别研究"地理边界、国家概念等关键性内容进行剖析,并指出未来"澜湄区域国别研究"的四重发展路径。

【关键词】 区域国别研究,澜沧江—湄公河区域国别研究,概念创新,历史流变,发展路径

【Abstract】 As a new issue and a latecomer in area studies, the "Lancang-Mekong Area Studies" is attracting much attention from the academic circles at home and abroad and even from the global strategic community. This paper first discusses the theoretical specificity and strategic importance of "Lancang-Mekong Area Studies". Secondly, it focuses on analyzing the historical evolution, turning factors and characteristics of each stage of the "Lancang-Mekong Area Studies". Finally, the paper analyzes the geographical boundaries and country concepts of "Lancang-Mekong Area Studies", and points out the fourfold development path of "Lancang-Mekong Area Studies" in the future.

【Key Words】 Area Studies, Lancang-Mekong Area Studies, Concept Innovation, Historical Evolution, Development Path

* 本文系上海市哲学社会科学规划课题一般项目(项目编号:2023BGJ004)、"复旦大学—金光集团思想库"课题(项目编号:JGSXK2406)、复旦大学人文社会科学先锋计划、复旦大学亚洲研究中心学术资助项目的阶段性成果。本文曾于 2022 年 11 月 27 日复旦大学主办的"区域国别研究:新视野与新方法"专题研讨会上宣读。感谢研讨会中李开盛研究员、贺嘉洁青年副研究员提出的宝贵意见,文中疏漏由笔者负责。

** 张励,复旦大学"一带一路"及全球治理研究院副研究员,上海高校智库复旦大学宗教与中国国家安全研究中心研究员,硕士生导师。

澜沧江—湄公河区域及地区内国家是中国周边外交的关键,也是近几年中美战略对抗的前沿。2016 年以后,国内外学界与智库从区域国别研究视阈开始加大对澜沧江—湄公河区域整体与国家个体的探索力度。"澜沧江—湄公河区域国别研究"①(以下简称"澜湄区域国别研究")出现了"名未至,身先行"的发展新趋势,但由于"澜湄区域国别研究"存在着"非全域国家覆盖性""一河贯之性"等独有的区域国别研究特点,以及与既有的"大陆东南亚区域国别研究""东南亚区域国别"等有着密切的嵌套关系,因此在现有的"澜湄区域国别研究"中存在地理边界模糊、国家概念混用等诸多现象。这将对区域国别研究中的水权、国家主权等根本性议题带来负面影响,并进一步影响政治安全、经济发展、生态环境保护、跨界民族、宗教文化等领域的研究。这就引出了本文要讨论的一系列问题,即"澜湄区域国别研究"概念创新的学理特殊性与战略重要性是什么?"澜湄区域国别研究"的历史发展经历了几个阶段与各阶段的研究特色是什么?"澜湄区域(澜湄地区)"与"澜湄流域""湄公河地区""湄公河流域的"的地理边界区分是什么?"澜湄区域国别研究"中应该采用"大陆东南亚国家""中南半岛国家""澜湄国家""湄公河国家""大湄公河次区域国家"哪个国家概念?"澜湄区域国别研究"的未来发展路径有哪些及需要注意什么?

本文拟从三个部分展开论述。第一部分从区域国别研究视角探索"澜湄区域"的学理特殊性与战略重要性。第二部分探析"澜湄区域国别研究"的历史流变、转向动因与研究特点。第三部分将框定"澜湄区域国别研究"的地理边界、辨析研究中用到的不同国家概念,最后指出"澜湄区域国别研究"的未来发展路径。

一、区域国别研究视阈下"澜沧江—湄公河区域" 的学理特殊性与战略重要性

"澜湄区域国别研究"的"非全域国家覆盖性"和"一河贯之性"打破了

---

① 澜沧江—湄公河区域国别研究指针对澜湄沧—湄公河区域和地区内国家的历史、地理、政治、经济、军事、法律、社会、文化、环境等的多学科、跨学科研究。它属于区域国别研究的分支之一,并具备区域国别研究中注重区域整体性和地区内国家个体性研究的特点。

既有西方主导区域国别研究范式,成为创新区域国别研究亟须突破的增长点与创新点。同时,"澜湄区域国别研究"也深刻关乎"人类命运共同体"的"先行先试区"、"一带一路"的"逆势增长板块"以及"中美大国竞争前沿"等迫切的地缘政治经济议题。

(一)"澜湄区域国别研究"的学理特殊性及所带来的研究新议题

"澜湄区域国别研究"呈现西方主导的区域国别研究中所未有的或者说是被忽略的"双重特殊性",即"非全域国家覆盖性"与"一河贯之性"。同时,这两重特殊性相互交叉重叠,使得区域内的研究更为复杂,并在某种程度上生成或改变了既有"区域国别研究"中的一些研究议题。因此,在新时代中国特色区域国别研究中,应对具备这两个特点的区域国别重新审视,以便深入地进行因地制宜式研究。

第一,"澜湄区域国别研究"中的"非全域国家覆盖性"及所带来的"次国家政府"新议题。在以往的区域国别研究中,无论是"区域",还是"次区域",一般都以整个全域国家为该范围内的基本构成单位,但"澜湄区域国别研究"的区域构成却并非中国、缅甸、老挝、泰国、柬埔寨、越南六国的简单相加。从目前的国内外研究来看,"澜湄区域国别研究"主要涵盖中国西部省份(云南省、西藏自治区、青海省)与缅甸、老挝、泰国、柬埔寨、越南构成的区域。在澜湄"国际陆海贸易新通道"的区域国别研究议题上还会外溢至中国西部的重庆市、广西壮族自治区等。但无论何者,由于"澜湄区域国别研究"中的"非全域性国家覆盖性"使得"次国家政府"在该区域国别研究中的地位、作用与重要性提高,即在"澜湄区域国别研究"中,地方政府要在一国主权关系之下发挥更为积极的对外作用,并在中央领导下发挥共赢机制作用。[①]因此,次国家政府从国际关系研究中的"次议题"成为"区域国别研究"的新议题与主议题。

第二,"澜湄区域国别研究"中的"一河贯之性"及伴随的政治经济安全外溢性新议题。澜沧江—湄公河全长 4880 公里,其中在中国境内长约 2161 公里,云南境内达 1247 公里。河流贯穿中国、缅甸、老挝、泰国、柬埔

---

① 陈志敏:《次国家政府与对外事务》,长征出版社 2001 年版,第 24、172 页。

寨、越南六国,并成为影响区域经济发展、政治安全合作、生态环境保护、神灵崇拜等不可或缺的纽带。①21 世纪以来,随着澜沧江—湄公河被"泛安全化"影响的日益严重,水资源议题与区域内其他议题深度挂钩和捆绑。此外,"一河贯之性"还导致区域内的国家实力对比扭转的"固态化"。流域六国由于受河流的上下游区位限制、流域长度限制等影响,一国无法单靠某一领域的实力提升来完全扭转或改变双多边合作中的"绝对地位",尤其在直接涉及区域水开发、水航道安全保护上更是如此。因此,只有将息息相关的澜湄区域作为一个整体进行研究,才能更加因地制宜、对症下药,提升区域合作以及区域国别研究的水平。

(二)"澜湄区域国别研究"的战略重要性

西方主导区域国别研究范式,尤其是美国区域国别研究的兴起主要基于第二次世界大战的爆发。旧有的区域国别研究目的在于全面理解对象地区并迅速掌握对象国语言,从而赢得战争。②东南亚区域国别研究的兴盛也正发端于此。而新时代下的新型区域国别研究的使命与任务与其截然不同。例如,"澜湄区域国别研究"的发端与创新是基于全方位突破区域合作的发展瓶颈、对冲"逆全球化"风险,以及应对"冷战思维"的威胁。

第一,"澜湄区域国别研究"深刻关乎"人类命运共同体"的"先行先试区"。人类命运共同体意在携手构建合作共赢的新伙伴关系,以及建设持久和平、普遍安全、共同繁荣、开放包容、清洁美丽的世界。而澜湄国家命运共同体则是"人类命运共同体"首个落地实践的"先行先试区",其范围聚焦地区便是澜湄区域。从 2019 年至今,中国已经与柬埔寨、老挝、缅甸等达成或签署国家间的命运共同体协议(见表1)。而澜湄命运共同体最终的实践落地,则需要从安全、发展、清洁等多维度构建与发展。因此,这需要"澜湄区域国别研究"从区域整体性出发,运用跨学科的方式解决区域内发展、安全与治理等诸多议题,确保地区和谐共生。

① 张励:《水资源与澜湄国家命运共同体》,《国际展望》2019 年第 4 期,第 73—74 页。
② 任晓:《再论区域国别研究》,《世界经济与政治》2019 年第 1 期,第 65 页;任晓:《区域国别研究的发展历程、趋势和方向》,《国际政治研究》2020 年第 1 期,第 137—138 页。

表 1　澜湄国家命运共同体的双边协议

时　间	国　家	协议名称	签署状态
2019 年 4 月 28 日	中国、柬埔寨	《中柬构建命运共同体行动计划》	签署
2019 年 4 月 30 日	中国、老挝	《中国共产党和老挝人民革命党关于构建中老命运共同体行动计划》	签署
2021 年 1 月 12 日	中国、缅甸	《构建中缅命运共同体行动计划》	达成原则一致适时尽快签署

资料来源:本文根据中国外交部网站资料整理。

第二,"澜湄区域国别研究"深度关系"一带一路"的"逆势增长板块"发展。新时代下的区域国别研究和"澜湄区域国别研究"的主要任务之一是突破区域发展的瓶颈,促进地区经济增长。目前在"逆全球化"盛行的背景下,"澜湄区域"作为"一带一路"的重要板块之一,呈现逆势增长的经济发展势头(见表 2)。但流域六国都为发展中国家,而澜湄区域内的中国部分则由经济相对不发达的西部省份所组成。因此,澜湄区域国别研究亟须突破跨国家间的"国际陆海贸易新通道"重大议题。这将把中国西部地区—东南亚地区—欧亚大陆多维度有机连接,成为集区域生产链和供应链联动、陆海集聚、通关效能为一体的综合性国际贸易大通道。[1]

表 2　2018—2021 年中国与湄公河国家贸易额和中国投资额

(单位:亿美元)

国家 \ 年份	2018 年		2019 年		2020 年		2021 年	
	贸易	投资	贸易	投资	贸易	投资	贸易	投资[2]
缅　甸	152.4	2.7	187.0	2.4	188.9	2.6	186.2	—
老　挝	34.7	14.3	39.2	11.8	35.5	12.4	43.5	—
泰　国	875.2	6.4	917.5	9.0	986.3	8.2	1311.8	—
柬埔寨	73.9	6.4	94.3	6.9	95.6	9.1	136.7	—
越　南	1478.6	12.3	1620.0	13.0	1922.8	13.8	2302.0	—
总　额	2614.8	42.1	2858.0	43.1	3229.1	46.1	3980.2	—

资料来源:本文根据中国商务部网站资料整理。

---

[1] 《关于澜湄合作与"国际陆海贸易新通道"对接合作的共同主席声明》,人民网,http://world.people.com.cn/n1/2020/0825/c1002-31835060.html, 2020 年 8 月 25 日。

[2] 截至 2022 年上半年,中国商务部关于 2021 年 1—12 月中国对湄公河国家投资额暂未公布。

第三,"澜湄区域国别研究"深刻关系"中美大国竞争前沿"的发展烈度。自 20 世纪末至今,美国一直视澜湄区域为打开中国西南边陲的重要切入点。除了通过非政府组织在中国云南省等西部地区扩大影响外,美国分别于奥巴马政府时期及特朗普政府时期建立了"湄公河下游倡议"(Lower Mekong Initiative)与"湄公河—美国伙伴关系"(Mekong-U.S. Partnership),试图不断加强自身在部分澜湄区域的影响力。2021 年,拜登政府更将"澜湄区域"视为中美战略对抗前沿和实施"印太战略"(Indo-Pacific-Strategy)的重要一环。①此外,随着 2016 年首个由流域六国自主建立的澜沧江—湄公河合作机制(Lancang-Mekong Cooperation)正式启动,如再以旧有的"中国＋五个湄公河国家"的方式研究与实践,恐难真正做到区域治理协同和区域发展突破。这也更易被美国将"澜湄区域"刻意分为以中国为代表的"上游阵营",以及以五个湄公河国家为代表的"下游阵营",从而造成两者的对立与共同身份的割裂。因此,能否从区域整体视角来创造和探索"澜湄区域国别研究",加强六国"澜湄国家共同体意识",将成为能否提升区域凝聚力与向心力,以及决定中美在该地区竞争烈度的关键。

二、"澜湄区域国别研究"的历史流变、转向动因与研究特点

"澜湄区域国别研究"有其历史积淀与发展脉络,并非无根之木、无源之水。总体而言,"澜湄区域国别研究"可分为"孕育时代""雏形时代"以及"成长时代",且每个阶段都有其独特的研究特点与聚焦议题(见表 3)。"澜湄(次)区域"的相关概念也于 20 世纪 90 年代的"孕育时代"下首次正式出现。

表 3 "澜湄区域国别研究"的分期与特点

分 期	时 段	特 点
孕育时代	20 世纪 50 年代至 80 年代	● "区域－"研究模式 ● "中国＋"研究模式

---

① East-West Center, Indo-Pacific Conference on Strengthening Governance of Transboundary Rivers Report, February 25, 2021, p.6.

（续表）

分　期	时　　段	特　　点
雏形时代	20 世 纪 90 年 代 至 2015 年左右	● 初步视澜湄地区为一个整体 ● "澜湄"概念首次在区域国别研究中出现 ● 以经济议题研究为主轴 ● 实证研究为主并探索部分理论
成长时代	2016 年至今	● 聚焦全功能领域研究 ● 描述性知识、学理性知识、应用性知识的交融会通 ● 定性与定量的研究方法并进 ● 国内外学界推动"澜湄区域国别研究"的"学术身份"塑造

资料来源：作者自制。

（一）"澜湄区域国别研究"的"孕育时代"："区域－"研究模式与"中国＋"研究模式

20 世纪 50 年代至 80 年代，"澜湄区域国别研究"主要基于东南亚区域国别研究展开，尚未形成自身地区整体化的区域国别研究意识。但在该阶段，"澜湄区域国别研究"通过"区域－"模式与"中国＋"模式所展开的区域国别相关议题研究（见表 4），为 20 世纪 90 年代后的"澜湄区域国别研究"发展夯实了基础。

表 4　"孕育时代"下澜湄区域国别研究的主要范式

"区域－"研究模式	"澜湄区域－中国"的研究模式
	"东南亚地区－海岛东南亚国家"的研究模式
"中国＋"研究模式	"中国＋单国"的双边研究
	"中国＋多国"的互动研究

资料来源：作者自制。

第一，"澜湄区域国别研究"的"区域－"研究模式主要体现在两个方面。一是"澜湄区域－中国"的研究模式。国内外学界开展专门针对缅甸、老挝、泰国、柬埔寨、越南的国别研究，以及这些国家间的双多边互动研究。二是"东南亚地区－海岛东南亚国家"的研究模式。在东南亚历史研究及既有的区域国别研究中，一般将缅甸、老挝、泰国、柬埔寨、越南视为大陆东南亚国家（Mainland Southeast Asia Countries），而将印度尼西亚、马来西亚、新加坡、菲律宾、文莱、东帝汶等视为海岛东南亚国家（Maritime Southeast Asia Countries）或海洋东南亚国家（Oceanic Southeast Asia Countries）。①在进行东南亚区域国别研究时，将大陆东南亚国家视为东南亚国家的重要构成进行探讨，并着重分析大陆东南亚国家与海岛东南亚国家的差异性与联系性。

第二，"中国＋"的研究模式成为弥补"区域—"研究模式不足，打通中国与缅甸、老挝、泰国、柬埔寨、越南五国区域国别研究连接的另一种方式。国内外学界除了就某一国开展国别研究外，开始关注"中国＋单国"的互动研究，并主要聚焦于历史、民族、语言、宗教等重要合作议题，但主要还是运用历史学、人类学、地理学等学科的研究方法，研究方法较为单一，也未形成互动。随着澜湄地区问题的日益复杂，以及中国与东南亚国家间的关系日益密切，"中国＋多国"的互动研究开始出现。澜湄区域的研究议题日益扩大到多边经济、非传统安全合作、跨境民族、跨境宗教等更为广泛的议题上。

（二）"澜湄区域国别研究"的"雏形时代"：区域整体化初始研究模式

20世纪90年代至2015年左右，"澜湄区域国别研究"正式迈入"雏形时代"。其最主要的特征就是对于澜湄区域国别研究范围的精准框定与单列一体，同时首次出现了"澜湄"的相关概念并从多学科视角初步探索。1992年，亚洲开发银行（Asian Development Bank）发起成立大湄公河次区域经济合作机制（Greater Mekong Subregion Economic Cooperation，以下简称"GMS合作"）。该合作机制成为推动澜湄区域国别研究朝着整体化发展的最大动因。GMS合作包括中国（云南省与广西壮族自治区）、缅甸、老挝、泰国、柬埔寨、越南六国，主要目标在于加强各成员间的经济联系、消除贫困、促进次区域的经济和社会发展。②伴随着此契机，

---

① 参见 Nicholas Tarling, ed., *The Cambridge History of Southeast Asia*：*Volume 1*, *From Early Times to c. 1800*. Cambridge University Press，1992；Nicholas Tarling, ed., *The Cambridge History of Southeast Asia*：*Volume 2*, *The Nineteenth and Twentieth Centuries*, Cambridge University Press，1993；梁英明：《东南亚史》，人民出版社2010年版。

② Asian Development Bank，Greater Mekong Subregion Economic Cooperation Program：Overview，2015，p.1.

"澜湄区域国别研究"迈入初步发展期,并首次将该地区作为一个整体进行研究。

国内外学界也开始以 GMS 合作为切入点,展开"澜湄区域国别研究"的实证研究和部分区域国别理论探讨。第一,"澜湄区域国别研究"围绕区域内 GMS 合作议题展开重点讨论,具体包括中国参与方式、六国合作模式、域外影响因素、基础设施建设、经济走廊打造、旅游合作发展、农产品贸易、电力合作、物流配送网络,以及一些涉及安全合作、非传统安全治理的研究。①第二,"澜湄区域国别研究"开始探索符合本地区特色的区域国别研究方法与概念,具体包括次区域合作范式、次国家政府作用、区域经济一体化,以及"和谐区域"概念等。东南亚研究巨擘贺圣达认为,GMS 合作的发展要回归到次区域合作概念本身,同时从功能方法视角回答次区域和次区域经济合作方法。目前市场一体化、综合一体化和功能一体化都无法促进 GMS 合作的发展,而应该创造和采取一种"以功能方法为基础,充分吸取综合一体化强调经济和社会政协调等可取之处,也吸收市场一体化方法注重资源合理配置的合理因素"。②王士录认为在 GMS 的区域国别研究过程中过度注重了经济议题,而忽视了 GMS 合作的国际关系调适

---

① 参见贺圣达:《突破中国与东南亚经贸关系的现有框架的创举——论中国参加澜沧江—湄公河开发国际合作的意义》,《东南亚》1993 年第 3 期;刘稚:《澜沧江—湄公河合作开发的国际环境和国际关系》,《东南亚》1993 年第 3 期;贺圣达:《大湄公河次区域合作:复杂的合作机制和中国的参与》,《南洋问题研究》2005 年第 1 期;张继科:《大湄公河次区域电力合作研究》,《东南亚》2006 年第 1 期;黎尔平:《非传统安全视角下云南参与大湄公河次区域经济合作研究》,《云南财经大学学报》2006 年第 3 期;张锡镇:《中国参与大湄公河次区域合作的进展、障碍与出路》,《南洋问题研究》2007 年第 3 期;刘稚:《大湄公河次区域经济走廊建设与中国的参与》,《当代亚太》2009 年第 3 期;刘稚、李晨阳、卢光盛:大湄公河次区域蓝皮书系列《大湄公河次区域合作发展报告》,社会科学文献出版社 2011—2016 年版;Seung Yoon Yang and Yo Han Lee, "Greater Mekong Subregion Project Regional Cooperation of Southeast Asia", *Journal of International Area Studies*, Vol.1, No.2. 1997; Mya Than, "Economic Cooperation in the Greater Mekong Subregion," *Asian-Pacific Economic Literature*, Vol.11, No.2, 1997; Xiaojiang Yu, "Regional cooperation and energy development in the Greater Mekong Sub-region, "*Energy Policy*, Vol.31, No.12, 2003, Athakorn Kengpol, "Design of a Decision Support System to Evaluate Logistics Distribution Network in Greater Mekong Subregion Countries," *International Journal of Production Economics*, Vol.115, No.2, 2007,等。

② 贺圣达:《澜沧江—湄公河次区域合作的理论与方法》,《东南亚》1997 年第 2 期,第 8 页。

作用,提出了"和谐区域"的概念。①同时,该阶段的"澜湄区域国别研究"还
意识到次国家政府在对外区域发展中的重要作用,并主要以云南省和广
西壮族自治区为案例探讨区域经济议题。②此外,国外学界还通过重力模
型对澜湄区域经济一体化议题展开探讨。③第三,成立了专门研究 GMS 合
作的"澜湄区域国别研究"团队和机构。20 世纪 90 年代至 2015 年,一些
学校先后建立了专门的研究机构。例如,云南大学先后成立了云南大学
GMS 研究中心、云南大学大湄公河次区域研究中心(后改为云南大学澜沧
江—湄公河次区域研究中心)、苏州大学成立了老挝—大湄公河次区域国
家研究中心等。此外,一些机构则设置在原有东南亚研究机构下对澜湄
地区进行区域国别研究,例如,云南省社科院东南亚研究所、厦门大学南
洋研究院(现为国际关系学院)等。④

　　此外,"澜湄"概念⑤已在区域国别研究中正式出现,并进行了多学科
的初步探索。这为下个阶段的"澜湄区域国别研究"发展奠定了学术身份
基础。此前"澜沧江—湄公河"一词多用于探讨河流本身的相关议题,但
20 世纪 90 年代起,"澜沧江—湄公河""澜沧江—湄公河流域""澜沧江—
湄公河(次)区域"等词开始被用于形容整个澜湄区域,以及被用于澜湄区
域内经济、交通、环境、教育等相关议题的探讨。例如,1993 年由云南省社
科院主持召开的"澜沧江—湄公河流域经济发展与环境保护"学术讨论

　　① 王士录:《大湄公河次区域经济合作的国际关系学意义解读》,《当代亚太》2006 年第
2 期,第 8—11 页。
　　② 参见牛飞、牛嘉:《桥头堡建设与云南面向东南亚的次国家政府外交建设》,《中共
云南省委党校学报》2011 年第 5 期;卢光盛、邸可:《大湄公河次区域金融合作与中国(云
南)的参与》,《云南师范大学学报(哲学社会科学版)》2011 年第 6 期;周毅、莫小莎:《广西
参与大湄公河次区域合作的重要意义及对策措施》,《广西社会主义学院学报》2006 年第 1
期;黄阳坚:《广西参与大湄公河次区域合作开发的制度分析》,《经济与社会发展》2010 年
第 1 期。
　　③ Hiroyuki Taguchi and Keiichiro Oizumi, "Trade Integration of Yunnan and Guan-
gxi with the Greater Mekong Sub-region Re-visited," *China Economic Policy Review*, Vol.
3, No.3, 2014.
　　④ 此阶段内其他关于"澜湄区域国别研究"的人员来自北京大学、广西大学等高校下属
的国际关系学院、经济学院、管理学院等非区域国别研究性质的机构。
　　⑤ 在"雏形时代",部分文章与学术研讨会的依旧存在"澜湄区域"与"澜湄流域"误用的
现象,但从其研究内容与会议内容看是对"澜湄区域"的整体性研究,有些甚至从多学科角度
切入。

会,中、泰、老、缅四国学者就澜湄区域内的农业发展、能源矿业、交通通信、旅游合作、环境保护、智力开发等展开探讨研究。①1994 年由云南大学和泰国清迈大学共同主办的"澜沧江—湄公河流域区域合作与持续发展国际研讨会"就澜湄区域的民族与文化变迁、历史与人口变迁、经济发展与国际合作、自然资源管理与环境变化等多学科进行了探讨。②同时,该阶段出现了一些以"澜湄"为主题所开展的区域国别研究,例如贺圣达撰写的《澜沧江—湄公河次区域合作的理论与方法》、刘稚撰写的《澜沧江—湄公河合作开发的国际环境和国际关系》③、刀爱民撰写的《西双版纳在澜—湄次区域经济合作中的地位、发展思路和目标》④等。

（三）"澜湄区域国别研究"的"成长时代":全功能整体化研究模式

2016 年至今,"澜湄区域国别研究"开始朝着"全功能整体化研究"方向蜕变。澜湄地区的区域国别研究范式的转向与研究内容的突破主要基

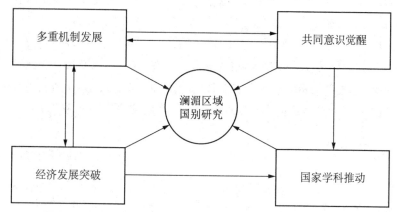

图 1　澜湄区域国别研究范式转向与研究内容突破的内外动因

资料来源:作者自制。

---

① 何耀华:《合作·发展·繁荣·进步——澜沧江—湄公河流域经济发展与环境保护学术讨论会开幕词》,《云南社会科学》1993 年第 3 期,第 3—4 页。

② 参见《澜沧江—湄公河流域区域合作与持续发展国际研讨会》,《思想战线》1995 年第 1 期。

③ 参见刘稚:《澜沧江—湄公河合作开发的国际环境和国际关系》,《东南亚》1993 年第 3 期。

④ 刀爱民:《西双版纳在澜—湄次区域经济合作中的地位、发展思路和目标》,《东南亚南亚信息》1997 年第 7 期,第 4—5 页。

于四个方面的动因：多重机制发展、共同意识觉醒、经济发展突破和国家学科推动（见图1）。前三者是澜湄地区六国的交互动因，第四个则主要源自中国的内在动因。

首先，新区域合作机制的启动与地区内多重机制的竞合促使"澜湄区域国别研究"朝着"全功能"的方向发展。2016年，中国、缅甸、老挝、泰国、柬埔寨、越南共同建立了澜沧江—湄公河合作机制（Lancang-Mekong Co-operation）。该机制是澜湄区域首个由六国主导的合作机制，并且打造了"3＋5＋X"框架，即坚持政治安全、经济和可持续发展、社会人文三大支柱协调发展，优先在互联互通、产能、跨境经济、水资源、农业和减贫领域开展合作，并拓展海关、卫生、青年等领域。①全方位、多领域的机制定位，促使"澜湄区域国别研究"也朝着更为多元化的方向发展。此外，GMS合作在强调经济合作为主体的同时，提出新的《大湄公河次区域经济合作2030战略框架》②和《大湄公河次区域经济合作应对新冠肺炎疫情和经济复苏计划（2021—2023）》③，更加强调环境问题、区域竞争力、共同体意识等。因此，澜湄区域内机制对各个议题的重视与投入，促使"澜湄区域国别研究"也朝着解决地区内多领域问题的方向发展。

其次，澜湄区域六国共同意识的发展与觉醒使得"澜湄区域国别研究"的"整体化研究"趋势相较"雏形时代"进一步增强。经过1992年至2015年GMS合作的发展，澜湄六国已经孕育和发展出共同体的初步意识。此外，随着2009年起，美国、日本、印度、韩国、澳大利亚等对该地区的介入力度加强④，澜湄地区国家更加倾向寻求通过本地区内力量来解决问题，从而避免将水资源问题、区域安全问题等"国际化"。因此，澜湄六国更加强化"澜湄区域国别研究"的"整体化"色彩，并将其视为突破区域一体化瓶颈的重要途径。随之而来的是，澜湄区域外的国家也开始研究澜湄区

---

① 《澜沧江—湄公河合作》，中华人民共和国外交部，https://www.fmprc.gov.cn/web/wjb_673085/zzjg_673183/yzs_673193/dqzz_673197/lcjmghhz_692228/gk_692230/。

② Asian Development Bank, The Greater Mekong Subregion Economic Cooperation Program Strategic Framework 2030, September 2021.

③ Asian Development Bank, Greater Mekong Subregion COVID-19 Response and Recovery Plan 2021—2023, September 2021.

④ 参见贺嘉洁：《角力湄公河：中国、日本和印度在湄公河次区域的基础设施投资比较研究》，《东南亚纵横》2019年第4期。

域一体化的进程与规律。

再次,旧有区域经济合作模式瓶颈寻求"澜湄区域国别研究"在全功能、多领域展开探索。1992 年至 2015 年的 GMS 合作实践,以及围绕 GMS 合作为主线所展开的"澜湄区域国别研究"都陷入地区经济发展的瓶颈。澜湄六国经过十余年的区域经济合作,意识到如只单一地依赖以经济议题为核心的研究与实践,不解决安全、环境、技术、文化等领域的问题,那么区域内的整体合作水平和经济走廊的建设就难以上升至新的发展阶段。因此,围绕澜湄区域安全议题、经济议题、环境议题、社会议题、卫生议题等全领域、全功能的区域国别研究势在必行。因此,在"澜湄区域国别研究"的"雏形时代"后期,就隐约能看到这种尝试性的"区域国别研究"新突围①,但当时仍主要基于对 GMS 合作的框架探讨。2016 年至今,"澜湄区域国别研究"开始从政治安全、经济合作、可持续发展、社会人文、互联互通、水资源治理、人才培养等多维度研究。六年多的时间里,中国知网数据库中关于澜湄区域国别研究的论文就多达 601 篇②,且涉及领域繁多。

最后,中国区域国别研究学科与机构的建设,推动"澜湄区域国别研究"朝着更为专业与深入的方向发展。自 2011 年中国教育部启动教育部区域和国别研究培育基地项目以来,中国区域国别研究进入快速发展阶段。2016 年后中国加大了对区域国别研究的投入,截至目前,教育部依托高校成立 42 家国别和区域研究培育基地、395 个国别与区域研究备案中心。③值得关注的是,2017 年教育部获批成立了 2 家"澜湄区域国别研究"的国别与区域研究备案中心——云南大学澜沧江—湄公河次区域研究中心和海南大学澜沧江—湄公河次区域研究中心。此外,中国部分省份也积极加快"澜湄区域国别研究"的建设。例如,2020 年 11 月,云南省外办

① 参见卢光盛:《升级 GMS 合作 推进"一带一路"在东南亚中路突破》,《世界知识》2015 年第 5 期;卢光盛、金珍:《"一带一路"框架下大湄公河次区域合作升级版》,《国际展望》2015 年第 5 期。

② 截至 2022 年 10 月 30 日,本文以"澜湄合作""澜沧江—湄公河合作"等作为主题词搜索所得。

③ 《努力使中国特色哲学社会科学真正屹立于世界学术之林——党的十八大以来高校哲学社会科学发展成就综述》,中华人民共和国教育部,https://hudong.moe.gov.cn/jyb_xwfb/s5147/202207/t20220707_644040.html,2022 年 7 月 7 日。

与云南大学共同建立云南澜沧江—湄公河研究院、云南澜沧江—湄公河合作中心。[①]

"成长时代"下的"澜湄区域国别研究"研究也呈现全新的研究特点，不但聚焦全功能领域研究，还注重描述性知识、学理性知识、应用性知识的交融会通，以及运用定性与定量的研究方法。此外，值得注意的是，国内外学界也在行动上开始共同构建"澜湄区域国别研究"的"学术身份"。

第一，"澜湄区域国别研究"全功能领域研究的齐头并进。"成长时代"下的"澜湄区域国别研究"，已经从以研究经济议题为主，转变为对政治安全、经济发展、生态环境、社会人文等全功能领域及交叉领域的并进研究。从研究功能领域上，出现地区安全、政治制度、经济发展、生态环境、社会结构等多功能、多领域的发展态势。同时在"孕育阶段"，部分冷门领域如水资源、气候变化等也日益转暖，甚至成为影响澜湄区域国别研究的交叉性重点议题与关键性影响因素。多学科对"澜湄区域国别"的研究力度与交叉力度加强，政治学、经济学、历史学、地理学、语言学、水利工程学、生态学、农学等学者开始加大对该议题的研究并相互合作。此外，中国外交部、水利部、公安部、生态环境部、农业农村部等政府部门的研究机构也展开跨部门、跨学科的综合性议题研究。

第二，"澜湄区域国别研究"中的描述性知识、学理性知识、应用性知识开始逐渐交融会通。区域国别研究乃至区域国别学需要描述性知识、学理性知识与应用性知识的相互关联、相互转换和相辅相成。[②]"澜湄区域国别研究"在"成长时代"已逐渐开始呈现这种发展趋势。首先，从描述性知识角度看，研究者通过系统研究、田野考察、内外交流等诸多途径，开始更为细致地勾勒澜湄区域的政治安全、经济合作、生态环境、社会文化等方面知识，形成相较"雏形时代"更为全面、系统的描述性知识。其次，从学理性知识看，在此阶段"澜湄区域国别研究"的理性知识产出迅速增加。一方

---

① 《携手共赢：云南澜沧江—湄公河合作中心挂牌成立！》，新浪网，https://news.sina.com.cn/o/2020-11-28/doc-iiznezxs4104850.shtml?cre=tianyi&mod=pcpager_news&loc=34&r=9&rfunc=100&tj=none&tr=9，2020 年 11 月 28 日。

② 参见秦亚青：《区域国别学知识体系的构成》，《国际论坛》2022 年第 6 期。

面,在"澜湄区域国别研究"的过程中纳入了更多的理论分析研究,并首先体现在社会科学领域。研究者通过国际机制、安全复合体、软实力等相关理论对澜湄区域发展作了体系性的研究。①另一方面,研究者通过对澜湄区域国别进行系统研究后,提炼出了某种社会发展或行为体行为的运行规律,并上升为理论与模式,例如通过"澜湄区域国别研究"生成了在全球范围内具有一定实用性的水外交理论②、制度竞合模式③等新学理性知识。最后,从应用性知识角度看,"澜湄区域国别研究"问题导向的目标清晰。随着澜湄合作机制的发展以及中美在澜湄地区对抗烈度的增强,中国高校、研究机构、智库等在开展"澜湄区域国别研究"的过程中发挥了重要的咨政建言作用乃至二轨外交的效用,促进了澜湄地区合作提质升级、妥善应对部分域外国家恶意竞争及"澜湄舆论战"等。

第三,"澜湄区域国别研究"在研究方法上呈现定性与定量方法并进的新趋势。无论是"澜湄区域国别研究"的"孕育时代"还是"雏形时代",对于澜湄地区的区域国别研究始终停留在以定性为主的研究方法上。各领域的专家,尤其是人文社科领域的研究者主要通过描述、推演、规律找寻、理论分析等方式方法进行研究,这也导致对"精准性"要求较高的

---

① 参见 Bhubhindar Singh and Sarah Teo, eds. Minilateralism in the Indo-Pacific: *The Quadrilateral Security Dialogue*, *Lancang-Mekong Cooperation Mechanism*, *and ASEAN*, Routledge, 2020; Pongphisoot Busbarat, Poowin Bunyavejchewin, and Thapiporn Suporn, "China and Mekong Regionalism: A Reappraisal of the Formation of Lancang-Mekong Cooperation," *Asian Politics & Policy*, Vol.13, No.2, 2021; Sovinda Po and Christopher B. Primiano, "Explaining China's Lancang-Mekong Cooperation as an Institutional Balancing Strategy: Dragon Guarding the Water," *Australian Journal of International Affairs*, Vol.75, No.3, 2021;朱杰进、诸馥思:《国际制度设计视角下的澜湄合作》,《外交评论》2020 年第 3 期;卢光盛、聂姣:《澜湄合作的动力机制——基于"利益—责任—规范"的分析》,《国际展望》2021 年第 1 期;华亚溪、郑先武:《澜湄水安全复合体的形成与治理机制演进》,《世界经济与政治》2022 年第 6 期等。

② 参见张励:《水外交:中国与湄公河国家跨界水资源的合作与冲突》,云南大学 2017 年博士学位论文;郭延军:《"一带一路"建设中的中国澜湄水外交》,《中国—东盟研究》2017 年第 2 期;邢伟:《新时代中国的水外交:以澜湄合作为例》,《学术探索》2022 年第 9 期;Zhang Li and Zhang Hongzhou, "Water Diplomacy and China's Bid for Soft Power in the Mekong", *The China Review*, Vol.21, No.4, 2021 等。

③ 参见卢光盛、金珍:《超越拥堵:澜湄合作机制的发展路径探析》,《世界经济与政治》2020 年第 7 期。

区域议题研究瓶颈难以突破。而在"澜湄区域国别研究"的"成长时代",则开始出现了定量与定性结合的方式。除了在水资源议题上不断加强定量研究的分析,精确评估澜湄水系统、极端气候中的水资源利用等①,部分研究还通过结构方程模型来研究中资企业在澜湄区域中的发展合作②等,为澜湄地区的区域国别研究提供了多维度、多元化的研究与参考路径。

第四,"澜湄区域国别研究"在国内外学界已展现出"名未至,身先行"的发展新趋势。虽然"澜湄区域国别研究"暂未有正式的"学术身份",但"澜湄区域国别研究"在进入"发展时代"后,国内外学界关于该地区的实质性区域国别研究工作正快速展开。从国内外学界对于"澜湄区域国别研究"的关注度以及发文量来看,2016 年至 2020 年间,"澜湄区域国别研究"呈现中国学界—东南亚学界—亚太学界—欧美学界的辐射形态。中国除了既有东南亚研究、澜湄研究所在的传统高校和研究机构外(云南大学、厦门大学、暨南大学、广西大学等),清华大学、北京大学、复旦大学、南京大学、武汉大学、河海大学、外交学院、中国社会科学院、中国国际问题研究院等也开始对"澜湄区域国别研究"深入挖掘。东南亚国家学界与亚太国家学界对"澜湄区域国别研究"也保持高度关注,尤其是新加坡、泰国、马来西亚、印度尼西亚、越南、柬埔寨,以及日本、印度等国家的高校和智库机构。此外,美国、英国、德国、澳大利亚等欧美学界也开始对此深入研究,并召开专题研究与学术会议。例如,美国知名的学术期刊《亚洲政策》(*Asia Policy*)就专门开展了"澜湄区域国别研究"的专题研讨,邀请了来自中国、美国、新加坡、泰国、柬埔寨、越南、印度、韩国等国的学者就澜湄区域国别

---

① The Mekong River Commission and Ministry of Water Resources of the People's Republic of China, Technical Report—Joint Observation and Evaluation of the Emergency Water Supplement from China to the Mekong River, 2016; Mekong River Commission and Lancang-Mekong Water Resources Cooperation Center, China Institute of Water Resources and Hydropower Research and International Water Management Institute, Joint Research-Hydrological Impacts of the Lancang Hydropower Cascade on Downstream Extreme Events, 2019;曹爽、王蒙、包红军等:《基于 DEM 与河网密度的水系提取与应用——以澜湄流域为例》,《水力发电》2002 年 8 月 4 日。

② 任欣霖、孔建勋:《中资企业在湄公河流域国家的发展合作》,《东南亚研究》2022 年第 4 期。

研究的热点议题进行研讨。①国内外学界将澜湄区域作为一体进行研究的趋势,也展现出"澜湄区域国别研究"作为区域国别研究新议题与新构成的重要性和紧迫性。

三、"澜湄区域国别研究"的地理边界框定、国家概念辨析与研究发展路径

区域国别研究需要科学地界定内涵与边界。②这首先体现在区域国别研究最基础的地理边界与国家内涵上。目前在"澜湄区域国别研究"研究过程中,地理边界与国家概念并不清晰,且在部分既有研究中存在混淆和误用的现象。因此对于"澜湄区域国别研究"的地理边界框定以及国家概念的辨析是研究的重要前提,更是避免在涉主权与领土问题研究上产生矛盾的重要保障。

(一)"澜湄区域国别研究"的地理边界框定

地理边界的明晰是区域国别研究的基本前提。相对于"澜湄区域国别研究"中可能会被用到的"东南亚""大陆东南亚""中南半岛"等既有且固定的地理用法外,"澜湄区域国别研究"中使用频率较高的有"澜湄区域"(亦称"澜湄地区")"澜湄流域""湄公河地区""湄公河流域"四个最为重要的地理概念。这四者所覆盖的地理边界不同,在"澜湄区域国别研究"中应有所区分(见图 2 和表 5),其中"澜湄区域"是"澜湄区域国别研究"的"主体范围"和"最大边界"。

第一,"澜湄区域"(Lancang-Mekong Region)与"澜湄流域"(Lancang-Mekong Basin)的地理边界差异与框定。"澜湄区域"亦称"澜湄地区"是"澜湄区域国别研究"的"最大边界"。该区域主要包括中国西部省份(青海省、西藏自治区、云南省)、缅甸、老挝、泰国、柬埔寨、越南等部分国家领域

---

① Sarah Teo, Brian Eyler and Zhang Li, et al., "Interests, Initiatives, and Influence: Geopolitics in the Mekong Subregion," *Asia Policy*, Vol. 29, No.2, 2022.

② 李晨阳:《关于新时代中国特色国别与区域研究范式的思考》,《世界经济与政治》2019 年第 10 期,第 155 页。

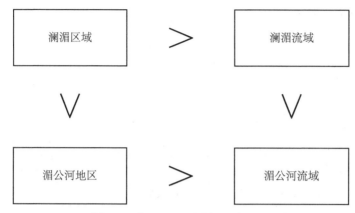

图 2 "澜湄区域国别研究"的相关地理边界范围

资料来源:作者自制。

或全国领土。任何关于澜湄区域国别研究的政治、安全、经济、发展、生态、环境、社会、民族、文化、宗教等议题的研究都可以展开。而"澜湄流域"则主要指澜沧江—湄公河所流经的流域范围,包括其干流与支流地域,其覆盖范围会小于"澜湄区域"。虽然也可以探讨研究澜湄区域国别研究的各种议题,但因涉及流域问题,通常会与水议题等挂钩。因此尤为重要的是,在澜湄水资源议题研究中也要严格区分该问题到底是对澜湄区域还是澜湄流域产生影响与辐射。

第二,"湄公河地区"(Mekong Region)与"湄公河流域"(Mekong Basin)的地理边界框定。"湄公河地区"与"湄公河流域"的地理边界小于"澜湄区域"和"澜湄流域"。这也是涉及国家水主权、水权利甚至国家主权与领土的重要关键点。通常而言,"湄公河地区"包括缅甸、老挝、泰国、柬埔寨、越南五国的领土范围。"湄公河流域"则是指湄公河的干流和支流在上述五国流经的流域范围。"湄公河流域"的范围也小于"湄公河地区"。因此,在"澜湄区域国别研究"中如果使用"湄公河地区""湄公河流域"等概念时,应注意仅指这五国内相关区域国别研究的议题。

此外值得注意的是,"大湄公河次区域"(Greater Mekong Subregion)的概念在以往的东南亚区域国别研究以及 GMS 合作中会被经常提及,但在"澜湄区域国别研究"中应谨慎使用这一概念,其一定意义上并不源自地理层面,而是来自机制层面。在相关研究过程中,很可能会使读者混淆。

尤其在研究澜湄合作机制的过程中,如果使用"大湄公河次区域"的地理概念,更会使人产生理解偏差。

表 5 "澜湄区域国别研究"的地理边界框定

地理称谓	边界范围
澜湄区域 (澜湄地区)	中国、缅甸、老挝、泰国、柬埔寨、越南
澜湄流域	澜沧江—湄公河流经中国、缅甸、老挝、泰国、柬埔寨、越南的干流与支流流域
湄公河地区	缅甸、老挝、泰国、柬埔寨、越南
湄公河流域	湄公河流经缅甸、老挝、泰国、柬埔寨、越南的干流与支流流域

资料来源:作者自制。

(二)"澜湄区域国别研究"的国家概念辨析

国家概念的明确有助于在"澜湄区域国别研究"中确定行为主体指向。目前,国内外学界虽然从不同学科和视角开展对澜湄区域国别的研究,但由于存在多个类似概念,因此在研究过程中存在国家概念混用或误用的现象。本部分主要辨析"大陆东南亚国家""中南半岛国家""澜沧江—湄公河国家""湄公河国家""大湄公河次区域国家"五个易被混淆的国家概念(见表6)及概念出现缘由。上述五个国家概念在"澜湄区域国别研究"过程中要严格区分、谨慎使用。

第一,"大陆东南亚国家"的概念及出现缘由。"大陆东南亚国家"指缅甸、老挝、泰国、柬埔寨、越南五个东南亚国家。"大陆东南亚国家"的概念出现主要基于历史与文化等属性,并主要用以区别"海岛东南亚国家"或"海洋东南亚国家"。它的出现和广泛使用,主要在历史学以及既有的东南亚区域国别研究领域。在 20 世纪 90 年代至 21 世纪初期,"大陆东南亚国家"概念也被借鉴到国际关系、经济学等学科中使用。

第二,"中南半岛国家"(Indochina Peninsula Countries)的概念及出现缘由。"中南半岛"西临孟加拉湾、安达曼海峡和马六甲海峡,东濒南海和泰国湾,包括缅甸、老挝、泰国、柬埔寨、越南、新加坡及马来西亚西部地区。①由

---

① 陈至立主编:《辞海(第七版)缩印本》,上海辞书出版社 2022 年版,第 2969 页。

于中南半岛内不包括完整的马来西亚且新加坡被视为"海岛东南亚国家",因此"中南半岛国家"在"澜湄区域国别研究"中主要指缅甸、老挝、泰国、柬埔寨、越南五国,这是基于地理层面的使用习惯。值得注意的是"中南半岛国家"的地理范围小于"中南半岛"本身。

第三,"澜沧江—湄公河国家"(Lancang-Mekong Countries)的概念及出现缘由。"澜沧江—湄公河国家"即"澜湄国家"因澜沧江—湄公河而得名。澜沧江—湄公河流经中国、缅甸、老挝、泰国、柬埔寨、越南六国,在中国境内被称为澜沧江,出境后被称为湄公河。因此,现有研究中将"同饮一江水"的六国称为"澜湄国家"。随着2016年澜湄合作机制的正式启动,以及"澜湄区域国别研究"进入"成长时代",国内外学界更多采用此称呼指代六国,并多被用于澜湄区域合作、澜湄水资源开发利用等研究中。

第四,"湄公河国家"(Mekong Countries)或"下湄公河国家"(Lower Mekong Countries)的概念及出现缘由。现有研究及部分相关国家文件中的"湄公河国家"和"下湄公河国家"指代缅甸、老挝、泰国、柬埔寨、越南五国。他们认为中国是属于"上湄公河国家"和"澜沧江国家"。此类称呼和用法多用于水资源议题的研究,以及美国、日本、印度、澳大利亚等域外国家在该地区开展的区域合作之中。

第五,"大湄公河次区域国家"(Greater Mekong Subregion Countries)的概念及出现缘由。该概念较少在国内外"澜湄区域国别研究"乃至东南亚的区域国别研究中出现。该概念的使用者简单套用GMS合作概念,并将其覆盖于所在成员国之上。如果研究者将该概念用以分析GMS合作本身则不会出现较大问题,但如果超越GMS合作,而用以探讨"澜湄区域国别研究"乃至东南亚区域国别研究时,则会出现不适用、使用误差乃至完全误用的情况。

表6 "澜湄区域国别研究"的国家概念辨析及使用缘由

相关概念	指代国家	使用缘由
大陆东南亚国家	缅甸、老挝、泰国、柬埔寨、越南	● 用以区分与"海岛东南亚国家"的研究
中南半岛国家	缅甸、老挝、泰国、柬埔寨、越南	● 地理层面出发点 ● 历史使用习惯
澜沧江—湄公河国家（澜湄国家）	中国、缅甸、老挝、泰国、柬埔寨、越南	● 澜湄合作机制启动 ● 区域一体化意识增强

（续表）

相关概念	指代国家	使用缘由
湄公河国家 （下湄公河国家）	缅甸、老挝、泰国、柬埔寨、越南	● 水资源研究议题 ● 域外国家区域合作
大湄公河次 区域国家	中国、缅甸、老挝、泰国、柬埔寨、越南	● 在 GMS 合作研究中使用 ● 研究中较少出现

资料来源：作者自制。

（三）"澜湄区域国别研究"的研究发展路径

基于"澜湄区域国别研究"所呈现的"非全域国家覆盖性""一河贯之性"的特点和六国都为发展中国家的基本国情等，"澜湄区域国别研究"既有与一般区域国别研究的共性问题，也有其自身的特殊研究议题与研究范式。有关区域国别研究①的共性问题探讨已汗牛充栋，在"澜湄区域国别研究"中也或多或少存在类似的问题。由于篇幅所限，本文主要就"澜湄区域国别研究"发展的特殊性问题进行探讨（见表 7）。这决定了其未来的发展方向，也是规避研究陷阱的前提，更是丰富"区域国别研究"研究范式、研究理论，乃至服务国家对外战略的绝佳案例。

表 7　"澜湄区域国别研究"发展路径

研究理论 关键议题导向	研究力量 增效与稀释现象
研究视角 我方与他方视角	**研究原则** 边界感与互动性

资料来源：作者自制。

---

① 参见杨洁勉：《新时代中国区域国别学科建设的理论意义与学术治理》，《亚太安全与海洋研究》2022 年第 4 期；谢韬等：《构建中国特色的区域国别学：学科定位、基本内涵与发展路径》，《国际论坛》2022 年第 3 期；钱乘旦：《以学科建设为纲　推进我国区域国别研究》，《大学与学科》2021 年第 4 期；赵可金：《国别区域研究的内涵、争论与趋势》，《俄罗斯研究》2021 年第 3 期；刘鸿武：《中国区域国别之学的历史溯源与现实趋向》，《国际观察》2020 年第 5 期；李晨阳：《关于新时代中国特色国别与区域研究范式的思考》，《世界经济与政治》2019 年第 10 期；任晓：《再论区域国别研究》，《世界经济与政治》2019 年第 1 期。

第一,优先构建以关键议题为导向的"澜湄区域国别研究"理论。由于澜湄区域国别研究议题较多、地区内政治经济文化情况复杂,要在短期内将所有学科理论用以分析该地区的各类问题,并通过研究区域与国别全面构建起适合本地区、系统化的研究理论与研究方法有一定难度。此外,因目前国内外学界从事澜湄区域国别研究的人员相对较少,且主要源于东南亚研究等群体,所以在澜湄区域国别理论与方法上应有的放矢、重点突破。在澜湄区域国别研究中要针对当前地区内关注的政治安全、经济发展、区域合作三大重要议题,强调采用比较政治学、发展经济学、国际政治经济学、区域合作等理论进行系统性的分析。同时,要就澜湄区域内的水资源开发、生态环境保护、非传统安全等跨界、跨学科的重点议题进行深入研究,以及注重田野考察的方法。基于此提炼出区域国别研究的新理论与新方法,以用于解决其他区域国别研究中的类似议题。

第二,关注"澜湄区域国别研究"领域的研究力量面临的"增效现象"或"稀释现象"。区域国别研究在全球范围内日益被重视,中国更是在 2022 年 9 月将其列为交叉学科门类下的独立一级学科。①但目前随着部分研究机构的扩充与研究议题的不断扩大,尚在发展初期的"澜湄区域国别研究"很可能面临被增效或稀释的不同结果。例如,中国国内长期关注澜湄区域国别研究的云南大学、暨南大学、厦门大学、中山大学等高校实力不断增强,已经逐渐向国际关系理论与实践研究并重的方向转型,同时也对全球多个重点区域国别研究进行布局。未来如果上述研究机构能确保研究力量适当分配、研究投入增强,那么"澜湄区域国别研究"或将因机构内国际关系理论与其他区域国别研究的能力加强,而形成交流与交叉,并不断增强"澜湄区域国别研究"的跨学科、跨地域、跨视角的能力,起到增强的效果。但如果转型过度、任务增大、重视度降低,那么尚在襁褓之中的"澜湄区域国别研究"力量将面临被稀释的困境。

第三,推进"我方视角"与"他方视角"并进的"超中心澜湄区域国别研究"。"澜湄区域国别研究"要构建超越"中心主义"的分析框架,则要基于全面的研究视角。首先,要从"我方视角"出发,站在区域整体视角和中国视角,全面研究澜湄区域与国家的语言、文化、政治、经济、环境等内容。其

---

① 国务院学位委员会、教育部:《研究生教育学专业目录(2022 年)》,第 12 页。

次,要从缅甸、老挝、泰国、柬埔寨、越南等国家的视角挖掘其对于澜湄区域与国家的感知,以及这些国家的区域国别研究内容,寻求差异性与统一性,从而拓展"我方视角"下的"澜湄区域国别研究"的深度与广度。最后,要从美国、日本、澳大利亚、印度等周边国家及区域国别研究的大国视角入手,探寻其在"澜湄区域国别研究"中的经验与规律,加强相互间的交流与合作,从而更全面地推动"澜湄区域国别研究"的发展。在"我方视角"与"他方视角"的双重叠加下,才能使"澜湄区域国别研究"具备"全球视角"与"全球视野",并避免产生旧有区域国别研究中的"中心主义"现象。

第四,明晰"澜湄区域国别研究"中的多重"区域国别研究"相互嵌套的关系。"澜湄区域国别研究"中有一个有别于其他区域国别研究的重要特点,即"澜湄区域国别研究"与周边既有的区域国别研究存在紧密的嵌套关系。由于地理区域与传统区域国别研究议题等因素,"澜湄区域国别研究"与大陆东南亚区域国别研究、东南亚区域国别研究有紧密的关系,三者的研究过程存在议题上的高度关联性。在未来"澜湄区域国别研究"的发展过程中,应树立"嵌套研究的边界感",尤其在探讨水资源议题、航道安全议题、澜湄流域经济发展带①等涉及全流域的政治、经济、生态、民族议题时,应更适合且精准地放到"澜湄区域国别研究"之中。还应注重"嵌套研究的互动性",三者的边界感并不意味着相互间的完全独立、画地为牢,这会带来不必要的重复研究,也会给相关区域国别研究者带来更多的负担。因此,在有关三者的国别研究、研究方法、区域国别理论等方面反而应取长补短、相互促进。

---

① 《王毅:打造澜湄流域经济发展带,实现优势互补、共同发展》,中国政府网,http://www.gov.cn/guowuyuan/2018-12/17/content_5349686.htm,2018 年 12 月 17 日。

文学透视中的区域研究新视野

——从恩古吉的"全球辩证法"看非洲国际关系思想 *

刘诗成 **

【内容提要】 从既有学科的传统视角出发,一些区域研究的对象可能会落在各学科边缘的盲区,非洲本土国际关系思想是长期受到忽视的议题之一。而近年来,国际关系学界自身的反思性、批判性发展逐渐为非洲自主知识和文学透视方法的成立打开了空间,非洲的现实境况更与这一跨学科新视野新方法高度契合。追求平等交往、文明互鉴的中国特色区域国别研究更可接纳与自身研究目的和对象相适配的多元方法,在尊重发掘非洲等非西方地区的本土思想方面作出独特贡献,在新视野下填补曾处于盲区的研究空白。通过阐发非洲马克思主义文学大家恩古吉"全球辩证法"思想中的"去中心"原则、全球互联性以及辩证运动带来的革命想象等要旨,我们可以了解其观点的价值,从而在文学透视中增进对当代非洲国际关系思想的理解。这不仅是运用区域研究新视野新方法进行实际开拓的尝试,还指向中非国际关系构想融通对话,共同培育人类命运共同体意识的可能。

【关键词】 区域国别研究方法,文学透视,非洲国际关系思想,恩古吉·瓦·提安哥,全球辩证法

【Abstract】 Certain objects in area studies may be left in the blind spot of peripheries from the traditional perspective of existing disciplines. African thoughts on international relations are among the topics that have been neglected for a long period of time. While in recent years, the reflective and critical development in the discipline of international relations has gradually opened the space for the legitimacy of African knowledge as well as the literary perspective method. Such a new interdisciplinary method is also highly consistent with the reality of Africa. What is more, area studies with Chinese characteristics, which pursue the equal communication and mutual learning between civilizations, could adopt pluralistic methods tailored for these specific research purposes and objects, thus making distinctive contributions to the recognition and exploration of the thoughts in Africa and other non-western areas, filling the research gaps once left in the blind spot with the new perspective. By illustrating key points of "globalectics", namely the "decentralization" principle, the global interconnectedness and the revolutionary imagination generated by the dialectical dynamics, the value of globalectics developed by the great African Marxist literator Ngũgĩ, could be better understood. The literary perspective also leads to an improved knowledge of contemporary African thoughts on international relations. This paper not only serves as an attempt to apply the new method of area studies for broadening new horizons in practice, but also points to the chance that China and Africa can communicate their conceptions on international relations in order to jointly cultivate the awareness of a community with a shared future for mankind.

【Key Words】 Methods in Area Studies, Literary Perspective, African Thoughts on International Relations, Ngũgĩ wa Thiong'o, Globalectics

* 感谢《复旦国际关系评论》编辑部及匿名评审专家给予的建设性意见。同时感谢复旦大学邓皓琛、陈玉聃老师、西北大学曹峰毓老师、上海社会科学院彭枭老师和上海对外经贸大学姜璐老师的宝贵建议。文责自负。

** 刘诗成,复旦大学马克思主义学院博士研究生。

外国语言文学和国际关系学无疑是支撑区域国别研究开展的重要学科。但"文学透视"是什么意思？恩古吉又是何许人也？除泛非主义和有争议的"部族主义"之外，非洲还有其他国际关系思想吗？这些问题本身或许正反映了区域国别研究中还留存的盲区。本文第一部分即从传统学科划分下的视野缺失出发，结合国际关系学科批判性发展的新动向，说明非洲国际关系思想与文学透视方法何以可能，进而论述中国区域国别研究之目的、对象、方法如何恰好能在这一新视野中体现适配性和独特价值。第二部分阐发恩古吉"全球辩证法"的主要内容及其对国际关系思想的透视意义，并对其贡献与局限进行探讨。第三部分进一步提出本项研究尝试可能带来的启示，讨论在该议题和方法的"边缘地带"探索的潜在意义。

一、在非洲文学中透视国际关系思想：
从"双重盲区"到"视线焦点"

非洲文学与非洲国际关系思想，并不是文学与国际关系学研究的热门主题。将这两个对象联系到一起，呈现的就是更令人感陌生的新领域、新概念。这提醒我们，传统学科视野难免有"中心"和"边缘"之别，处于边缘交界地带的对象也许更易受到系统性的忽视；而反过来，作为一种跨学科新视角兴起的区域国别研究，若能在理论和方法上重新"对焦"，则可能看到"不一样的风景"，从而体现自身的创新贡献。

（一）传统研究视野中的盲区

恩古吉·瓦·提安哥(Ngũgĩ wa Thiong'o)作为非洲代表性的大作家、诺贝尔文学奖的热门候选人，是对非洲文学进行研究的重要对象。但恩古吉也是一位十分活跃的左翼思想家、社会活动家，曾数十年如一日地为推动非洲劳动人民的独立解放，为变革不公正的国际秩序笔耕不辍，其作品无不蕴含着丰富的政治思想。①尽管如此，中外学界对恩古吉思想的研究大多仍

---

① 恩古吉·瓦·提安哥于 1938 年出生于肯尼亚，毕业于乌干达马克雷雷大学和英国利兹大学，被公认为最具影响力的非洲小说家、剧作家、政论家、社会活动家之一。其代表作有《孩子，你别哭》《大河两岸》《一粒麦种》《血色花瓣》等，1977 年后转而以母语基库尤语创作大量作品。20 世纪 80 年代，恩古吉因批评肯尼亚"新殖民主义"政权被迫移居英美，出任多所大学的客座教授，并出版《政治中的作家》《转移中心》《思维去殖》《全球辩证法》等多部文论、政论著作。

是在文学视野展开的。中文学界有关恩古吉的文献绝大部分来自文学专业,其中又只有一小部分提及恩古吉本人从事反殖民斗争的经历,或初步介绍其文学作品蕴含的讽刺对象和政治诉求。①西方国家的非洲研究时间较久,在非洲文学艺术、哲学思想等方面积累的成果也相当丰厚,但英文学界同样仅有一些文学研究者尝试对恩古吉的政治观点进行探讨,鲜有从政治学与国际关系视野出发的研究。②通过恩古吉作品来透视非洲国际关系思想,正是处在文学和国际关系两种传统视野边缘的"双重盲区"的研究。

而从国际关系学视角看,"文学"与作为"社会科学"的国际关系研究鲜有交集,"非洲"更是在具有西方中心色彩的国际关系学科中居于尴尬地位。在西方国际关系学界,"提及非洲的次数可能比提及南极洲的次数还要少"③,非洲主要被视作西方理论应用的纯粹对象,而不太被视为可贡献知识的主体,能稍进一步看到非洲作为"反常"案例对主流理论构成了"挑战"已属不易。④也有学者直言,"国际关系经典倾向于以一种随意的方式抛弃非洲大陆"⑤,西方主流国际关系理论"常常故意忽略非洲"。⑥总的来说,非洲长期处于一个特别的"盲点",西方化的国际关系学科与非洲现实之

---

① 任一鸣:《植根于非洲的作家尼·瓦·西昂戈》,《外国文学》2002 年第 6 期,第 19—21 页;陶家俊:《语言、艺术与文化政治——论古吉·塞昂哥的反殖民思想》,《国外文学》2006 年第 4 期,第 59—65 页等。

② Oliver Lovesey, "Ngũgĩ wa Thiong'o's Postnation: The Cultural Geographies of Colonial, Neocolonial, and Postnational Space," *Modern Fiction Studies*, Vol.48, No.1, 2002, pp.139—168; S. I. Raditlhalo, "Nationalism and Ethnicity in Selected Colonial and Post-Colonial Novels by Ngugi wa Thiong'o," *English in Africa*, Vol.27, No.1, 2000, pp.75—104; Taylor A. Eggan, "Revolutionary Temporality and Modernist Politics of Form: Reading Ngũgĩ wa Thiong'o Reading Joseph Conrad," *Journal of Modern Literature*, Vol.38, No.3, 2015, pp.38—55.

③ Kevin C. Dunn, "Tales from the Dark Side: Africa's Challenge to International Relations Theory," *Journal of Third World Studies*, Vol.17, No.1, 2000, p.61.

④ 参见 Kevin C. Dunn and Timothy M. Shaw, *Africa's Challenge to International Relations Theory*, Palgrave, 2001。

⑤ Scarlett Cornelissen, Fantu Cheru and Timothy M. Shaw, "Introduction: Africa and International Relations in the 21st Century: Still Challenging Theory?" in Scarlett Cornelissen, Fantu Cheru and Timothy M. Shaw, eds., *Africa and International Relations in the 21st Century*, Palgrave Macmillan, 2012, p.2.

⑥ 梁益坚、李兴刚:《非洲国际关系理论研究的困境、渊源与特点》,《世界经济与政治》2008 年第 7 期,第 41 页。

间缺乏结合点。①

　　与西方相比,因历史、现实、意识形态等多方面的差异,中国的国际关系学界也许更易对非洲本土国际关系思想抱有尊重:"世界上任何一个落后的国家与民族,也都会以它们自己的方式、会从与它们生存所关联角度上去认知自己、认知自己与他人、他族之关系,尽管这些认知在表现形式、话语形态、关注旨趣等方面与那些标准形态的'西方国际关系理论'会有很大的不同。"②也有人提醒,中国的非洲研究不应一味强调中国视角,还要尊重和提倡"非洲人民的视角"。③近年更有中国学者提炼出西方国际关系学的"等级制体系"及其"理论排斥"与"理论歧视"两类机制,并直接主张中国的"理论自信"可对非洲国际关系思想的自主发展提供借鉴。④尽管如此,这一"双重盲区"现象仍一定程度上存在于中国学界,虽然原因有所不同。我国政治学与国际关系视野下的非洲研究,其大部分工作主要是围绕国际斗争的政治取向以及中非合作的现实需求所展开,对非洲思想文化特别是非洲当代国际关系思想的关注相对较少。这从代表性的浙江师范大学"非洲研究文库"以及《西亚非洲》等权威学术出版物的总体刊发情况中可见一斑。⑤

　　① Sophie Harman and William Brown, "In from the Margins? The Changing Place of Africa in International Relations," *International Affairs*, Vol.89, No.1, 2013, p.71.

　　② 刘鸿武、肖玉华、梁益坚:《一个大陆的觉醒、抗争与自强:20 世纪非洲国际关系理论之研究论纲》,《世界经济与政治》2007 年第 1 期,第 14 页。

　　③ 张象:《中国非洲研究的再思考》,载李安山、毕健康、巨永明编:《中国非洲史研究会文集(2015)》,社会科学文献出版社 2016 年版,第 210 页。

　　④ 参见张春:《中国的理论自信对非洲国际关系理论建构的借鉴意义》,《西亚非洲》2018 年第 4 期,第 42—60 页。

　　⑤ 这一相对不足是就其总体上所占比例和所受关注程度而言。有学者统计过《西亚非洲》与《阿拉伯世界研究》两本期刊在 2015—2019 年间的发文情况,发现其中政经类成果占比分别达 86% 和 96%,存在普遍的"重政经轻人文"情况,参见陈杰、骆雪娟:《作为交叉学科的区域国别学学科构建:反思与建议》,《外语学刊》2022 年第 4 期,第 121 页。当然,我国非洲研究领域的多位专家也就思想文化议题发表过一定数量的高水平成果,如李安山:《非洲现代史》,华东师范大学出版社 2021 年版;李安山:《当代非洲哲学流派探析》,《国际社会科学杂志(中文版)》2020 年第 2 期,第 136—149 页;李安山:《中国与非洲的文化相似性——兼论中国应该向非洲学习什么》,《西亚非洲》2014 年第 1 期,第 49—63 页;刘鸿武:《非洲文化研究综述》,《西亚非洲》2011 年第 5 期,第 36—41 页;刘鸿武、张永宏、王涛:《基于本土知识的非洲发展战略选择——非洲本土知识研究论纲(上)》,《西亚非洲》2008 年第 1 期,第 29—34 页;刘鸿武、张永宏、王涛:《基于本土知识的非洲发展战略选择——非洲本土知识研究论纲(下)》,《西亚非洲》2008 年第 2 期,第 51—56 页;刘鸿武:《黑非洲文化研究》,华东师范大学出版社 1997 年版;张宏明:《近代非洲思想经纬——18、19 世纪非洲知识分子思想研究》,社会科学文献出版社 2008 年版等。

（二）国际关系学的批判发展与"美学转向"

不过，国际关系学科自身的反思性发展也正在为上述情况的改变奠定理论前提。自21世纪初，随着西方国际关系理论"批判转向"的深化和扩展，以及"全球国际关系学"（Global IR）等倡议①的推进，狭义批判理论、女性主义、后结构主义、后殖民主义等思潮先后介入西方国际关系学科的讨论，强调普遍主义、科学主义的国际关系"传统理论"逐渐受到挑战，这也为非洲国际关系思想研究打开了空间。从普遍主义方面来说，非西方的问题意识与关切领域逐渐被发掘和承认；从科学主义方面来说，文学艺术等人文视角也成为国际关系研究的新的路径。

对于普遍主义标准，正如后殖民国际关系研究的代表性学者赛斯所强调的，后殖民主义方法的主要特征就是在于对社会科学范畴自我标榜的普遍主义的解构。②甚至在一定程度上，主流社会科学研究被看作西方长期以来力图主宰非洲命运的一种表现形式。③另一位代表性学者贝尔则直接争辩道，国际关系学本身就是"高级的殖民实践"，需要对学科本身的规范进行"去殖民化"。④可以说，"一种'正确'的国际关系研究计划实际上已经预设了殖民权"。⑤为了使不同文化空间和时间里的知识被重新发现，普遍主义这一国际关系的中心议题就需被挑战，而这一任务一直是传统国际关系学界无法达成的。⑥然而早期后殖民国际关系学者的工作大多仍

① 阿查亚于2013—2014年担任国际研究协会（ISA）会长时提出了这一倡议，主张反思国际关系研究中西方中心的"一元论普遍主义"，纳入非西方地区文化的视角以提升国际关系学的包容性和多样性，引起了较大的反响。参见 Amitav Acharya, "Global International Relations(IR) and Regional Worlds," *International Studies Quarterly*, Vol.58, No.4, 2014, pp.647—659。

② Sanjay Seth, "Historical Sociology and Postcolonial Theory: Two Strategies for Challenging Eurocentrism," *International Political Sociology*, Vol.3, No.3, 2009, p.334.

③ 周玉渊：《非洲世纪的到来？非洲自主权与中非合作研究》，社会科学文献出版社2017年版，第44页。

④ Marshall Beier, *International Relations in Uncommon Places: Indigeneity, Cosmology, and the Limits of International Theory*, Palgrave Macmillan, 2009, Preface.

⑤ ［美］戴维·布莱尼、纳伊姆·伊纳亚图拉：《自下的国际关系》，载［澳］克里斯蒂安·罗伊-斯米特、［英］邓肯·斯尼达尔编：《牛津国际关系手册》，方芳等译，译林出版社2019年版，第733页。

⑥ Arlene Tickner, "Seeing IR Differently: Notes from the Third World," *Millennium: Journal of International Studies*, Vol.32, No.2, 2003, pp.302—307.

是内向性的,主要揭示了主流国际关系学对"他者"的压制,但后殖民主义批判的积极一面还进一步希望这些被压制的声音可以帮助我们寻找其他资源以思考这个世界。①这就需要深入挖掘各种非西方知识,以此揭示被某种普遍理论所掩盖的,但又深藏于国际关系现实之中的一些思想与实践。②当然,后殖民国际关系研究的理论化工作本就不应被理解为某种新的传统理论或"主义",而更应是一种"情境中的视角"(situated perspective),使得主观的、具象化的经验充当理论的基础,用以保留对国际关系中的某些重要概念和问题进行重新理解的可能,而非像在传统理论中那样只是"被擦除的前提"。③

可见,这一批判路向给主观方面的诠释保留了空间,也呼应了对科学主义的反思工作。在诸多后实证主义批判文献中,将文学艺术系统性引入国际关系本体论、认识论、方法论探讨的当推布莱克于2001年提出的国际政治理论"美学转向",即主张在狭义社会科学规范之外还应通过文学艺术等"表征"来理解政治。④他本人长期践行这一方法,分析过聂鲁达、高银等著名非西方文学家作品中蕴含的关于帝国主义、民族主义等国际关系重要主题的思想。⑤女性主义国际关系研究的代表性学者西尔维斯特直接将阅读小说和诗歌提升为反思传统学科边界的重要方法。⑥辛西娅·韦伯则借助电影创造性地说明,国际关系理论其实是"一组关于国际政治的故事",需要相应的"迷思"(myth)来支撑,不同文化所偏好的故事便可能

---

① 参见 Dipesh Chakrabarty, *Habitations of Modernity: Essays in the Wake of Subaltern Studies*, University of Chicago Press, 2002, Chapter 3。

② Phillip Darby, "Pursuing the Political: A Postcolonial Rethinking of Relations International," *Millennium: Journal of International Studies*, Vol.33, No.1, 2004, p.3.

③ Charlotte Epstein, "The Postcolonial Perspective: An Introduction," *International Studies Perspectives*, Vol.2, No.13, 2012, p.294.

④ Roland Bleiker, "The Aesthetic Turn in International Political Theory," *Millennium: Journal of International Studies*, Vol.30, No.3, 2001, pp.509—533.

⑤ Roland Bleiker, "Pablo Neruda and the Struggle for Political Memory," *Third World Quarterly*, Vol.20, No.6, 1999, pp.1129—1142; Roland Bleiker and David Hundt, "Ko Un and the Poetics of Postcolonial Identity," *Global Society*, Vol.24, No.3, 2010, pp.331—349.

⑥ Christine Sylvester, *Feminist International Relations: An Unfinished Journey*, Cambridge University Press, 2002, p.308.

与某种文化所偏好的国际关系理论相联系。①科幻作品与国际关系的联系更是得到了诸多学者的发掘探讨。②也有中国学者明确提出,文艺作品可以"作为透视政治关系的独特视角"来打开国际关系研究的空间,帮助我们"看到存在的盲区",进而体现"对他者的关切"。③时殷弘直接主张,"在国际问题研究的种种基本的思想方法和研究方法当中,必须有广义的'文学透视'方法。这类方法的地位可以说不亚于历史理解和哲理理解,更不亚于那往往必须在赞誉其重大价值的同时警戒其弊端的狭义的'科学'方法"。④陈玉聃则相对完整地阐发了文学透视方法的理论基础,指出传统国际关系学界往往只涉及"国际政治中的文学",即在"文化软实力"等视阈中探讨其如何服务于国家外交,而少有"文学中的国际政治",即借由文学之镜来透视(perspective)国际政治,以一种诠释性的方法丰富对政治的理解,映照出国际政治及其行为者的深刻本性和时代特点,同时也是在本体、认知、方法等诸方面反思学科边界和理论构建。他也实际运用这一方法解读莎士比亚剧作《亨利五世》中对战争、民族等问题的深入思考。⑤可以说,纳入包括"文学评论和艺术"在内的新视野、新资源已经被视作创新国际关系研究的切入点、增长点。⑥

（三）非洲区域国别研究中的文学

学界新近的反思性发展已经为借助文学资源理解非洲人对国际关系

① Cynthia Weber, *International Relations Theory：A Critical Introduction*, Routledge, 2010, p.2.

② 参见 Jutta Weldes, ed., *To Seek out New Worlds：Exploring Links between Science Fiction and World Politics*, Palgrave Macmillan, 2003; Nicholas J. Kiersey and Iver B. Neumann, eds., *Battlestar Galactica and International Relations*, London：Routledge, 2013。

③ 王逸舟、严展宇:《科学・艺术・人文:走向"三位一体"的国际关系学研究》,《中国社会科学报》2019年10月15日,第8版;王逸舟、严展宇:《迷人的国际关系》,上海人民出版社2021年版,第2—3页。

④ 时殷弘:《"文学透视"方法与"美国精神"辨识》,《江海学刊》2011年第4期,第24页。

⑤ 陈玉聃:《国际政治的文学透视:以莎士比亚〈亨利五世〉为例》,《外交评论》2015年第4期,第83—84页。另见陈玉聃:《诗与思:国际关系研究的思想文化透视》,《国际关系研究》2015年第4期,第29页;陈玉聃、韩善聪:《21世纪以来艺术与国际政治研究的发展——陈玉聃副教授访谈》,《国际政治研究》2018年第4期,第148页。

⑥ 王逸舟、严展宇:《探索中国国际关系研究的多维向度:科学、人文与艺术》,《国际观察》2020年第5期,第5页。

思想的自主贡献打开了空间。但这一路径想要合理和有效,归根到底还是要先与其研究对象(也即非洲自身的现实)相适应。"由于特殊的历史原因,非洲的国际关系理论并不是像西方那样多由学者提出,而大多是隐含在非洲民族主义者、思想家和政治领导人的思想和实践之中。"①的确,学界既有研究的主要内容指向的是部族主义遗产、泛非主义思潮②以及"乌班图"(Ubuntu)、"乌贾马"(Ujaama)、"黑人性"(Negritude)等文化概念。更具体地说,虽然非洲的社会科学研究力量和基础长期十分薄弱,但这并没有阻碍非洲本土国际关系思想的产生,反而在一定程度上使文学等人文学科扮演了社会科学的角色。③在非洲,"通常作家和政治家可以是同一个人"。④"对于非洲小说家而言,文学是政治的入场券。"⑤非洲许多政治和国际关系思想隐喻都在文学、哲学和社会文化传统中,更多以人文的形式表达。⑥已有非裔学者从加纳小说《奥西里斯崛起》中阐发非洲作家对世界秩序的理解,特别强调非洲文学具有积极关注和介入现实问题、自觉为非洲共同体发声和谏言等鲜明特征。⑦

　　另外,国际关系学者对非洲文学的理解和解读则构成了非洲研究的又一个特色。非洲文学中既有大量关于殖民主义、新殖民主义、战争与冲

---

① 刘鸿武、肖玉华、梁益坚:《一个大陆的觉醒、抗争与自强:20 世纪非洲国际关系理论之研究论纲》,《世界经济与政治》2007 年第 1 期,第 15 页。

② 简军波:《非洲的国际秩序观》,《复旦国际关系评论》2014 年第 1 期,第 202—224 页。

③ Johann Mouton, "The State of Social Science in Sub-Saharan Africa," in 2010 World Social Science Report, Center for Research on Science and Technology, Stellenbosch University, 2010,转引自周玉渊:《非洲世纪的到来? 非洲自主权与中非合作研究》,社会科学文献出版社 2017 年版,第 42 页。

④ [肯尼亚]恩古吉·瓦·提昂戈:《政治中的作家:文字的力量与权力的文字》,载[尼日利亚]泰居莫拉·奥拉尼央、[加纳]阿托·奎森编:《非洲文学批评史稿》,姚峰等译,华东师范大学出版社 2020 年版,第 618 页。

⑤ Phillip Darby, *The Fiction of Imperialism: Reading Between International Relations and Postcolonialism*, London: Cassell, 1998, p.137.

⑥ 周玉渊:《瑙莱坞与非洲和平:本土的才是适合的》,《中国社会科学报》2011 年 3 月 14 日,转引自周玉渊:《非洲世纪的到来? 非洲自主权与中非合作研究》,社会科学文献出版社 2017 年版,第 42 页。

⑦ Eric Edi, "Africa and the New World Order: Voices and Ways of Liberation in Armah's Osiris Rising," *The Journal of Pan African Studies*, Vol.1, No.9, 2007, p.120.

突、腐败、宗教、饥荒等的描述和反思,也有关于世界秩序的宏观理解。一些社会科学研究者提出:"非洲作家,例如内丁·戈迪默、恩古吉·瓦·提安哥、沃莱·索因卡等在冲突问题上的理解和论证比社会科学研究者还要透彻和有力。我们应该从非洲文学中获取营养。"①事实上,"在非洲已经有很多关于国际关系研究中非常重要的成果的文献。但是,大部分工作都不在国际关系学科的狭窄范围内,因此不会被视为非洲对该领域的贡献。要回答非洲学者对国际关系做出了什么贡献这一问题,很大程度上取决于我们用来定义'贡献'和'国际关系'的标准……挑战这些界限,将以前被边缘化的声音和见解纳入其中,是拓宽研究的一种重要方式,这就需要放眼其他学术领域……任何试图理解非洲政治和国际关系思想发展的尝试都不能忽视非洲政治家如恩克鲁玛和尼雷尔,或作家如恩古吉和阿契贝的贡献"。②也就是说,非洲的现实境况恰与在文学透视中理解国际关系思想的新视野新方法有着高度的内在契合性。

而这正是天然具有跨学科属性的区域国别研究当仁不让所应覆盖和补充的范围。区域国别研究题中应有的跨学科性意味着,一方面,其不是既有学科的简单叠加,更是对既有学科边界的突破,通过融会贯通,"在现有学科各自边界之外的空白处生长出新的知识点""导向新的知识体系";另一方面,这也不等于走向另一个极端,即抛开既有学科的脉络另立门户,而是同时也推进传统学科的发展,拓宽它们的研究视野,形成各学科融合发展的共赢局面。③而区域国别研究之区域性,也不意味着只局限于关注某个地区的地方现象,还要自觉将区域国别研究与更普遍、更广泛的学术理论问题结合起来,加强与主流国际关系学界的融通对话。④

---

① Ulf Himmerlstrand, Kabiru Kinyanjui and Edward Mburugu, "In Search of New Paradigms?" in Ulf Himmerlstrand, Kabiru Kinyanjui and Edward Mburugu, eds., *African Perspective on Development*, Foundation Publishers, 1994, p.11,转引自周玉渊:《非洲世纪的到来? 非洲自主权与中非合作研究》,社会科学文献出版社 2017 年版,第 42—43 页。

② Karen Smith, "Africa as an Agent of International Relations Knowledge," in Scarlett Cornelissen, Fantu Cheru and Timothy M. Shaw, eds., *Africa and International Relations in the 21st Century*, p.32.

③ 钱乘旦、兰旻:《1+1>2:区域国别学为学科融合开新局》,《中国社会科学报》2022 年 6 月 16 日,第 5 版。

④ 任晓:《今天我们如何开展区域国别研究》,《国际关系研究》2022 年第 4 期,第 10 页。

借助非洲研究的具体实践,我们还可就特殊性与普遍性的关系,在某种程度上也即区域国别学与国际关系学的关系这一基础性问题开展进一步反思。毋庸讳言,持普遍主义、科学主义立场的西方传统学者通常不认为区域研究有多少"科学"价值,主张将其"驱逐"到人文学科一侧。①但随着"批判转向"的发展,越来越多的学者注意到西方中心的国际关系与区域国别研究日益脱钩的危害,并对前者用"普遍性""科学性"贬低后者"特殊性""主观性"的等级制叙事及其意识形态性进行反思,揭示普遍主义和科学主义标准如何相辅相成地再生产西方中心主义,持续将非西方知识排斥到次等领域。相反,非西方学者更有可能摆脱国际关系与区域研究的二元对立,需要放大非西方的贡献以纠正这一现象。②问题的关键或许在于对"普遍性"的理解。著名汉学家史华慈就认为,区域研究正是将人类社会的所有经验纳入关注视野的努力,唯有如此才真正更有助于探问人类知识的普遍性,在这个意义上,区域研究也是批判性的。③我们当然看到西方现代知识体系已达到很高成就,作出很大贡献,但显然并不能认为西方现代知识体系已经完成了对整个人类世界现有知识的全面整合,从而堪当真正具有普遍性的全人类共同知识。不难发现,不少以普遍性自居的理论在相当程度上也同样是基于西方经验的"地方性知识",无法充当对关乎人类整体命运的现代世界的完整解释,甚至越来越不足以解释和应对已暴露出的现代性问题。人类知识的普遍性正要求纳入更加多元的"亚非知识"和任何其他可以丰富完善人类知识体系的成果,趋向"人类知识、思想、经验与情感的全球新综合",唯此或许才能真正应对今日与未来的共同挑战。④如果将普遍性理解为涵盖自在的所有人类群体,而非由来

---

① 曾任美国政治学学会主席的罗伯特·贝茨的观点即具有一定的代表性,参见 Robert Bates, "Letter from the President: Area Studies and the Discipline," *APSA-CP, Newsletter of the APSA Organized Section in Comparative Politics*, Vol.7, No.1, 1996。

② 参见 Katarzyna Kaczmarska and Stefanie Ortmann, "IR Theory and Area Studies: A Plea for Displaced Knowledge about International Politics," *Journal of International Relations and Development*, No.24, 2021, pp.820—884。

③ Benjamin I. Schwartz, "Presidential Address: Area Studies as a Critical Discipline," *The Journal of Asian Studies*, Vol.40, No.1, 1980, pp.15—25.

④ 参见刘鸿武:《西方政治经济理论反思与"亚非知识"话语权重建》,《西亚非洲》2011年第 1 期,第 11—16 页。

自特定优势群体的人为规定和划分,那么对非西方思想的发掘就并不出于什么民族主义情绪,相反正是人类文明普遍性的内在要求。

这一认识基础当然也得到了非洲学者的支持。"非西方知识一定意味着特殊性"这一教条也已遭到质疑,"一个对多样性开放的知识生产进程并不一定意味着放弃人类知识的普遍性",相反,正是通过向平等对话开放才是"真正拥抱这种普遍性"。①由非洲学者组织编写的《非洲国际关系手册》就开门见山地提出:"非洲大陆一直在全球关系中占据重要地位……问题是,非洲的国际关系并不一定总是按照它自己的方式进行。非洲的国际关系往往是由当今占主导地位的国际和地缘政治议程所确定和导向的。因此,非洲往往是由外部行为者支配的国际关系的对象……然而,非洲大陆正日益成为国际关系中一个有发言权的角色,而且在某些方面是一个有影响力的角色。"②还有非裔学者公开呼吁,非洲国际关系研究已经可以从"反应性的"(reactionary)被动回应转向"进取性的"(offensive)主动生产,从跨学科视角、非洲世界观、"关系性认识论"等具体方面推动国际关系本体论、认识论更新,与包括"中国学派"在内的其他学派对话,用非洲与其他非西方社会联系的丰富材料替代或补充"威斯特伐利亚迷思的元叙事",从而"拓展现有的国际关系知识边界"。③

（四）文学透视方法与中国特色区域国别研究

由此我们认为,非洲国际关系思想也正和西方国际关系思想一样,都是从地方性经验补充了人类普遍性成果,这一具体议题进而也使区域研究的特殊对象与国际关系的普遍问题相融通。而方法上的融通,其连接点归根到底就在于人的主体地位,毕竟文艺作品、地方性知识和国际交往现象归根到底都离不开人的思想和行动。"文学即人学,文学反映人类生活的方方面面",因此文学探讨的问题当然可以包括区域国别研究中的问

① Achille Mbembe, "Decolonizing the University: New Directions," *Arts and Humanities in Higher Education*, Vol.15, No.1, 2016, p.37.

② Tim Murithi, "Introduction," in Tim Murithi, ed., *Handbook of Africa's International Relations*, Routledge, 2014, pp.1—7.

③ Thomas Kwasi Tieku, "A New Research Agenda for Africa's International Relations," *African Affairs*, Vol.121, No.484, 2022, pp.487—499.

题,这样的研究也可以通过将作家思想和文本作为研究对象来进行。①一些区域国别研究专家也已开始反思"科学主义物化观"的唯一主导地位,主张恢复对"人的核心主体地位"的重视。②更有学者在通盘思考中国区域国别知识生产的特点时强调,中国人将现代性和力量中心均视为"多重的、复数的",主张"基于文明对话而非文明冲突的逻辑"构建人类命运共同体,因而绝不能简单地用"中国中心主义"取代"美国中心主义",必须建立起超越中心主义的全新知识生产模式。具体来说,这就需要调整由国际权力分配和研究资源获取来规定研究优先视角的传统做法,"找回被歧视、被忽略甚至被忘却的传统意义上的'边缘'国家和地区,实现真正的'无盲点''无死角''全覆盖'",并下沉到以人为中心的议题,借助区域国别研究的"以人为本"来对将民族国家视作绝对中心的传统范式予以适度纠偏。③

所以尤为重要的是,本文所述新视野新方法的意义绝不仅是为了填补空白,绝不仅是因为众多被边缘化的对象和方法"同气相求"才更需要研究者为此发声④,而更是与中国特色区域国别研究的目的和特点相适应的内在要求。我们知道,西方大国的区域国别研究已留下一些成就和客观的贡献,但从历史上看,其中一部分研究的目的也许还是与殖民或冷战的需求有所联系。中国的区域国别研究则没有殖民主义的历史包袱,其现实需要更侧重于解决全球性问题,促进跨文化理解和国际合作,最终践行人类命运共同体理念。⑤要深刻把握中国区域国别研究的战略意义,就需要突出其"与人类命运共同体理念、多元文明平等交流理念等重大思想与实践之间的基础关系",从而自觉体现独特的知识价值。⑥

① 李建波、李霄垅:《外国文学和国别与区域的交叉研究:国情研究专家的视角》,《浙江外国语学院学报》2019年第5期,第12页。
② 罗林、邵玉琢:《国别和区域研究须打破学科壁垒的束缚——论人文向度下的整体观》,《国别和区域研究》2019年第1期,第147—165页。
③ 杨成:《国别区域全球知识的重构与中国崛起的世界知识保障》,《探索与争鸣》2022年第8期,第26—27页。
④ 严展宇:《国际关系研究的艺术转向:内涵、意义及其限度》,《国际政治研究》2020年第5期,第91页。
⑤ 参见崔建树:《从服务海外拓殖到应对全球性问题——区域国别研究的兴起与演变》,《浙江外国语学院学报》2020年第4期,第9—16页。
⑥ 刘鸿武:《中国区域国别之学的历史溯源与现实趋向》,《国际观察》2020年第5期,第53页。

因而在这一目标指引下，我们也就没有必要"将与西方主流学界'接轨'当作中国非洲研究的终极目标和唯一评判尺度"，能有助于更全面地理解非洲，能服务于中非人民的实际需要才是中国非洲研究的追求。①不仅如此，中国非洲研究领域较好的跨学科融合更容易"凸显西方那套价值观知识话语所固有的偏见与失效，暴露西方社会的知识盲区与认识黑洞"，中国特色应体现在运用新方法、关注新问题、维护发展中国家的"思想发展权"、为广大非西方世界的知识拓展"学术新边疆"和"理论新天地"等方面。②区域研究，也许正如其他人文社会科学研究一样，其"视角与目的关系密切"。③如果说某种狭窄版本的传统社会科学视角暗含控制的需要，那么在文学透视中了解非西方本土思想的新视野新方法反而正与中国区域国别研究的一部分重要对象和目的相适应——如果在控制和解决具体经验问题之外，我们的研究旨趣还包括推动主体间的交流互鉴，促进民心相通，以及共同摆脱强权宰制，实现发展进步，那就没有理由特别排斥诠释性和批判性的多元方法。④至此，原先传统学科视角下的"双重盲区"，完全可以成为中国区域国别研究新视野中的一个"视线焦点"了。

二、恩古吉的"全球辩证法"与非洲国际关系思想

作为自觉介入社会现实的非洲代表性大作家，恩古吉数十年如一日地保持着对政治问题的强烈关切。他公开宣言："每个作家都是政治中的作家。唯一的问题是什么政治，谁的政治？"⑤恩古吉的创作观正是以政治

① 刘鸿武：《非洲研究的"中国学派"：如何可能》，《西亚非洲》2016年第5期，第8页。
② 同上文，第12—14页。
③ 李安山：《中国的区域国别研究：历史、目的与方法》，《云大地区研究》2020年第2期，第195页。
④ 哈贝马斯对人类的知识与旨趣进行了分类。简而言之，人类的生存发展必然基于劳动，而劳动中需要互动，互动则会产生权力；这三类不同的场景，分别对应着人类进行控制、达成共识和寻求解放三类旨趣；三类旨趣即分别需要经验分析性的、历史诠释性的和批判性的三类科学，三类科学当然也意味着三类不同的方法体系。参见Jürgen Habermas, *Knowledge and Human Interests*, Jeremy Shapiro, trans., Heinemann, 1971。
⑤ Ngũgĩ wa Thiong'o, *Writers in Politics*, London：Heinemann, 1981, Preface.

诉求为首要目标,希望自己的作品能够直接干预社会现实,促动社会变革,影响历史进程。①而作为文学家的恩古吉介入社会现实的方式就是"把故事和讲故事视作理论,视作建构和理解世界的框架",从而影响人们对政治问题的理解,改造主观世界。②这正与文学透视方法的本体论基础完全一致。

"全球辩证法"(Globalectics)即是恩古吉创造性提出的框架,并被用作自己一部演讲文集的标题,但整个全球辩证法思想并不仅限于该同名文集中的内容,而是指他在数十年间逐渐发展起来的丰富观点。当然,这一成果会作为文学批评理论被运用于解读其他的非洲文学。③但更重要的是,恩古吉本人明确强调:"相较于文学理论,这些谈话本就更加关注文明空间的组织和知识的政治。"文学的舞台正是整个世界,同样需要"从民族主义束身衣(straightjacket)中解放出来",而这一促进解放的立场、观点和方法体系就是全球辩证法。④恩古吉本人对其最为直接的定义是:"全球辩证法源自地球的形状。在地球的表面上没有一个中心,任何一点都是同等的中心。至于地球的内部中心,所有表面上的点又都与它等距……全球辩证法将全球的(global)和辩证的(dialectical)视角结合起来以描述一种在全球空间迅速超越民族国家和地区等人为边界的种种自然形成和后天培育现象中的相互影响的对话(dialogue)或多元会话(multi-logue)。全球的方面是指人们在宇宙飞船或国际空间站里所看到的,而辩证的方面是指他们所看不到的内部动力机制。全球辩证法包含整全性、互联性、各部分潜力的平等性、张力以及运动。这是一种思维的方式和与世界相关联的方式,尤其是在这个全球主义和全球化的时代。"⑤

由此,通过将"全球"和"辩证法"两个简洁而内涵丰富的概念创造性地结合起来,恩古吉精妙地把握到当代世界的许多深刻特点,并初步形成自

① 高文惠:《恩古吉的政治文学观》,《德州学院学报》2014 年第 5 期,第 59 页。

② Cristina Bacchilega and Anne Duggan, "Thinking with Stories in Times of Conflict," *The Journal of American Folklore*, Vol.132, No.525, 2019, p.239.

③ 例如 Rémi Armand Tchokothe, "Globalectical Swahili Literature," *Journal of African Cultural Studies*, Vol.27, No.1, 2015, pp.30—39。

④ Ngũgĩ wa Thiong'o, *Globalectics: Theory and the Politics of Knowing*, Columbia University Press, 2012, pp.7—8.

⑤ Ibid., p.8.

身关于世界秩序的构想。这一标志性观点已明确超出文学的范围，也超越了早年的殖民主义批判，折射出更加深刻的、甚至是含有可贵建设性潜能的非洲当代国际关系思想。下文试对全球辩证法的三项要义分别展开论述。

（一）从西方中心到"全中心"

恩古吉的批判思想逐渐超越"本土主义"的格局也许早有脉络可循。[①]不少论者认为，恩古吉思想有一个从早期主要关注文化民族主义（即以本地为中心）到后来主要关注新殖民主义（即以全球化为中心）的发展。有学者进而提出，恩古吉从民族主义立场到全球主义立场的转变标志正在于小说《乌鸦巫师》。[②]还有观点则主张恩古吉思想并不存在从侧重"民族主义"到侧重"全球视野"的这种转换，对他前后四部代表性作品（《大河两岸》《一粒麦种》《我想结婚时结婚》和《乌鸦巫师》）的分析表明，恩古吉始终倾向于将地方描述为大规模外在干预的产物，并充分理解全球图景也是基于地方条件构建和体现出来的。[③]但一言以蔽之，全球辩证法"是一名多产作家生涯的拱顶石"。[④]这种思想在历史发生学的意义上形成于何时并不是本文追究的关键问题，我们所要发掘的，乃是这一以文学批评形式呈现的思想对于国际关系的透视意义。

毫无疑问，恩古吉曾以自己数十年的文艺著作、政治斗争和运用本民族基库尤语进行文学创作的实践对西方中心主义开展了毫不妥协的斗争。而在全球辩证法视角下，恩古吉所寻求的已不仅是去"西方中心"，而是去"任何中心"，进而推出"一切中心"的思维方式。"全球辩证的视野代替了原有的等级制关系，取而代之的是这样一种网络：没有任何中心，所

① Ângela Lamas Rodrigues and Ngũgĩ wa Thiong'o, "Beyond Nativism: An Interview with Ngũgĩ wa Thiong'o," *Research in African Literatures*, Vol.35, No.3, 2004, pp.161—167.

② Joseph McLaren, "From the National to the Global: Satirical Magic Realism in Ngũgĩ's 'Wizard of the Crow'," *The Global South*, Vol.2, No.2, 2008, pp.150—158.

③ Dustin Crowley, "'A Universal Garden of Many-Coloured Flowers': Place and Scale in the Works of Ngũgĩ wa Thiong'o," *Research in African Literatures*, Vol.44, No.3, 2013, pp.13—29. 另见蒋晖：《从"民族问题"到"后民族问题"——对西方非洲文学研究两个"时代"的分析与批评》，《文艺理论与批评》2019 年第 6 期，第 118—157 页。

④ Corbin Treacy, "Book Reviews: Globalectics: Theory and the Politics of Knowing by Ngũgĩ wa Thiong'o," *Transnational Literature*, Vol.4, No.2, 2012, pp.15—16.

有的点通过给予与收取的原则与另一个点相平衡、相联系。"①"帝国主义的路径要求全球任何角落的人们从一个帝国中心开始,并将帝国的大都市视作唯一的中心。而全球辩证法将一切中心视作世界的中心,并将一切文本视作彼此的镜子。"②因此,他呼吁拆解那种把文本限制在民族国家界限内或赋予特定语言文化以特权地位的等级性的教学大纲,建立致力于真正研究"世界文学"的系所,给灵活性、实验性、交流性留出空间。③在此基础上,"世界文学就在此处,但并不意味着民族的片面性和狭隘性"。

这一视角的内涵在"从非洲看东方"的问题中可以得到更具体的展现。事实上,亚非拉之间的彼此联系一直都存在,但这一点在很长的一段时期内都在以欧洲为中心的亚非拉叙事中被忽视了。恩古吉通过回顾自身经历说明,其早年的整个知识和社会结构都是被肯尼亚与英国、非洲与欧洲的二元关系所形塑的。迟至赴英国留学期间,他才遇到了来自其他英联邦地区的学生,无论他们对英国的态度是赞赏还是愤恨,都是各自与英国的单一联系才使这个多元的共同空间得以产生。而在晚年写作《战时诸梦:童年回忆录》时,恩古吉才意识到亚洲在自己早年的生活中明明也是同样重要的一条线索,印度的饮食、文化和人对自己家乡和整个非洲的方方面面都产生了深刻影响,而中国人的数量尽管很少,但如毛泽东和朱惠琼这些人物都对非洲反帝反殖运动起到过重要作用。对于他以"全中心"思想改造文学系的行动,肯尼亚的"新殖民主义政权"也指控他"企图用亚非拉的马克思主义革命者,例如鲁迅、金芝河、奈保尔等取代莎士比亚"。对此恩古吉回应道:"莎士比亚当然是安全的,我们所犯下的罪行只是把他与其他作家放在一起,并把英文系改名为文学系,作为对于研究本就没有边界的文学的更恰当安排。"正是通过这种"全中心"的思维来深化"反中心",才能"使那些被忽视的重新可见,最终迎来更有创造力和更有意义的世界思想的自由流动"。④然而,"思想从我们现在所说的发展中国家向发达国家的流动已经持续了几个世纪。只要想想印度宗教和文化对世

---

① Ngũgĩ wa Thiong'o, *Globalectics: Theory and the Politics of Knowing*, p.61.

② Ngũgĩ wa Thiong'o, "A Globalectical Imagination," p.40.

③ Ngũgĩ wa Thiong'o, *Globalectics: Theory and the Politics of Knowing*, p.57.

④ Ngũgĩ wa Thiong'o, "What Is Asia to Me? Looking East from Africa," *World Literature Today*, Vol.86, No.4, 2012, pp.14—18.

界其他地方的影响，或者亚洲艺术对欧洲艺术发展的影响就可以了。不幸的是，国际关系中的知识流动主要是单向的。"①如果借助恩古吉的做法，我们也许同样可以说，西方国际关系经典是安全的，但我们也有必要将来自其他主体的知识和观点放在一起，作为研究真正的"国际的"（international）而非西方"国家的"（national）问题的更恰当安排。

在政论文集《转移中心：为了文化自由的斗争》中，恩古吉也直接论述了西方中心的世界秩序所带来的各种灾难，主张变革整个西方中心的国际政治、经济、文化格局，并为此身体力行地参与争取文化自由的斗争。他在两层意义上推动"转移中心"：其一是将中心从被假定的西方迁移到世界所有文化的多个领域——所谓西方中心主义，就是西方被假定为宇宙中心，而这一假设是由少数西方国家对世界的统治发展起来的；其二则是在一国内部将中心从占主导地位的社会阶层（亦即与西方统治同构的男性资产阶级少数群体），在性别、种族和宗教平等的条件下，转移到劳动人民中那些真正有创造性的诸中心。②可见，全球辩证法正是对侧重于批判与斗争的"转移中心"中既有主旨的深化发展。从"反中心"到"全中心"的思想不仅更具建设性色彩，还避免了只局限于批判西方而可能造成的对西方中心的再生产。同样，针对国际关系学中西方中心色彩的"威斯特伐利亚束身衣"（Westphalian straightjacket），非西方世界的智识反应也很容易自觉或不自觉地落入"民族主义束身衣"的窠臼，可能最终反而强化了这种结构。真正"多文明基础上的"国际秩序不能等同于"弱式西方中心主义"的多元主义，而只能是建立在尊重多样性基础上的真正平等交往。③这种平等交往和文明对话得以可能的前提当然是每种文明都需要被视为有力的中心。④彻底的"全中心"才与彻底的文明交往相适配，在这个意义上，全球辩证法提供了文明交往论的另一种精妙表述。

---

① Karen Smith，"Africa as an Agent of International Relations Knowledge," in Scarlett Cornelissen，Fantu Cheru and Timothy M. Shaw，eds.，*Africa and International Relations in the 21st Century*，p.23.

② 参见 Ngũgĩ wa Thiong'o，*Moving the Centre：The Struggle for Cultural Freedoms*，James Currey，1993，Preface.

③ 俞沂暄：《多样性世界秩序的形成及其未来》，《复旦国际关系评论》2019 年第 2 期，第 126 页。

④ Ngũgĩ wa Thiong'o，"A Globalectical Imagination," p. 40.

（二）从自在物质联系到自觉精神联系

破除西方中心，树立"全中心"观点，并不意味着倒向某种碎片化的、"什么都行"的后现代主义局面。诸中心之间并不是纯粹自在和孤立的，而是蕴含着普遍联系。恩古吉也正是在写作回忆录时注意到长期以来被忽视的全球互联性（interconnectedness），进而发展完善全球辩证法思想的。在《战时诸梦》里，他以诙谐的口吻回顾了第二次世界大战如何通过随英军去过缅甸作战的兄弟、误撞上自家茅屋的军用卡车以及作为自己亲眼见到的第一批白人的意大利战俘劳工，"入侵"了他的童年生活。①而自己小学母校参与的非洲独立校园运动，竟也与黑人民族主义领袖马库斯·加维领导的哈勒姆街头政治之间有直接的联系。②当然，作为深受马克思主义影响的左翼思想家，恩古吉对全球化所建构的互联性的理解当然不止于此。他深知殖民者的铁路如何像深入美洲和俄国那样深入非洲内地，而后正是建立在铁路和资本主义扩张基础上的现代大学课程，才可能将托尔斯泰的《安娜·卡列尼娜》和自己的《一粒麦种》与西方文学放在一道讲授。在《全球辩证法》中，恩古吉更是直接引用了《共产党宣言》里那段著名论述："过去那种地方的和民族的自给自足和闭关自守状态，被各民族的各方面的互相往来和各方面的互相依赖所代替了。物质的生产是如此，精神的生产也是如此。各民族的精神产品成了公共的财产。民族的片面性和局限性日益成为不可能，于是由许多种民族的和地方的文学形成了一种世界的文学。"③

然而不幸的是，"民族的片面性和局限性"并没有终结。因为资本主义全球化只是带来了一个自在的、物质的普遍联系的世界，且充斥着内在的冲突、对抗、强制。正如萨义德指出的那样："归根结底，帝国主义是一种对地理施加暴力的行径。实际上，世界上的每一个空间都被这种地理暴力给勘探、绘制并最终加以控制了。"④对这一进程的敏锐感知显然贯穿了恩

---

① Ngũgĩ wa Thiong'o, *Dreams in a Time of War：A Childhood Memoir*, Pantheon, 2010, Chapter 5.

② Ngũgĩ wa Thiong'o, *In the House of the Interpreter：A Memoir*, Pantheon, 2012, p.17.

③ Ngũgĩ wa Thiong'o, *Globalectics：Theory and the Politics of Knowing*, p.48.

④ Edward W. Said, *Culture and Imperialism*, New York：Knopf, 1994, p.70.

古吉整个创作活动。他的早期著作《大河两岸》正是如此开篇:"当你站在山谷之中审视,这两脉山脊就不再只是被它们共同的生命来源所联结的睡狮,它们成为对立者。你可以不通过任何有形的东西,而仅仅通过它们相互对视的样子发现这一点。两者就像一对儿对手,随时准备了为了赢得这块偏僻之地的领导权,打个死去活来。"①全球化给原先和谐的空间带来了对抗,此处山脉的对峙暗示了传统和欧洲两种势力和文明对主人公的争夺,主人公则要努力调节、消化、吸收两种力量。而两山中间的霍尼亚河具有这种特点:它既可以被看成两座山的分界线,也可以被看成纽带。"恩古吉使用'中间'(between)这个含糊的词,至少可做两种解读:如果人们中间有什么,它既可以把他们结合起来,也可以分割开来。"②也就是说,"大河两岸"不仅是隐喻殖民地的处境,也蕴含了这种对抗与和解的辩证法。这种对抗中的联系并不局限于非洲,而是全球广大后殖民地区普遍所处的共同境况。全球化不可能倒退回田园牧歌,只能抓住其带来的普遍联系和内在动力,展开向着更高阶段的突破和变革。恩古吉在文集中总结自己关于文学与政治关系的思考时,将大量篇幅留给了对发生在万里之外的韩国民主化斗争的积极声援,还旗帜鲜明地将著作题献给韩国诗人金芝河,以及其他所有"在新殖民主义监狱中受苦"的、"拒绝向新殖民主义的沉默与恐惧文化卑躬屈膝"的作家,因为不能将肯尼亚的斗争与非洲、亚洲、拉丁美洲,也即整个世界正在发生的事情孤立起来看待。"在这里,作家别无选择。"③

可见,恩古吉对全球相互联系的理解并不只是"天下共享""连接众人""你我互为一体"的非洲乌班图哲学精神的简单重复。作为可能是当代最知名、最系统的将非洲传统思想运用到现实政治层面开展创造性演绎的案例,乌班图已被结束种族隔离后的南非政府树立为指导内政外交的官方思想。我们知道,乌班图哲学强调人与人之间先在的相互联系性和相互依赖性,引申出将平等、宽容、团结等原则贯彻到国际关系实践中的要求,构成一种超越西方民族国家话语的尝试。在现实国际交往中,南非也

---

① Ngũgĩ wa Thiong'o, *The River Between*, Penguin Books, 2015, p.1.

② Christine Loflin, *African Horizons: The Landscapes of African Fiction*, Greenwood Press, 1998, p.20,转引自代学田:《彼黍离离:非洲风景与殖民主义——〈战时诸梦:童年回忆录〉解读》,《东方论坛》2013年第4期,第99页。

③ Ngũgĩ wa Thiong'o, *Writers in Politics*, 1981.

以乌班图思想为旗帜,主张以下三个方面:其一,建立多元世界,这不等于西方主导、列强争霸的所谓多极化世界,而是包含多个强国、多种文化和多个政治系统的真正的多元世界;其二,推进国际合作,这不是出于纯粹的利益交换,而是认为相互依赖是更为重要的价值;其三,呼吁建立新的人类共同体,这就需要改变强权政治的西方观念,站在全人类高度实现乌班图式的"人类共享"。①

相互依赖的确是人类生产生活的基本条件,共享和谐固然是符合人类根本利益的远大追求。可是,处在现代世界中的人们恐怕很难仅靠呼吁来"回到"这种先在的和谐状态。这种普遍联系被割裂的深层原因是什么?如何可能在现实运动中恢复这种联系?恩古吉看到的,可能正是不得不经过对抗与斗争,不得不克服给定的矛盾冲突,才能使这种理想状态真正落实且更显珍贵。恩古吉对全球相互依存、普遍联系的理解因此还含有一层深刻的辩证性、批判性。作为受压迫民族知识分子的代表,对全球辩证法的践行就在于自觉联系全球各处同样追求进步变革的诸中心,始终紧密结合实际斗争形势,在矛盾对抗中不断自觉赋予互联性以更为具体的时代内涵。从文学家的具体工作来看,这具体表现为利用好文学天然的共通性,让文学在全球精神空间永不停息地到处相遇来联结一个更合理的主观世界,促进客观世界变革趋势的展开。恩古吉就以"真正的世界文学"为例表述这种"从自在到自觉"的动态过程,全球辩证法的文学旨在将跨时空的文本涵盖在内,要求它们对各自的时空做出回应,呈现一种"当地与全球,此处与彼处,民族与世界"的不断相遇。②也许,这是另一种对当代全球相互联系、人类命运与共理想的提炼:全球交往可以在此处,也可以在一切地方;既应是物质上的,也应是精神上的——但这并非某种自动降临的、先在的和谐状态,而是处处离不开自觉推动和主动争取。

(三)从殖民地奴隶到新世界创造者

在恩古吉看来,现代世界的普遍联系和矛盾运动是不可分割的。全球辩证法思想也必然继续引向第三个重要环节,"简而言之,全球辩证法

---

① 参见周鑫宇:《南非乌班图思想与新兴大国本土政治思想崛起》,《现代国际关系》2018 年第 2 期,第 56—62 页。

② Ngũgĩ wa Thiong'o, *Globalectics: Theory and the Politics of Knowing*, p.60.

还是一个很好的工具,它可以澄清社会现象之间的交互联系以及它们在本地和全球空间中的相互影响,是阐明社会存在的内部和外部、本地和全球之间动态机制的一种手段。"①其实,《全球辩证法》文集的章节正是恩古吉有意按黑格尔式的"主奴辩证法"逻辑安排的。第一章"英国主人与殖民地奴隶"检视英语文学在等级制中的支配性地位,第二章"殖民地奴隶的教育"强调两者之间的斗争,第三章则是合题——"全球辩证的想象:后殖民的世界"。殖民历史及其理论造成的遗产是"奴隶了解主人而主人不了解奴隶。他了解被强加在身上的语言和文化,但主人不了解奴隶的语言及其所承载的文化。主人也不认为这些文化有什么价值可以提供,因为奴隶已经被宣判为根本不算人"。②在获得形式上的政治独立之后,持续存在的新殖民主义权力一定还会影响不同语言文化之间的关系,但也已包含了非殖民的要素:"在他们的斗争中,帝国领主和殖民地奴隶彼此留下了印记,但不同的是,奴隶可以将帝国输入的最好的东西加以利用,并将其与自己投入的最好的东西结合起来,形成一个新的合题。后殖民主义体现了这种新的合题。后殖民主义与人类的所有其他支流一样,在有其自身特殊性的同时,又是现代世界思想史的一个主要组成部分,因为殖民主义本身就是一部不同民族、文化和知识相互渗透的历史。"③也就是说,基于主奴辩证法,"落后"的文明反而更易保有对新秩序的想象力。

正如"奴隶"的语言和文学一样,在很长时间内,众多非西方民族同样不具有被承认为现代国际关系主体的地位,"国际法"对非西方民族的规训正与殖民帝国的文学教化如出一辙,而第三世界反过来利用国际法推动平等主权和普遍人权则是一场标志性、历史性的进步政治抗争。④在国际关系学科中,文明标准、行为体成熟度、科学方法论等诸多门槛保留的时间则更久。⑤肯尼斯·华尔兹就直截了当地主张:"国际政治理论,与国

---

① Ngũgĩ wa Thiong'o, *Globalectics: Theory and the Politics of Knowing*, p.61.

② Ibid., pp.40—41.

③ Ibid., p.51.

④ 殷之光:《作为主体的第三世界:行动中的立法者与现代国际秩序的创造》,《人大法律评论》2017年第1期,第95—96页;殷之光:《超越霸权中心主义——主权平等的第三世界历史经验》,《中央社会主义学院学报》2022年第4期,第54—55页。

⑤ 张春:《中国的理论自信对非洲国际关系理论建构的借鉴意义》,《西亚非洲》2018年第4期,第48页。

际政治的历史一样,主要是根据一个时代的大国书写的。以马来西亚和哥斯达黎加为基础建立国际政治理论是荒谬的。"①而同时,后发民族利用主权内在的普遍原则与实际矛盾反对帝国主义并更进一步提出新世界构想,则又是与文化领域"翻身做主"的辩证法如出一辙,几乎与列宁主义、毛泽东思想中"落后的欧洲和先进的亚洲"逻辑一脉相承。

但与掌握"物质力量",可以开展"武器的批判"的政治领袖不同,文学家如何可能参与新世界的创造? 恩古吉认为:"'想象'一词无疑是更引人入胜的,无论是在当时还是现在的任何政治体制下。想象是人类社会中最核心的形式上的能动力量,正如建筑师在建筑之前已经有了图景,没有想象,我们就不能将过去或未来可视化。正是因为我们可以想象不同的未来,我们才能与事物的现存状态作斗争。"②他也承认想象可能会遇到阻碍,但想象仍是人类特性中最民主的一种,因为想象能跨越被强加的边界。也许国家有时试图限制想象的空间,但想象就其本性而言是不在乎任何时空限制的。当然,国家不是唯一能限制想象健康运行的力量。在更多时候,无需蓄意的政治力量干预,最常见的一种限制方式就是奉持一些狭隘的世界观,从而不自觉地遮蔽想象的空间。比如在殖民主义传统下,每个帝国主义国家都把自己的民族文学置于唯一的中心。"一个人可能因拥有马克思的《共产党宣言》而被绞死,却因拥有莎士比亚的抄本而被拥抱。尽管莎士比亚在马克思、恩格斯之前就用戏剧表现了阶级斗争和暴力的作用,但殖民宗主国相信莎士比亚作为一个'没有主见的天才'来被'安全地'教授,相信能用狭隘的解读视角来裁切莎士比亚。典型的表现就是:麦克白的滴血匕首被解释为盲目的野心和个性的缺陷,刺杀也无非是企图攫取权力。"对于这种限制,"全球辩证法的阅读就能揭示出:帝国是依靠剑来获取和维持权力的——被殖民者也只能用剑夺回它"。③的确,文学家或者绝大多数从事思想生产的知识分子并不兼任这样的"执剑人"角色,但他们能在观念上打造"批判的武器"。在前两步中,一旦全球被压迫群体树立各自的中心地位,在精神空间形成这种平等联系、往复交融的自觉,创造性的力量就已在主观世界被打开,第三步就是要继续反思对这

---

① Kenneth Waltz, *Theory of International Politics*, Random House, 1979, p.72.
②③ Ngũgĩ wa Thiong'o, "A Globalectical Imagination," p.41.

些想象潜能的不必要的限制,为参与建构进步性变革和创造新世界的现实运动准备条件。

(四)全球辩证法思想的贡献与局限

布赞和阿查亚提出了著名的问题:为什么没有非西方的国际关系理论? 他们指出,绝大部分的国际关系理论都是"被西方"和"为西方"生产的,并建立在西方历史就是世界历史的假设之上。因而如果想要提升国际关系研究的整体水平,那么西方国际关系理论还应接受来自西方外部的挑战。①诚然,尽管有不少"批判性国际关系研究"已为非西方思想留出了空间,但许多成果还是"为西方"和"向西方"言说的,更需要的是真正超越对现代西方的"派生话语"的模仿,从非西方文明内部来突出批判性,同时又避免将本土经验不加反思地宣称为普世知识。但不少后殖民主义的尝试却也以再生产本要批判的霸权本身而告终。②对此,恩古吉的全球辩证法思想已经避免了诸多陷阱,在彻底批判西方中心主义的同时也不同于各种基于非西方传统共同体的构想,而是真正具有了全球高度,最终呼应了早先在《思维去殖》中描绘的自己笔耕不辍所要追求的世界构想:"在这个世界中,我的健康不依赖于别人的麻风病,我的清洁不依赖于别人被蛆腐蚀的身体,我们的人性不依赖于别人被埋葬的人性。"③

全球辩证法的可贵之处首先可以从非洲国际关系思想内部的发展来理解。有非洲学者认为,非洲对国际关系思想的贡献可提炼为"两个时代":其一是20世纪中叶流行的泛非主义,其二是20世纪末兴起的"非洲复兴"思想。但若予以深究,两者都有许多疑难问题未能解决,非洲国际关

---

① Barry Buzan and Amitav Acharya, "Why is there No Non-Western International Relations Theory?: An Introduction," *Internation Relations of the Asia-Pacific*, Vol.7, No.3, 2007, p.289.

② Giorgio Shani, "Toward a Post-Western IR: The 'Umma,' 'Khalsa Panth,' and Critical International Relations Theory," *International Studies Review*, Vol.10, No.4, 2008, pp.722—723.恩古吉本人也对"后殖民主义"概念的局限性有着清醒认识,参见[尼日利亚]泰居莫拉·奥拉尼央:《后现代性、后殖民性和非洲研究》,载[尼日利亚]泰居莫拉·奥拉尼央、[加纳]阿托·奎森编:《非洲文学批评史稿》,姚峰等译,华东师范大学出版社2020年版,第824页。

③ Ngũgĩ wa Thiong'o, *Decolonising the Mind: The Politics of Language in African Literature*, James Currey, 1986, p.106.

系研究仍亟待思想的润泽①,而文学透视方法则为我们打开了观察非洲国际关系思想如何与时俱进的新视角。

在民族解放浪潮之前的时期,作为典型的非洲式政治家兼作家,肯尼亚领导人乔莫·肯雅塔就曾创作过一个极为通俗显白的寓言故事——《丛林里的绅士》——来隐喻当时国际关系的主要特点。大象口口声声称主人公为"朋友",却以各种华丽的言辞和借口巧取豪夺了"朋友"的小屋。主人公提出异议之后,狮子召集土狼、鳄鱼等组成一个全由同党担任"法官"的冠冕堂皇的"法庭",用各种"文明""公道"的说辞将大象强占小屋的事实合法化、制度化。最后,野兽"绅士"们为争抢小屋起了冲突,"就在他们打得热火朝天的时候,那个人一把火点燃了小屋,把小屋、丛林霸主和所有的东西烧成了灰烬。然后,他回到家说:'和平是要付出代价的,但是值得付出!'从此他过上了幸福的生活!"②这个如今看来略显俗套且缺乏建设性的结尾,恰恰充分折射出反殖斗争时代的鲜明色彩。而在赢得独立之后不久,塞内加尔著名作家兼导演乌斯曼·塞姆班又在其经典名作《哈拉》(Xala)中辛辣地讽刺了新殖民主义秩序:独立后的腐败精英将非洲传统文化挂在嘴边作为借口,却仍依靠前宗主国发家致富,崇尚欧洲资产阶级生活,厌恶和疏离"肮脏""残疾"的大众,但最后,这位精英不得不借助大众的"肮脏"仪式才能重获健康。只有人民大众的再教育才能使新生政权真正摆脱殖民获得力量,这一暗喻在深刻批判之余已经开始显现建设性色彩。而到了全球化发展的新时期,加纳作家阿伊·奎·阿玛借小说主人公之口明确呼吁:"非洲人是时候把辩论从对旧制度的批评转移到设计和测试一个新制度上去。"③从这个意义上我们就能看到,作为背负着沉重殖民历史的非洲思想界代表,恩古吉十分敏锐地抓住了时代精神,在关于一个合理世界秩序的建设性构想方面又前进了一大步。

---

① Gilbert M. Khadiagala, "Two Moments in African Thought: Ideas in Africa's International Relations," *South African Journal of International Affairs*, Vol.17, No.3, 2010, p.375.

② Jomo Kenyatta, "The Gentlemen of the Jungle," in Chinua Achebe and C. L. Innes, eds., *African Short Stories*, Oxford: Heinemann, 1988, pp.36—39.

③ Ayi Kwei Armah, *Osiris Rising: A Novel of African Past, Present and Future*, Per Ankh, 1995, p.188.

在此基础上，全球辩证法思想也足堪与其他相似成果比较。在国际政治哲学层面，已有一些同样旨在克服旧有民族国家体系弊端，建设更合理新世界秩序的代表性规范构想。哈贝马斯式的后威斯特伐利亚对话共同体学说即是高度发展完备的理论成果。①不过，其暗藏的欧洲中心主义和文明等级制也已遭到诸多批评。与哈贝马斯框架下的对全球普遍化交往伦理的各种精心设计相比，全球辩证法同样指向无终点的不断对话和不停息的动态过程，但不依赖于现代法理社会、"宪政爱国主义"等实则是含有大量具体内容和明显实际中心的政治标准，因而"少即是多"，可能更接近于无条件的普遍性要求。中国学界的代表性思想之一——"天下体系"——则针对哈贝马斯式对话伦理框架中"理解不能保证接受"以及"对话不足以解决行动问题"两大困难，提出基于"关系"而不是"个体"的哲学，形成"来自每个地方的眼界"（the view from everywhere）而不是"来自某些地方的眼界"（the view from somewhere），重点指出我们所在的世界还是一个"非世界"，关键是要提供一种"以世界观世界"的形而上学，考虑"可行关系的普遍化"而非"普遍同质化"。②相形之下，恩古吉的全球辩证法与这一中国学界的思想成果有着更为接近的旨趣，完全具有"以世界观世界"来超越当下自在的"非世界的世界"这一高度，堪当非洲思想界的代表性成果。当然，我们目前所讨论的任何一种思想成果都不太会是完美回应一切问题的终极真理，作为理想世界秩序原则的全球辩证法也仍有三个层次上的难题有待反思。

第一层次是想象的实现路径。这也通常是部分具有批判取向的思想难以避免的问题，即"破大于立，缺乏具有政策与策略意义的建设性方案"。③已有论者认为，全球辩证法的主要问题还是在于其"站在理想主义一边，却没有充分发展实现愿景的现实战略"。④正如一些批判学者已然

①　相关思想在国际关系方面的运用阐发集中体现于 Andrew Linklater, *The Transformation of Political Community: Ethical Foundations of the Post-Westphalian Era*, Polity, 1998。

②　参见赵汀阳：《天下体系：世界制度哲学导论》，中国人民大学出版社 2011 年版。

③　王逸舟：《西方国际政治学：历史与理论》，中国社会科学出版社 2007 年版，第 221 页。

④　Erica Lombard, "Book Reviews: Globalectics: Theory and the Politics of Knowing by Ngũgĩ wa Thiong'o," *The Modern Language Review*, Vol.108, No.2, 2013, p.626.

反思过的那样，"对抗全球权力结构的后殖民思想居然没有充分介入政治经济学领域"①，而是出现了一种"抛开物质条件辩论的普遍倾向"。②鉴于西方中心主义正是建基于全球资本主义的物质扩张与其文化表现之中，我们很难想象任何无须直面政治经济学挑战的严肃的去西方中心化。③

第二层次是对想象的实现本身。如果承认某种图景只是纯粹的理想，那么其实现过程本身很可能要么是作为一种思想成果"随缘"吸引信众，要么是诉诸结果正义的危险的"社会工程"。对应这两种极端前景，恩古吉也没有完全阐明采纳自己的改造原则如何能真正保卫各个中心的主体地位，而非仅是被工具化利用；同样不确定的是，如何防止在新原则的贯彻中产生新等级制。毕竟，"吾生也有涯，而知也无涯"，无论如何强调往复和流动，以有限的资源涵盖"全中心"的努力总是十分困难的，可能也将与哈贝马斯式的路径类似，艰难地"介于对乌托邦强制力的恐惧与对无能为力的失望之间"。④

第三层次则是想象本身。这种想象所对应的真的是人类所生活的世界吗？很显然，另两种世界秩序构想仍是预先覆盖了一个规范行为的基本框架，只不过商谈伦理基于欧洲资源，"天下体系"基于中国资源。⑤而全球辩证法似乎确是基于一个纯粹抽象的几何意义上的全球。这当然是可思的，但对于现实的人类和地球而言真的是可能、可欲和可求的吗？固然任何一点都可以被视作中心，但"同等"也许只能存在于纯粹的几何学层面。只要看一眼全球的航线或是灯光地图就可以十分直观地理解，人类世界确实一直存在有限物质的（很大程度上也是精神的）中心，尽管这些

---

① Phillip Darby, "Pursuing the Political: A Postcolonial Rethinking of Relations International," p.16.

② Albert J. Paolini, *Navigating Modernity: Postcolonialism, Identity and International Relations*, Boulder: Lynne Rienner, 1999, p.204.

③ Arif Dirlik, "The Postcolonial Aura: Third World Criticism in the Age of Global Capitalism," *Critical Inquiry*, Vol.20, No.2, 1994, p.350.

④ Ricardo Blaug, "Between Fear and Disappointment: Critical, Empirical and Practical Uses of Habermas," *Political Studies*, Vol.45, No.1,1997, p.100.

⑤ 俞沂暄：《多样性世界秩序的形成及其未来》，《复旦国际关系评论》2019 年第 2 期，第 125 页。

中心是有待反思且可以缓慢变迁的,尽管人人都可以"以此处为中心"去
联结世界,但不同的"中心"实则很难是均一的、平等的。①我们可以理解并
同意,"拒绝以权力为国际关系的基础"也许的确是"绝大部分非洲国家的
一种民族性格",可以相信"对强国的怨恨在非洲精英的思想中根深蒂固,
说服而非胡萝卜加大棒,才是非洲国家拥有的最有效的权力资源"。②但技
术与资本带来的全球互联的物质基础仍将继续发展,且这一过程可能一
定程度上还是由有权力的能动者驱动和领导的。③知识与权力的关系仍将
纠缠不休,全球层面规则规范的建立与传播甚至会更加鲜明地依赖于权
力。也许,作为非洲代表性知识精英的恩古吉正是居于现实中"无权力的
中心",才更容易对"全中心的世界"提出创造性的构想。

三、启　　示

当然,对于一位旨在以小见大、微言大义,避免宏大理论和"经院哲学"
的文学家而言,上述疑难也可以说是过于苛刻的强求。我们本就不应期
待让文学家提供解决所有问题的灵丹妙药,而未能解决所有问题也并不
影响借助文学视角补充区域国别和国际关系研究的意义。从一般意义上
的社会科学本身发展来看,想象的"健康运作方式"并不在于当即实现,全
球辩证法也已然展现作者自己所追求的"质朴理论的丰富价值"(Riches
of Poor Theory)④,并为我们提供了来自"自下的国际关系"(international

---

①　例如不幸的事实是,虽然非洲拥有数量众多的语言,但如果离开殖民者语言这个"中
心",不同民族、国家彼此之间的交流沟通都很困难,如果作家选择运用非洲语言来表达,那么
他的信息只能传达给很少的受众,且更不利于被接受和传播。参见伯恩斯・林德福斯:《政
治、文化和文学形式》,载[尼日利亚]泰居莫拉・奥拉尼央、[加纳]阿托・奎森编:《非洲文学
批评史稿》,姚峰等译,华东师范大学出版社 2020 年版,第 23 页。

②　Thomas Kwasi Tieku, "Theoretical Approaches to Africa's IR," in Tim Murithi,
ed., *Handbook of Africa's International Relations*, p.13.

③　Barry Buzan, *International to World Society? English School Theory and the Social
Structure of Globalisation*, Cambridge University Press, 2004, p.12.

④　参见 Ngũgĩ wa Thiong'o, *Globalectics: Theory and the Politics of Knowing*, Intro-
duction。

relations from below)①的宝贵启发。

而在全球辩证法的具体成果之外,这一研究尝试本身更是探索了文学透视作为区域国别和广义社会科学研究之新视野、新方法的意义。在本体论层面上,"文学不仅描述世界,更能建构社会现实"。②我们所需要的是探究文学艺术如何表达和构建,前者可以引发对国际政治的理论反思,后者更能通过影响受众的认知进而介入国际政治的现实。③就"表达"而言,长期关注美学与政治关系的法国马克思主义理论家朗西埃提出,"政治不仅是对权力的争夺或使用,还在于'歧见'(dissensus),即将一个世界置于另一个世界中去观察,从而揭示那些没有被看到或听到的东西"。④而在"构建"方面,另一位非洲政治家兼文学家、塞内加尔领导人桑戈尔也主张"政治是一种打破话语封闭的艺术"。⑤可以看到,"政治"一词本就是对"公共事务"的强调,任何一个政治共同体(如民族、国家、世界等)也都离不开在时间和空间维度的不断沟通、构筑。⑥文学透视可以提醒我们,也许恰是既有学科自身的发展可以在其他学科的启发下融合创新。

在学理意义上,文学作品中不可避免地反映出关于我们所要研究的某地某时的大量知识,无论作者是否自觉主动地追求这一点,也无论其写作风格是偏向纪实还是虚构,都能在广度和深度上帮助我们拓展对特定区域政治经济社会情况的理解认识。所谓广度,指的是文学涉及包括国际关系思想在内的极其广泛的各方面内容;所谓深度,是指文学通常不拘

---

① "自下的国际关系"指来自被"上层"排斥在外的,某种文明或物质基础水平达不到"根据自身愿景来改变世界"这一重要能力的第三世界的视角,如依附理论等。参见[美]戴维·布莱尼、纳伊姆·伊纳亚图拉:《自下的国际关系》,载[澳]克里斯蒂安·罗伊-斯米特、[英]邓肯·斯尼达尔编:《牛津国际关系手册》,方芳等译,译林出版社 2019 年版,第三十八章。

② 何伟:《表征与国际政治研究:一种美学的维度》,《国际关系研究》2016 年第 3 期,第 60 页。

③ 陈玉聃、韩善聪:《21 世纪以来艺术与国际政治研究的发展——陈玉聃副教授访谈》,《国际政治研究》2018 年第 4 期,第 148—149 页。

④ Jacques Rancière, "Ten Theses on Politics," in S. Corcoran, ed. & trans., *Dissensus: On Politics and Aesthetics*, Continuum, 2010, p.38.

⑤ Shiera S. el-Malik, "Interruptive Discourses: Leópold Senghor, African Emotion and the Poetry of Politics," *African Identities*, Vol.13, No.1, 2015, p.50.

⑥ 陈玉聃:《诗与思:国际关系研究的思想文化透视》,《国际关系研究》2015 年第 4 期,第 33 页。

于一时一事的具体分析,而是处理更加宏大长远的主题并提出深刻见解。
而在现实意义上,我们则可在不同的区域国别研究中通过灵活"对焦"捕
捉到不一样的内容。在欧洲的文艺经典中,研究者看到的是主导性的西
方国际体系及其思想的滥觞;而在亚非拉的诸多作品中,我们就能倾听来
自既有国际体系边缘的呐喊,当然还可以聚焦到更深入、更具体、更不为
人所熟知的各民族特色风情。这些知识无疑都是我们追求文明互鉴、民
心相通的重要组成部分,文学透视作为一种新视野新方法也就尤其与中
国区域国别研究的一部分目的相适应。

因而更重要的是,对于中国区域国别和国际关系学科的自主发展而
言,此种探究和补充更具有特别的参照价值。我国非洲文学研究领域的
专家蒋晖认为,中国特色的研究若要"面目一新",唯一的关键就在于以中
国自身经验为出发点,充分理解"非洲文学在生产方面深深依附于西方的
文化生产机制,但在精神方面却充满了反抗",在看到其与西方文学的"体
制同源性"之外牢牢抓住其"与中国和第三世界现代文学具有的政治同源
性"。①这不免让人想起鲁迅与林语堂之间围绕译介"英美法德"还是"波兰
捷克"文学所爆发的笔战——"英美法德"自然不会乏人宣教,而中国与弱
小民族之间才"易于心心相印",更有共鸣和对话的空间,岂有对当时的波
兰捷克或是今天的非洲进行"事大"和"献媚"的需要?②两相观照,国际关
系思想的发展又何尝不是如此? 正如《21世纪的非洲与国际关系》论文集
的编者有意作出的刺激性总结所提醒的那样:"并不是主流国际关系学者
忘记了非洲,而是有一种根深蒂固的信念,即非白人对创造世界历史毫无
贡献。"③我们看到,中国本土的政治与国际关系思想研究日益成为"显
学",学术研究成果斐然。④这当然离不开我国物质力量的空前增长和文化
自信的显著恢复,但只要稍往前推进一步就能反思到,非洲和其他众多非

① 蒋晖:《导读》,载[尼日利亚]泰居莫拉·奥拉尼央、[加纳]阿托·奎森编:《非洲文学批评史稿》,姚峰等译,华东师范大学出版社2020年版,第12页。
② 参见鲁迅:《且介亭杂文二集·"题未定"草(一至三)》,载《鲁迅全集》(第6卷),人民文学出版社2005年版,第366—367页。
③ Timothy M. Shaw, Fantu Cheru and Scarlett Cornelissen: "Conclusion: What Futures for African International Relations?" in Scarlett Cornelissen, Fantu Cheru and Timothy M. Shaw, eds., *Africa and International Relations in the 21st Century*, p.208.
④ 参见潘忠岐主编:《中华经典国际关系概念》,上海人民出版社2021年版。

西方地区正是缺乏这一物质力量进而也制约了文化自信,而非其没有相应的宝贵思想。试想,从前中国积贫积弱之时,中国国际关系思想的研究恐怕就乏人问津,难道那时孔孟老庄、礼义中和就不存在了吗? 我们中国学者正是可以带着这种反思性自觉,尽量避免重复西方大国的部分错误做法,真正尊重非西方知识的发掘互鉴。

广大发展中国家的"政治同源性"以及我们自身奉持的文明观,决定了中国区域国别研究的特质及其破除西方中心论的使命,强调不同国家平等展开合作对话,进而助力于文明交流互鉴。①这种研究更广阔的前景,还在于广泛而充分地开发各国、各民族、各区域的传统知识与现代智慧,通过平等对话、多元交流把全人类的知识、思想、文化连接汇通起来并加以综合创新,创造超越个别区域范畴的,"真正具有普适性的人类共建、共通、共享的知识、思想与文化,从而让人类以更加理性、主动、积极的方式,采取共同行动,构建共同利益"。②这一中国区域国别研究的自我期许正与全球辩证法思想不谋而合。而要恢复一切中心和自觉联系,趋向一个更加平等的理想世界,其最关键的前提还是在于恢复被长期压制和遮蔽的非西方能动者的主体性。中国区域国别研究也要意识到这一作为前提的问题意识的转换,更多关注非西方地区在去殖民进程中如何获得政治主体地位。③"外部力量对非洲这一努力的支持不应该是提供强加方案,而应该是提供道义支持,当然也可以表现为与非洲国家提出的观点进行平等的交流。"④这对于在非洲发展乃至新型国际关系构建中日益扮演重要角色的新时代中国而言具有特别突出的现实意义。要规避种种"陷阱",要与历史上殖民宗主国和西方霸权国的部分错误行为相区别,中国的区域国

---

① 李秉忠:《区域国别学的西方传统和中国路径》,《史学集刊》2022年第4期,第19—20页。

② 刘鸿武:《非洲学是一门行走与实践的学问》,《国别和区域研究》2020年第2期,第2页。

③ 殷之光:《日常生活中的"国家"以及新时代区域国别研究的问题意识》,《比较政治学研究》2017年第2期,第238—239页。

④ Ulf Himmerlstrand, "Perspectives, Controversies & Dilemmas in the Study of African Development," in Ulf Himmerlstrand, Kabiru Kinyanjui and Edward Mburugu, eds., *African Perspective on Development*, Foundation Publishers, 1994, p.34,转引自周玉渊:《非洲世纪的到来? 非洲自主权与中非合作研究》,社会科学文献出版社2017年版,第32页。

别研究就离不开一项看似是在"务虚"的重要工作,即反思自身在实施国际交往行为之前持有什么样的思想认知,如何了解和对待别国人民的思想认知,进而如何使彼此的国际关系构想融通对话,在构建更加合理的国际关系现实中形成合力。

无论是历史上还是理论中的多极、两极、单极国际体系,其默认的前提或许都是,只有西方或者大国拥有主体地位,非洲大陆往往被视作混沌不明的被动客体,是获取自然资源、争夺势力范围、推行代理人策略的"棋子"甚至"棋盘"。在 20 世纪后期较新的时代背景下,通常的情况仍是前者对后者一边牢牢抱持着"救世主"心态,一边延续着新殖民主义的经济剥削与政治控制,折射出实质上"单中心"的不合理国际秩序。而在冷战结束后,一度流行的"文明冲突论"等看似承认了"非洲文明"以及"多中心"的并立存在,但看不到相互之间的交融联系、和谐互动,实质上仍是将行为主体改换成"文明"的现实主义。与之相反,"许多非洲精英并不认为自己是独立的、原子的、孤立的和抽象的实体,而是认为他们彼此之间的确有着关系。换句话说,他们以关系的方式思考和行为"。①而这种关系也不是指单中心的权力关系,"家长制可以被描述为一种自上而下的单向关系,其中一方为另一方的发展建立框架并进行限制。同时,伙伴关系则指一种基于通过对话建立的尊重和合作的相互丰富的关系"。②众所周知,中国外交一贯主张国家、民族、文明无论大小强弱、先进落后,一律尊重其平等的主体地位,致力于发展彼此间广泛的伙伴关系。而国际关系"中国学派"的代表性学者更是进行了高度的理论提炼,指出不同文明间并非只是机械的、自在的联系,除了亨廷顿等西方现实主义传统中的"结构冲突型"模式之外,更可以有"过程融合型"模式,将过程关系性思维作为国际交往的基础,在平等对话、相互理解中逐渐推动全球文明的动态生成,"互动转化为一个相互包含而非同质的新的合体"。③在"全中心"普遍联系下的未来图

---

① Thomas Kwasi Tieku, "Theoretical Approaches to Africa's IR," in Tim Murithi, ed., *Handbook of Africa's International Relations*, p.16.

② Ibid., p.5.

③ 参见秦亚青:《文化、文明与世界政治:不断深化的研究议程》,《世界经济与政治》2010 年第 11 期,第 4—15 页;秦亚青:《关系本位与过程建构:将中国理念植入国际关系理论》,《中国社会科学》2009 年第 3 期,第 69—86 页等。

景中,我们可以看到中非国际关系构想的相互镜鉴;我们更有理由相信,随着"一带一路""五通"目标的持续铺开与人类命运共同体构建的不断深化,在物质层面的互联互通与思想层面的交流互动相辅相成之中,将要迎来的可能正是"全球辩证法"真正展开的现实过程。

专题研究
区域国别与比较政治

国家发展意愿问题初探
——以非洲四国为例*

姜　璐**

【内容提要】　在国家主导的经济结构转型过程中,产业政策和国家能力通常被认为是决定国家干预成效的关键因素。本文承认两者的作用,但认为仅有政策和能力是不够的,被忽视的国家发展意愿在这一过程中同样扮演着不可或缺的角色。既有研究中有关发展意愿的专门讨论十分有限,因此本文尝试从学理层面就如何理解、研究和比较不同国家间的发展意愿作出初步探索。在对这一抽象概念予以界定的基础上,本文提出了一个对发展意愿进行定性分析与比较的理论框架。文章将发展意愿定义为国家机构特别是权力核心对于推进经济发展的愿望或动力,并将其分为切实程度与贯彻程度两个层面。文章进一步提出发展意愿的双重决定因素——发展的权力意义与权力的分配格局,两者分别建构了发展意愿的切实程度与贯彻程度。在此基础上,文章以埃塞俄比亚、卢旺达、尼日利亚和南非四个非洲国家自20世纪90年代以来的经济发展与转型为例,应用本文提出的理论分析框架对四国权力核心在上述过程中所表现出发展意愿的差异性作出解释。

【关键词】　发展意愿,结构转型,国家干预,权力

【Abstract】　In the process of state-led economic structural transformation, industrial policy and state capacity are more often than not raised as the key determinants shaping the effectiveness of government intervention. While acknowledging that, this article argues that mere policy and capacity cannot fully explain the results of transformation; the development will of state, which is often neglected in the research, has also played an indispensable role. Given the under-researched state of development will, this article attempts to explore how we could possibly define, study and compare development will of different states. The article defines "development will" as the will or motivation of state, especially of whose who hold the core power of state, to promote economic development, and further develops the concept into two levels, the extent of sincerity and the extent of implementation. It then proposes that two factors, the power implication of development and distribution pattern of power, determines the extent of sincerity and implementation of state development will. On the basis of that, the article chooses the economic development and transformation cases of Ethiopia, Rwanda, Nigeria and South Africa from the 1990s, and explains the differences of development will among the four states by applying the theoretical framework proposed in the article.

【Key Words】　Development will, Structural transformation, State intervention, Power

*　本文为国家社会科学基金青年项目"中国对非援助创新与非洲国家发展自主性研究"(项目编号:18CZZ011)的阶段性成果。

**　姜璐,上海对外经贸大学国际发展合作研究院助理研究员。

一、导　　言

国家与市场的关系，或者说，政府在经济发展中扮演的角色，是经济学和政治经济学领域一个旷日持久的争论议题。在这一争论中，从国家主义范式（statist approach）出发的研究者肯定并强调国家或政府在一国经济发展中的作用。比较典型的如发展型国家理论①，该理论认为政府通过产业政策手段对经济进行"顺应市场的"干预具有其必要性，能够对经济发展，特别是结构转型起到积极推动作用；②产业政策因此被视为国家对经济开展有效干预的重要条件，且这种政策干预被认为在市场失灵更为普遍存在的发展中地区（如非洲）更为必要。③基于国家主义范式的研究还十分关注国家的自主性（autonomy）与能力（capacity）问题，在有关发展型国家或模式的研究中，这突出体现为对政府机构因由自身专业性或英才制（meritocracy）而具有的相对独立性及其与商业行为体间紧密的联结合作关系的强调。国家的这种双重能力，亦所谓"嵌入式自主性（embedded autonomy）"④，也几乎被公认为对国家干预经济的成效关键而不可或缺。

笔者承袭国家主义的研究范式，认同发展型国家理论有关产业政策

---

① 该理论兴起并流行于 20 世纪八九十年代，最初主要集中于对东亚发展型国家模式的探讨。这一时期涌现了大批学者与相关研究，主要从比较政治经济学视角出发，通过单一案例或案例比较方法，对东亚发展型国家（和地区）政府干预模式的特征、影响经济发展绩效的机制、背后的历史与社会根源、在东亚以外地区的可复制性及至其衰落等广泛议题进行研究。20 世纪 90 年代之后，对发展型国家模式的研究开始扩展到东亚之外，涉及其他新兴工业化国家乃至欧洲发达国家，21 世纪以来随着非洲经济复苏与新一轮结构转型的兴起又进一步扩展到非洲国家。这些研究逐渐超越东亚模式开始就更广泛意义上（以政府对经济的干预为核心特征的）发展型国家模式进行探索。

② 增长与转型可以视为经济发展的两个面向，有关"发展型国家"的研究尤其注重政府通过产业政策干预对经济结构转型的影响。

③ Dani Rodrik, "Industrial Policy: Don't Ask Why, Ask How," *Middle East Development Journal*, Demo Issue, 2008, p.5.

④ Peter Evans, *Embedded Autonomy: States and Industrial Transformation*, Princeton University Press, 1995.

与国家能力对干预成效作用的基本分析,但认为既有解释遗漏了一个同样至关重要的影响因素,即国家的发展意愿。发展意愿对国家能力的发挥、产业政策的执行起着先导和建构性的作用:其一,发展意愿的强弱决定着国家能力在多大程度上能够被充分调动起来以推动产业政策的执行,因为即使国家具备一定的能力基础却并不代表其一定有足够的动力去发挥其能力——特别考虑到结构转型往往是一个困难重重且极具风险的过程,国家的行动意愿更不能被作为理所当然;其二,发展意愿的集中性还直接影响着产业政策在执行过程中可能因遭遇阻力而实际贯彻的程度。因此,发展意愿可以通过国家能力(的发挥)和产业政策(的执行)作用于政府对结构转型的干预过程,从而对干预成效产生影响。①

在学界早期对东亚发展型国家的探讨中,不少学者曾意识并关注到这些国家所表现出的较强的发展意愿,将此作为界定其为发展型国家的核心特点之一,并认为对较为成功的干预成效不可或缺。但总体来说,在国家主义范式之下以发展型国家为代表探讨政府对经济干预的既有研究中,对国家发展意愿的专门探讨相对较少。朱天飚曾谈到,“很少有学者直接讨论发展型国家存在的问题……在什么条件下或在什么样的力量作用下,政府官员可以把个人利益与国家利益统一起来,形成具有共同的发展意愿的一个整体介入经济、推动发展。应该指出,不解决上述问题根本无法谈发展型国家的自主性、能力和政策行为”。②这一研究的不足或与发展意愿的相对抽象故而较难把握有关,但如前文所述并不能抹杀发展意愿问题的重要性。事实上,一国政府对本国经济的干预,发展意愿以类似的机制对一国与外部世界开展经贸与发展合作的成效同样具有先导和建构性的作用。

那么,应该如何理解、研究和比较不同国家间的发展意愿? 本文尝试在对这一抽象概念予以界定的基础上,提出一个对发展意愿进行定性分析与比较的研究框架。本文将发展意愿定义为国家机构特别是权力核心对于推进经济发展的愿望或动力,并将其分为切实程度与贯彻程度两个

---

① 限于篇幅及本文的论述主旨(侧重发展意愿问题本身),此处仅对发展意愿与国家能力、产业政策之间的关系及对干预成效的影响机制等进行了较为粗线条的描述,笔者在其他文章中将对上述问题另作深入阐释。

② 朱天飚:《比较政治经济学》,北京大学出版社 2006 年版,第 222 页。

层面。本文进一步提出发展意愿的双重决定因素,发展的权力意义与权力的分配格局,两者分别建构了发展意愿的切实程度与贯彻程度。文章最后将应用这一分析框架对埃塞俄比亚、卢旺达、尼日利亚和南非四个非洲国家在 20 世纪 90 年代以来的经济发展与转型中所表现出发展意愿的差异予以阐释说明。

二、发展意愿的来源:文献综述

既有文献,特别是有关发展型国家的文献对国家的发展意愿问题有所关注。除了将发展意愿作为发展型国家的标志性特征之外,学者也尝试对发展意愿的决定因素进行探讨,从一般/跨国性视角①对国家发展意愿来源尝试进行理论解释的路径主要有两类。

第一类可以称为"内外压力论",即将一国的发展意愿归因于其所面临的内外压力或威胁。这一解释路径以理查德·F.多钠(Richard F. Doner)等人提出的"系统脆弱性"框架最为典型。他们从韩国、新加坡和中国台湾的案例研究出发,认为国家(或地区)在同时面临来自三个方面的脆弱性的时候会产生发展动力:由生活水平下降所引发的社会不稳定、由国家不安全所产生的对外汇及战争物资的高度需求、由税收来源下降所导致的财政压力。上述多重威胁——亦即所谓"系统脆弱性"——的存在将迫使领导层建立官僚机构并建成公私同盟以推动经济发展,从而确保政治生存。②布鲁斯·康明斯(Bruce Cumings)和禹贞恩(Meredith Woo-

---

① 除此之外,也有从特殊性视角出发,沿历史制度主义路径对特定国家发展意愿的产生原因予以阐释的研究,比较典型的如以日本对韩国的殖民统治作为解释 20 世纪六七十年代韩国政府表现出较强发展意愿的原因,如 Bruce Cumings, "The Origins and Development of the Northeast Asian Political Economy: Industrial Sectors, Product Cycles, and Political Consequences," *International Organization*, Vol.38, No.1, 1984, pp.1—40. Where Do High Growth Political Economies Come From? "The Japanese Linkage of Korea's 'Developmental State'," *World Development*, Vol.22, No.9, 1994, pp.1269—1293。

② Richard F. Doner, Bryan K. Ritchie, and D. Slater, "Systemic Vulnerability and the Origins of Developmental States: Northeast and Southeast Asia in Comparative Perspective," *International Organization*, Vol.59, No.2, 2005, pp.327—361.

Cummings)在论述韩国、日本、中国台湾等东亚发展型模式时也都强调了战争威胁对构建其发展意愿的影响。[1]此外,"合法性"学说是另一种关于发展意愿来源较为常见的"压力论",如曼纽尔·卡斯特利斯(Manuel Castells)认为,一国领导层之所以致力于发展经济是希望通过经济发展绩效来建立其在国内的统治合法性,进而维护政权稳定。[2]约翰逊将之称为"革命性权威",认为这种合法性来自国家所取得的成就而非其获取权力的方式,也因此可作为除韦伯提出的传统、领袖魅力、法理这三种经典来源外,统治合法性的又一种来源。[3]本杰明·切莫尼(Benjamin Chemouni)进一步指出,对于威权体制国家而言,由于传统的合法性基础相对欠缺,其通过谋求经济发展树立权威、巩固统治的压力更为迫切。[4]

第二类可以称为"权力格局论"。这一解释路径认为一国的发展意愿与其权力格局(distribution of power)有关。根据这一学说,特定的权力格局更有利于精英层形成(并贯彻)致力于经济发展的政治意。例如,穆什塔克·H.坎(Mushtaq H. Khan)以权力在水平(反对派与当权派的权力对比)和垂直(地方与中央的权力对比)层面的分布为标准,将统治联盟(ruling coalition)的权力格局分为四种类型,并认为其中当权派和中央权力较强的所谓"潜在发展联盟"(potential developmental coalition)格局最有利于经济发展,因为水平层面的集权使统治精英倾向于制定相对长远的经济发展政策,而垂直层面的集权则保证了相关政策的落实,代表案例如 20 世纪 60 年代的韩国。[5]蒂姆·凯尔萨尔(Tim Kelsall)从权力构成

① Bruce Cumings, *The Origins of the Korean War*, Princeton University Press, 1979. Meredith Woo-Cumings(ed.), *The Developmental State*, Cornell University Press, 1999.

② Manuel Castells, "Four Asian Tigers with a Dragon Head: A Comparative Analysis of the State, Economy, and Society in the Asian Pacific Rim," in Richard P. Appelbaum and J. W. Henderson eds., *States and Development in the Asian Pacific Rim*, Sage Publications, 1992.

③ Chalmers Johnson, "The Developmental State: Odyssey of a Concept," in Meredith Woo-Cumings(ed.), *The Developmental State*, Cornell University Press, 1999, pp.32—60.

④ Benjamin Chemouni, The Politics of State Effectiveness in Burundi and Rwanda: Ruling Elite Legitimacy and the Imperative of State Performance, PhD Thesis of London School of Economics and Political-Science, 2016, p.227.

⑤ Mushtaq H. Khan, "Political Settlements and the Governance of Growth-Enhancing Institutions," Unpublished paper, 2010.

(power configuration)和社会基础(social configuration)两个维度对权力格局进行分类,并认为其中具有单一权力中心和广泛社会基础的所谓"包容性发展主义"(inclusive developmentalism)格局最有利于经济发展,因为单一权力中心使之倾向采取长远性的经济促进举措(同穆什塔克·H.坎的学说),而广泛的社会基础则要求统治精英追求包容性发展政策以维系其社会基础的支持,代表案例如当代卢旺达。[①]

上述两类路径对于理解国家(主要是东亚发展型国家)何以致力于经济发展,亦即"发展意愿"的产生具有一定的解释力,但同时也存在局限。就"内外压力论"而言,作为这些理论原型的东亚国家或地区在被作为研究对象加以考察的特殊历史时期确实面临着较为严重的内忧外患,进而确实可能迫使权力核心将经济发展作为出路。但以笔者关注的非洲国家为例,除少数存在战乱及恐怖主义威胁的国家之外,自 21 世纪以来大多数非洲国家均不存在关乎政权存亡的安全威胁或经济危机,但如埃塞俄比亚和卢旺达仍表现出较强的发展意愿。而从经济绩效合法性角度出发,对于竞争或威权体制下的权力核心而言,理论上都面临此类合法性需求,但事实上,由于在竞争体制下权力核心存在落选下台的风险,而威权体制下权力核心以对社会的高度控制抵消合法性的不足,进而继续维续自身的权力地位,因此,如果绩效合法性解释足够有力的话,那么尼日利亚、南非应该比埃塞俄比亚、卢旺达表现出更强烈的发展意愿,但情况却并非如此。这也使仍旧从上述两种视角对非洲国家发展意愿进行讨论的研究[②]存在解释力不足的问题。而就"权力格局论"而言,通常被提及的集中性的权力格局(以各种威权体制为代表)事实上仅是权力核心制定和执行促进经济长远发展政策的条件,从而"更可能"——但不"必然"会导致其真正采

---

① Tim Kelsall, "Towards A Universal Political Settlement Concept: A Response to Mushtaq Khan," *African Affairs*, Vol.117, Issue 469, 2018.

② Benjamin Chemouni, The Politics of State Effectiveness in Burundi and Rwanda: Ruling Elite Legitimacy and the Imperative of State Performance, PhD Thesis of London School of Economics and Political Science, 2016, p.227. Laura Mann and Marie Berry, "Understanding the Political Motivations That Shape Rwanda's Emergent Developmental State," *New Political Economy*, Vol.21, No.1, 2016, pp.119—144. Tobias Hagmann and Jon Abbink, "Twenty Years of Revolutionary Democratic Ethiopia, 1991 to 2011," *Journal of Eastern African Studies*, Vol.5, No.4, 2011, pp.579—595.

取致力于经济发展的行动。同样以非洲国家为例,同为集中性权力格局,卢旺达和津巴布韦在致力于发展的意愿方面显然存在较大差别。

因此,上述两种解释均存在一定的局限性,其中一个重要原因与其理论产生的途径——更多基于对东亚发展型模式案例的归纳性比较分析有关;这使其在对部分东亚国家(或地区)在 20 世纪特定时期内所表现出的发展型模式具有解释力的同时,对更广泛的意义上国家在推动国民经济发展与转型过程中的角色,特别是本文所关注的发展意愿,难以提供令人十分信服的解释。基于此,本文将尝试补足这一缺陷,从更加一般的意义上(即超越特定地区以及一些特殊性的解释因素①)对国家在经济发展中的意愿问题进行探讨,并用其来对东亚之外(特别是非洲)国家对经济的干预过程进行分析和解释。

三、发展意愿:概念界定与决定因素

(一)发展意愿的概念

在本文中,一国的发展意愿是指其国家机构,特别是国家权力核心对于推进经济发展(如经济增长与结构转型)的愿望或动力。其中,权力核心指一国最高政治权力的实际掌控者——在不同的政治体制(法理层面)和权力实践(现实层面)背景下,权力核心可能是某一国家机构(如议会、政府②、总统府)、执政党抑或由少数政治家组成的最高领导层等;在非洲,权力核心往往是执政党和(由执政党所领导的)政府或两者之一。③之所以特别强调"权力核心",是因为这一群体通常掌握着经济发展所需的资源或调动这些资源的权力,因此他们(相比其他社会群体或个人)的想法意图

---

① 如前文提及从历史制度主义视角以特定国家的殖民历史,或其他如以精英理念和信仰等作为解释(Hickey et al., 2015, *The Politics of Inclusive Development Interrogating the Evidence*. Oxford University Press)。

② 此处所使用"政府"一词是在其狭义层面上,即主要指称作国家行政机构的政府。

③ 这与非洲国家的政党体制及政体模式有关,近三分之一的非洲国家由一党长期执政,这些主导政党(dominant parties)往往与国家权力紧密结合。此外,绝大多数非洲国家实行总统或半总统制(仅有埃塞俄比亚、博茨瓦纳等实行议会制的少数例外),由总统及由其任命的政府内阁掌握国家最高行政权力且受到来自立法、司法机构的制衡相对较小。

对于建构国家层面发展意愿,尤其是有实践与实现可能性的发展意愿而言,更具决定性作用。

(二)发展意愿的分析维度

鉴于发展意愿概念的抽象性,为了便于对其进行分析,本文将其分为两个维度,即发展意愿的切实程度与贯彻程度。所谓"切实程度"是指一国的发展意愿在多大程度上由对其权力核心而言真实迫切的需求所驱动,从而是一种确望被转化为实践、行动导向的(action-oriented),而非仅仅停留在口头纸面、话语层面(discourse-level)的发展意愿。由于经济发展被普遍认为是实现国富民强的基础所在,绝大部分国家及其领导核心在公共场合都不吝表达对于促进国民经济发展的愿望,乃至将其以正式的发展战略或政策形式呈现,但这种意愿表达究竟只是一种说辞(话语层面的发展意愿)还是真正想要被转化为现实(行动导向的发展意愿)是有待考察的。而所谓"贯彻程度"指的则是权力核心所表达出的既有发展意愿(无论切实程度与否)能够在多大程度上在国家机构系统内部得以贯彻执行。尽管权力核心掌握国家最高政治权力,但在其权力执行的过程中仍会在不同程度上受到其他权力部门或层级的制约,从而影响其意志(包括对国民经济的发展意愿)在整个国家机构系统内的传导及相关政策(作为发展意愿的表现形式)在这一过程中被贯彻执行的程度。

表 1　发展意愿的分析维度

发展意愿		切实程度	
		大	小
贯彻程度	大	较强	居中
	小	居中	较弱

资料来源:作者自制。

上述分析维度的建立可以为研究者衡量和比较(单一或不同)国家的发展意愿提供一个工具性切入点。例如,若一国在发展意愿的切实程度和贯彻程度上表现均较强,则可认为其整体发展意愿较强;若在切实程度和贯彻程度上表现都较弱,则可认为其整体发展意愿较弱;若在切实程度较强/弱、贯彻程度较弱/强,则可认为其发展意愿表现居中(见表 1)。进一步讲,如何对发展意愿的切实与贯彻程度予以衡量呢？本文主要借助上述概念框架中对切实和贯彻程度的界定、通过对案例国家的深入考察来对一国发展意愿进行综合定性评估。例如,评估发展意愿的切实程度可从一国权力核心有关促进经济发展的官方表态与政策等(话语层面的发展意愿)入手,在此基础上进一步考察上述言论与政策等是否及如何落地执行(发展意愿是否具有行动导向),如相关政策规划是否真正被加以执行、执行过程中当遭遇客观条件限制或人为因素阻碍时政府是否予以积极有效的应对处理、是否为寻求更好的执行效果而根据实践反馈持续对政策规划进行更新与完善等;评估发展意愿的贯彻程度则需对特定政策在国家机构系统的不同部门或层级间被执行的情况,如是得以顺利贯彻还是因故受阻等予以具体考察。

(三).发展意愿的决定因素:一种解释框架

如前所述,既有文献对国家发展意愿,特别是就其决定因素的讨论具有一定解释力但也存在局限性。基于此,本文尝试修正其中的一些问题并从更具普遍性的视角(而非如既有文献较多从东亚发展型国家的特殊经验)出发,对国家发展意愿的决定因素提出一个新的解释框架。本文认为,一国(特别是其权力核心)的发展意愿主要由两个方面因素共同决定:

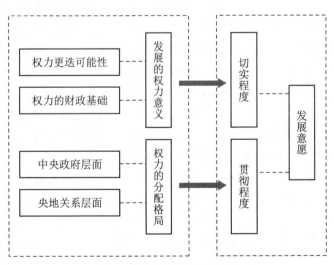

图1　发展意愿的决定因素

资料来源:作者自制。

其一,发展的权力意义,决定了发展意愿的切实程度;其二,权力的分配格局,决定了发展意愿的贯彻程度(见图1)。

1. 发展的权力意义

假设一个国家的权力核心是由一群理性人所构成的社会群体,则其是否采取某种行动(如是否选择致力于经济发展)主要取决于这一行动是否与其最根本的利益诉求相一致。而对于掌握国家最高政治权力的群体而言,其根本利益无疑首先是保证自身权力地位的维持存续。[1]权力地位的维续又关键性地取决于两个方面——权力更迭的可能性以及权力运转的财政基础;前者直接决定权力核心是否能维持其地位,后者则通过影响由之掌控的国家机器(亦即国家机构系统)的运转间接决定其权力地位能否存续。

由不同的政治体制与实践所决定,一定时期内一国政治权力的更迭可能表现出竞争性或非竞争性模式;权力更迭方式是否具有竞争性并不与多党选举的制度形式存在必然联系,关键在于这一形式在多大程度上真正可能实现不同政党或政治力量通过选举交替执政的局面。在竞争模式下,权力核心确实面临选败下台的可能性并因此需要倾其全力获取体制所要求的特定多数选票,包括经济发展在内的议题及绩效可能但不必然在这一过程中发挥重要作用;在非竞争模式下,除权力核心内部分崩破裂或国家发生突发性权力变革(如民众暴动、军事政变等),权力核心面临权力更迭的可能性较小,通过制度设计、社会控制等方式确保既有体制及其权力更迭方式的稳定性,相较通过推动经济发展获得绩效合法性,对其维续权力地位而言是更为简单而直接的手段。

同样重要的还有权力运转的财政基础。权力核心需要供养大批政府公务人员以及警察与军队力量,以保证国家机器的正常运转与政权的内部和外部安全;此外,还需依靠向社会提供教育、医疗等基本公共服务等方式维系政权合法性或换取政治支持。这些活动通常由国家财政来支付,因此,无论在何种体制之下权力核心都要考虑权力维续的财政基础问

---

① 这并不意味着对权力核心而言,符合其理性诉求的只有权力维续这样的现实利益,诸如意识形态等因素同样可以作为一种(价值)理性诉求对其行为产生影响,但本文认为对群体(相对个人)而言,这类影响在多数情况下居于现实利益的影响之后,但在对发展意愿的补充性解释时酌情纳入了此类因素。

题。不过,在不同的国家背景下,权力核心所面临的财政压力却不尽相同,这主要取决于不同国家的资源与经济发展状况和由此所决定的国家财政收入的来源与充足程度,这也相应决定了不同国家权力核心对于经济发展的必要性认知与致力程度。

基于此,只有当经济发展在上述两个方面至少其中之一对于权力维续具有较大作用之时(亦即当发展具有权力意义时),权力核心才可能被激发起致力于推动经济发展的切实动力。因为此时,经济发展已然成为权力核心维续自身权力地位的必要手段,其重要性由此得以与权力核心的根本利益直接捆绑。这种利益联结也有助于其发展意愿超越话语层面、更具行动导向。换句话说,发展的权力意义越大,发展意愿的切实程度越高,反之亦然。

2. 权力的分配格局

前文在综述有关发展意愿决定因素的既有解释时曾对"权力格局论"进行过评析。本文认为政治权力的分配模式,亦即权力格局,确实会对权力核心的发展意愿产生影响,但这种影响并不体现在发展意愿的"生发"层面,而更多体现在"贯彻"层面,即不同类型的权力格局会对权力核心既有发展意愿(无论是话语层面还是行动导向的)在国家机构系统内得以落地执行的程度(亦即发展意愿的贯彻程度)。

本文对权力格局的分析部分借鉴了穆什塔克·H.坎所采用的横纵维度,尝试从一国政治权力在平行和垂直两个方向上的分配模式入手,探讨权力格局对权力核心贯彻既定意志、执行特定政策过程中可能产生的制衡作用。在横向/平行维度上,分析主要集中在中央政府层面,由于前文在对权力更迭方式的讨论中已经涉及权力核心与其潜在竞争性政治力量的关系,此处的分析更加侧重于作为竞争赢家的权力核心在行政过程中可能遭遇的权力制约,如立法、司法、行政三个主要权力部门之间以及权力核心政治联盟内部等可能产生的权力制衡情况。在纵向/垂直维度上,分析则集中于中央与各级地方政府间的央地关系,旨在讨论央地间的权力分配格局可能对权力核心的权力执行产生的限制。

通常,集中性的权力格局——无论在横向/平行还是纵向/垂直层面——亦即政治权力主要集中于权力核心手中,更有利于权力核心意志与政策的贯彻;反之,分散性的权力格局则由于存在对权力核心不同程度的制约而不利于其意志与政策的贯彻。就致力于经济建设的发展意愿而言也是如此,(横向或纵向的)权力格局的集中性越强,发展意愿的贯彻程度越高,反之亦然。

四、案例分析与比较

前文在对既有研究批判和借鉴的基础上提出了关于国家(权力核心)发展意愿的分析维度与解释框架。本节将尝试使用这一框架对埃塞俄比亚、卢旺达、尼日利亚、南非四个非洲国家自 20 世纪 90 年代以来(直至2019 年新冠疫情暴发之前)致力于推动经济增长与转型的发展意愿及其影响因素予以解释和比较。选取这四个国家的主要考虑如下:(1)20 世纪90 年代之后,四国陆续结束各自的政治动荡时期,进入由新的权力核心上台执政、政治局面相对稳定的时期;(2)政治稳定为经济发展创造了条件,四国均推出自己的经济发展规划,并在非洲大陆掀起的一波新的结构转型浪潮之下,根据自身不同的国情特征选择了不同的转型战略,并在不同程度上强调政府在其中的干预性作用;①(3)在过去 20 年左右的时间里,四国在致力于促进经济发展方面所表现出的意愿程度是不同的,案例研究显示埃塞俄比亚和卢旺达的发展意愿在切实程度和贯彻程度上均相对较强,而尼日利亚和南非的发展意愿特别是在切实程度上均相对较弱。这种差异性为对四国开展比较研究提供了条件。

(一)埃塞俄比亚与卢旺达

埃塞俄比亚和卢旺达均为东非国家。两国都在 20 世纪 90 年代上半期实现权力更迭,前者由埃塞俄比亚革命民主阵线(以下简称"埃革阵")于 1991 年上台执政,后者由爱国阵线(以下简称"爱阵")于 1994 年执掌政权,两党及其所领导的政府亦成为两国新的权力核心。②上台不久,两

---

① 姜璐:《撒哈拉以南非洲的经济结构转型探索》,载黄梅波、姜璐:《非洲经济转型与中非经济合作》,人民出版社 2021 年版,第 1—28 页。

② 埃革阵为同盟党,由四个基于族群的地方政党结盟组成,但在 2019 年解体之前基本由作为同盟组建者的提格雷人民解放阵线占据主导地位。爱阵为独立党,但在选举时与不同友党结成同盟(coalition)共同参选。

党领导下的政府即开始致力于经济发展,并尤为注重经济结构的转型;前者选择了以轻工制造业主导的工业化模式,后者则尝试通过发展现代服务型产业实现向知识经济的转型。①在这一过程中,两国权力核心均表现出较强的发展意愿,这不仅体现在两国政府不断推陈出新的经济发展战略及结构转型政策上,更为重要的是这些战略与政策都得到相对较好地贯彻,国际社会(以国际组织和商业部门为代表)就两国政府对经济发展的致力程度、对政策承诺的履行状况等普遍予以正面评价。那么,从本文的解释框架出发,埃、卢两国何以产生和贯彻这一发展意愿呢?

对两国的案例分析结果显示,经济发展对两国权力核心维续自身权力地位均具有重要作用。不过,发展的这种权力意义并不主要体现在权力更迭(可能性)层面,而更多体现在权力维续所需依赖的财政基础上。这是因为,从权力更迭角度出发,尽管从法理上看两国实行的是多党选举制度,但事实上所实践的都是一党主导、党国结合体制。在这一体制背景下,经济议题及其绩效尽管可被作为权力核心舆论宣传的手段,但不会对权力核心维持自身执政地位造成实质性威胁。一方面,埃革阵和爱阵在各自国内的政党选举体系中长期居于压倒性的主导地位。其对新党建立与他党(特别是反对党)运作的限制加之利用各自庞大的政党系统所开展的政治动员,使得几乎只有它们自身及其友党具有参选资格,最后的选举结果(除极少例外②)则均以由埃革阵和爱阵获绝对多数票告终,其他被允许存在和运作的在野党也均为其友党(见表2和表3)。另一方面,埃革阵与爱阵与各自国家机器紧密结合。③党政军权力高度统一,两党领袖同时担任国家首脑(埃塞俄比亚总理及卢旺达总统)和军队总司令。由执政党及

---

① 姜璐:《埃塞俄比亚工业化战略之实践与反思(1991—2019 年)》,《非洲研究》2023 年第 1 卷。姜璐、祝若琰:《产业政策、国家能力与发展意愿——卢旺达发展型国家模式初探(1994 年至今)》,《区域国别学刊》(原《区域与全球发展》)2022 年第 4 期,第 95—118 页。

② 如 2005 年的埃塞大选,埃革阵意外仅获 60% 的选票并引发选后动荡,此后埃革阵进一步加强对反对政治力量及选举过程的控制。Jon Abbink, "Discomfiture of Democracy? The 2005 Election Crisis in Ethiopia and Its Aftermath," *African Affairs*, Vol.105, No.419, pp.173—199.

③ 钟伟云:《非洲的政党政治:回顾与反思》,《西亚非洲》2016 年第 5 期,第 90—106 页。

其领导的政府所组成的权力核心全面领导国家的政治经济生活,并通过对信息、舆论工具及武装力量等手段对社会实行较为严密的控制,民间团体的自主性程度相对较低。①在这一政治生态之下,政治反对力量通过选举方式冲击两党执政地位的可能性微乎其微,社会控制则较大程度上降低了社会不满力量可能造成的局势动荡及执政威胁。因此,两国的权力更迭方式都体现出较强的非竞争性,除却内部权力变化(如 2019 年埃革阵的解体②)或突发权力变革,由一般性政治或社会力量引发权力更迭的途径、空间可能都极为有限。这也使通常从经济发展绩效合法性角度对两国发展意愿的解释③难以令人十分信服,因为在这种高度非竞争性的权力更迭模式下,包括经济发展和绩效在内的治理议题及其表现从根本上缺乏被作为攻击权力核心、威胁其执政地位的客观条件。

表 2　埃塞俄比亚人民代表院(议会)选举结果一览(1995—2015 年)

年　份	1995	2000	2005	2010	2015
获胜党	埃革阵	埃革阵	埃革阵	埃革阵	埃革阵

① Fana Gebresenbet, "Securitization of Development in Ethiopia: the Discourse and Politics of Developmentalism," *Review of African Political Economy*, Vol.41: sup 1, 2014, pp.64—74. Jon Abbink, "The Ethiopian Second Republic and the Fragile 'Social Contract'," *Africa Spectrum*, Vol.44, No.2, 2009, pp.3—28. Iginio Gagliardone, "New media and the developmental state in Ethiopia," *African Affairs*, Vol.113, No.451, 2014, pp.279—299. Terje S. Skjerdal, "Development Journalism Revived: The Case of Ethiopia," *Ecquid Novi: African Journalism Studies*, Vol.32, No.2, 2011, pp.58—74. Laura Mann and Marie Berry, "Understanding the Political Motivations That Shape Rwanda's Emergent Developmental State," *New Political Economy*, Vol.21, No.1, 2016, pp.119—144. Malin Hasselskog, "Rwandan Developmental 'Social Engineering': What Does It Imply and How Is It Displayed?" *Progress in Development Studies*, Vol.15, No.2, 2015, pp.154—169.

② 埃革阵于 2019 年解体并重组成立繁荣党,原同盟党内主导力量提格雷人民阵线被剔除出新建立的繁荣党。

③ Benjamin Chemouni, The Politics of State Effectiveness in Burundi and Rwanda: Ruling Elite Legitimacy and the Imperative of State Performance, PhD Thesis of London School of Economics and Political Science, 2016, p.227. Laura Mann and Marie Berry, "Understanding the Political Motivations That Shape Rwanda's Emergent Developmental State," *New Political Economy*, Vol.21, No.1, 2016, pp.119—144. Tobias Hagmann and Jon Abbink, "Twenty Years of Revolutionary Democratic Ethiopia, 1991 to 2011," *Journal of Eastern African Studies*, Vol.5, No.4, 2011, pp.579—595.

(续表)

年 份	1995	2000	2005	2010	2015
得票率	90.29%	87.93%	60%	91.22%	91.59%
投票率	94.1%	89.8%	82.6%	93.4%	93.22%

资料来源：African Democracy Encyclopedia Project—Ethiopia：Election Archive。①

表3　卢旺达总统及议会选举结果一览(2003—2018年)

	年份	2003	2010	2017	
总统选举	当选人	卡加梅	卡加梅	卡加梅	
	得票率	95.05%	93.08%	98.79%	
	投票率	96.55%	88.3%	98.15%	
议会选举	年份	2003	2008	2013	2018
	获胜党	爱阵同盟	爱阵同盟	爱阵同盟	爱阵同盟
	得票率	73.78%	78.77%	76.22%	73.96%
	投票率	96.48%	98.85%	98.8%	93.05%

资料来源：卢旺达国家选举委员会(NEC Rwanda)历次选举数据。②

　　而就权力维续的财政基础而言，自然资源匮乏、产业结构单一、经济基础薄弱等类似条件使两国权力核心在获取赖以维持国家机器运转的财政资金方面都面临较为严峻的局面，而同样类似的意识形态及体制特征也迫使权力核心不甘也不能寄望于外部援助。在此双重动力下，通过发展经济，特别是推动结构转型实现经济腾飞，稳定并增长国家的财税收入，对于维持其权力运转而言至为关键。尽管国土面积差距很大，但埃、卢两国在经济形态上存在诸多共性。两国的自然资源，特别是矿产资源都极为匮乏，具有出口价值的矿产资源品种单一、储量一般③，对国内生产总值和政府财政收入的贡献有限。这也意味着在大多数未经历产业结构转

① https：//www.eisa.org/wep/etharchive.htm.
② https：//nec.gov.rw/index.php?id＝47.
③ 如埃塞的金矿以及卢旺达的所谓"3T"(钽、锡和钨矿)。

型、以农矿业生产和出口为支柱的非洲国家中,可供支撑埃、卢两国国民经济和政府财政的支柱产业更为单一、附加值也更低。两国都是典型的农业国,只能通过少数经济作物(咖啡、皮革等)换取出口收入和外汇。与此同时,基于不同的历史原因,20 世纪 90 年代初上台的埃革阵和爱阵都面临着极为孱弱的国民经济基础;①两党执政初期,埃、卢两国都是非洲乃至世界范围内最贫穷的国家,当时人均国民收入仅为两三百美元。在这一背景下,两国政府与其他很多低收入非洲国家一样曾大量依靠外部援助,这些资金不仅用来支持其经济社会发展,也被直接注入国家财政以支持政府运转。

但值得一提的是,埃革阵和爱阵均表现出强烈的独立自主意识,这至少与两个方面因素密切相关:其一,由历史因素所建构的两国及两党的民族主义意识形态;②其二,由接受外援所导致的对两党及其政府政策自主性的限制。③在这一动力驱动下,两党一方面在既有条件下尽力提升自身在接受援助过程中所能发挥的自主性,另一方面则有意识地降低国家发展和政府财政对外部援助的依赖性。④基于上述诸般条件,为确保维持国家机器及自身权力运转所需的财政收入,通过促进经济发展稳定和增加

---

① 德格(DERG)军政府重农抑工的倾向以及激进的土地国有化和农业集体化政策加之自然灾害的连年侵扰,不仅限制了工业化转型的可能性,也极大冲击了作为该国经济基础的农业发展,导致埃塞俄比亚在 20 世纪 80 年代陷入严重的经济困难和由饥荒引起的人道主义危机;卢旺达则在历经 20 世纪 80 年代的经济衰退后,又遭遇长达四年(1990—1994 年)的内战和惨绝人寰的种族大屠杀的冲击,国民经济受到重创。

② Christopher Clapham, "Ethiopian Development: The Politics of Emulation," *Commonwealth & Comparative Politics*, Vol.44, No.1, 2006, pp.137—150. Filip Reyntjens, "Understanding Rwandan Politics through the Longue Durée: from the Precolonial to the Post-Genocide Era," *Journal of Eastern African Studies*, Vol.12, No.3, 2018, pp.514—532.

③ Robert Hunter Wade, "Capital and Revenge: the IMF and Ethiopia," *Challenge*, Vol.44, No.5, 2001, pp.67—75.

④ Xavier Furtado and James Smith, "Ethiopia: Aid, Ownership, and Sovereignty," Global Economic Governance Programme(GEG) Working Paper No.2007/28, University of Oxford, 2007. Felly Kimenyi, "Kagame Seeks to End Dependency on Aid," *The New Times*, 18 December 2008, https://www.newtimes.co.rw/article/14705/National/kagame-seeks-to-end-dependency-on-aid. Dan Ngabonziza, "Kagame Wants Deadline Set to End Rwanda's Aid Dependence," *KT Press*, 15 December 2016, https://www.ktpress.rw/2016/12/kagame-wants-deadline-set-to-end-rwandas-aid-dependence/.

税收几乎是除接受外部援助外,两国政府仅有的选择,且对于两国而言,由于前面提到的资源禀赋和产业结构限制,唯有推进经济结构转型才可能从根本上改变国家依赖低附加值的农业生产和农产品出口的经济状况,这也解释了两国为何在推动经济发展的同时格外强调结构转型。[1]从既有结果来看,两国在依靠自主税收、减少援助依赖方面确实取得了较大进展。自执政初期至 2019 年,埃塞俄比亚税收对财政的贡献率从 58%上升到 81%,卢旺达税收的贡献率则上升到 66%且该国的税负比[2]在过去20 年间取得显著提升(见表 4);与此同时,埃塞俄比亚财政的外援依赖度从 20%左右下降到 7%左右,卢旺达财政的外援依赖度则从超过 50%下降到 20%以下。[3]

表 4 选定年份案例四国税负比 单位:%

	2000	2005	2010	2015	2019
尼日利亚	/	/	7.3	6.1	6
埃塞俄比亚	10.3	11.8	11.4	15.9	11.6
卢旺达	10.2	12.1	12.3	16.1	17.1
南非	20.1	22.8	23.1	26.5	26.2
非洲 30 国平均	/	/	14.8	16.1	16.6

资料来源:笔者根据埃塞俄比亚央行及 OECD/AUC/ATAF 联合报告数据编制。[4]

不仅如此,对埃塞俄比亚和卢旺达而言,除了上述内驱力之外,类似的权力分配格局对于建构两国较强的发展意愿也发挥着重要作用。埃、卢两国无论在横向(中央层面)还是纵向(央地关系)所表现出的都是典型的集中型权力格局。在中央政府层面,权力主要集中在两国执政党所领

---

① 姜璐:《埃塞俄比亚工业化战略之实践与反思(1991—2019 年)》,《非洲研究》2023 年第 1 卷。姜璐、祝若琰:《产业政策、国家能力与发展意愿——卢旺达发展型国家模式初探(1994 年至今)》,《区域国别学刊》(原《区域与全球发展》)2022 年第 4 期,第 95—118 页。

② 税负比即税收在国内生产总值中所占比重。

③④ National Bank of Ethiopia, "Annual Report," 2004/2005—2020/2021, National Bank of Ethiopia, https://nbe.gov.et/annual-report/. OECD, AUC and ATAF, "Revenue Statistics in Africa 2021(1990—2019)," OECD Publishing, 2021, https://doi.org/10.1787/c511aa1e-en-fr.

导的联邦和中央政府手中,由于两党始终在议会中占据多数优势,故而议
会实质上亦为埃革阵和爱阵所掌控。此外,两国的司法独立性都有待提
高,尚无法完全摆脱行政权力的影响。①在央地关系层面,实行族群联邦制
(ethno-federalism)的埃塞俄比亚理论上由宪法赋予了 12 个州享有最高
到民族自决的自主权,但实际上埃革阵通过其政党系统对各层政府进行
控制,在重要的政治与经济事务上州政府(乃至更下层的地方政府)具有
的决策权十分有限,更多只是执行联邦政府的既定方针;在财权分配上,
大部分地方财政收入来自联邦政府转移支付,这也进一步限制了地方政
府的自主性。②而实行单一制的卢旺达尽管自 2000 年开始即启动权力下
放(decentralization)改革,且在行政、财政及政治层面均被认为取得重要
进展,但在这一过程中,地方政府被赋予的权力主要局限在政策执行层面
且被设立诸多限制,对地方官员的技术官僚化或去政治化及对其严格的
绩效考核等制度设计③,也都削弱了地方领导在政治权力层面可能对中央
政府构成的挑战。④

两国所表现出的这种集中型的权力格局被认为与两国自上而下、威
权统治的传统政治文化⑤及其政党组织模式(如埃革阵作为马列主义政党

---

① HRW, "Law and Reality: Progress in Judicial Reform in Rwanda," Human Rights Watch, 2008, https://www.hrw.org/report/2008/07/25/law-and-reality/progress-judicial-reform-rwanda, 访问时间:2022 年 10 月 7 日。

② Paulos Chanie, "Clientelism and Ethiopia's Post-1991 Decentralisation," *The Journal of Modern African Studies*, Vol.45, No.3, 2007, pp.355—384.

③ Brederick Golooba-Mutebi, "Politics, Political Settlements and Social Change in Post-Colonial Rwanda," ESID Working Paper No.24, 2013, pp.20—22; Stephan Klingebiel et al., "Where Tradition Meets Public Sector Innovation: A Rwandan Case Study for Results-based Approaches," *Third World Quarterly*, Vol.40, No.7, pp.1345—1351. 姜璐、祝若琰:《产业政策、国家能力与发展意愿——卢旺达发展型国家模式初探(1994 年至今)》,《区域国别学刊》(原《区域与全球发展》)2022 年第 4 期,第 95—118 页。

④ Benjamin Chemouni, "Explaining the Design of the Rwandan Decentralization Elite Vulnerability and the Territorial Repartition of Power," *Journal of Eastern African Studies*, Vol.8, No.2, pp.246—262. Tim Kelsall, *Business, Politics, and The State in Africa: Challenging the Orthodoxies on Growth and Transformation*, Zed Books, 2013, pp.123, 126.

⑤ Christopher Clapham, "The Ethiopian Developmental State," *Third World Quarterly*, Vol.39, No.6, 2018, pp.1151—1165. Filip Reyntjens, "Understanding Rwandan Politics through the Longue Durée: from the Precolonial to the Post-Genocide Era," *Journal of Eastern African Studies*, Vol.12, No.3, 2018, pp.514—532.

所执行的民主集中制原则①有关。但无论成因如何,从结果来看,这种集中型的权力格局造就了相对高效的政策执行环境,使权力核心的意志——包括对经济发展的推动意愿及相应的政策规划等——在执行过程中相对更少地受到来自横向或纵向的权力制衡,从而更有利于提升其发展意愿的贯彻程度。

(二)尼日利亚与南非

20世纪90年代,尼日利亚和南非两国均经历了重要的政治变迁——前者于1999年成立第四共和国,统治长达15年的军政府通过选举"还政于民"②,成立于1998年的人民民主党获胜执政;后者则于1994年举行了该国史上第一次不分种族的选举,并最终由黑人政党非洲人国民大会(以下简称"非国大")获胜上台,彻底结束南非长达几个世纪之久的种族隔离制度。此后,两国均开始致力于国家经济发展,并结合自身国情选择了不同的结构转型路径:尼日利亚尝试利用其丰富的油气等矿产资源禀赋发展重工制造业,而工业化起步较早的南非在新世纪则面临着产业结构转型升级的迫切挑战。③笔者通过对其经济发展与转型历程的案例分析可以发现,两国权力核心,无论是(逐渐形成中的)两党轮替执政模式下的尼日利亚政府,还是由非国大长期主导的南非政府,所表现出的旨在推动经济增长与转型的愿望、决心与致力程度(亦即本文所讨论的"发展意愿")都相对较弱。这尤其表现在对既有发展战略及产业政策的执行落实层面,尽管充斥着大量政府表态与政策规划④,但这些发展意愿往往更多停留在话语层面,被真正转化为实践并对发展成效产生实质影响的程度非常有限。

---

① Tefera Negash Gebregziabher, "Ideology and Power in TPLF's Ethiopia: A Historical Reversal in the Making?" *Africa Affairs*, Vol.118, No.472, 2019, pp.463—484. Tobias Hagmann and Jon Abbink, "Twenty Years of Revolutionary Democratic Ethiopia, 1991 to 2011," *Journal of Eastern African Studies*, Vol.5, No.4, 2011, pp.579—595.

② 其间曾于1993年举行过一次选举,但由于军政府最终不承认选举结果并重揽大权从而导致"第三共和国"的破产;此前,自1960年独立以来,尼日利亚共经历过两个共和国、六次军事政变和八届军政府,一直处于文官与军人政权交替执政的动荡状态。

③ 姜璐:《撒哈拉以南非洲的经济结构转型探索》,载黄梅波、姜璐:《非洲经济转型与中非经济合作》,人民出版社2021年版,第1—28页;姜璐:《发展意愿与经济结构转型:以南非电力行业为例》,《金砖国家合作与全球治理年度报告2021》2022年12月。

④ 尤以南非为甚,尼日利亚甚至在政策制定层面都较为缓慢滞后。

前文提出的分析框架可以对尼、南两国的发展意愿特征提供一定程度的解释。

就发展的权力意义而言,无论从权力更迭还是财政基础出发,经济发展对于两国权力核心维续各自权力地位的作用都相对有限。从权力更迭角度看,尽管两国的多党选举制度具有事实上的竞争性(即确实存在执政党在选举中落败下台的可能性),但由各自的政治生态所决定,经济发展议题及其绩效对于尼日利亚和南非两国权力核心赢得和保持多数选票进而维续其权力地位而言,并不具有决定性意义。尼日利亚自 1999 年已经历六次大选,特别是 2015 年三大反对党通过政党融合、组建新党(全体进步大会党)的方式击败连续执政 16 年的人民民主党后,权力的平稳交接在一定程度上标志着多党选举制度在尼日利亚作为一种竞争的,特别是和平的权力更迭方式正在不断走向成熟,但这并不意味着多党选举制度已经发展成为一种能够有效体现民众政策和价值偏好的途径和机制。尼日利亚第四共和国以来的政党基本均为选举型政党,政党的主要功能就是围绕选举开展动员、赢得选票、争夺政权,政客在不同党派之间的转换,政党的新建、分裂与联合等现象司空见惯;[1]各党在意识形态、执政纲领方面并无较大差别;[2]政党的选民基础很大程度上仍与地区族群主义紧密挂钩;[3]而选票的动员机制则更多基于庇护主义(clientelist)的利益交换,即候选人以物质好处(通常针对基层选民)或公共职务交换自己所能得到的选票支持。[4]在这一政治生态之下,包括经济发展在内的政策议题虽然会出现在各党的竞选纲领之中,但明显缺乏诚意和执行可能性。无法兑现的政策承诺以及民众对政府普遍的信任缺失已成为近年来尼日利亚选民

---

① 杜小林:《尼日利亚政党政治的发展》,《西亚非洲》2004 年第 4 期,第 59—63 页。

② Husaini, *Beyond Stomach Infrastructure*: *Party Membership and Political Ideolgy in Nigeria's Fourth Republic*, PhD Thesis, University of Oxford, 2019;杜小林:《尼日利亚政党政治的发展》,《西亚非洲》2004 年第 4 期,第 62 页。

③ 李文刚:《"联邦特征"原则与尼日利亚民族国家构建》,《西亚非洲》2012 年第 1 期,第 84—100 页。

④ Diane Zovighian, *Clientelism and Party Politics*: *Evidence from Nigeria*, PhD Thesis, Georgetown University, 2018. Sa'eed Husaini, Beyond Stomach Infrastructure: Party Membership and Political Ideolgy in Nigeria's Fourth Republic, PhD Thesis, University of Oxford, 2019.

投票率持续下滑的重要原因。①截至 2019 年,尼日利亚总统和议会选举的投票率已分别跌至 32.1% 和 34.8%(见图 2)。②也因此,对权力核心(及其竞争者)而言,经济发展议题及绩效并非其主要的选票竞争策略,对帮助其在权力更迭过程中获胜的作用有限。

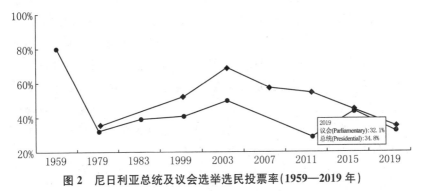

图 2 尼日利亚总统及议会选举选民投票率(1959—2019 年)

资料来源:The International Institute for Democracy and Electoral Assistance。③

1994 年后的新南非通常被认为是一个民主程度较高的国家,其多党选举制度的运作一直都较为平稳成熟。在这一体制背景下,能否获得选民支持、赢得选举胜利对非国大权力地位的维续具有直接的关键性影响。不过在这一过程中,特别是新南非的前两任总统任内亦即非国大执政初期(1994—2008 年),经济发展与转型的决定性作用相对较低。首先,非国大在执政初期具有较深的民众基础,而其他政治力量不仅势单力薄且限于意识形态与利益鸿沟难以联合,这使得非国大在相当一段时期内面临的竞选压力相对较小。其次,由于新南非继承了产业结构相对齐全且具有一定发展基础的国民经济,同时在 20 世纪末 21 世纪初面临颇为有利的国际政治经济环境④,这使得新南非成立初期的经济增长虽不突出但整体

---

① https://www.premiumtimesng.com/news/more-news/441649-voter-turnout-in-nigerian-elections-around-35-inec.html.

②③ https://www.idea.int/data-tools/country-view/231/40.

④ 这一时期的南非正处于结束种族隔离、获得全球赞誉与瞩目的黄金时代,吸引大量国际资本进入南非;同时还适逢国际大宗商品价格高企的时期,矿业生产和出口蓬勃发展。

平稳,表现尚可、无功无过,尚不足以成为可能影响选情的重要政策事项。最后,也是尤其重要地,对旧有种族隔离制度的"拨乱反正"和对黑人长期遭受不公平待遇的合理补偿,成为广大黑人选民对执政党与政府最迫切的诉求①,甚至被作为一种不可置疑的"政治正确"。这一特殊的历史因素不仅成为非国大在 1994 年依靠(占人口大多数的)黑人选票当选上台的重要原因,也深刻构建了非国大在过去二十余年掌政新南非的过程中(尤其是执政初期)始终逾越不过的政策优先项——大力促进对国家资源的再分配,这是非国大在执政后继续动员和确保黑人选票进而维持其权力地位的关键所在。相比"促进分配"的迫切性与正当性,"推动发展"的重要性虽然被执政党和政府高层所承认,但迫于选票与执政地位的考虑时常不得不在政策实践中被置于次优地位。②因此,促进经济发展与转型对执政初期的非国大政府维续权力地位并不具有突出重要性。

从权力的财政基础看,经济发展对尼日利亚、南非两国的权力核心也未扮演决定性角色。在尼日利亚,自 20 世纪六七十年代石油资源的规模开采以来,石油收入③就成为政府财政收入的主要来源。1981—1999 年间,石油收入在财政收入中平均占比 74%。进入第四共和国以来,这一比例有增无减:1999—2014 年间这一比重平均为 78%(2006 年石油收入比重一度接近90%);2015 年国际油价下跌之后尼日利亚的石油收入及其在财政收入中的比例有所下降,但平均比重(2015—2019 年)仍达到 54%(见图 3)。④与此

---

① Marcel Paret, "Contested ANC Hegemony in the Urban Townships: Evidence from the 2014 South African Election," *African Affairs*, Vol.115, No.460, 2016, pp.419—442. Marcel Paret, "Beyond Post-Apartheid Politics? Cleavages, Protest and Elections in South Africa," *Journal of Modern African Studies*, Vol.56, No.3, 2018, pp.471—496. David Everatt, "The Era of Ineluctability? Post-Apartheid South Africa after 20 Years of Democratic Elections," *Journal of Southern African Studies*, Vol.42, No.1, 2016, pp.49—64.

② 姜璐:《发展意愿与经济结构转型:以南非电力行业为例》,《金砖国家合作与全球治理年度报告 2021》2022 年 12 月。

③ 根据尼日利亚央行的界定,石油收入主要包括油气销售额、石油利润税、天然气税、油气权益费等;既包括税收收入,也包括非税收收入。

④ Obiechina M.E., "Analysis of Revenue Generation as A Tool for Socio-Economic and Infrastructural Development in Nigeria," *Central Bank of Nigeria Bullion*, 34(4), 41—54. Central Bank of Nigeria, "2021 Statistical Bulletin: Public Finance Statistics," *Central Bank of Nigeria*, March 2021, https://www.cbn.gov.ng/documents/annualreports.asp.

相对应,尼日利亚的税负比非常低,甚至在非洲范围内亦不及多数国家平均水平的一半,以 2019 年为例,这一数字仅为 6%,远低于被调研非洲国家的平均水平 16.6%。[1]这意味着石油之外的经济部门对政府财政的贡献率十分有限,而只要国际原油价格保持相对平稳、政府能够持续从石油部门获取稳定收入,尼日利亚政府通过经济发展增加税收以维系国家机器运转的主观动力就会始终较小。每逢国际原油价格出现波动进而导致尼日利亚财政收入减少时,其政府通常会出台促进非石油部门发展的政策,但这种政策往往难以被长期坚持,因为随着原油价格回升,政府很容易又会回到石油财政的"舒适区"。

(单位:十亿奈拉)

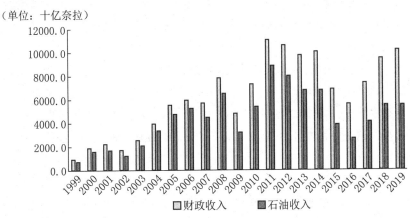

图 3　尼日利亚的石油财政(1999—2019 年)

资料来源:笔者根据尼日利亚央行数据编制。[2]

而对南非而言,非国大政府执政初期曾面临过短暂的财政困难。但如前所述,得益于当时较为有利的国际环境,南非经济得以快速恢复,更为重要的是,相对良好的经济基础——特别是多元的产业结构与成熟的税收体制,使非国大政府可以从国民经济的恢复性发展中获得稳定且可

① OECD, AUC and ATAF, "Revenue Statistics in Africa 2021(1990—2019)," OECD Publishing, 2021,https://doi.org/10.1787/c511aa1e-en-fr.

② Central Bank of Nigeria,"2021 Statistical Bulletin:Public Finance Statistics," Central Bank of Nigeria,March 2021,https://www.cbn.gov.ng/documents/annualreports.asp.

观的财政收入。南非早在20世纪六七十年代就已形成包括农产品加工、纺织服装到机械、化工、电子及至军工和核工业等在内门类齐全的产业结构。在税制方面,早在非国大执政前的二十余年中,南非的税负比平均水平已达到18.5%;1994年后非国大政府通过进一步扩大税基、提高税收管理效率等手段使国家的税负水平进一步提升至20%以上,税收对政府财政收入的贡献率达到90%左右。这也使得尽管同为非洲矿产资源大国,南非没有也不必如尼日利亚一样过分依靠矿业财政。[①]配合相对审慎的财政支出,非国大政府的财政状况一直比较稳定,赤字率保持在较低水平,在2005/2006—2007/2008财年还曾出现过财政盈余。因此,非国大执政初期,相对平稳的经济走势之下稳定的财政收入基本保障了非国大政府开展国家治理乃至再分配所需的支出,为其权力维续提供了自主且稳定的财政基础。

综上,无论从权力更迭还是财政基础角度出发,经济发展对于尼日利亚和南非的权力意义都有限,从而限制了两国权力核心产生发展意愿的原初动力。在此基础上,两国的权力格局——特别是南非所体现出的一定程度的分散性特征,可能对其既有(话语层面的)发展意愿施加进一步影响。首先,从纵向/央地关系来看,尽管两国均实行联邦制,但在实践中都更多体现了集中性的权力格局特征。在南非,虽然宪法规定了联邦制度,但非国大(以及更广泛的南非民众)始终对联邦制持怀疑态度,同时制度设计本身亦存在诸多模糊之处,从而导致事实上省(provincial)和地方(local)两级政府相对中央(national)政府处于相对弱势,在政策及财政等方面的自主性有限,因此该制度也被称为"准联邦制"。[②]类似地,尽管尼日

---

① 矿业生产与出口虽然对南非经济乃至财政的意义不容忽视,但其相对重要性却在逐步下降。

② Andrew Konstant and Khomotso Moshikaro, The Performance of Federalism, in IEDA(Institute for Democracy and Electoral Assistance) ed., *Accessing the Performance of the South African Constitution*, University of Johannesburg, 2016, https://constitutionnet.org/sites/default/files/chapter_7._federalism.pdf. Erwin Schwella, "Federalism in South Africa: A Complex Context and Continued Challenges," in Hanns Bühler et al. eds., *Federalism: A Successful Story?* Munich: Hanns-Seidel-Stiftung e.V., 2016, pp.73—102. Fabrizio E. Crameri, "South Africa's Quest for Power-Sharing," http://50shadesoffederalism.com/case-studies/south-africas-quest-for-power-sharing/.

利亚联邦制的历史渊源相对更深且具有更为明确的制度动机(抑制族群主义与国家分裂),但在实践中联邦政府仍然掌控了绝大多数公共事务的决定权,留给州(state)和地方(local)政府的政策自主性空间很小;特别是超过80%的地方财政都来自联邦政府的转移支付(大部分亦为石油收入分成),这进一步加深了地方对联邦政府的依赖和服从。①

不过,两国在横向/联邦政府层面表现出的权力格局特征则有所差异。尼日利亚尽管执行三权分立,但事实上权力主要集中在掌握行政权的政府内阁,特别是总统府手中,立法和司法机构的独立性及对政府的制衡力度都比较低。②而南非的横向权力格局则表现出较强的分散性特征,非国大领导核心同时受到来自执政联盟、政府部门间及三权分立的多重制约,从而进一步削弱了其发展意愿。在政党层面,非国大事实上通过由非国大、南非共产党及南非工会大会组成的三方联盟(tripartite alliance)方式执政。在这一同盟关系下,南非共产党和南非工会大会会动员其党员或会员在大选中为非国大投票——鉴于两者庞大的成员基础,他们对非国大的选票贡献不可小觑;作为交换,非国大不仅会在议会和政府为南非共产党和南非工会大会高层安排部分席位,更重要的还在于承诺在政策决策中充分考虑两者的意见,并给予他们一些特殊权力。同时,政府不同部门之间亦存在明显的彼此掣肘,且南非的立法和司法体系独立性相对较强,并不缺乏否决和推翻政府政令的案例,从而能够在事实上对行政机构予以一定程度的权力制衡。③这种分散性的权力格局进一步降低了南非既有发展意愿的政策转化与贯彻力度。

① Rotimi Suberu, "Federalism in Africa: The Nigerian Experience in Comparative Perspective," *Ethnopolitics*, Vol.8, No.1, pp.67—86.

② Francisca. O. Anyim-Ben, "The Doctrine of Separation of Powers and Checks and Balances in the Nigerian Executive-Legislative Relationship," *Nnamdi Azikiwe Journal of Philosophy*, Vol.9, No.1, pp.77—83. Uwadineke C. Kalu, "Seperation of Powers in Nigeria: An Anatomy of Power Convergences and Divergences," *Nnamdi Azikiwe University Journal of International Law and Jurisprudence*, Vol.9, No.1, 2018, pp.116—126. Ehiogie West-Idahosa, "Independence of the Judiciary: A Recipe for True Democracy in Nigeria" *The Nation*, 16 February 2021, https://thenationonlineng.net/independence-of-the-judiciary-a-recipe-for-true-democracy-in-nigeria-2.

③ 姜璐:《发展意愿与经济结构转型:以南非电力行业为例》,《金砖国家合作与全球治理年度报告 2021》2022 年 12 月。

（三）综合比较

综上，本文提出的分析框架能够对埃塞俄比亚、卢旺达、尼日利亚、南非四国在发展意愿方面所表现出的差异性提供一定程度的解释。从发展的权力意义角度出发，埃塞俄比亚、卢旺达与尼日利亚、南非两组国家表现出较大的差异性。对前组国家而言，经济发展对两国权力核心维续自身权力地位均具有重要意义，不过这种权力意义并不主要体现在权力更迭层面（政治体制限制了经济发展成为威胁权力核心执政地位的可能性），而更多体现在权力维续所需依赖的财政基础上。而对后组国家而言，经济发展对两国的权力意义均相对较低，且这种权力意义的缺乏在权力更迭和财政基础层面均有体现，但在两国不同背景下的具体塑造机制有所差异。案例分析所显示出的两组国家各自的共性及两组国家之间的差异性，不仅解释了他们发展意愿（切实程度层面）的不同，也从理论层面验证了发展的权力意义对决定发展意愿（切实程度）大小的作用（见表5）。

表5 案例四国的发展意愿综合比较

发展意愿		发展的权力意义	
		大	小
权力的分配格局（集中性）	大	较强 埃塞俄比亚 卢旺达	居中 尼日利亚
	小	/	较弱 南非

资料来源：作者自制。

从权力的分配格局来看，特别是在纵向/央地关系层面，埃塞俄比亚、卢旺达、尼日利亚与南非四国家显示出一定的共性，即均体现出较强的集中性特征——尽管四国除卢旺达外均实行联邦制。这意味着权力核心的发展意愿在向各级地方政府传导和贯彻过程中不会受到较大阻碍。但在横向/中央政府层面，南非在横向/中央政府层面面临的多重制约使其权力格局显示了更强的分散性，使其体现出不同于其他三国的权力格局特征，而这种分散性也意味着在南非的政治环境中，其权力核心的既有（话语层面的)发展意愿得以贯彻的可能性进一步降低。在这一案例分析过程中,埃塞俄比亚、卢旺达在权力格局上的共性及其与南非在权力格局特征上所表现出的差异性,一方面解释了埃、卢两国与南非在发展意愿(贯彻程度层面)的不同,另一方面也从理论角度验证了权力的分配格局对发展意愿(贯彻程度)的影响。

本文提出的解释框架也为分析国家发展意愿的变化提供了途径。无论发展的权力意义还是权力的分配格局都不是一成不变的,其变化进而可以用来预测和解释国家发展意愿的变化趋势。以本文选取的案例国家而言,南非在发展的权力意义上已然显示出一些变化的可能性。随着2008年后南非经济形势的持续恶化、政治力量对比的变化及非国大自身的治理危机,此前决定经济发展对其权力维续意义的动力因素正在发生变化,经济议题与绩效对于非国大在选举政治中获胜可能会产生越来越重要的影响。近年来,非国大的民意支持率持续下滑,在2019年的全国大选中非国大支持率从1994年的62.65%下降至57.5%,而在2021年的地方选举中其支持率更是首次跌破50%(仅为46.04%);反对性政治力量不断涌现且支持率有所提升,一旦形成合力可能对非国大持续二十余载的长期执政局面构成实质性威胁。与此同时,经济的长期持续下滑也必然会影响政府的财政收入,迫使政府要么通过举债的赤字方式维持既有支出水平,要么冒着引发民众不满的风险减少财政支出。上述变化意味着发展的权力意义正在不断提升,经济发展已经逐渐演变为影响选情的关键性因素。因此,自2019年拉马福萨总统上台之后,非国大政府在发展意愿的切实程度上显示出提升迹象①,但这种发展意愿在横向权力格局层面仍受到一定程度的制约。

五、结　语

鉴于发展意愿对国家主导的经济发展(乃至国际发展合作)成效可能

---

① 姜璐:《发展意愿与经济结构转型:以南非电力行业为例》,《金砖国家合作与全球治理年度报告2021》2022年12月。

发挥重要影响,本文尝试对这一问题进行深入探讨。本文将发展意愿理解为国家特别是其权力核心致力于经济发展的愿望或动力,并认为在分析这一抽象概念的时候至少可以从两个维度入手对其予以考察,即发展意愿的切实程度和贯彻程度。在此基础上,本文认为两个方面因素通过影响其切实程度与贯彻程度共同决定了一国发展意愿的表现。其中,发展意愿在多大程度上具有真实的行动导向(切实程度)主要由经济发展对于权力核心继续权力地位的意义(发展的权力意义)所决定,这一权力意义又可进一步从权力更迭可能性与权力的财政基础两个层面加以考察;而发展意愿在多大程度上能在国家系统内被贯彻执行(贯彻程度)则主要取决于权力核心所处权力格局的集中性程度(权力的分配格局),这种权力格局则需结合横向/水平与纵向/垂直两个层面予以综合考虑。发展的权力意义越大、权力的分配格局越集中,则一国所表现出的发展意愿就可能更大,反之亦然。

对埃塞俄比亚、卢旺达、尼日利亚和南非四个非洲国家的案例分析验证了上述观点。文章基于初步的案例观察将四个国家分为两组,埃塞俄比亚和卢旺达两国表现出较强的发展意愿,尼日利亚和南非两国表现出相对较弱的发展意愿。笔者通过从发展的权力意义及权力的分配格局两方面对两组国家分别予以考察并进行比较发现,经济发展对于埃塞俄比亚和卢旺达两国权力核心继续权力地位(特别是在财政基础层面)具有重要意义,且两国无论在横向或纵向权力格局上均表现出集中性特点,这进而塑造了两国所表现出的较强的发展意愿;而发展的权力意义对于尼日利亚和南非(特别是新南非早期)而言均不突出,这使得两国发展意愿的切实程度都相对较低,特别对于南非而言,其在权力格局层面所表现出的分散性特征可能对其既有发展意愿的贯彻产生进一步的阻碍作用。基于本文所提出的解释框架对上述两组四国的案例比较与分析结果,有助于理解它们在发展意愿(乃至国家主导的结构转型成效方面)的差异性。

当代右翼民粹主义行为体的对外政策偏好与行为逻辑[*]

张楚楚[**]

【内容提要】 这项研究试图在一般意义上探讨右翼民粹主义行为体的对外政策偏好。本文基于对右翼民粹主义的概念分析及相关文献的梳理,从对外决策模式、对外行为方式、对外决策内容等层面,针对此类行为体提出假设。通过针对美国、匈牙利、土耳其、印度的经验检验,研究发现,右翼民粹主义行为体在集中外交决策、建立多元伙伴关系与强调双边主义等方面存在较为一致的偏好,而在国际建制与移民难民问题上均呈现明显的选择性态度。右翼民粹主义行为体并不必然在执政后实施挑战国际建制或排外主义的政策,其刻意保持灵活性与选择性决策,体现了右翼民粹主义忽视长期战略与价值认同的意识形态特征,也构成此类行为体通过追求立竿见影的对外交易收益、保持执政后的动员性与获取竞选加分项的重要手段。

【关键词】 右翼民粹主义,政治行为体,对外政策偏好,交易主义,政治动员

【Abstract】 This study attempts to explore the foreign policy preferences of right-wing populist actors in a general sense. Based on the conceptual analysis of right-wing populism and a review of related literature, this paper proposes hypotheses regarding these actors' decision-making patterns, behavior modes, and content of foreign policy. Through empirical examination of the United States, Hungary, Turkey, and India, the study finds that right-wing populist actors tend to show consistent preferences in centralizing diplomatic decision-making, establishing diverse partnerships, and emphasizing bilateralism. However, they exhibit selective attitudes towards international institutions, immigration and refugee issues. Right-wing populist actors do not necessarily implement policies that challenge international institutions or exhibit xenophobia after ascending to power. Their deliberate maintenance of flexibility and selective decision-making reflects the ideological characteristics of right-wing populism, which neglects long-term strategy and values identification. This is also an important approach for such actors to achieve immediate foreign policy benefits, maintain mobilization after taking office, and gain electoral advantages.

【Key Words】 Right-wing populism, Political actor, Foreign policy preferences, Transactionalism, Political mobilization

* 本文为国家社科基金重大研究专项项目的阶段性成果(项目编号:22VMG029)。

** 张楚楚,复旦大学国际关系与公共事务学院副教授、复旦大学陈树渠比较政治发展研究中心副主任,博士生导师。

一、问题的提出

20 世纪 90 年代以来,具有右翼民粹主义特征的非传统政治行为体崭露头角,至今已经发展成为影响世界政治格局的全球政治新现实。一方面,随着右翼民粹主义政党与领导人在美国、奥地利、爱沙尼亚、芬兰、匈牙利、意大利、波兰等国家通过选举上台加入执政联盟,甚至独立组建政府或成为国家最高领导人,表明右翼民粹主义行为体不再是西方政治谱系上的边缘小党。另一方面,时任巴西总统贾伊尔·博索纳罗(Jair Messias Bolsonaro)、印度总理纳伦德拉·达摩达尔达斯·莫迪(Narendra Damodardas Modi)、时任菲律宾总统罗德里戈·杜特尔特(Rodrigo Duterte)、时任墨西哥总统安德烈斯·曼努埃尔·洛佩斯·奥夫拉多尔(Andres Manuel Lopez Obrador)等右翼民粹主义政治家在亚非拉国家集体涌现,意味着右翼民粹主义并不仅是当代西方政治生态嬗变过程中的一段"插曲",而是席卷全球的政治浪潮。

尽管无论从学术专著还是期刊论文数量来看,右翼民粹主义已成为国内外社会科学界的热门研究领域,但有学者指出,当前学术界过度将注意力聚焦于右翼民粹主义相关的某些问题,同时未能足够重视另一些重要问题,致使现有的学理研究虽能窥其一斑却难见其全貌。[①]就政治学的相关论著而言,议题设置上,由于右翼民粹主义常常被西方知识界视为现代民主制度的挑战者[②],目前主流文献比较注重右翼民粹主义的驱动因素,一些代表性作品将其同西方政治学界对政体与民主转型的长期关怀相互关联,将右翼民粹主义意识形态与社会运动视为民主不稳定乃至民主失败的一项标志,试图通过从需求侧与供给侧两个层面揭示民粹主义

---

① Sandra Destradi, David Cadier, and Johannes Plagemann, "Populism and Foreign Policy: A Research Agenda(Introduction)," *Comparative European Politics*, Vol.19, No.6, 2021, pp.663—682.

② Stephen M. Walt, "Top 10 Signs of Creeping Authoritarianism Revisited," *Foreign Policy*, July 27, 2017. https://foreignpolicy.com/2017/07/27/top-10-signs-of-creeping-authoritarianism-revisited.

获得动员能力的逻辑机理,探讨自由民主政体的内生缺陷与民主崩溃背后的因果机制。①相比之下,有关右翼民粹主义领导人与政党执政后的政策影响与施政后果、右翼民粹主义行为体在野与掌权阶段政策主张的差异与影响因素等问题虽然是各国政界与媒体热议的焦点,但基于实证研究或经验研究的系统性学理分析仍显不足②,这与右翼民粹主义政府在全球多地接连上台甚至在一些国家常年执政的政治现象相比略显脱节。

在研究视角上,一种主流的做法是将右翼民粹主义置于国内政治的框架下加以探讨,不少学者就民粹主义的历史演变、制度背景、思想动态、动员策略等问题贡献了高质量与原创性的研究成果,旨在回应有关现代民主社会中民主与民粹复杂关系的重大学术争论。相比之下,右翼民粹主义兴起的体系层次因素、右翼民粹主义行为体的对外政策偏好、其国内议程与对外政策问题之间的互动及其异军突起对国际秩序的影响等问题的研究尚显薄弱。这在很大程度上源于当前比较政治与国际关系研究的隔阂。尽管二者均为政治学的重要组成部分,但随着精细化学科分工的不断推进,当前国内外比较政治与国际关系学者日益倾向在各自的领域独立开展理论构建和实证研究。就右翼民粹主义研究而言,这一话题未能成为当代国际关系领域的主流议题,就连重视国内政治属性的自由主义国际关系论著及重视观念因素的建构主义国际关系论著对民粹主义的关注度亦颇为有限。③在比较政治领域,虽然右翼民粹主义称得上是一个经典话题,但其对外政策极少被视为这一领域的研究范畴。

当然,除了学科分支间的藩篱限制,右翼民粹主义对外政策研究较为

---

① Nadia Urbinati, "Political Theory of Populism," *Annual Review of Political Science*, No.22, 2019, pp.111—127; Cristóbal Rovira Kaltwasser, "The Ambivalence of Populism: Threat and Corrective for Democracy," *Democratization*, Vol.19, No.2, 2012:184—208.

② Hakkı Taş, "The Formulation and Implementation of Populist Foreign Policy: Turkey in the Eastern Mediterranean," *Mediterranean Politics*, 2020, DOI: 10.1080/13629395.2020.1833160, p.2.

③ Michael W. Doyle, "Liberalism and Foreign Policy," in Smith, Steve, Amelia Hadfield, and Timothy Dunne, eds., *Foreign policy: Theories, Actors, Cases*, Oxford University Press, 2012, pp.54—78; Trine Flockhart, "Constructivism and Foreign Policy," in Smith, Steve, Amelia Hadfield, and Timothy Dunne, eds., *op.cit.*, pp.78—93.

薄弱的另一个原因在于,目前主流文献对"是否存在民粹主义对外政策偏好"的学术争论甚至超过了"右翼民粹主义行为体有着何种对外政策偏好"。赞成派观点认为,作为一种批判性意识形态,右翼民粹主义人士、运动和政党有其特定的逻辑起点与叙事框架,因而很容易在某些内政与外交主题上形成相似的立场①,并在立场表达与践行过程中呈现某种一致的"元行为"(meta-behavior)。②质疑派观点则基于对"右翼民粹主义"概念的不同理解,否认右翼民粹主义行为体具有一致的行为轮廓,强调其在不同案例中呈现的异质性与复杂性。其中,第一种视角承袭了政治哲学家厄尼斯特·拉克劳(Ernesto Laclau)将右翼民粹主义视为"一种政治表达的逻辑",而非"一系列思想"的看法③,并进一步提出,作为一种内核单薄的政治涂料(thin-centered ideology),民粹主义可以与内核更为厚实的意识形态(thick ideologies)相互贴合,因而民粹主义行为体的对外政策偏好更多取决于其奉行的其他意识形态,而非民粹主义本身。从这个意义上讲,右翼民粹主义与其他右翼行为体未必存在显著差异。④第二种视角将右翼民粹主义理解为一种政治战略与动员工具,认为右翼民粹主义行为体的种种言论与行为只不过是竞选期间服务于其政治目标的手段,而非定义其政治目标的依据。⑤从这一前提出发,一些研究推断出,一旦右翼民粹主义行为体成功掌权,则没有必要继续坚守旨在反对传统精英的抗议式言论,因而很可能出现右翼民粹主义行为体执政后在行为模式上与非右翼民粹主义行为体趋同的现象。⑥第三种视角并不否认民粹主义行为体有着

---

① Angelos Chryssogelos, "Is there a populist foreign policy?", Chatham House Research Paper, March 2021, https://www.chathamhouse.org/sites/default/files/2021-03/2021-03-26-populist-foreign-policy-chryssogelos.pdf.

② Péter Visnovitz, Erin Kristin Jenne, "Populist Argumentation in Foreign Policy: The Case of Hungary under Viktor Orbán, 2010—2020," *Comparative European Politics*, Vol.19, No.6, 2021, p.684.

③ Ernesto Laclau, "Populism: What's in a Name?" in Arditi, Benjamin, et al., eds., *Populism and the Mirror of Democracy*, Verso, 2005, p.44.

④ Leslie E. Wehner and Cameron G. Thies, "The Nexus of Populism and Foreign Policy: The Case of Latin America," *International Relations*, Vol.35, No.2, 2021, p.321.

⑤ Kurt Weyland, "Clarifying a Contested Concept: Populism in the Study of Latin American Politics," *Comparative Politics*, Vol.34, No.1, 2001, p.14.

⑥ Paul A. Taggart, *Populism*, Open University Press, 2000.

自身的对外政策偏好,但指出此种偏好在转化为政策主张的过程中极易受到国际体系和权力结构、国家外交政策传统、国家权力投射能力、精英联盟的稳定程度等多重因素的影响,致使右翼民粹主义行为体即便掌权也难以推行显著的对外政策变革。①

本研究试图系统性地探究如下核心问题:相较于非右翼民粹主义行为体,掌权的右翼民粹主义行为体对外政策有何不同? 右翼民粹主义行为体崛起如何影响一国对外决策过程和外交政策产出?

本文将右翼民粹主义视为一个抽象的整体,试图为理解右翼民粹主义的异质性与复杂性提供新的思路,并基于包括全球北方与全球南方案例在内的跨区域多国比较研究,对一般意义上民粹主义行为体的对外政策开展系统性分析,以期为打破当前右翼民粹主义政治学著述中重内政而轻外交、重全球北方案例而轻全球南方案例等局限作出贡献。后文分为四个部分,首先,提出这项研究对右翼民粹主义的概念界定,进而基于对现有文献的整理,针对右翼民粹主义行为体崛起可能对国家各方面对外政策产生的影响提出一组假设;其次,选取美国、匈牙利、土耳其、印度四个案例,针对上述假设开展似然性检测;再次,根据检测结果,分析不同案例中掌权民粹主义行为体对外政策的异同,并阐释其中的规律与逻辑;最后,进行全文的简要总结。

二、右翼民粹主义行为体的
对外政策偏好:一组假设

尽管"右翼民粹主义"已经成为被广泛用于指涉全球各地诸多社会思潮与社会运动的术语,但这一概念的具体含义极富争议。综合国内外学者对"右翼民粹主义"的阐释,大体上可以从众多分歧中发现两点共识。其一,"右翼民粹主义"是面向社会底层的价值体系,不属于自由主义、保守主

---

① 这方面的相关研究参见 I. Gede Wahyu Wicaksana, "Why Does Populism Not Make Populist Foreign Policy? Indonesia under Jokowi," *Australian Journal of International Affairs*, Vol.35, No.2, 2022;钟准:《欧洲边缘的抉择——试析意大利、希腊民粹政府的对外政策》,《欧洲研究》2020 年第 4 期,第 118—137 页。

义等西方主流意识形态。[1]其二,右翼民粹主义遵循二元叙事框架,其核心理念在于将世界分为"人民"和"他者"两个同质的对立群体,其中前者是纯粹的,后者是自私、腐败而充满威胁的。[2]这两个群体在不同的维度上呈现不同的含义。垂直维度上指本国民众与主流精英,右翼民粹主义主张"以人民的名义改造精英统治"。[3]水平维度上,则强调本国民众与外来人口之间的隔阂。[4]这项研究将思想主张符合这两项标准的领导人与政党均视为右翼民粹主义行为体,探讨此类行为体上台执政如何影响一国"对外关系的决定"。[5]为了在右翼民粹主义对外政策的理论化研究方面有所突破,笔者首先从对外决策模式、对外行为方式、对外决策内容等层面,针对现有文献中有关民粹主义的常见论断进行初步似然性研究(first plausibility probe)。作为旨在为进一步理论研究进行铺垫的启发性探索,似然性研究通过对大量假设进行初步测试提高整体研究效率。[6]

右翼民粹主义行为体区别于传统主流政治行为体的核心标志在于,右翼民粹主义行为体强调"人民"与"他者",特别是"精英"的二元对立,并将自身描述为协助前者反对后者的唯一合法代表,不少学者推断,右翼民粹主义行为体很可能在各类政策制定的过程中刻意与所谓的"精英"保持距离。[7]而现代外事工作的高度精英化倾向,又极易让该领域精英成为右翼民粹主义行为体开展反精英动员的重要阵地。自 18 世纪以来,由受过专门训练、遵循共同行为准则的职业外交官参与对外政策决策与实施外

---

① 林冈、王晓笛、吴维旭:《民粹主义研究的概念泛化问题及其辨正》,《厦门大学学报(哲学社会科学版)》2022 年第 3 期,第 82 页。

② Cas Mudde, "The Populist Zeitgeist", *Comparative European Politics*, Vol.39, No.4, 2004, p.543.

③ 佟德志:《解读民粹主义》,《国际政治研究》2017 年第 2 期,第 9 页。

④ Daniele Albertazzi and Duncan McDonnell, "Introduction: The Sceptre and the Spectre," in Daniele Albertazzi and Duncan McDonnell, eds., *Twenty-first Century Populism: The Spectre of Western European Democracy*, Palgrave Macmillan, 2008, pp.1—14.

⑤ 张清敏:《对外政策的主要维度及其内在逻辑》,《国际政治研究》2019 年第 1 期,第 12 页。

⑥ Harry Eckstein, "Case Study and Theory in Political Science," in Fred I. Greenstein and Nelson W. Polsby, eds., *Handbook of Political Science VII*, Addison-Wesley, 1975, pp.79—138.

⑦ David Cadier, "Populist Politics of Representation and Foreign Policy: Evidence from Poland", *Comparative European Politics*, Vol.19, No.6, 2021, p.707.

交行为,成为欧洲乃至世界各地外事工作的经典范式,该领域的专业化与学科化也导致普通民众的参与微乎其微。①一种日益流行的观点认为,右翼民粹主义行为体将自身定义为真正意义的"人民代表"(representatives of the people),很可能通过增强自身对于对外政策决策过程的把控,彰显对所谓"专家知识"(expert knowledge)的拒绝。②尽管近年来,随着交通技术的变革与大众传媒的兴起,各国首脑获得了掌握国际动向与直接表达立场的新平台,致使国际政治中出现职业外交官与政治首脑在外事工作参与度上此消彼长的趋势③,但遵循二元叙事框架的民粹主义领导人不仅更倾向于亲自参与对外决策与外事活动,而且可能削弱以外交部为代表的传统职业外事部门,并且在人事任命上重用忠诚于自身的新兴力量,代替传统职业外交精英。鉴于此,笔者提出如下有待验证的假设:

假设1:右翼民粹主义行为体倾向于排斥外交部与替换传统职业外交官。

作为一种基于二元对立话语体系的意识形态,右翼民粹主义往往将其表达逻辑建立在有关"他者"或"人民敌人"的形象塑造与话语建构之上。不仅如此,右翼民粹主义具有鲜明的伦理色彩,其惯用手法是将各类事务赋予道德的内涵,并将善恶斗争作为其世界观的基本主题。④按照这种非黑即白的叙事逻辑,反对"人民敌人",彰显"人民的意志",就成为某种弃恶扬善的正义事业。在右翼民粹主义行为体看来,带有某种"原罪"的国家精英执政期间所遵循的传统对外政策原则及其缔结的联盟与准联盟关系,很可能是仅有利于精英的私利,而背离人民利益的"恶行"。相反,部分论著提出,作为"真正人民"(true people)的代表者与捍卫者,彰显自身的独特性与至善性,右翼民粹主义行为体或将试图勇于打破原先长期确立的

---

① 赵可金:《试论现代外交的民主化趋势》,《世界经济与政治》2008年第1期,第25—28页。

② Benjamin Moftt, *The Global Rise of Populism*: *Performance*, *Political Style*, *and Representation*, Stanford University Press, 2017, p.52.

③ 赵可金:《首脑外交及其未来趋势》,《教学与研究》2007年第12期,第54—56页。

④ Kirk A. Hawkins, "Is Chávez Populist? Measuring Populist Discourse in Comparative Perspective", *Comparative Political Studies*, Vol.42, No.8, 2009, p.1043.

外交传统,减少对国家精英海外亲密盟友或准盟友的依赖。①而且基于"敌人的敌人便是朋友"的考量,此前同本国关系疏远的国际行为体不必然不能成为本国的新增长点,可以根据所谓的"人民意愿"调整国际伙伴关系的优先顺序。鉴于此,笔者提出如下有待验证的假设:

假设2:右翼民粹主义行为体倾向于建立不同于本国外交传统的多元伙伴关系。

在构建二元对立话语体系的过程中,右翼民粹主义行为体强调"人民意志"的充分表达,并主张由自身直接接触"人民",代表其参与政治决策,摆脱"精英"的政治垄断。一些学者指出,除了反对"精英"本身,右翼民粹主义行为体也极易反对"政治和制度化的中介机构",因为后者被解读为"精英"为了确保自身利益而曲解真实人民意志的政治工具。②在国内政治层面,右翼民粹主义行为体拒绝的中介机构包括议会、政党等既有民主体系的基本元素。意大利政治学者法布利兹·科提加(Fabrizio Coticchia)推断,对应到国际政治层面,右翼民粹主义行为体恐怕会拒绝包括国际组织与国际机制(international regimes)在内的国际制度(international institution),并将其视为跨国精英刻意制造的产物,旨在阻碍本地人民在国际事务中充分表达意志。③倘若右翼民粹主义行为体在国际层面上投射其国内层面的政策主张,那么恰如其在国内政治上倡导以"追随者——领导人"直接联系替代传统代议制,右翼民粹主义行为体或将在国际政治上主张通过双边领导人直接传达各自代表的人民意愿,取代跨国家治理和超国家机构在国家对外政策中日益重要的作用。④鉴于此,笔者提出如下有待验证的假设:

---

① Mihai Varga and Aron Buzogány, "The Foreign Policy of Populists in Power: Contesting Liberalism in Poland and Hungary", *Geopolitics*, Vol.26, No.5, 2021, pp.1050—1451.

② 佟德志:《解读民粹主义》,《国际政治研究》2017年第2期,第19页。

③ Fabrizio Coticchia, "A Sovereignist Revolution? Italy's Foreign Policy under the 'Yellow-Green' Government", *Comparative European Politics*, Vol.19, No.6, 2021, p.743.

④ Angelos Chryssogelos, "State Transformation and Populism. From the Internationalized to the Neo-sovereign State?", *Politics*, Vol.40, No.1, 2018, p.22.

假设3：右翼民粹主义行为体倾向于重视双边外交活动。

假设4：右翼民粹主义行为体倾向于挑战既有国际组织与多边机制。

现代选举政治中，各类政党往往都试图争取"人民"的定义权。按照中间选民定理（Median Voter Theory），许多政党会尽可能接触与代表更大数量的民众和更为多样的社会群体，进而彰显自身的广泛代表性。[①]相较于以主流建制政党为代表的其他政治行为体，右翼民粹主义行为体在定义"人民"的过程中呈现鲜明的排他性特征，具体表现在如下几个方面：其一，声称仅有自身是"人民"的一部分，且通过与"人民"直接联系获取真正的民意，强调除自身之外的政治行为体均无法充当"人民"的代言人；[②]其二，强调"人民"定义权与"人民敌人"定义权并重，且将二者的形象塑造互为参照，运用非此即彼的"极化"语言，构建与放大二者之间不可调和的矛盾；[③]其三，宣扬"人民优先"，强调自身对其代表群体的利益的无条件推崇与维护，为此甚至不惜采用传统主流建制行为体所不愿采取的措施。尽管不同的右翼民粹主义行为体在究竟何者属于"人民"范畴的问题上见仁见智，但其共同特征在于，将"人民"视为一元化、同质化的整体，而"人民"与其对立面之间则呈现对抗性异质关系。[④]有学者发现，不少右翼民粹主义行为体构建排他性"人民"概念与强化其共同体意识的一种有效手段，即运用文化、宗教、语言和种族等身份符号，扩大不同社会群体之间原本存在的裂痕，并将其上升到"文明冲突"的高度。[⑤]这种话语体系中，"人民"与"国家公民"的边界并不重合，而"人民"的对立面既可能包括具有本国国籍的少数族裔，也可能包括隶属他国，特别是周边国家的外来人

① 参见 Duncan Black，"On the Rationale of Group Decision-making"，*Journal of Political Economy*，Vol.56，No.1，1948，pp.23—34。

② Jacob E. Van Vleet，*Informal Logical Fallacies：A Brief Guide*，University Press of America，2011，p.20.

③ Thorsten Wojczewski，"Conspiracy Theories，Right-wing Populism and Foreign Policy：The Case of the Alternative for Germany"，*Journal of International Relations and Development*，No.25，2022，pp.135—136.

④ 林红：《西方民粹主义的话语政治及其面临的批判》，《政治学研究》2018年第4期，第69页。

⑤ Marc F. Plattner，"Democracy's Past and Future：Populism，Pluralism，and Liberal Democracy"，*Journal of Democracy*，Vol.21，No.1，2010，pp.81—92.

口,二者在右翼民粹主义行为体看来均可能对"人民"构成安全威胁。一些学者据此推断,右翼民粹主义行为体很可能具有反多元主义与排外主义倾向,进而呈现强硬的反移民难民态度。①鉴于此,笔者提出如下有待验证的假设:

假设5:右翼民粹主义行为体倾向于在移民难民问题上采取强硬反对的立场。

三、右翼民粹主义行为体的对外政策偏好:似然性研究

为了探讨上述假设,并在全球层面探讨右翼民粹主义行为体掌权会实施何种对外政策,这项似然性研究的案例选取主要遵循三项标准。其一,研究的前提假设是掌权的右翼民粹主义行为体会在对外政策领域推行反映其授权的政策主张。鉴于此,笔者将研究对象限定为民粹主义领导人通过议会选举或总统选举上任,并且执政超过一个任期的国家,以便尽可能避免因右翼民粹主义行为体执政时间过短而影响其对外政策偏好表达所造成的干扰。其二,笔者选取的案例均在右翼民粹主义领导人执政前经历传统中左或中右翼主流政治精英把持政权,换言之,此类案例均经历了由主流政治行为体执政向右翼民粹主义领导人执政的变化,有助于笔者通过对比右翼民粹主义领导人与其前任对外政策异同,分析前者的对外政策偏好与影响。其三,这项研究沿袭亚当·普沃斯基(Adam Przeworski)和亨利·托伊恩(Henry Teune)提倡的"最大相异"原则开展案例选择,其基本思路在于倘若某种规律在环境差异巨大的条件下依然具有可复制性,那么可以断言此种规律有着较高的普遍性与可信度。②英国华威大学国际政治学者乔治·洛夫曼(Georg Löfflmann)的一项研究综

① Daniel W. Drezner, "Present at the Destruction: The Trump Administration and the Foreign Policy Bureaucracy", *The Journal of Politics*, Vol.81, No.2, 2019, pp.723—730.

② Adam Przeworski and Henry Teune, *The Logic of Comparative Social Inquiry*, New York: Wiley-Interscience, 1970, pp.31—46.

述指出,当前民粹主义研究中,精力过度聚焦于欧洲国家与美国案例。[①]为打破此种现状,笔者将全球北方与全球南方案例均纳入研究范围。由于全球北方与全球南方的分野主要表现为经济社会发展水平的差异[②],这项研究根据国际货币基金组织对"发达经济体"(advanced economies)与"新兴市场与发展中经济体"(emerging market and developing economies)的划分标准确定全球北方与南方国家。[③]在全球北方案例中,这项研究选取了唐纳德·特朗普(Donald Trump)担任总统时期的美国及欧尔班·维克托(Orbán Viktor)二次担任总理以来的匈牙利。研究选取的全球南方案例包括莫迪担任总理时期的印度及埃尔多安(Recep Tayyip Erdogan)担任最高政治职位时期的土耳其。[④]在时间跨度方面,上述案例既包括21世纪经历多年民粹主义领导人执政的匈牙利与土耳其,也包括近段时间经历右翼民粹主义行为体异军突起的美国与印度。在政治制度方面,既包括英国经济学人智库(Economist Intelligence Unit)所评估的民主政体,也包括两不像政体与其他政体。[⑤]在地理范围方面,囊括北美、欧洲、南亚、中东等地区。在文化传统方面,囊括基督新教、天主教、印度教、伊斯兰教为主体信仰的国家。

(一)集中决策论

有关"右翼民粹主义行为体倾向于排斥外交部与替换传统职业外交

---

① Georg Löfflmann, "Introduction to Special Issue: The Study of Populism in International Relations", *British Journal of Politics and International Relations*, Vol.24, No.3, 2022, p.407.

② Jean-Philippe Therien, "Beyond the North-South Divide: The Two Tales of World Poverty," *Third World Quarterly* Vol.20, No.4, 1999, pp.723—742.

③ International Monetary Fund, "Real GDP Growth," https://www.imf.org/external/datamapper/NGDP_RPCH@WEO/NGA.

④ 埃尔多安自2003年至2014年担任土耳其总理,其后至今担任总统,鉴于这期间土耳其经历了由议会制向总统制的转变,可以认为,埃尔多安自2003年以来一直是土耳其的最高执政者。在埃尔多安自何时起可以称得上是右翼民粹主义领导人的问题上,学界存在争论。这项研究遵循土耳其研究学者汉娜·卢欣达·史密斯(Hannah Lucinda Smith)的研究发现,认为埃尔多安执政十余年间的风格和主张存在诸多延续性,不能够进行泾渭分明的切割。参见 Hannah Lucinda Smith, *Erdogan Rising: The Battle for the Soul of Turkey*, William Collins, 2019.

⑤ The Economist, "A New Low for Global Democracy," February 9, 2022, https://www.economist.com/graphic-detail/2022/02/09/a-new-low-for-global-democracy.

官"的假设,在这项研究选取的四个案例中均得到了一定的验证。在美国,右翼民粹主义领导人特朗普自竞选时期就毫不掩饰对传统外交精英及其主导外事机构的反感,曾明确表示不希望自己周围的外交官都是"简历完美,但毫无成绩,还要为屡屡失败的政策与战争中的持续损失担责"。[①]执政后不久,特朗普为实现竞选目标,试图削减三分之一的国务院经费,并剥夺了国务院在对外决策与出访安排等事务上的权力,转而仰仗与自身关系密切的白宫顾问,其中最知名的高级顾问包括特朗普本人的女婿贾里德·库什纳(Jared Kushner)。[②]此外,特朗普对本国传统外交建制的破坏还体现在一度中断 20 世纪 50 年代约翰·福斯特·杜勒斯(John Foster Dulles)担任国务卿以来长期沿袭的国务院每日召开新闻发布会传统。[③]另外,特朗普试图通过增加总统直接任命外交官比例的方式更换外事部门的人员构成,削弱传统建制派外交精英在外事部门的话语权。据美国外交服务协会(American Foreign Service Association)统计,特朗普直接任命的美国大使比例高于历史平均水平约 30%,其任命对象多为缺乏外交相关训练与经验、与特朗普私交甚密的富商巨贾,例如任命手提包设计师拉娜·马克斯(Lana Marks)为美国驻南非大使、任命普罗旺斯酒店创始人兼董事长戈登·大卫·桑德兰(Gordon David Sondland)为美国驻欧盟大使。[④]

在匈牙利,欧尔班将传统外交精英视为"有意让国家保持破产的边缘

---

① Doug Bandow, "Donald Trump Criticizes Washington's Policy Elite—With Cause," *Cato Institute*, May 17, 2016, https://www.cato.org/blog/donald-trump-criticizes-washingtons-policy-elite-cause.

② Carol Morello and Anne Gearan, "In First Month of Trump Presidency, State Department Has been Sidelined," *Washington Post*, February 22, 2017, https://www.washingtonpost.com/world/national-security/in-first-month-of-trump-presidency-state-department-has-been-sidelined/2017/02/22/cc170cd2-f924-11e6-be05-1a3817ac21a5_story.html.

③ Charles Bierbauer, "Trump White House Goes 300 + Days without a Press Briefing—Why That's Unprecedented," *The Conversation*, February 24, 2020, https://theconversation.com/trump-white-house-goes-300-days-without-a-press-briefing-why-thats-unprecedented-130164.

④ Julian Borger, "Trump Has Given Record Proportion of Ambassador Jobs to His Own Backers," *The Guardian*, May 30, 2020, https://www.theguardian.com/us-news/2020/may/30/trump-us-ambassadors-political-appointments.

境地",进而危及人民利益的"资金拥有者与投资者"。①十余年来,欧尔班建立并不断拓展总理办公室(Miniszterelnöki Hivatal)的职能。从2011年总理办公室初建到2019年,其下属机构由27个拓展至超过200个,其中多个部门分担了原属外交部的职能。另外,欧尔班执政期间也开展了多轮大规模人事调整,旨在将资深的无党派职业官僚更换为高度忠诚的青年民主主义者联盟(Fiatal Demokraták Szövetsége,以下简称"青民盟")骨干。②例如2014年,在西雅尔多·彼得(Péter Szijjártó)担任外长前夜,超过20名外交部官员及其通信团队遭遇集体解职③,又如一个多月后,30余名大使同时受到替换。④

在印度,右翼民粹主义政府将职业外交官视为崇洋媚外且脱离本土根基的西化精英⑤,且有计划地削弱传统外交部门及其主要官员的权力。一方面,莫迪上台以来试图改变印度外事部门的人员结构,改变传统上以外交部为代表的外事部门由出身印度大城市高种姓家庭、拥有牛津剑桥或德里圣-史蒂芬学院学位且掌握流利英语的精英主导格局,大幅增加了出身小城市与农村低种姓家庭,并非国内外顶尖名校毕业、英语水平更为有限,且对莫迪忠诚度较高的官员比例。⑥另一方面,莫迪执政时期打破了传统印度政府部门的分工机制,将外交部的对外政策决策权移交至总理办公室(Prime Minister's Office),指派财政部与印度人民党(Bharatiya Janata Party)下属机构接管与分担原本由外交部主导的对外援助与外事访

---

① Orbán, Viktor. 2011. Küzdelmes őszre számít a miniszterelnök [The Prime Minister expects an Autumn full of struggle], Prime Minister's speech at the annual ambassadorial conference, August 29 2011, http://2010-2015.miniszterelnok.hu/beszed/kuzdelmes_oszre_szamit_a_miniszterelnok.

② Jan-Werner Müller, *What is Populism*? Philadelphia: University of Pennsylvania Press, 2016, p.44.

③ HVG, "Szijjártó érkezése Előtt Tisztogattak Egyet a Külügyben," September 23, 2014, https://hvg.hu/itthon/20140923_Szijjarto_erkezese_elott_tisztogattak_egy.

④ András Dezső, "Most Röhögnek Rajtunk, Leírják az Országot," *Index*, December 15, 2014, https://index.hu/belfold/2014/12/15/mi_van_a_kulugyben/.

⑤ Simona Vittorini, "Modi à la Mode: Narendra Modi's Fashion and the Performance of Populist Leadership," *Commonwealth & Comparative Politics*, Vol.60, No.3, 2022, p.283.

⑥ Kira Huju, "Saffronizing Diplomacy: The Indian Foreign Service under Hindu Nationalist Rule," *International Affairs*, Vol.98, No.2, 2022, pp.423—441.

问安排工作,并将外交部长的大部分权力转移给国家安全顾问(National Security Advisor),致使外交部长的职能几乎局限于"为海外印度公民提供日常服务"。①

在土耳其,后凯末尔时代,从 1960 年爆发共和国史上首次军事政变到 21 世纪初,该国的外事工作保持了严格的制度化传统。在"军人监国、文官执政"的独特政治治理格局下,形成了由军队与外交部共同把持对外政策决策与执行过程的模式,政府首脑难以打破决策过程的既有秩序。②2002 年埃尔多安领导的正义与发展党(Adalet ve Kalkınma Partisi,以下简称"正发党")主导政权以来,通过修宪公投等步骤,改变此前的军人与文官政权关系,显著弱化了军方在国家政权中的政治职能。③同时,埃尔多安从诸多层面在外事工作上边缘化职业外交官。

在话语建构方面,埃尔多安从不掩饰对职业外交官的指责,将其形象塑造为"西化而居高临下、热衷于参加鸡尾酒聚会的精英团体"。④在 2014 年的总统竞选中,他曾公开将其蔑称为"崇拜法国文化的洋奴",指出其最大的弊病在于脱离人民,并声称只有自己才是密切联系民众的"人民仆人"。⑤在制度设计方面,埃尔多安竭力建立由他本人直接控制的新型外事工作机构,包括公共外交办公室(Kamu Diplomasisi Ofisi)、海外土耳其人及相关社区总统办公室(Yurtdışı Türkler ve Akraba Topluluklar Başkanlığı)和马里夫基金会(Türkiye Maarif Vakfı),方便最高领导人绕过外交部开展对外政策决策与外交活动。此外,土耳其民粹主义政府促使土耳其合作与协调社(Türk İşbirliği ve Koordinasyon İdaresi Başkanlığı)、宗教事务局(Diyanet İşleri Başkanlığı)、国家情报组织(Millî İstihbarat

---

① 参见 Sumit Ganguly, "Has Modi Truly Changed India's Foreign Policy?" *The Washington Quarterly*, Vol.40, No.2, 2017, pp.131—143; Rani D. Mullen, "Indian development assistance: The Centralization and Mercantalization of Indian Foreign Policy," *International Studies Perspectives*, Vol.20, No.1, 2019, p.19。

② Murat Ülgül, "Erdoğan's Personal Diplomacy and Turkish Foreign Policy," *Insight Turkey*, Vol.21, No.4, 2019, pp.170—171.

③ 王林聪:《"土耳其模式"的新变化及其影响》,《西亚非洲》2012 年第 2 期,第 91 页。

④ Hürriyet, "Monşerlerden Erdoğan'a Yanıt," June 18, 2010, https://www.hurriyet.com.tr/gundem/monserlerden-erdogana-yanit-15063889.

⑤ Ahram, "Erdogan Ridicules 'Mon Cher' Rival at Election Rally," July 6, 2014, https://english.ahram.org.eg/News/105615.aspx.

Teşkilatı)等其他现有机构广泛参与外事工作,从而达到分散与架空外交部权力的作用。①

（二）多元外交论

有关"右翼民粹主义行为体倾向于建立多元合作伙伴"的假设,在这项研究选取的四个案例中也得到了一定的验证。在美国,特朗普打破白宫既有国际伙伴关系的重要表现在于弱化同欧洲国家的联盟关系。早在竞选期间,特朗普就曾多次表达对美国负担保护欧洲盟国安全义务的不满。②入主白宫后,这位民粹主义总统改变了第二次世界大战结束以来华盛顿将跨大西洋联盟关系作为对外政策的战略基石,而是高喊"美国优先"的口号,要求欧洲盟友履行《北约宪章》规定的义务与支付自身的防务费用,并且跨地区推行制裁性法律,将欧盟视作不得不追随自身政策的附庸③,致使欧美间裂痕前所未有地扩大。同时,特朗普对俄美关系的态度也与前几届政府截然不同。在俄美关系于奥巴马执政时期降至后冷战时代最低点的背景下,特朗普在竞选中不吝称赞普京,且表示"俄美应当能够在打击恐怖主义和恢复世界和平方面协同合作"。④执政后,受美国精英阶层态度和三权分立制度的制约,加上改善对俄态度在美国国内民意基础薄弱,特朗普仍然维持了对俄制裁,但无论是制裁的规模还是对象都颇为有限,且在增加对俄制裁的问题上始终保持谨慎。⑤

在匈牙利,右翼民粹主义政府执政后不久,于2014年颁布了名为"向东开放"(Keleti Nyitás)的对外战略,随后将其更名为"向南开放"(Déli Nyitás)计划,成为该国实施外交合作伙伴多样化的纲领。欧尔班认为,世

① Efe Sevin, *Public Diplomacy and the Implementation of Foreign Policy in the US*, *Sweden and Turkey*, 2017, Springer.

② Peter Graff, "Trump's 'America First' Speech Alarms U.S. Allies," April 27, 2016, *Reuters*, https://www.reuters.com/article/us-usa-election-trump-idUSKCN0XO10R.

③ 陈新明、李源正:《美欧跨大西洋联盟的战略协调之现实困难与未来前景》,《世界政治研究》2020年第3期,第82页。

④ Jeremy Diamond, "Timeline: Donald Trump's praise for Vladimir Putin," July 29, 2016, CNN, https://www.cnn.com/2016/07/28/politics/donald-trump-vladimir-putin-quotes/index.html.

⑤ Andrei Korobkov, "Donald Trump and the Evolving U.S.-Russia Relationship," *Perceptions: Journal of International Affairs*, Vol.24, No.1, 2019, pp.46—55.

界政治正在经历"欧洲与美国领导角色衰落的变局"①,而"东方的繁荣之风正在吹拂世界经济"②,因而反对沿袭原先主流政党突出强调传统大西洋盟友关系的政策,转而发展与中国、俄罗斯、中东国家等南方国家的经贸往来与外交关系。为此,欧尔班扩大同俄罗斯与中东国家的能源合作,积极推进参与以匈塞铁路为代表的"一带一路"基础设施国际合作项目,且反对在国际争端中对美国与欧盟亦步亦趋,2022年俄乌冲突中拒绝制裁俄罗斯便是典型例证。值得注意的是,匈牙利右翼民粹主义政府除了开展对外合作伙伴多样化的外交实践,还试图将其作为一种制度加以确立,例如在外交与贸易部内增设专门处理俄罗斯与中国事务的部门,又如单独设立向东开放副国务卿的职务。③

在印度,自莫迪2014年担任总理以来,该国对外政策的显著变化在于20世纪50年代以来长期奉行的不结盟运动外交传统被打破。此举的一个重要目的是解除不结盟承诺对印度发展同西方国家关系的束缚。印度对外政策分析师C.拉贾·莫汉(C. Raja Mohan)指出,"莫迪正在消除印度过去外交政策制定中本能的反美倾向"。④莫迪不仅在2015年首次邀请美国总统参加印度共和日庆典,而且签署了前几届政府因顾虑颇多而搁置的《后勤交换协议备忘录》(Logistics Exchange Memorandum of Agreement),随后相继签订了《通信兼容性与安全协议》(Communications Compatibility and Security Agreement)与《地理空间合作基本交流与合作协议》(Basic Exchange and Cooperation Agreement),意味着美国与印度相互开放后勤物流体系、共建加密通信系统共享实时敏感数据、分享高端卫星数据及其他空间信息。同时,莫迪还与法国、韩国、新加坡、澳大利亚、

① 2011年匈牙利外交部战略文件,取自 https://brexit.kormany.hu/download/4/c6/20000/kulpolitikai_strategia_20111219.pdf。

② András Rácz, "Kétes Politikai Sikerek, Totális Gazdasági Kudarcok: A Keleti Nyitás Valós Mérlege," *Válasz Online*, August 11, 2019, https://www.valaszonline.hu/2019/08/11/keleti-nyitas-racz-andras-elemzes。

③ Zsuzsanna Végh, "Hungary's 'Eastern Opening' Policy toward Russia: Ties that Bind?" *International Issues and Slovak Foreign Policy Affairs*, Vol.24, No.1—2, 2019, pp.47—65.

④ C. Raja Mohan, *Modi's World: Extending India's Sphere of Influence*, 2015, Harper Collins.

日本等国家签订了类似协议。为提升同西方国家交往的机制化程度,莫迪于 2018 年首先同美国建立了"2＋2 外长防长会谈"(2＋2 Ministerial Dialogue),随后也分别同日本和澳大利亚建立了同样的对话机制。另外,莫迪积极拓展周边邻国关系,一方面制定"东方行动"政策,促进印度与东南亚国家的贸易往来、相互投资与设施联通,另一方面通过高层互访、提供援助、供应武器装备等方式同原先较为忽视的阿富汗、不丹等南亚国家增进关系,且与孟加拉国签订了历史性领土交换协议,大为缓解了长期困扰两国的边境争议。①

在土耳其,埃尔多安领导的正义与发展党自执掌政权以来,一改冷战期间乃至冷战结束后土耳其充当欧美战略利益简单配合国的角色。从公开表示"土耳其不需要欧盟"②,到高调宣称将在东耶路撒冷设置土耳其驻巴勒斯坦使馆,以示对美国把驻以色列使馆改迁至耶路撒冷的不满,埃尔多安不再将维系跨大西洋伙伴关系作为首要外交准则的倾向日益凸显。不仅如此,埃尔多安强化"向东看"战略,增强自身在中东的政治参与,并主要从三个方面重构自身的伙伴网络,从而推动外交关系的多元平衡:首先,埃尔多安积极拓展同中东地区逊尼派政治行为体的交往,对埃及的穆斯林兄弟会、巴勒斯坦的哈马斯、突尼斯的复兴运动等组织施加影响;其次,同其重要的能源来源国——俄罗斯、伊朗打造利益共同体,通过举行三方领导人会晤等方式制约以"美国—沙特—以色列"为核心的"中东小北约"安全同盟;③最后,通过扩大在卡塔尔驻军规模等方式强化"土耳其—卡塔尔"利益联结,并与"土耳其—俄罗斯—伊朗"合流。

(三)双边主义论

有关"右翼民粹主义行为体倾向于重视双边外交活动"的假设,在这项研究选取的四个案例中均得到了一定的验证。在美国,特朗普在仍是总统候选人之时就表示,美国刺激就业和推动经济增长的重要手段在于

---

① Sumit Ganguly, "Has Modi Truly Changed India's Foreign Policy?" *The Washington Quarterly*, Vol.40, No.2, 2019, pp.133—139.

② Umut Uras, "Turkey-Europe Tensions High as EU Summit Opens," *Al Jazeera*, October 18, 2017, https://www.aljazeera.com/features/2017/10/18/turkey-europe-tensions-high-as-eu-summit-opens.

③ 董漫远:《土耳其进取性地缘政治外交析论》,《西亚非洲》2022 年第 2 期,第 145 页。

"强调双边谈判",并指出,以《跨太平洋伙伴关系协定》(TPP)为代表的许多过去签订的多国协议"是坏的协议""是对美国贸易的打击"。①就任总统首日,特朗普便迫切尝试兑现这一承诺,主张代之以美国与各国的双边会谈,并多次表示通过双边谈判有助于确保各方"遵循公平与互惠贸易的原则"。②同时,特朗普要求基于"一对一协商"(one-on-one negotiations)修正《北美自由贸易协定》(NAFTA)的规则,并综合采用提高关税、威胁终止贸易协议等方式迫使日本与韩国与之重启贸易谈判。在共同防务方面,特朗普也偏好通过高层领导人双边谈判的方式,施压各北约成员国增加防务支出,从而降低美国的防务负担。

在匈牙利,自特朗普就任美国总统以来,欧尔班多次引用和声援特朗普的言论,声称"双边主义的时代已经来临,(国际政治中的)双边关系正在出现新的机遇,包括军事与经济政策"。③对欧盟满腹怨言的欧尔班一面试图通过绕过欧盟机制,引导欧盟主要成员国分别与其私下开展投资、能源合作、边境防务等议题谈判,为本国争取更多的谈判空间,且通过广泛报道欧尔班在双边谈判过程中的强硬态度表现其捍卫所谓"匈牙利人民"利益的决心,④一面积极同各欧盟成员国在野的右翼民粹主义行为体广泛接触,增加有利于自身的谈判筹码,进而向各国执政的政党和领导人施压。⑤

在印度,从2014年5月至2022年5月,莫迪就任总理八年间共出访114次,造访的国家超过60个,其间访问美国次数高达7次,而访问法国、

---

① Alanna Petroff,"Donald Trump Slams Pacific Free Trade Deal,"April 23,2015,*CNN*,https://money.cnn.com/2015/04/23/news/economy/trump-trade-deal.

② John Wagner and David J. Lynch,"Trump Said He Would Strike One-on-one Trade Deals. That's Not Happening,"November 14,2017,*Washington Post*,https://www.washingtonpost.com/politics/trump-said-he-would-strike-one-on-one-trade-deals-thats-not-happening/2017/11/14/eced8a4e-c949-11e7-b0cf-7689a9f2d84e_story.html.

③ "Hungary's Orban:'Make Europe Great Again',"January 26,2017,*Euronews*,https://www.euronews.com/2017/01/26/hungary-s-orban-make-europe-great-again.

④ Péter Krekó,"How to Encourage Illiberals:The Orbán-Merkel Meeting,"July 31,2018,*Heinrich Böll Stifung*,https://eu.boell.org/en/2018/07/31/how-encourage-illib-erals-orban-merkel-meeting.

⑤ Euronews,"Macron Meets Political Adversary Orban ahead of France's EU Presi-dency,"December 13,2021,https://www.euronews.com/2021/12/13/macron-meets-po-litical-adversary-orban-ahead-of-france-s-eu-presidency.

德国、俄罗斯与中国的次数均达到 5 次。①相比之下，未曾受到新冠疫情影响的前任总理辛格在两个任期内仅出访 73 次，可见莫迪对双边外交格外重视。此外，在国际谈判方面，印度民粹主义政府对此前该国与东盟签订的自由贸易协定不以为然，认为印度能够从中获得的收益颇为有限，因而暂缓推动在服务业等新领域的多边自由贸易谈判。②同一时间，印度积极推动同各东盟成员国的双边谈判，并已经同十余个国家修改了原先的双边投资条约。

土耳其右翼民粹主义行为体的双边主义偏好与上述案例颇为相似。近期埃尔多安对外政策的一个突出变化在于，其与欧盟机构协商的意愿显著下降，同欧盟成员国针对特定议题开展双边对话的趋势逐渐增强。例如 2016 年 7 月 15 日政变未遂后，土耳其在清除法土拉·葛兰（Fethullah Gulen）支持者的名义下，拘留审查德国《世界报》记者德尼兹·尤谢尔（Deniz Yücel），此后经过同德国的双边磋商而最终释放这名记者。③又如同一时间土耳其试图通过释放土方拘留的两名希腊士兵作为交换，要求希腊引渡疑似参与政变但外逃至希腊的多名土耳其士兵。上述事件中，土耳其刻意忽视欧盟委员会的谴责与施压，而且坚持通过单独与两个欧盟成员国谈判来达成政治目的。

（四）反国际建制论

有关"右翼民粹主义行为体倾向于挑战既有国际组织与多边机制"的假设，在这项研究选取的四个案例中并未完全得到证实。美国右翼民粹主义领导人特朗普常被媒体贴上"反国际建制"的标签。此种说法的重要依据包括其自竞选至执政一直宣扬的"北约过时论"。在特朗普看来，"也许使用一个新的机构可能会比使用北约更好，因为北约……变得非常官

---

① The Times of India, "8 Years, over 100 Visits: PM Modi's Foreign Tours in Numbers," May 30, 2022, https://timesofindia.indiatimes.com/india/8-years-over-100-visits-pm-modis-foreign-visits-in-numbers/articleshow/91894296.cms.

② Mihir S. Sharma, "Preferring the Bilateral to the Multilateral: Personal Diplomacy and India's Trade Negotiations," July 13, 2017, *Institute of Peace and Conflict Studies*, http://www.ipcs.org/comm_select.php?articleNo=5324.

③ Nate Schenkkan, "Turkey's New Foreign Policy is Hostage-Taking," March 2, 2018, *Foreign Policy*, https://foreignpolicy.com/2018/03/02/turkeys-new-foreign-policy-is-hostage-taking.

僚化,极其昂贵,而且可能不够灵活,无法应对恐怖活动"。①其退出联合国教科文组织、世界卫生组织、联合国人权理事会等国际组织,及撕毁《跨太平洋伙伴关系协定》《巴黎协定》《移民问题全球契约》《开放天空条约》等国际协议,也似乎是特朗普偏好挑战既有国际组织与多边机制的有力佐证。

值得注意的是,特朗普执政期间,作为跨大西洋联盟开展安全合作的主要平台,北约在国际舞台上的作用不减反增。2017 年,特朗普签署确认吸纳黑山进入北约的文件,实现了 8 年来北约的首次东扩,而且表示欢迎其他巴尔干国家加入。此后,从"三叉戟接点-2018",到"北风-2019"再到"欧洲捍卫者-2020",北约成员国又多次举行针对性极强的大规模联合军演。与之类似,特朗普退出国际协议的态度也并非绝对,例如他曾多次表示,倘若能够谈成比奥巴马时期更有利于美国的条件,或将重新考虑加入《跨太平洋伙伴关系协定》。②

在匈牙利,欧尔班被贴上欧洲"不同声音"的标签,很大程度上源于其对待欧盟等国际组织与多边合作机制的强硬态度。欧尔班主导的民粹主义政府将欧盟描述为"根据乔治·索罗斯的提议,削弱各国治理移民能力"的机构。③在据此坚决反对欧盟难民配额的同时,欧尔班也打着"布鲁塞尔并非匈牙利上司"的旗号④,在欧盟希望"同一个声音"的议题上偏离"一体化"的发展轨道,其典型例证包括不久前联合由民粹主义政党"法律与公正党"(Prawo i Sprawiedliwość)执政的波兰因反对由独立法院裁决争端的拟议法治机制,而否决欧盟 2021—2027 年的金融框架(Multiannual

① *The New York Times*, "Transcript: Donald Trump Expands on His Foreign Policy Views," March 26, 2016, https://www.nytimes.com/2016/03/27/us/politics/donald-trump-transcript.html.

② Shawn Donnan and Demetri Sevastopulo, "Trump Opens Door to US Rejoining TPP", January 26, 2018, *Financial Times*, https://www.ft.com/content/3cb22bb8-0205-11e8-9650-9c0ad2d7c5b5; Fathin Ungku and Charlotte Greenfield, "Trump Says U.S. Could Rejoin TPP if Deal Improved. How Hard Would It Be?," April 16, 2018, *Reuters*, https://www.reuters.com/article/us-usa-trade-china-tpp-explainer-idUSKBN1HN0TW.

③ "Nemzeti Konzultáció Lesz a Soros-tervről", September 13, 2017, Origo, https://www.origo.hu/itthon/20170913-fidesz-frakcio-orban-viktor.html.

④ "Orbán Viktor: Az Európai Unió Nem Brüsszelben Van, Nekünk Brüsszel Nem Főnökünk", August 1, 2022, *Kisalföld*, https://www.kisalfold.hu/orszag-vilag/2022/08/orban-viktor-az-europai-unio-nem-brusszelben-van-nekunk-brusszel-nem-fonokunk.

Financial Framework)和下一代欧盟(Next Generation EU)经济复苏基金。除了欧盟,欧尔班对待其他国际组织采用"对抗性而非一致同意的话语"①亦不鲜见,比如2013年欧尔班不满于国际货币基金组织提出的削减退休金等条件,而拒绝其提供贷款,又如2018年以来,由于同乌克兰在针对乌境内匈牙利族问题上存在分歧,欧尔班屡屡阻止北约与乌克兰委员会(NATO-Ukraine Commission)举行高于大使级别的会议。②

耐人寻味的是,纵然近年来匈牙利未曾中断对欧盟与北约的批评指摘与拒不配合,但该国的民粹主义政府从未质疑匈牙利的欧盟与北约成员国身份,也没有表达过想要退出两个组织的意图。即便当前布达佩斯积极推动外交多元化战略,但仍与欧盟,特别是欧盟的主导力量之一德国保持密切的经济联系。正如欧尔班自己所言,"我属于承认北约重要性的一类人,但我不认为匈牙利的军事安全可以建立在北约的基础上"。③作为欧盟发展基金与北约安全保障的净受益中等国家④,时下匈牙利的对外政策偏好未必是要通过挑战既有国际建制实现某种"光荣孤立",而是试图有条件地支持国际建制,从而在以欧盟和北约为代表的"大西洋主义"国际组织中获得更大的决策自主权。

在印度,如果说莫迪执政期间具有反多边主义的行为,那恐怕最显著的例证莫过于其上台伊始对南亚区域合作联盟(SAARC,以下简称"南盟")的疏离。除了沿袭前任政府难以同巴基斯坦在"南盟"中达成共识的传统,莫迪进一步加剧了"南盟"内部的分裂与组织机制的失能。就2014年11月,莫迪于加德满都出席"南盟"首脑峰会时,刻意同除巴基斯坦以外

---

① Pierre Ostiguy, "Populism: A Socio-cultural Approach", in Cristóbal Rovira Kaltwasser, et al., eds., *The Oxford Handbook of Populism*, Oxford University Press, 2017, pp.73—100.

② Balazs Tarnok, "Why is Hungary 'Blocking' Ukraine's NATO Accession?", June 25, 2021, *The Washington Times*, https://www.washingtontimes.com/news/2021/jun/25/why-is-hungary-blocking-ukraines-nato-accession.

③ Lily Bayer, "Orbán: Hungarian Military Should be Able to Defend Country 'from Any Direction'", February 14, 2019, *Politico*, https://www.politico.eu/article/orban-hungarian-military-should-defend-country-from-any-direction-mike-pompeo-russia.

④ Péter Visnovitz, Erin Kristin Jenne, "Populist Argumentation in Foreign Policy: The Case of Hungary under Viktor Orbán, 2010—2020," *Comparative European Politics*, Vol.19, No.6, 2021, p.693.

的其他"南盟"国家举行双边会晤,颇有用双边机制取代多边机制的势头。2016年,继印度因安全部队在多地遇袭而谴责巴基斯坦后,莫迪抵制了当年在伊斯兰堡举行的南盟领导人峰会。但与此同时,莫迪对绕开巴基斯坦的地区多边合作态度积极。例如通过推动"机动车辆协议"加速"孟不印尼"次区域合作。

全球尺度上,莫迪一面成为屡屡缺席不结盟运动会议的印度总理,主动降低印度作为创始国之一在该组织中的作用,一面积极加入以上海合作组织为代表的地区组织。更重要的是,莫迪将积极参与联合国事务视为实现其"带领印度人民让21世纪成为印度世纪"竞选口号的主要途径。在二十国集团中,莫迪多次表示,该组织在可持续发展议程上应当服从联合国,且在2015年安塔利亚峰会上表示,为应对恐怖主义挑战,"我们还需要采取长期做法,加强联合国的作用"。[1]2019年,印度外交部长苏杰生(Subrahmanyam Jaishankar)甚至参加了法国与德国外长倡议在联合国总部召开的"多边主义联盟"(Alliance for Multilateralism)记者会,以彰显印度现政府并非必然站在多边主义的对立面。

在土耳其,埃尔多安常被国内外批评者附以欧盟与北约"背叛者"的标签。近年来,随着土耳其同法国、塞浦路斯、希腊等欧盟成员国嫌隙丛生,加上安卡拉入欧进程不断受阻,正发党领导的土耳其政府不再"依赖欧盟的口头承诺""也不再信任欧盟"。[2]在此背景下,土耳其也不再为加入欧盟而做出内政改革等妥协,反而屡屡将难民问题作为制衡欧盟和外交工具,致使不少西方学者认为,当前土耳其成为欧盟成员国的可能性微乎其微。[3]此外,从埃尔多安2014年拒绝加入美国与其他北约成员国、

---

① Veer Arjun Singh, "At G20, PM Proposes 10-Point Plan to Tackle Terrorism", November 16, 2015, NDTV, https://www.ndtv.com/cheat-sheet/pm-modis-10-point-plan-to-tackle-terror-at-g20-in-shadow-of-paris-attacks-1243789.

② Ahmet Davutoğlu, "Büyük Restorasyon: Kadim'den Küreselleşmeye Yeni Siyaset Anlayışımız", Diyarbakır Dicle Üniversitesi, March 15, 2013, https://www.mfa.gov.tr/disisleri-bakani-ahmet-davutoglu_nun-diyarbakir-dicle-universitesinde-verdigi-_buyuk-restorasyon_-kadim_den-kuresellesmeye-yeni.tr.mfa.

③ Nathalie Tocci, "Turkey and the European Union: A Journey in the Unknown", Brookings Turkey Policy Paper, No.5, November, 2014, https://www.brookings.edu/wp-content/uploads/2016/06/Turkey-and-the-European-Union.pdf.

中东盟友国联合组建的空袭"伊斯兰国"国际联盟,到 2018 年不顾美国及其他北约成员国的集体反对,同俄罗斯签订购买"S-400"防空系统合同,乃至 2022 年拒绝制裁俄罗斯而且一度为瑞典和芬兰加入北约设置障碍,也让土耳其与北约的裂痕日益扩大,以至于美国前众议院情报委员会主席麦克·罗杰斯(Mike Roger)声称:"我们必须公开讨论土耳其在北约中的作用。"①除了同欧盟、北约离心离德,土耳其对以联合国为代表的诸多国际组织颇多批评,例如常常以"世界大于五个国家"为由,抨击联合国安理会"权力过于集中",指责其未能解决叙利亚冲突及其他全球挑战。②

不过,如果由此断言土耳其右翼民粹主义政府具有反国际建制的政策偏好,未免有失片面。事实上,埃尔多安在多个场合表达希望土耳其在金砖国家与上海合作组织中占有一席之地的愿望,而批评联合国的醉翁之意更多在于敦促联合国改革与强化中等国家话语权,而未必在于反对联合国本身。③俄乌冲突之际,土耳其甚至以多边主义捍卫者自居,认为战事的爆发应当归咎于世界多国与国际组织对于双边行动的热衷,且表示土耳其的对外政策旨在改变这一现状。④不仅如此,纵然土耳其同欧盟、北约分歧不断,但这并不意味着该国试图彻底脱离此类组织。对于土耳其的国家安全而言,保持北约成员国身份是使其免受他国入侵的重要保障,而退出北约则极易使其成为北约的攻击目标。⑤

---

① Andrew Parasiliti, "Former House Intel chair: Turkey can't have it both ways in NATO", January 14, 2015, *Al Monitor*, https://www.al-monitor.com/originals/2015/01/turkey-nato-cybersecurity-syria-transition-russia-iran-intel.html.

② Angela Dewan, "Turkey's Erdogan Calls for UN Shake-up over Syria War", November 21, 2016, CNN, https://www.cnn.com/2016/11/21/middleeast/turkey-un-erdogan-syria/index.html.

③ "Erdoğan Reiterates Call for Reform in UN, International Organizations", October 19, 2021, *Hürriyet Daily News*, https://www.hurriyetdailynews.com/erdogan-says-need-for-reform-in-un-international-organizations-168744.

④ "Multilateralism Should be Preserved: Türkiye's Top Diplomat", July 8, 2022, *Hürriyet Daily News*, https://www.hurriyetdailynews.com/multilateralism-should-be-preserved-turkiyes-top-diplomat-175206.

⑤ 姚琼瑶:《土耳其"积极进取"的周边外交:内涵、目标与前景》,《阿拉伯世界研究》2021 年第 4 期,第 98 页。

（五）反移民难民论

有关"右翼民粹主义行为体倾向于在移民难民问题上采取强硬反对的立场"的假设，在这项研究选取的四个案例中并未完全得到证实。在美国，特朗普自竞选起便因其极端的反移民难民言论，在国内外引起广泛争议。当选总统后，特朗普一面在话语建构层面继续将移民问题安全化，一面着手兑现其在第二次和第三次总统辩论中许诺的强化边境安全政策。[①]从执政首月高效颁布《边境安全和加强移民执法》，到执意修建隔离墙阻断美墨边境道路，乃至多次出台极具针对性的旅行禁令，特朗普任内的多项对外政策均可被视为民粹主义行为体强硬对待移民难民的有力例证。由于特朗普实施此类政策时频繁声称"穆斯林移民将会摧毁文明"[②]，且表示拒绝来自海地、萨尔瓦多等拉美裔移民，"但欢迎来自挪威的移民"[③]，一些学者称之为煽动信仰对立的"宗教民粹主义行为体"[④]，或宣扬白人至上的"民族民粹主义行为体"。[⑤]然而，短短四年内，美国民粹主义政府的移民难民政策不乏前后反复之处，而特朗普对于同民族与信仰群体的划分也并不如民族主义与原教旨主义行为体般泾渭分明。例如，也门、叙利亚等白宫旅行禁令的对象国多为阿拉伯穆斯林占主导人口的国家，但特朗普未曾辱骂与阻挡来自沙特、阿联酋、埃及等人口结构相似但与美国经济合作更为密切、政治影响力更强的国家移民。另外，就在首次颁布旅行禁令后数月，特朗普出于同伊拉克与苏丹政府开展安全合作的现实需要，先后

---

① Janell Ross，"From Mexican Rapists to Bad hombres, the Trump Campaign in Two Moments"，October 20，2016，*The Washington Post*，https://www.washingtonpost.com/news/the-fix/wp/2016/10/20/from-mexican-rapists-to-bad-hombres-the-trump-campaign-in-two-moments/?noredirect = on&utm_term = .ddbcd5b60966.

② 特朗普 2016 年 3 月 27 日的推特文本，获取自特朗普推特档案数据库（Trump Twitter Archive），https://www.thetrumparchive.com。

③ Henrik Pryser Libell and Catherine Porter，"From Norway to Haiti, Trump's Comments Stir Fresh Outrage"，January 11，2018，*New York Times*，https://www.nytimes.com/2018/01/11/world/trump-countries-haiti-africa.html.

④ Shannon Staley，"The Relationship Between Religion and Populism: A Review of the Critical Literature,"*Audens: Revista Estudiantil d'Anàlisi Interdisciplinària*，No.5，2021，pp.35—45.

⑤ Erin K. Jenne，"Populism, Nationalism and Revisionist Foreign Policy"，*International Affairs*，Vol.97，No.5，2021，pp.323—343.

撤销了针对两国的禁令。①

在匈牙利,基于狭隘身份认同的反移民难民立场似乎构成欧尔班领导的青民盟与主流行为体的重要差异。前者刻意将外来人口与高犯罪率挂钩②,将中东移民和难民称为"匈牙利并不需要"的"毒药"。③从2015年匈牙利关闭难民从塞尔维亚入境的通道,而且在两国边境设立长达175公里、高4米的铁丝网堵截难民,到次年提出新法削减针对移民与难民的公共援助,民粹主义政府执政期间推行的一系列政策均可被视为其反对多元主义与社会融合态度的实践。出乎意料的是,2022年的俄乌冲突催生了大量流离失所的乌克兰难民,但此次青民盟却对包括匈牙利族和非匈牙利族在内的乌克兰难民表现出前所未有的友好态度。欧尔班甚至亲自前往匈牙利边境城市拜莱格舒拉尼(Beregsurány)安抚难民,并表示:"所有来自乌克兰的难民都会在匈牙利得到关照",并称"我们能给他们(乌克兰难民)提供住宿供应,我们能给他们工作、学校,我们还有翻译"。④倘若从身份政治的视角出发,或可将此举归因于部分乌克兰难民同匈牙利人的血缘相近并有共同的基督教信仰。但鉴于欧尔班在叙利亚难民问题上并未区分阿拉伯穆斯林与阿拉伯基督徒,其针对乌克兰难民的宽容政策可能在更大程度上源于对疫情期间本土劳动力短缺、其他欧盟国家对乌克兰难民更高接受度等因素的考量。⑤

---

① Ariane de Vogue, Jeremy Diamond and Kevin Liptak, "US President Donald Trump Signs New Travel Ban, Exempts Iraq", March 7, 2017, *CNN*, https://www.cnn.com/2017/03/06/politics/trump-travel-ban-iraq/index.html;"U.S. Trump lifts travel ban on Sudan", September 24, 2017, *Sudan Tribune*, https://sudantribune.com/article61769.

② 匈牙利青民盟2018年竞选宣言,取自竞选宣言项目数据库(Manifesto Project Database),https://manifesto-project.wzb.eu。

③ "Hungarian Prime Minister Says Migrants are 'Poison' and 'Not Needed'", July 26, 2016, *The Guardian*, https://www.theguardian.com/world/2016/jul/26/hungarian-prime-minister-viktor-orban-praises-donald-trump.

④ "PM Orbán: All Refugees from Ukraine Taken Care of in Hungary", March 4, 2022, *Hungary Today*, https://hungarytoday.hu/orban-ukrainian-refugees-ukraine-migrants.

⑤ "Why Hungary, Accused of Xenophobia, Has Welcomed almost Half a Million Refugees", April 16, 2022, *Radio France Internationale*, https://www.rfi.fr/en/international/20220416-why-hungary-accused-of-xenophobia-has-welcomed-almost-half-a-million-refugees.

在印度，由于莫迪常常以印度教徒的捍卫者自居，不少学者将其视为19世纪以来印度民族独立两大思潮中印度教民族主义（Hindutva）潮流的代表，同世俗民族主义分庭抗礼①，而民粹主义的二元对立框架则为此种意识形态倾向提供了话语支撑。按照此种思路，无论是莫迪的左右手、印度人民党主席阿米特·夏哈（Amit Shah）在该党再度胜选前高喊"如同白蚁一般的'渗入者'"应当"被丢进孟加拉湾"②，还是印度议会通过的《2019年公民身份法（修正案）》（The Citizenship Amendment Act 2019）有意拒绝为来自阿富汗、孟加拉国、巴基斯坦等邻国的非穆斯林难民提供印度公民身份，及阿萨姆省（Assam）试图将未被列入国家公民登记名册（National Register of Citizens）的海外移民遣返回国，似乎都呈现某种基于共同宗教信条而形成的移民难民政策偏好。

不过，印度的右翼民粹主义政府根据是否符合"印度教特性"而定义"人民"与"他者"的界限，同传统印度教民族主义具有显著的差异，而且存在自相矛盾的特征。传统上，以马达范·S.戈尔瓦卡（Madhava S. Gol-walkar）为代表的印度教民族主义者通常将基督教、伊斯兰教等一神论信仰视为舶来品而加以排斥。③有趣的是，尽管印度人民党的喉舌媒体《萨曼娜》（Saamana）刊文声称"印度是印度教徒的国度""而非基督徒的国家"，④然而莫迪推动的《2019年公民身份法（修正案）》却对邻国的基督徒难民表示欢迎。此举恐怕在很大程度上同莫迪试图迎合自比为"基督教救世主"的特朗普拉拢印度、压制巴基斯坦密切相关。另外，纵然莫迪将孟加拉国、巴基斯坦等邻国印度教徒纳入"人民"或"人民的朋友"范畴，并对此类难民打开国门，但由于历史恩怨与本国族群矛盾等因素，未能对同属印度教

① 王世达：《印度教民族主义强势崛起及其影响》，《现代国际关系》2020年第2期，第31—38页。

② Dawn, "Modi's Party Chief Vows to Throw Illegal Immigrants in India into Bay of Bengal", April 12, 2019, https://www.dawn.com/news/1475670.

③ 朱明忠、尚会鹏：《印度教：宗教与社会》，世界知识出版社2003年版，第144页。

④ Asia News, "Nationalist Party: India is not a Country for Christians", October 30, 2017, https://www.asianews.it/news-en/Nationalist-party:-India-is-not-a-country-for-Christians-42188.html.

徒的大量斯里兰卡泰米尔难民与其他邻国印度教难民同等对待。①

在众多右翼民粹主义政府中,土耳其的移民难民政策乍看之下显得异乎寻常。不同于欧洲右翼民粹主义行为体对叙利亚难民唯恐避之不及的态度,埃尔多安以广泛接收叙利亚避难者著称。埃尔多安颁布《外国人和国际保护法》,确认叙利亚难民的法律身份,并设立"移民政策委员会"(Göç Politikaları Kurulu)等集中管理机构,确保对这一群体的人道主义救援。②当然,埃尔多安领导的正发党并非对所有移民难民一视同仁,事实上,该政治行为体不乏具有排他色彩的本土主义言论,也习惯于按照宗教身份将不同的外来人口区别对待。③比如将叙利亚难民等穆斯林外来人口视为"人民"的朋友,而将某些非穆斯林移民难民归于与之相对应的、威胁"人民"安全与国家稳定的"他者"阵营。不同于对待前者的包容姿态,埃尔多安拒绝为亚美尼亚与希腊移民的学校提供资助,还威胁称"我们可以驱逐亚美尼亚移民,不过我们现在还没有这样做"。④这样看来,所谓土耳其右翼民粹主义政府对叙利亚难民的友好政策,似乎同欧美国家民粹主义行为体的敌视态度一样,均体现了基于狭隘身份认同的某种"一元主义"倾向。

但通过细致研究不难发现,近年来土耳其的难民政策并非一成不变,而在移民难民问题上的"一元主义"偏好也并不绝对。一方面,当埃尔多安认为叙利亚难民为土耳其注入的经济活力,以及向叙利亚和欧盟两个方向"打难民牌"获得的外交收益抵不上安卡拉面临的经济负担与社会矛盾时,土耳其的难民政策也开始朝"土耳其至上"的方向转变。近年来,土耳

---

① Dhairya Maheshwari, "Modi Govt Must Do More for Tamil Refugees, Include Them in the Citizenship Bill: Sri Lankan Tamils", *National Herald*, February 23, 2019, https://www.nationalheraldindia.com/international/modi-govt-must-do-more-for-tamil-refugees-include-them-in-the-citizenship-bill-sri-lankan-tamils.

② 崔守军、刘燕君:《土耳其对叙利亚难民危机的应对及其影响》,《西亚非洲》2016年第6期,第73—90页。

③ 严天钦:《土耳其正义发展党的伊斯兰民粹主义》,《世界宗教文化》2021年第4期,第40页。

④ Gayane Mkrtchyan, "Armenian Immigrants 'Hostage' to Turkish Politics", June 19, 2015, *Institute for War and Peace Reporting*, https://iwpr.net/global-voices/armenian-immigrants-hostage-turkish-politics.

其鼓励本地居民使用热线电话举报有关非法难民的信息,一部分未能登记的移民难民将会被送往正在交战的伊德利卜①,另一方面,2022年俄乌战事持续胶着之际,为了扮演俄乌冲突的调解人角色,并增强同欧盟谈判等外交事务上的话语权,土耳其政府对于以基督教为主要信仰的乌克兰难民也采取了"门户开放"而非排斥"他者"的姿态,时任正发党副主席与内政部长苏莱曼·索伊卢(Süleyman Soylu)刻意发表声明称,"我们不歧视任何种族,无论他们是金发碧眼……我们拥抱来自任何地方的受害者"。②由此可见,土耳其民粹主义行为体的移民难民政策具有较大的灵活性,且具体的政策制定更多取决于移民难民带来的潜在收益与寻租空间及其涉及的国际关系因素,而非固定的政策偏好。

四、右翼民粹主义行为体对外政策的基本逻辑

基于对右翼民粹主义行为体对外政策的似然性研究,可以看出,这项研究选取的四个案例中均出现此类行为体倾向于集中对外政策决策权、建立多元合作伙伴与注重双边外交的现象。不过,偏好"一对一协商"并不必然等于弱化多边主义,而且纵然右翼民粹主义行为体普遍强调试图在国际上更好地代表"人民的意愿",也并非一定在既有国际组织与多边机制及移民难民等问题上采取对抗性政策,而是在决策与实践层面表现出明显的选择性与反复性特征。

无论是右翼民粹主义行为体在集中决策、多元伙伴与双边外交方面表现出的集体偏好,还是其在反国际建制与反多元主义方面表现出的选择性态度,似乎均意味着,在抽象意义上,此类政治行为体的对外政策具有共同之处,诸多质疑派观点所提出的右翼民粹主义无政策偏好论未必

---

① Gönül Tol, "From 'Compassionate Islamism' to 'Turkey First?'", August 21, 2019, *Middle East Institute*, https://www.mei.edu/publications/compassionate-islamism-turkey-first.

② Daily Sabah, "Turkey Welcomed over 20,000 Ukrainian Refugees, Soylu Says", March 6, 2022, https://www.dailysabah.com/politics/diplomacy/turkey-welcomed-over-20000-ukrainian-refugees-soylu-says.

站得住脚。首先,"政治涂料说"指出,民粹主义行为体的对外政策更多取决于其遵循的厚实意识形态。然而,这项研究发现,尽管右翼民粹主义行为体常常被认为兼具民族主义或教派主义色彩,但从此类行为体的移民难民政策可以看出,他们与本国传统民族主义源流及宗教保守派别大相径庭,其决策制定并非严格遵循后两者对不同民族、不同信仰群体的区别对待,这与笔者过去的一项研究结论也颇为吻合。①其次,"政治战略说"认为,仅出于选举意图而采用非主流言论的右翼民粹主义行为体,执政后未必会偏离原先主流建制派行为体的对外政策轨迹。但这项研究中涉及的右翼民粹主义行为体执政前后在多元伙伴、双边外交等主题上的立场较为一致,且对外政策在诸多方面明显不同于原先执政的主流政治行为体。最后,"政策受限说"强调体系层次因素与国内政治因素对执政后右翼民粹主义行为体的束缚作用。本文选取的案例既包括在既有国际体系中占据霸权地位的美国,也包括西方世界的边缘地带匈牙利,既包括国内政治权力较为集中的土耳其,也包括分权制衡系统更为有力的印度与美国。这些案例中,右翼民粹主义行为体对外政策方面展现出某些一致轮廓,限制性因素固然会对此类行为体具体政策的出台与落实构成阻碍,但这并不意味着探讨其对外政策偏好没有意义。事实上,各右翼民粹主义行为体均致力于将国内传统外交精英边缘化,且打破本国传统的外交结盟或不结盟结构,也可视为突破限制性因素与寻求对外政策变革的尝试。

有趣的是,虽然乍看之下,民粹主义行为体对待国际组织、多边机制与移民难民的自相矛盾政策似乎印证了其"非理性"特征②,但综合分析各行为体对集中外交决策、多元外交与双边主义的相对固定偏好,及在国际建制与多元主义问题上颇为相似的选择性态度,笔者发现,二者可能均凸显着一致与自洽的交易主义(transactionalism)行为逻辑。

交易主义理论最初源于经济学,是探讨交易者根据边际交易成本收

---

① 张楚楚、肖超伟:《当代欧洲右翼民粹主义政党的宗教话语与选举动员——基于大数据的话语分析》,《欧洲研究》2022 年第 3 期,第 102—125 页。

② Maria Pia Lara, "A Conceptual Analysis of the Term 'Populism'", *Theis Eleven*, Vol.149, No.1, 2018, p.37.

益,选择在市场或公司内组织劳动力或产品交易的一种分析框架。①以罗伯特·O.基欧汉(Robert O. Keohane)为代表的国际关系学者借鉴此种理论,解释国际合作现象。自特朗普当选美国总统后,一些学者指出,与之类似的商人出身政治家不可避免地会在政策制定时,像开展商业活动般注重谈判筹码与交易收益。②笔者认为,交易主义并非某些商人政治家的专属特性。事实上,右翼民粹主义行为体的对外政策普遍具有交易主义色彩。一方面,由于"缺乏清晰价值判断和完善理论体系"③,此类政治行为体更为弱化价值认同,更倾向于遵循零和世界观,认为所有收益都是相对的,而对互利互惠的可能性充满怀疑。另一方面,作为民主化进程中出现代表性危机所催生的社会抗议运动的动员者④及寻求选举支持的政党或领导人,右翼民粹主义行为体始终面临的根本性困境在于,当他们自身胜选执政而转变为其大加批判的"精英"群体,则亟须通过新的方式保持与强化民众的支持。⑤在其难以在国内政治经济问题上有所建树的情况下,在对外政策中获取短期利益可作为自身优于传统精英的例证,成为此类行为体在执政后继续保持动员能力的重要筹码,也有助于其彰显自身的执政政绩,进而增强再度竞选的优势。在自身价值取向和工具目的双重因素推动下,当前右翼民粹主义行为体对外政策制定的重要特征在于,注重短期利益而忽视长期战略,以短期内获得立竿见影的效果为对外政策目的,无需按照巴里·波森(Barry Posen)指出的,遵循宏大战略必备的

---

① Michael J. Gilligan, "The Transactions Costs Approach to Understanding International Institutions," in Helen V. Milner and Andrew Moravcsik, and Timothy Dunne, eds., *Power, Interdependence and Non-State Actors in World Politics: Research Frontiers*, Princeton University Press, 2009, pp.50—65.

② Micah Zenko and Rebecca Lissner, "Trump Is Going to Regret Not Having a Grand Strategy", January 13, 2017, https://foreignpolicy.com/2017/01/13/trump-is-going-to-regret-not-having-a-grand-strategy; Oliver Stuenkel, *Easternisation: War and Peace in the Asian Century*, Random House, 2016, p.xvii.

③ 韩海涛:《欧美新民粹主义思潮的主要特征与发展趋势探究》,《马克思主义研究》2020 年第 1 期,第 142 页。

④ 高春芽:《政党代表性危机与西方国家民粹主义的兴起》,《政治学研究》2020 年第 1 期,第 102 页。

⑤ Sandra Destradi, Johannes Plagemann, and Hakkı Taş, "Populism and the Politicisation of Foreign Policy", *The British Journal of Politics and International Relations*, Vol.24, No.3, 2022, pp.475—492.

"政治—军事手段—目的链"。①

按照这一逻辑,右翼民粹主义行为体在既有国际组织与多边机制、移民难民等议题上的态度选择很大程度上取决于其对短期交易收益的判断,这也解释了为什么其对不同国际组织及隶属同一信仰与民族的外来人口可能采取截然不同的政策。而集中对外决策权、建立多元合作伙伴及积极开展双边一对一协商则旨在为开展交易主义对外关系提供更大的灵活性,减少本国职业外交官、职业外事部门及传统外交路径对自身的束缚,但这并不意味着此类行为体必然会采取不同于前任政府的对外政策(见图1)。

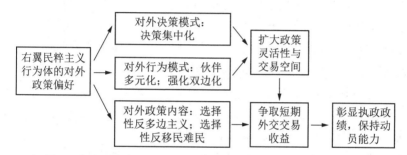

图1 右翼民粹主义行为体的对外政策偏好与交易主义行为逻辑
资料来源:作者自制。

五、结 论

本文试图探讨右翼民粹主义行为体是否具有较为一致的行为轮廓及相对固定的对外政策偏好。研究发现,处于国际体系中不同地位的国家及面对不同国内政治结构的右翼民粹主义行为体,在排斥外交部与替换传统职业外交官等对外决策模式、建立多元合作伙伴与强化双边外交等对外行为方式上具有颇为相似的集体偏好。在对外决策内容方面,各案例中的右翼民粹主义行为体对待国际组织、多边机制与移民难民等问题

① Barry Posen, *The Sources of Military Doctrine : France, Britain, and Germany between the World Wars*, Cornell University Press, 1986.

均缺乏前后一致的立场,表明他们并非没有对外政策偏好,而是遵循某种相似的行为逻辑,右翼民粹主义行为体执政确实会对一国的对外政策产生重要影响。

尽管存在某种一致的"元行为",但相较于其国内政策,右翼民粹主义行为体针对诸多议题的对外政策表现出更多的不确定性与灵活性,其对待国内政治的政策偏好与话语构建也不必然能够直接对应到国际政治层面。基于对右翼民粹主义行为体对待既有国际组织与多边机制态度的研究,本文认为,在国内政治中将自身定义为"唯一代表人民意志的反建制力量"①,并不必然意味着此类行为体会挑战既有的国际建制。一些学者有关右翼民粹主义是"自由国际主义"挑战者的观点未免夸大了右翼民粹主义行为体在对外政策上为特定宏大战略持续投入的动力。②另外,一种流行的观点认为,右翼民粹主义的标志性特征在于,从垂直和水平两个层面构建"人民"与"他者"的对立,前者强调本国民众与主流精英之间的对立,后者强调水平层面本土民众与外来人口之间的对立。③这项研究发现,垂直层面"人民"与"他者"的所指与界定相对清晰,而右翼民粹主义行为体在水平层面对这两个群体的解释则模棱两可与反复多变。

部分学者与媒体将特朗普、埃尔多安、杜特尔特描述为"毫无计划"与"即兴发挥"的政治家④,甚至有评论认为他们是非理性的决策者。表面上看,右翼民粹主义行为体在对外政策上表现出的含糊性与不确定性,似乎印证了这种看法。但换个角度来看,此类行为体在诸多对外政策议题上的选择性决策,恰恰体现了其忽视长期战略与价值认同的意识形态特征,而追求短期内获得立竿见影的所谓外交绩效,也是右翼民粹主义行为体在执政后保持动员性与获取竞选加分项的重要手段。在对外决策模式与对外行为方式上,此类行为体不同于传统主流政治精英的行为逻辑,而在

---

① Chantal Mouffe, *The Democratic Paradox*, Verso, 2000, p.116.

② Beate Jahn, "Liberal Internationalism: Historical Trajectory and Current Prospects", *International Affairs*, Vol.94, No.1, 2018, p.44.

③ Guy Ben-Porat, et al., "Populism, Religion and Family Values Policies in Israel, Italy and Turkey", Mediterranean Politics, 2021, 1—23, doi: 10.1080/13629395.2021.1901484.

④ Katerina Dalacoura, "A New phase in Turkish Foreign policy: Expediency and AKP Survival", *Istituto Affari Internazionali*, No.4, 2017, p.2.

于为增强自身在对外政策内容上的灵活性奠定基础,但在对外政策内容上是否偏离本国外交传统,则取决于右翼民粹主义行为体对短期交易收益的预期。

这项研究发现,右翼民粹主义行为体的对外政策偏好同本国国内政治具有联动效应。无论是将右翼民粹主义置于国内政治的框架下加以审视,还是仅从全球化等国际因素探讨这一政治现象都难以窥得全貌。而且,随着诸多地区一体化实践与全球化进程并行发展,国际政治和国内政治之间的界限日显模糊,对外政策问题与右翼民粹主义行为体的国内议程及其政治动员活动间的联系值得更多关注,比较政治与国际关系研究间的跨领域对话及采用交叉学科研究方法显得尤为重要。

印度军政关系的新特征和新趋势 *

魏 涵 **

【内容提要】 印度的文官政府通过建立对军队的力量对比优势和官僚控制，并以规范内化的形式构筑起了强文官控制型的军政关系。莫迪执政期间的军政关系延续了印度军政关系基本特征，同时也出现了新的变化：在力量对比方面，军队精英化程度趋弱，军队规模趋减，族群结构难平衡，军队的政治威胁持续削弱；在官僚控制方面，文官政府的军政统筹能力变强，国防部内的军官官僚权力相对释放；在规范内化方面，军官的党派化趋强，军队成为选举政治的票仓考虑，印度教民族主义强化了军政联系，军队政治化趋势进一步强化。莫迪政府军政关系呈现的新特征和新趋势，将给印度的国内和国际政治带来新内涵。

【关键词】 军政关系，文官控制，印度，军队政治化

【Abstract】 The civilian government of India has built a highly civil-control relationship between the military and the government by establishing the comparative advantage of power and bureaucratic control over the army, and in the form of standardized internalization. The civil-military relations during Modi's administration has continued the basic characteristics of the civil-military relations in India, but there have also been new changes: in terms of the balance of power, the influence of military elite is becoming weaker, the size of the army is comparatively decreasing, the ethnic structure is difficult to balance, and the political threat of the army is weakening continuously. In terms of bureaucratic control, the civilian government's ability to coordinate the military and the government has been strengthened, and the power of the military officials in the Ministry of National Defense has been relatively released. In terms of the internalization of norms, officers become more partisan, the army becomes the vote bank of electoral politics, Hindu nationalism strengthens the relationship between the military and the government, and the politicization of the army is further strengthened. The new features and trends of the Modi government's civil-military relations will bring new connotations to India's domestic and international politics.

【Key Words】 Civil-military relations, Civil control, India, Military politicization

* 本文系南京大学亚洲研究项目的阶段性研究成果。
** 魏涵，南京大学国际关系学院、华智全球治理研究院助理研究员。

尽管从尼赫鲁政府开始,印度多次组织有关国防改革的委员会,评估既有军事体制中的问题,但诸如军政协调弱、联合作战能力差等痼疾,虽被频频提出,但几乎没有任何实质性的改进措施得以推行。自独立以来,印度确立了强文官控制的军政关系类型,而这种军政关系形式却以损害军队的联合作战能力和军事效率为代价。以印度教民族主义为动员工具的莫迪政府执掌印度后,逐步增强了其军政统筹能力,针对国防事务开展了一系列大刀阔斧的改革措施。例如,推行"烈火之路"(Agneepath)征兵政策,保障军队活力与竞争力;整顿国防工业发展,推进国防本土化生产进程;设立国防参谋长职务及军事事务部,强化军种协调和联合作战能力,等等。莫迪执政后,尤其是在第二任期内,在构建印度军政关系方面作出了较大突破。但同时,莫迪任内的军队政治化趋强等问题仍旧冲击着良性的文官控制。本文将梳理莫迪执政期间的军政关系新特征与新趋势,并评析其国内政治和国际政治内涵,有助于通过印度国内政治把握印度的对外行为趋势。

一、印度军政关系研究回顾

从实践和研究上来看,军政关系在纵向的历史和横向的案例上都呈现了丰富的差异和研究趣味,使得这一议题研究可以经久不衰,不断有新的理论和研究案例丰富这一类的研究。文官控制是军政关系概念的重要构成,是决定军政关系的关键内涵,这一实践要素在不同历史背景和政治叙事下都有不同的表达。在印度,重要的决策过程不会被记录下来,更不会被公开,印度本土也没有分时段解密档案的规定,加上公众很难通过一般渠道接触到装备、后勤、技术和情报等国防方面的信息,因此对于历史细节的还原,主要依靠当时参与人员的回忆和记叙。由于印度媒体的发展,越来越多的军政互动细节被公开,这是研究新时期军政关系的便捷之处。

有关印度的军政关系,学界目前已有不少的研究,而且通常把印度和巴基斯坦一同研究。对于印度的军政关系,学界目前的普遍共识:与巴基斯坦及其他曾发生政变的发展中国家相比,印度能够实现较好的文官控制，印度的军政关系是成功的。[①]美国籍印度研究学者史蒂芬·库恩(Stephen Cohen)表示，在中等发展以上的大国里，没有任何一个国家跟印度一样，军方几乎不参与政治和战略决策。[②]布伦特·斯科特·威廉姆斯(Brent Scott Williams)也认为由于印度军队领导的多元化及组织破碎化，印度军队能实现较好的文官统治。[③]阿什利·泰里斯(Ashley Tellis)和阿叶沙·拉伊(Ayesha Ray)也认为，印度的文官系统可以完全控制军队，并以印度军政双方在有关发展核武器的决策为案例证实了他们的观点。[④]有关印度军政关系的很多研究采用了亨廷顿的理论模型，并认为印度实现了"客观文官控制"。[⑤]

对于影响印度军政关系的因素，不同的学者有不同的视角和结论。史蒂夫·威尔金森(Steve Wilkinson)在其著作中表示，战略和财政基础、党派制度化、社会整合能力和防政变措施是影响国家内部军政关系的重要因素。[⑥]阿奇尔·夏赫(Aqil Shah)在其作品中分析了印巴两国为什么会有不同的军政关系，他认为军事制度规范是最核心的因素，这些规范通过

① 参见 Steven I. Wilkinson, *Army and Nation：The Military and Indian Democracy Since Independence*, Harvard University Press, 2015; Kotera Bhimaya, *Civil-Military Relations：A Comparative Study of India and Pakistan*, Rand Graduate School, 1997; Veena Kukreja, *Civil-Military Relations in South Asia：Pakistan, Bangladesh and India*, New Dehli: SAGE, 1991; Maya Tudor, *The Promise of Power：The Origins of Democracy in India and Autocracy in Pakistan*, Cambridge University Press, 2017; Aqil Shah, *Controlling Coercion：The Military and Politics in Pakistan and India*, Columbia University, 2010。

② Stephen P. Cohen, *India：Emerging Power*, Brookings Institution Press, 2002, p.76.

③ Brent Scott Williams, *Group Identity and Civil-Military Relations in India and Pakistan*, Kansas State University, 2019.

④ Ashley J. Tellis, *India's Emerging Nuclear Posture：Between Recessed Deterrent and Ready Arsenal*, Santa Monica, CA: RAND Corporation, 2001; Ayesha Ray, *The Soldier and the State in India：Nuclear Weapons, Counterinsurgency, and the Transformation of Indian Civil-Military Relations*, New Delhi: SAGE Publications Pvt. Ltd., 2013.

⑤ 例如 Ranendra Singh Sawan, "Civil-Military Relations in India—Introspection and Reform," *United Services Institution Journal*, 2020, January—March 2020; Dhiraj Kukreja, "Higher Defence Management through Effective Civil-Military Relations," *Indian Defence Review*, Vol.27, No.4, 2012; Raj Shukla, *Civil-Military Relations in India*, New Delhi: Centre for Land Warfare Studies, 2012, p.42。

⑥ Steven I. Wilkinson, *Army and Nation：The Military and Indian Democracy Since Independence*, Harvard University Press.

后期的强化措施(如军事社会化)来重组军事政治行为。其作品补充了基于组织能力和军事团体利益的印巴差异研究,并考察了印巴两国的军事组织变化,展示了军队内部的标准动态与宏观的政治和战略背景互相塑造的过程。①夏穆萨·纳瓦兹(Shamsa Nawaz)讨论了社会变化对印度军队和军政关系的影响,她指出了如下重要变化背景:军方在政治决策中参与较少,导致缺乏适用于和平时代的战略和威慑概念;社会多元化反映到了印度的军队中;印度教极端主义对军队有消极影响,如影响了军队世俗化,增加了对少数宗教群体的排挤;部分邦的军事化程度较高;经济发展带来了社会结构不平衡等问题;与邻国的冲突在一定程度上凝聚了民心。②维娜·库克利贾(Veena Kukreja)在1991年的作品——《南亚的军政关系:巴基斯坦、孟加拉国和印度》是第一本系统完整地研究南亚地区国家军政关系的作品,其认为文官组织、军队制度化、国内社会经济环境以及国际环境(包括经济相互依赖、联盟关系和政变氛围)是影响南亚国家军政关系的四大因素。③

　　总体来看,当前针对印度军政关系的研究呈现以下特点:第一,侧重与巴基斯坦案例对比研究,尤其是为了解释印度、巴基斯坦在军事政变问题上的不同表现,学者们更是提供了不同的分析路径。第二,侧重解释印度既有军政关系的成因,对于军政关系的研究关注不够,不过近年来出现了少量分析军政关系如何影响印度军事效率的作品。④第三,对于

① Aqil Shah, *Controlling Coercion: The Military and Politics in Pakistan and India*, Columbia University, 2010.

② Shamsa Nawaz, "Civil-military relations in India: riding the tiger," *Strategic Studies*, Vol.33, No.2, 2013, pp.69—84.

③ Veena Kukreja, *Civil-Military Relations in South Asia: Pakistan, Bangladesh and India*, SAGE, 1991.

④ 如安尼特·穆克吉(Anit Mukherjee)的系列论文及专著,Anit Mukherjee, *The Absent Dialogue: Politicians, Bureaucrats, and The Military in India*, Oxford University Press, 2019; Anit Mukherjee, "Facing Future Challenges," *The RUSI Journal*, Vol.156, No.5, 2011, pp.30—37; Anit Mukherjee, "Fighting Separately: Jointness and Civil-Military Relations in India," *Journal of Strategic Studies*, Vol.40, No.1—2, 2017, pp.6—34; Anit Mukherjee, "Civil-Military Relations and Military Effectiveness in India," in Rajesh Basrur, Ajaya Kumar Das, Manjeet Singh Pardesi, eds., *India's Military Modernization: Challenges and Prospects*, Oxford University Press, 2014。

战争中的军政关系角色的关注度不够,军政关系和战争行为两类研究脱节。印度自独立以来参与了若干次对外战争,目前公开发表和出版的相关作品主要由之前参与战争的将官们以回忆录的形式流传,而军政关系方面的著作大部分由在海外接受教育或者工作的印度研究者,两个视角目前还没有系统性打通。①基于这些特点,本研究对于从非英美认知体系视角出发来观察历史和现实中的印度军政关系具有一定的理论和现实意义。

二、莫迪执政期间军政关系的新特征与新趋向

国家的军队和政府之间的互动形态,即军政关系,是影响政权巩固、政府能力和社会稳定的重要因素。印度的军政关系,以强文官控制为基本特征:文官政府通过平衡军队力量、限制军队官僚影响力以及灌输文官控制的规范等方式,从外部和内部同时实现了对军队高度的文官控制。高强度的文官控制使得印度政府在独立后避免军事政变的威胁,这与同期从英属印度独立的巴基斯坦的国家命运形成鲜明的对比。但同时,这一高强度的文官控制却以损害军事能力及效率为代价:国防事务在国家议题的地位较弱,文武官员的军事专业性难以有效增强,军种间联合指挥和作战能力堪忧。

莫迪政府以其鲜明的印度教民族主义风格连任两届,其军政互动形态延续了印度传统军政关系的基本特征,也出现了一些新特征与新趋向。首先,在文武力量对比方面,军队发动政变的可能性较低,文官政府显现了更强的实力优势;其次,莫迪政府领导下的军队官僚权力有所释放,高级军官的权力相对于过去有所提高;最后,莫迪以印度教民族主义思想强化了军队的民族、国家等认同,军队政治化趋势加强。

---

① 有关1962年中印边境战争的反思作品较多,其中也出现了一些研究战争中印度军政关系的文章,如 Yaacov Vertzberger, "Collective Risk-taking," in *Beyond groupthink: political group dynamics and foreign policy-making*, University of Michigan Press, 1997; Srinath Raghavan, "Civil-Military Relations in India: The China Crisis and After," *Journal of Strategic Studies*, Vol.32, No.1, 2009, pp.149—175.

（一）力量变化：军队的政治威胁持续削弱

历经六十余年的发展，文官政府自独立以来所确立的一系列力量平衡措施显现了一定的效果，印度军队在独立初对文官政权潜藏的威胁逐渐消失。当前，军队对社会人才的吸引力减少，军队的精英化程度趋弱；在国际环境变化和国家财政限制的背景下，文官政府缩减军队规模的趋势加重；过去平衡军队族群结构的政策实际推行阻力较大，不平衡的族群结构仍旧有引发社会问题的潜在风险。尽管当前的军政力量对比潜藏一定隐患，但印度过去以防范政变目的为主的军队建设客观上限制了军队能力的建设，加上社会经济环境的变化，军队相对于文官政府的力量差距日益扩大，通过力量平衡实现的文官控制水平还是得到了巩固。

1. 军队精英化程度趋弱

印度政府在独立初期，为降低军人职业的吸引力，削减了军人的福利待遇，但随着印度社会经济的发展，地方薪酬水平的相对增速更快，军人职业的吸引力愈发减弱。针对军人薪水偏低的情况，印度政府集中进行了几次大幅度加薪。例如，在1996年，印度第五届收入委员会根据国民生产总值的增速，对军人的薪酬作出了调整，军人整体薪资水平是过去薪资的3.2倍；而现在，印度军人的薪资水平是第五届收入委员会定薪后的2.15倍[①]，但提薪后的军人职业工资水平和许多地方职业相比，水平仍然偏低。此外，近年来随着市场化经济发展，军人退伍后很难适应新的经济情形，退伍军人的再就业情况越来越紧张，退伍后的待遇预期也影响了军人的从军选择。

军队偏低的收入水平带来的影响是多重的。其一，低薪资削弱了职业吸引力，导致征兵难度提高，难以保障基本的征兵需求，尤其很难吸引优质人才参军入伍。其二，最重要的是，军队偏低的收入水平会导致军队内部人才的流失。由于军队和地方薪资水平差距逐渐拉大，有些有志向的优质人才更容易在职业生涯的早期离开部队去地方再就业，人才流失对军队内部管理是极为不利的。高素质的军官是部队凝聚力和纪律性的保证，军队人才流失会进一步削弱军队的整体战斗力。此外，印度文官系

---

① Sandeep Unnithan, "Career in Indian Army Has Failed to Be Attractive Now," *India Today*, 14 May 2007, https://www.indiatoday.in/magazine/defence/story/20070514-salary-hike-to-solve-shortage-of-indian-army-officers-748490-2007-05-14.

统的军事基础较薄弱,第 16 届人民院(2014—2019 年)只有 1%的议员有军事背景。

2. 军队规模缩减

印度目前拥有较大规模的武装力量,常备部队人数约为 146 万人①,庞大的部队意味着更高的军费支出。印度陆军在每个财年能够得到超过半数的国防预算,但是大部分预算都是投入人力资源当中,在陆军现代化层面的预算有限。例如,在印度 2021 财年的预算中,陆军总预算的 75.6%投入现役或退伍军人的福利待遇上,而在陆军现代化领域的预算投入仅有 8.8%。②文官政府长期就军队规模与军队展开博弈:文官们期望军队缩减规模,将节约的国防预算投入武器装备的现代化开发中;但军队却认为,文官政府在军队缩减规模后,很有可能不会将节省的预算投入其他领域的国防发展中,反而会缩减陆军的国防预算。③因此,在缩减军队规模问题上,文武官员陷入了谈判的僵局。从这个角度来看,国防预算既是文官政府控制军队的一个利器,但同时也是一把达摩克利斯之剑:一旦无法满足庞大军队的薪资需求,利益损缺的军人也将成为印度社会稳定的一个大隐患。莫迪执政期间,军队宣布启动"烈火之路"征兵改革政策,印度义务兵服役期将缩短至四年,军队将不再招募长期服役的士兵。这一政策将降低军人的福利待遇,进而控制军费支出,但在印度社会掀起了广泛的暴力抗议活动。莫迪政府的这一政策,将是印度控制军队规模历程的关键一步。

3. 族群结构难以平衡

尽管印度政府明文规定征兵不论阶层、族群向全社会开放,但按照族群征兵的传统仍旧难以打破。从尼赫鲁政府开始,印度就有意打破带有

① International Institute for Strategic Studies. *The Military Balance 2022*. Routledge,2022, p.219.

② The Hindu Data Team, "Is the Indian Army Spending Enough on Modernising Its Equipment?"*The Hindu*, 25 Feb. 2020. www.thehindu.com, https://www.thehindu.com/data/data-is-the-indian-army-spending-enough-on-modernising-its-equipment/article30914534.ece.

③ Sandeep Joshi, "Army's Stand Makes It Hard to Amend AFSPA: Chidambaram," *The Hindu*, 7 Feb. 2013. www.thehindu.com, https://www.thehindu.com/news/national/Army%E2%80%99s-stand-makes-it-hard-to-amend-AFSPA-Chidambaram/article12335574.ece.

阶层和族群歧视的征兵方案，然而，英殖民政府确立下来的征兵政策推行已有约百年，政策的长期推行催生了一批特殊利益阶层，并且形成了对军事阶层和非军事阶层的固化认知，全民平等应征入伍很难真正施行。从全球来看，尽管没有任何国家的军队能够贯彻基于族群人口比例的绝对公平的征兵政策，或多或少都会向特定族群倾斜，但是印度的倾斜程度却有些过度，且独立后的族群平衡政策并未有效实施。①打破军队基本族群的构成，既会破坏印军几十年来赖以生存的族群纽带，也会破坏现有的组织利益分配，任何一个在任的执政政府都很难冒着巨大的风险作出根本性的突破。此外，保持军队过去族群构成也是维护军队独立性的一个象征：在军政互动中，尽管文官控制是原则规范，但文官还是无法干涉军队的部分专业性领域，如军事条令、军事训练和教育、军队结构等。因此，面对社会上的呼声，军队会故意不作回应，以维护其对军事事务的绝对主导。尽管莫迪政府的集权执政能力较强，但面对军队内棘手的族群问题，也只能通过"烈火之路"这样的新征兵政策来侧面搅动过去的征兵利益集团构成。

不平衡的族群征兵政策不但会影响军队的战斗力，同样会影响政治领域。从专业角度看，新时代大规模战争带来了更高的联合作战的要求，过去印度军队以族群组建单位的方式恐难灵活满足现代作战的要求。在印度军队内部，排级及连级单位内的族群属性是一致的，从营级往上的作战单位族群属性逐渐复杂。这种族群层级的分布可能会给营级以上单位的联合行动带来协调困难，尤其在要求不同兵种快速移动的联合军事行动中，这种军队构成带来的弊端会更加明显。②同时，以往的弱势

---

① 威尔金森·史蒂文曾比较过美国和印度的地区征兵比例，美国的几个优势征兵州的实际征兵数量分别超出了预期征兵数量的 67%、50%、50%、45% 和 32%，而印度的实际征兵数量和预期征兵数量之间的差距更大：喜马偕尔邦的实际征兵量是预期数量的 6倍，北阿坎德邦实际数量是预期数量的 4.8 倍，而查谟-克什米尔地区和旁遮普邦的这一比例也有 3.84 和 4.1 倍。此外，作者还将 1998 年至 2009 年的数据与 1971 年至 1972 年的数据进行对比，发现印度这些比例的变化微乎其微。说明印度在这四十余年中，征兵的地区和族群构成上并没有多少变化。参见 Steven I. Wilkinson, *Army and Nation：The Military and Indian Democracy Since Independence*, pp.197—198。

② Stephen Peter Rosen. *Societies and Military Power：India and Its Armies*, NCROL, 1996, pp.115—116。

征兵群体会通过寻求政治代表的方式影响中央和地方政治。一方面,地方党派和政治领导人不断参与中央政治,他们对中央政策制定的影响力不断增强。征兵弱势地区的领导人和党派发声机会增多,他们会要求给予当地居民更加平等的参军机会,减少对非军事阶层的歧视。另一方面,随着印度民主化进程的推进,低阶层的社会地位较过去有所上升,也开始呼吁政府加大他们的群体在军队的构成比例。例如,印度东北部的部落民族以及其他少数民族,由于历史传统他们在军队中并没有多少代表比例。

(二)制度变化:军官官僚权力相对扩大

过去,印度文官政府对军队系统建立起压倒性的官僚控制,但由于文官系统整体缺乏军事专业性、对国防事务关注相对较弱,军队在专业领域拥有较强的独立性和自主性。军队的独立性和自主性致使部门利益固化、改革动力弱,尽管文官政府多次成立专业委员会提供国防改革意见,但实际成效甚微。莫迪执政后,对军政事务的统筹能力逐步增强,建立起了较强的执政能力,突破了部分官僚阻碍,实现了一定的国防改革目标,在强化文官控制整体水平的同时,释放了一定程度的军官官僚权力。

1. 文官政府的军政统筹能力更强

尽管莫迪在选举期间就表现出了对国防事务的热情,也作出了不少国防改革的承诺,但在第一任期内因部门利益之争和官僚阻碍等建树较少,莫迪和印度人民党(以下简称"印人党")很受军队欢迎,在选举前后都和军队保持着紧密的互动关系。莫迪从竞选开始,推崇更加极化的民族主义,与军队产生了天然的契合度,并以此在民众之中收获了一大波支持率。莫迪在集会上承诺当选后会支持退伍军人,并满足他们对退休金制度的诉求。①印人党在自己的竞选宣言中提到了一系列强化军人福利的政策:建立战争纪念馆、实施军人退休金政策、改革国防组织、强化军人

---

① HT Correspondent, "VK Singh in Govt Dock for Sharing Dais with Modi: BJP," *Hindustan Times*, 20 Sept. 2013, https://www.hindustantimes.com/india/vk-singh-in-govt-dock-for-sharing-dais-with-modi-bjp/story-Qv5S2TZiO8JuCSRnK24t9K.html; NDTV, "Narendra Modi Addresses Rally in Haryana, His First as BJP's PM Candidate," NDTV.Com, 15 Sept. 2013, https://www.ndtv.com/india-news/narendra-modi-addresses-rally-in-haryana-his-first-as-bjps-pm-candidate-534670.

在国防部决策过程的角色等。①然而,莫迪上任后并没有完全贯彻之前竞选宣言所提及的改革措施,很多设想在第一任期内都没有成功推行。莫迪政府在 2015 年公布了最终的退休金制度方案,由于新制度没有满足所有退伍军人群体的需求,遭到了很多军人的反对,一些高级军官还拒绝了为莫迪政府声援新政策的请求。②莫迪在第一任期内频换国防部长,阿朗·贾伊特雷(Arun Jaitley)、马诺哈·帕里卡(Manohar Parrikar)和尼尔马拉·斯塔拉曼(Nirmala Sitharaman)在国防部长职位上分别就任了6 个月、28 个月、20 个月,这几位国防部长对印度的军事改革有不同的预期侧重。③莫迪在第一任期内没有找到执行国防改革的合适牵头人,尤其是在因为新退休金政策与一些军方高层关系紧张后,这一步骤变得更加困难。④

文官权力的扩大是莫迪政府第二任期军政关系的鲜明特点。到了第二任期,印人党在人民院中获得了更多的席位,莫迪也通过第一任期的经验和官员洗牌重组,任用了与自己相善的官员,强化了权力的集中。设立国防参谋长是莫迪政府强大军政统筹能力的一个集中体现。因为官僚惰性和部门利益之争,设置国防参谋长一事,印度政府内部讨论了半个多世纪都还未落实。尼赫鲁政府裁撤三军总参谋长职务后,蒙巴顿就多次向印度政府提议建立三军统帅来强化印度军队的联合作战能力。⑤印度在1971 年印巴战争大获全胜后,当时指挥战争的陆军参谋长山姆·马内克肖(Sam Manekshaw)一度被认为会成为首位国防参谋长,但这一提案因

---

① *BJP Election Manifesto*, *Ek Bharat*, *Shreshtha Bharat*: *Sabka Saath*, *Sabke Vikas*. 2014, https://www.thehinducentre.com/multimedia/archive/01831/BJP_Manifesto_1831221a.pdf.

② Bharat Karnad. *Staggering Forward*: *Narendra Modi and India's Global Ambition*. Penguin Viking, 2018, pp.354—356.

③ Krishnadas Rajagopal, "Supreme Court Dismisses Pleas to Review Rafale Ruling, Raps Rahul Gandhi," *The Hindu*, 14 Nov. 2019. www.thehindu.com, https://www.thehindu.com/news/national/supreme-court-dismisses-petitions-seeking-review-of-its-judgment-upholding-purchase-of-36-rafale-jets/article29970248.ece.

④ Anit Mukherjee, *The Absent Dialogue*: *Politicians*, *Bureaucrats*, *and The Military in India*, p.263.

⑤ Anit Mukherjee, "Fighting Separately: Jointness and Civil-Military Relations in India," *Journal of Strategic Studies*, Vol.40, No.1—2, 2017, pp.6—34.

为潜藏"增加军事独裁的可能性"而遭搁浅。[1]在 1999 年卡吉尔战争后的国防改革评估行动中,卡吉尔委员会再度提议建立国防参谋长一职来增强军种间和军政间的协调性,但未推进任何实质性举措。[2]曼莫汉·辛格总理执政期间,纳勒什·钱德拉委员会也曾在报告中建议设立国防参谋长或者参谋长委员会常设主席的职务[3],但因缺乏足够的政治推动力,这些建议措施最终未有执行。莫迪能排除万难最终设立国防参谋长一职,体现出莫迪在第二任期完成了更高水平的集权,内阁及政府内部的反对力量削弱。

莫迪政府时期的国防改革挖掘出了一些此前未提及,但会影响文官政府对军队控制的新问题。为了缓和军队因为退休金制度与文官政府产生的矛盾,帕里卡在就任国防部长后专门成立了谢卡特卡尔委员会来研究军队内激发军人不满情绪的问题,报告批评了军队任免权力过大的问题。军队(尤其是陆军)中经常会出现任免政策突然变动的现象,委员会认为这种行为是为了给特定军官的晋升提供便利。[4]报告中没有提及任何具体实例,只是总结到这种取向会造成军队内派系主义的蔓延。更严重的问题是,军队有时候在任免提拔军官时并不会向文官政府报告,文官政府在一些重要的军事事务上并不知情。[5]这种现象引起了文

---

[1] Steven I. Wilkinson, *Army and Nation: The Military and Indian Democracy Since Independence*.

[2] Lok Sabha Secretariat, 36th Report of the Standing Committee on Defence (14th Lok Sabha) on Status of Implementation of Unified Command for Armed Forces, pertaining to the Ministry of Defence, Ministry of Defence, Government of India, Lok Sabha Secretariat, https://idsa.in/system/files/Standing%20Committee%20on%20Defence%2036th%20Report%202008%202009.pdf.

[3] Nitin Gokhale, "Naresh Chandra Task Force's Report on National Security: An Appraisal," Vivekananda International Foundation, 16 July 2012, https://www.vifindia.org/article/2012/july/16/naresh-chandra-task-force-s-report-on-national-security-an-appraisal.

[4] Raksha Mantri's Committee of Experts. The Report of Expert Committee Constituted by Honorable Raksha Mantri to Suggest Measures for Reducing Litigation & Public Grievances. Ministry of Defence, Government of India, 2015, p.2. https://www.mod.gov.in/sites/default/files/Reportc051020.pdf.

[5] Raksha Mantri's Committee of Experts. The Report of Expert Committee Constituted by Honorable Raksha Mantri to Suggest Measures for Reducing Litigation & Public Grievances. Ministry of Defence, Government of India, 2015, pp.142—143. https://www.mod.gov.in/sites/default/files/Reportc051020.pdf.

官部门及国防部的警觉,帕里卡也决心整改报告中提到的问题。于是在2017年,他又再度启动了新的委员会评估军队的提拔任免政策。但由于帕里卡被果阿邦内的政治危机牵扯了精力,最后这个议案无疾而终。①

2. 国防部内军官的官僚权力相对释放

在过去,国防部机关内文官的话语权大于军官。军队指挥系统的分割增强了军种竞争,产生了一定程度的军种间内耗,客观上削弱了军队整体的话语权。在军种竞争背景下,文官政府并不想设立统领三军的国防参谋长,期望维持原来的系统保障文官对军队的控制。同时,国防部内的部分行政流程实际上架空了高级军官。文官政府曾长期限制军队的情报能力,高级军官只能通过联合情报委员会获取一些重要情报。曾出现一些极端情况,在尼赫鲁政府时期,军种总参谋长难以和国防部长直接接触,很多时候都是通过中间官僚带话进行沟通,有些低级军官可以绕过陆军总参谋长,直接和国防部长接触汇报。②

在莫迪国防机构改革措施中,设立国防参谋长和军事事务部具有里程碑式的意义,它将有可能增强军种的联合行动能力,客观上可以减少文官对军队事务的干预。23个部门约170名文职人员被转移到军事事务部下工作,首任国防参谋长比平·拉瓦特(Bipin Rawat)同时担任新成立的军事事务部的秘书,负责处理军官晋升、国防规划和军种协作等事务。在军事事务部工作框架下,国防参谋长承担了诸多原属于国防部长的权力,这意味着国防部内文官控制的局面或有可能被打破,军官在国防部内的权力有被释放的可能性。同时,莫迪政府试图通过设立参谋长和军事事务部等措施增强军队的联合作战能力,这将增强不同军种军官间的合作性,增强军队的话语影响力。

出于防范军队高层引发政变等考虑,印度政府过去有意缩短高级军

---

① Sushant Singh, "MoD Wants 'More Objectivity, Transparency and Fairness' in Army Promotions, Sets up a Committee," *The Indian Express*, 8 Feb. 2017, https://indianexpress.com/article/india/committee-set-up-to-review-armys-promotion-policy-4513295.

② "MoD Can't Locate Five Key Reports on Military Reforms," *Times of India*, 14 Oct. 2011, https://timesofindia.indiatimes.com/india/MoD-cant-locate-five-key-reports-on-military-reforms/articleshow/10347823.cms.

官服役年限,但近年来因为缩减国防开支的需要,计划提高军官退休年龄门槛。军官官僚权力相对提高后,正有意加快这一进程。2020 年,时任国防参谋长比平·拉瓦特上任后不久就领衔军事事务部门起草了一份有关延长军官退休年龄的草案,建议将上校的退休年龄从 54 岁提高到 57 岁,准将的退休年龄从 56 岁提高到 58 岁,少将的退休年龄从 58 岁提高到 59 岁,而中将仍旧保持过去 60 岁的退休年龄,军种参谋长也仍旧在 62 岁退休。[1]从退休年龄的绝对数字变化来看,印度文官政府似乎逐步放弃了过去以缩短高级军官服役年限防止政变的手段,但是和美国高级军官 68 岁的退休年龄相比,印度高级军官的退休年龄还比较靠前。

（三）规范变化:军队政治化趋势加重

军队政治化是印军内部逐步凸显的一个现象。过去,印度文官政府通过英殖民时期遗留的传统、军事教育及其他非正式渠道强化了文官控制规范的内化。尼赫鲁执政时,严格地将军队和国内事务割裂开来,但这种局面还未保持多久就被打破。英迪拉·甘地执政后,国内武装暴乱频繁,加上紧急状态时期需要大批武装力量维持社会秩序,印度军队越来越多地参与国内维稳的任务。莫迪执政后,军队政治化进一步增强了军队对政府的依附,反映了文官正加强对军队的控制和管理,使得军队政变的可能性更低。短期来看,这增强了执政政府的文管控制水平。然而,通过军队政治化实现的文官控制却破坏了过去军队政治中立的传统,对长期的文官控制是不利的,有潜在的政治风险。理查德·科恩（Richard Kohn）认为,为了实现更好的文官控制和军队作战力,军官们应当远离党派政治,尤其是基于党派关系的军官任免。[2]

1. 军官的党派化趋强

莫迪执政期间的军队政治化趋势加重,首先体现在军官的党派化趋

---

① Rajat Pandit, "Indian Army: Move to Raise Retirement Age in Forces Sparks Row," *The Times of India*, 5 Nov. 2020, https://timesofindia.indiatimes.com/india/govt-move-to-increase-retirement-age-slash-pensions-triggers-uproar-in-military-circles/articleshow/79046152.cms.

② Richard H Kohn, "How Democracies Control the Military," *Journal of Democracy*, Vol.8, No.4, 1997, pp.140—153.

强。高级军官的任免提拔既是印度文官政府实现文官控制的重要手段，但同时也会强化军队的政治化倾向。军队对于内部军官的任免提拔拥有绝大部分自主权，但是涉及诸如军种参谋长或者国防参谋长的选拔，文官政府拥有绝对主导权。比平·拉瓦特当选印度首位国防参谋长是军队党派化现象的一个缩影。拉瓦特的晋升之路实际上饱受争议，他在2016年年底击败比自己资历更深厚的两位高级将官，被政府破格任命为陆军总参谋长。①面对公众质疑，国防部回应称这一选择是考虑到了拉瓦特在维护边境稳定上有卓越的贡献。②这种模糊的任免标准会让军官不断讨好文官政府，以获得更好的晋升机会，将导致军队政治化趋势加剧。事实证明，拉瓦特是个政治倾向很明显的军官，他与印人党关系紧密，频频在公开场合评论国内政治事务，包括谴责公民法案引发的游行示威活动、指出阿萨姆邦地方政治党派全印联合民主阵线受穆斯林等外部影响等。③可以说，正是由于拉瓦特有明显的党派倾向，因此获得了莫迪政府的信任，并被破格提拔为陆军总参谋长，后来甚至被任命为印度首任国防参谋长。

2. 军队成为选举政治的票仓考虑

在印度独立后的四十余年里，军队因为其"非政治化"特性，长期被排斥在印度选举政治之外，而近些年来竞选形势越发紧张，印度政党开始关注军队的票仓角色。印度对于军人投票有着非常严格的规定，军人只有在驻地服役三年以上才可登记为选民，而地方的普通公民仅需在所在地居住满六个月即可登记成为选民。尽管1971年印度最高法院重申了军人投票的合法权利，但是国家选举委员会并没有出台相应的管理机制促进

① C. Uday Bhaskar. A Poorly Handled Army Chief Appointment. Dec. 2016，https://www. livemint. com/Opinion/CmwltREjgvkl1DXDAQMlkI/A-poorly-handled-army-chief-appointment.html.

② Sushant Singh, "Superseding Two Senior Lt Gens, Bipin Rawat Is New Army Chief；Dhanoa to Head Air Force," *The Indian Express*, 18 Dec. 2016, https://indianexpress. com/article/india/bipin-rawat-indian-army-chief-birender-singh-dhanoa-air-force-4432972.

③ "Here Are 5 Times Army Chief Bipin Rawat Made Political Statements," *The Logical Indian*, 29 Dec. 2019, https://thelogicalindian. com/news/bipin-rawat-political-statements.

军人投票,没有在军队营地设立足够的投票站。此外,军人的随军家属因为迁移问题也很难确定选举资格。2008 年,军政官员就第六届收入委员会的评估产生了分歧,这使得军人在印度选举政治的角色发生了转折性的变化。印度退伍军人运动组织应运而生,开始向政府游说来为军人争取更好的福利待遇,军人意识到"只有他们成为印度国内各种选举的强大票仓,政客们才会关心他们的利益"。①此外,军官也开始鼓励士兵积极参与选举,一部分军官向最高法院请愿,希望放宽军人登记选举的驻地时长限制,这些行动都将逐步改变军人在印度选举中的角色。②这些趋势将进一步改变印度的军政关系——军队和文官政府之间的利益纽带将进一步强化。莫迪领导的印人党也正利用这个趋势在军队内不断拓展政党的影响。

3. 文官政府以印度教民族主义强化与军队的联系

印度人民党和国民志愿团联系紧密,国民志愿团是一个奉行印度教民族主义右翼路线、全由男性组成的准军事志愿者组织,因此印人党不可避免地会和保守的军队联系紧密。瓦杰帕伊政府也是印人党出身,奉行温和的民族主义路线,执政期间在一些问题上有意避免国民志愿团的干预。但莫迪从竞选开始,推崇更加极化的民族主义,与军队走得更近。在2014 年大选时,就有一大批退伍军人表示会支持印人党。在 2013 年 9 月的哈里亚纳邦,当莫迪以印人党候选人的身份开展第一次公开集会时,一大批退伍军人参加集会声援莫迪竞选,包括媒体曝光率非常高的前印度陆军参谋长 V.K.辛格(V.K. Singh)。2014 年 1 月,V.K.辛格和其他三十余位退伍军人高调加入印人党,并称印人党是目前印度国内唯一的"民族主义党派",以军人身份大力支持莫迪执政。③

---

① Pradip R. Sagar. A Soldier and a Citizen: Forget Bullets, Government Eyes Ballots, 15 Nov. 2015, https://www.newindianexpress.com/thesundaystandard/2015/nov/15/A-Soldier-and-a-Citizen-Forget-Bullets-Government-Eyes-Ballots-843252.html.

② Chander Suta Dogra, "Armed Forces as a Vote Bank," *The Hindu*, 12 Mar. 2014, www.thehindu.com, https://www.thehindu.com/opinion/op-ed/armed-forces-as-a-vote-bank/article5774253.ece.

③ IANS, "BJP Is the Only Nationalist Party: V K Singh", *Business Standard*, 1 Mar. 2014, https://www.business-standard.com/article/politics/bjp-is-the-only-nationalist-party-v-k-singh-114030100310_1.html.

三、莫迪任内军政关系的国内、国际政治内涵

什么是好的军政关系？对于这一问题，很难有一个统一、普遍的评判标准，但如果以理想化的标准来看，就是军队平时服从文官、不闹事，同时能保障作战效率。印度高度的文官控制虽然以损失军事效率为代价，但保障了军队对国家意志的服从和社会的稳定。一国的军政关系不能简单用好坏来判定，而应当考察是否符合国情以及政治领导人的追求。在20世纪的国家建设浪潮中，因文官而独立、因军队而崛起，解放的路径不同，执政偏好自然也会有差异。军政互动模式有时候并不完全是文官们的自主选择，而是历史的必然选择。从上述理解基础出发，印度的军政关系亦有其特殊的国内和国际政治内涵，而莫迪任内的军政关系所呈现的新特征和新趋势，也将给印度的国内和国际政治带来不同的影响。

（一）国内政治内涵

印度传统的军政关系框架面临着一些新的压力。第一，缺乏强有力的政府。在尼赫鲁逝世后的印度政坛，政治破碎化趋向明显，政党替换快，联盟政治成为新的时代特征。印度很难出现强有力的政府，无法给予国家发展稳定的方向和指导。第二，军队精英化趋弱、文官系统军事专业性弱使得政府最高层面决策容易出现失误，再加上印度的行政组织结构庞大而低效，不利于作出合乎国情和利益的理性决策。第三，军队长期以来在国家安全决策中被剥夺了有效的发言权，但是目前科技发展及军地战略统筹又需要吸收军方的意见。文官控制过严、官僚机构各自为政、军事不是选举热点议题，导致改革专业性弱、措施缺乏实用性、进程较为滞后，只有文武官员更加齐心协力才有变革的条件。

而莫迪执政后，军政统筹能力的增强、对国防事务关注增加、军官话语权的提升都为传统的印度军政关系带来了新的面貌，但其背后印度教民族主义所制造出的军队政治化趋向，将对军政关系带来不利的影响。

第一，易导致军队身份定位错位，对政治的影响增强。一部分学者在比较印度和巴基斯坦的政体稳定时，将印度没有发生政变归因到强大的文官控制上。然而，印度军队政治化加剧却带来了一些危险的信号。在制

度化水平较低的情形下,全民大范围热衷政治存在隐患,尤其是在民族主义情绪被肆意渲染的时代。印度在独立后长期处于"普力夺"(Praetoria)的状态,亨廷顿对此概念有一段精彩的描述:"在普力夺社会里,不仅政治活动家是各路好汉,用以分配官职和决定政策的方法也五花八门。各个团体是八仙过海,各显神通。富人行贿,学生造反,工人罢工,民众暴动,军人就搞政变……牧师利用布道、教师利用讲台来进行政治煽动,诗人、作家和艺术家则将他们的作品当作匕首和投枪,当作政治斗争的工具。"①当民族主义情绪继续泛滥、激化的时候,原本作为保障国家安全、防止外敌侵犯的军队,其职能易在混乱的社会里发生错位。

第二,易导致政府战略判断失误,走向穷兵黩武之路。印度政府过往的一些行为常表现出缺乏战略思维的特征,对于国家未来的走向、国际形势的判断,都存在一定短板。这一定程度上反映了印度作为选举国家对内政的过度关注,以及决策者个人能力的问题。军队的政治化倾向增加了文官政府参与军事事务的概率,如动用军队保障国内秩序稳定,将破坏军政职能划分的平衡。印度在高海拔地区进行没有必要的驻军,就是极致民族主义的体现。良性的军政关系,是军队有士气、文官有理性。如果不将军政系统的这种区别放大,反用民族主义同化,那么当国家实力增长、威胁评估失当的时候,容易走上穷兵黩武之路。当前,印度国内的民族主义和民粹主义,正在将印度拉向危险的边缘。正如亨廷顿所说,一个政治化、热衷追逐社会影响力的军队将会危害到国家的稳定和发展。②

(二)国际政治内涵

和印度过去的军政关系相比,新时期的社会经济变化也影响了印度政府的文官控制能力以及军政关系,这些影响是多面、复杂的。因此,在考察这一阶段的军政关系时,由于军政部门庞大,文官控制也是多层的。文官政府对军队高层保持着较好的文官控制,通常以任免提拔政策笼络高级军官,但是在军队中低层,尤其是三军总部以外的驻地部队,文官控制相对较弱。这种弱并不是指其他驻地军队产生了政变的可能,而是文官

---

① 〔美〕塞缪尔·亨廷顿:《变化社会中的政治秩序》,王冠华、刘为译,上海人民出版社2016年版。

② 〔美〕塞缪尔·亨廷顿:《军人与国家:军政关系的理论与政治》,李晟译,中国政法大学出版社2017年版。

政府对军队作战力、日常运作及其他行动的管制能力较弱。这种现象的原因是多方面的：一是因为军队的规模过于庞大，管理难度大；二是因为军队的宗教、民族和文化等组成要素多元，对区别化的政策要求更高；三是因为现代化、精细化的军事管理使得印度收紧了过去粗放的军队福利管理，损害了一部分军人的利益；四是印度军队在半个多世纪的发展后，逐步形成了既定的利益集团，近年来频繁的军事改革触及了这些人的利益。

基于上述特点，印度的军政关系也是影响印度外交关系的重要国内政治因素。军队影响文官政府处理对外关系，多体现在印度和周边国家的军事危机中。印度军政部门之间，尽管文官政府享有对军队的绝对控制权，但军队在军事行动等特定领域内有绝对的自主权，这种独立性也曾给文官政府带来过外交上的麻烦。例如，在1986—1987年印巴危机时，印度在边境地区开展了三军联合军演，巴基斯坦认为印度此举可能会引发全面战争，便调动了部队前往边境地区与印度军队展开对峙，危机一触即发。拉吉夫·甘地（Rajiv Gandhi）在危机发生前对印度此次具有挑衅性的军演并不知情，国防部长及高级军官并未将此次行动提前告诉拉吉夫，这暴露出印度决策系统当中的问题。此事也导致当时的国防部长阿朗·辛格辞职。此外，在印度和巴基斯坦协调解决锡亚琴冰川争端时，军队曾有意识地干预文官政府外交决策。军方不支持印度文官政府与巴基斯坦政府签署从锡亚琴冰川撤军的协定，导致辛格政府最后不得不取消这一协商安排。

四、结　　论

莫迪政府的军政关系大体上延续了印度独立以来所确立的军政关系基本框架，但不同的是，它通过强大的军政统筹能力，在增强文官控制整体水平的同时，也释放了一定程度的军官官僚权力。莫迪任内的军队政治化问题加剧，使得政府对军队有了更强的控制能力，这种更加紧密的关系推动了莫迪的军事改革措施，这是以往政府很难做到的地方。然而，尽管莫迪以强人政治领导为符号，但仍旧没有解决印度军政关系中的结构性问题。首任国防参谋长拉瓦特在 2021 年年底因飞机失事殒命后,有关政治斗争的阴谋论甚嚣尘上,此前敲定的国防改革方案似乎又有新的调整方式。莫迪任内的国防改革依赖军政双方的强人领导推动,实际上是一场政治强人与官僚机器之间的对抗,军队在选举政治中的要价能力同时增加了莫迪军事改革的阻力。此外,莫迪政府的确把控了军权但是仅限于中央层面,文官政府难以深入管辖地方军事行动。如何协调军政关系中的文官控制与军事效率、文官意志与军队利益、中央军事管理与地方军事管理、国家利益与官僚惰性这几类矛盾,仍旧是莫迪及其继任政府需要解决的问题。

专题研究
区域治理与发展研究

日本对埃及教育体系的精准援助

汪段泳[*]

【内容提要】 教育援助是国际发展合作的重要领域，也是推动实现《可持续发展议程》目标"优质教育"的关键环节。联合国教科文组织等国际组织已多次指出，教育援助不仅要扭转数量下降的趋势，还要提高援助的成效，关键是选择目标需要更加精准。日本的对外援助一直以金额巨大、重点突出著称，在教育援助领域，日本对埃及教育体系的精准援助可视为样板工程。根据埃及教育发展的主要症结，日本对埃及的教育援助集中在两个教育阶段：一是幼儿园至小学三年级；二是以工程科技为主要专业内容的援建大学。事实表明，日本对埃及的教育援助成效明显，在当地取得巨大声誉，在此基础上，日本与埃及政府建立了世界上首个双边"教育合作伙伴关系"，埃及官方一度声明将"全面引入日式教育模式"。对日本向埃及教育体系的精准援助进行剖析，有助于我们从技术层面深化理解对外发展援助取得良好效果的实施路径。

【关键词】 日本，埃及，对外援助，教育合作伙伴关系

【Abstract】 Education aid is an important area of international development cooperation and a key link in promoting the achievement of Quality education, one of the Sustainable Development Goals（SDG）. UNESCO and other international organizations have repeatedly pointed out that the aim of education aid should not only reverse the trend of decline in quantity, but also improve the effectiveness of aid. For it, the key is to choose more precise targets. Japan's foreign aid has always been known for its huge amount and prominent target. In the field of education aid, Japan's precise aid to Egypt's education system can be regarded as a model project. Based on the main bottleneck of Egypt's education development, Japan's aid to Egypt's education is concentrated in two stages of education：one is kindergarten to the third grade；The second is to build aided universities majoring in engineering science and technology. The fact shows that Japan's education aid to Egypt is effective and has achieved a great reputation in the local area. On this basis, Japan and the Egyptian government established the world's first bilaterally "Strategic Education Partnership", and the Egyptian government declared that it would "fully introduce the Japanese education model". It is instructive to understand the implementation path of foreign development assistance to achieve good results from the technical level by analyzing Japan's precise aid to the Egyptian education system.

【Key Words】 Japan, Egypt, Foreign aid, Stratagic education partnership

* 汪段泳，上海外国语大学国际关系与公共事务学院副研究员。

　　国际社会在 2015 年通过新的全球减贫计划《2030 年可持续发展议程》(SDGs)①时认识到,教育是其能否成功实现全部 17 个目标的关键。②同年在世界教育论坛上通过的《仁川宣言》指出,如果要实现教育目标,在接下来的 15 年里,援助仍将是极为重要的教育经费来源,为此呼吁发达国家等国际筹资机制根据各国需求和优先事项增加教育供资,支持议程的实施,其中官方发展援助至关重要。宣言呼吁,不仅要必须扭转近些年来教育援助下降的局面,还要改善援助的效益,应当按照各国的需求和优先事项,逐步增加给予教育的援助。宣言专门辟出段落强调,捐助方应当继续使发展合作与援助效果准则保持一致,确保更好地协调统一发展合作,同时确保发展合作加强各国自主和对本国公民负责的意识。③

　　联合国教科文组织多次指出,很多低收入国家依然严重依赖援助支持本国的教育系统,外来捐助方的资金在受援国公共教育开支中占可观份额。④不仅是援助数量,还有援助的成效,都需要更加精准地选择目标。⑤

　　作为传统的对外援助大国,日本的官方发展援助不仅以态度积极、金额大量闻名,更以地理方向明确、领域重点突出、投向目标精准著称。在教育援助领域,日本与埃及建立了世界各国中首个双边"教育合作伙伴关系"。日本在埃及的教育援助并非普遍式的,而是有明确的施援对象,精心选择了不同的教育阶段,在当地社会影响巨大,广受好评。对日本向埃及

---

①　United Nations General Assembly. Transforming our world: the 2030 Agenda for Sustainable Development. A/RES/70/1. 21 October 2015. https://undocs.org/en/A/RES/70/1.

②　UNESCO. Leading SDG 4—Education 2030. https://www.unesco.org/en/education/education2030-sdg4.

③　UNESCO. Education 2030: Incheon Declaration and Framework for Action for the implementation of Sustainable Development Goal 4: Ensure inclusive and equitable quality education and promote lifelong learning opportunities for all. 2016. ED-2016/WS/28. https://unesdoc.unesco.org/ark:/48223/pf0000245656.

④　UNICEF. *Aid reductions threaten education goals*. 2014/ED/EFA/MRT/PP/13 REV. 2014. https://unesdoc.unesco.org/ark:/48223/pf0000228057.

⑤　UNESCO. Accountability in education: meeting our commitments: Global education monitoring report summary, 2017/8. 2017. ED-2017/WS/38 (Rev. only in Hin). https://unesdoc.unesco.org/ark:/48223/pf0000259593.

教育体系的精准援助进行剖析,有助于我们从技术层面深化理解对外发展援助取得良好效果的实施路径。

一、埃及教育发展当前面临的突出问题

(一)人口整体文化教育素质不高,且性别、城乡之间存在较大差距

埃及有人口9641万①,占整个阿拉伯世界人口总数的24%、中东北非地区全部人口的22%,在这两个国家圈层中均为人口数量第一大国。2016年埃及的国内生产总值(GDP)为3328亿美元,在全球排第31位,中东北非地区排第5位,阿拉伯国家中排第3位。但人均国民收入仅有3410美元,在全球188个国家和地区中排名第121位,按世界银行分类属中下等收入国家之列,在中东北非地区排第14位,仅及阿拉伯国家平均水平的一半左右。按2015年数据,全国人口中有27.8%生活在国家贫困线以下②,29%的儿童生活在国家贫困线以下。③在联合国开发计划署发布的2016年人文发展指数中,埃及在188个国家和地区中排名第111位,属中等人类发展水平。④

受制于当前的经济社会发展程度,埃及整体的人口素质和教育事业也呈现相应水平。该国15岁以上成人识字率为75.2%,远低于世界水平的84.3%,也低于阿拉伯国家平均水平,与中国的96.4%有巨大差距。埃及人的平均受教育年限是7.1年,低于世界水平的8.3年(中国为7.6年)。⑤**埃及社会长期存在的族群差别的现实,使得某些群体在本已有限的受教育资源分配中处于更加不利的地位,这突出表现在性别、城乡方面。**

在性别方面,按联合国人文发展报告数据,埃及的性别不平等指数为

---

① 埃及国家统计局,http://www.capmas.gov.eg。

② 根据世界银行数据库计算,https://data.worldbank.org。

③ The State of the World's Children 2017,UNICEF,https://www.unicef.org/sowc2017.

④⑤ 2016 Human Development Report,UNDP,http://hdr.undp.org/en/countries.

0.565,不平等程度显著高于世界平均水平的 0.443,尚达不到阿拉伯国家的平均水平,世界排名第 135 位。[1]反映在文化教育上,埃及成年人群中女性识字率是男性的 81%,低于世界水平的 88%。[2]埃及 25 岁以上男性人口中,接受过中等教育的占 68.2%,接近世界平均水平的 69.2%(中国为 79.4%);但女性只有 54.5%,与世界平均水平的 60.3% 差距明显(中国为 69.8%)。[3]埃及自己的官方统计数据显示,2016 年 10 岁以上人口中文盲率为 20.1%,其中男性文盲率为 14.4%,女性则高达 26.6%。[4]相比之下,中国 2010 年全国人口普查显示文盲率为 4.1%。2016 年人口抽查数据显示 6 岁以上人口文盲率为 5.7%,男性为 3.3%,女性为 8.2%。[5]

在城乡差别方面,2016 年埃及城市化率为 42.7%,[6]低于世界水平的 54.3%(中国为 57.3%[7]),也低于阿拉伯国家的总体水平 58%,与整个中东北非地区 65% 的水平差距更为明显。[8]城市家庭平均收入比农村家庭高出 33.6%,消费支出也高出相应水平,达 36.7%。由于埃及政府给予居民大量食品补贴,城乡家庭在食物开支上的绝对额几乎相等,恩格尔系数均为 40% 以下的低水平。但在教育费开支上,按绝对额计城市家庭比农村家庭高出 150%;按在家庭消费总支出中占比计,城市家庭达到 6.1%,而农村家庭仅有 3.3%。[9]因应于城乡发展水平和教育投入的较大差距,埃及官方统计显示 2016 年城市 10 岁以上人口中文盲率为 13.5%,而农村人口相应指标高达 25.2%。农村女性自然成为埃及文化教育发展的重灾区,文盲率高达 32.9%,是城市女性 17.0% 的将近两倍。[10]

(二)教育发展压力巨大,基础教育和高等教育"两头沉"特征突出

进一步细分观察,可以发现埃及的人口素质及教育发展现状呈现较

---

[1][3] 2016 Human Development Report,UNDP,http://hdr.undp.org/en/countries.

[2] The State of the World's Children 2017,UNICEF,https://www.unicef.org/sowc2017.

[4][9] "National Account",Egyptian Statistical Yearbook 2017.

[5][7] 国家统计局官网。

[6] "Population",Egyptian Statistical Yearbook 2017.

[8] 世界银行数据库,https://data.worldbank.org。

[10] "Egypt illiteracy rates stand at 14.4% for males,26% for females:CAPMAS",Al-Masry Al-Youm,Egypt Independent,September 7,2017. http://www.egyptindependent.com/egypt-illiteracy-rates-stand-14-4-males-26-females-capmas.

为复杂的面貌。按埃及官方统计数据,60 岁以上人口文盲率为 57.1%,就业人员(工龄人口)文盲率为 20%,15—24 岁青少年文盲率为 6.5%。[①]文盲率按从高到低的年龄层呈现断崖式下降,不仅意味着未来埃及人力资源前景乐观,更表明该国最近二三十年来在推进教育发展方面进步显著。事实上,埃及 10 岁以上人口文盲率在 1986 年时高达 49.9%,即全民半数是文盲,到 1996 年时下降为 39.4%,2006 年为 30.1%,至 2016 年只有约五分之一的人口是文盲[②],30 年间文盲率下降 29.8 个百分点,大体上平均每年下降一个百分点,改进速度远超同期从 27.3% 下降到 13.8% 的世界平均水平。[③]

从上述数据可以推测,埃及政府对发展教育事业长期以来坚持推进,收效明显。事实上,一直到埃及当前的五年经济发展规划(2014—2019 年)中,通过增加教育投入来改善人力资源仍是主要目标之一。根据联合国儿童基金会数据,埃及 15—24 岁的青少年男女识字率分别为 94% 和 90%,均高于世界水平的 92% 和 85%。其背后的基础是,埃及初中男女生净入学率分别为 83% 和 88%,显著高于世界水平的 63% 和 68%;小学净入学率为 98%,也高于世界水平的 89.5%。但值得注意的是,埃及学龄前教育接受率男童为 31%、女童为 30%,均大大低于世界水平的 49% 和 48%,其差距远甚于前述成人识字率指标。[④]

与这种不同教育阶段发展差异相对应的情况是,2015/2016 学年埃及从学前教育到高等教育阶段的各级在校生总数为 2463 万人,占总人口的 26.7%(中国为 18.5%)。其中,学前教育阶段 127.8 万人,占学生总数的 5.2%(中国为 17.3%);小学生 1162.4 万人,占学生总数 47.2%(中国为 38.8%);初中生 507.2 万人,20.6%(中国为 17.0%);普通高中 197.7 万人,8.0%(中国为 9.3%);中等职业教育 171.1 万人,6.9%(中国为 6.3%);高

---

① "Egypt illiteracy rates stand at 14.4% for males, 26% for females: CAPMAS". http://www.egyptindependent.com/egypt-illiteracy-rates-stand-14-4-males-26-females-capmas.

② "Population", "National Account", Egyptian Statistical Yearbook 2017.

③ 世界银行数据库,https://data.worldbank.org。

④ The State of the World's Children 2017, UNICEF, https://www.unicef.org/sowc2017.

等教育阶段(含高职、专科等)296.9 万人,12.1%(中国为 11.3%)。①

上述数据呈现这样一幅图景,即**埃及全民教育素质持续得到显著改进,但教育发展及资源投入目标明确,重点突出**。教育发展首推青少年教育,成人教育改善推进较慢;高等教育得到高度重视,但明显负担沉重;中等职业教育规模较大;小学阶段教育资源压力巨大,正规学前教育资源投入极少,甚至大大低于已步入少子化社会的国家(如中国)。概括来说,埃及教育发展的总体面貌在持续进步的同时,面临资源极度紧缺的困境,特别呈现基础教育和高等教育"两头沉"的特征。这与埃及社会当前的巨大人口压力和年龄结构特点密切相关。

2016 年,埃及 0—14 岁人口占人口总数高达 37.4%(世界平均水平为 26.1%,中国为 16.7%);15—64 岁的劳动年龄人口为 58.7%(世界水平为 65.5%,中国为 72.5%);65 岁以上老龄人口占比为 3.9%(世界水平为 8.5%,中国为 10.8%)。表面上看,这意味着相对于世界平均水平而言,埃及人口构成的年轻化程度较高,结合其庞大人口基数,应蕴含巨大的劳动力储量,因此一般而言经济增长前景应当较好。但实际上,埃及人口结构年龄分布畸低,大量低龄人口当前不能进入经济活动,不仅无法产生即期效益,且由于仍处于人力资源培育阶段需继续投入而成为国家发展的沉重负担。埃及 6 岁以下学龄前幼儿占总人口的 12.3%(中国为 5.7%),6—24 岁的受教育阶段人口占埃及人口总数的 34.4%(中国为 28.0%),而劳动力只占总人口的 28.9%(世界水平为 46.3%,中国为 58.4%),就业人口占比 25.3%(世界水平为 43.6%,中国为 56.1%)。②

最近三十年间,埃及人口增长率一直保持着超过 2%的高速增长,特别是最近十年又呈加速增长势头,共增加人口两千余万,占当前人口总数的近四分之一。③而在这一时期,先是受 2008 年全球金融危机影响,继而 2011 年年初埃及局势剧变后,该国经济发展进入相当困难的一个阶段,实

---

① "Education", Egyptian Statistical Yearbook 2017.

② 埃及数据来自 Monthly Statistical Bulletin 248 (11/2017), the Official Website of the Central Bank of Egypt, http://www.cbe.org.eg/MonthlyStatisticaclBulletinDL/Bulletin_2017_11_Nov.2017;世界水平数据来自世界银行数据库,https://data.worldbank.org;中国数据来自中国统计年鉴、中国 2010 年人口普查数据库。

③ "Population", "National Account", Egyptian Statistical Yearbook 2017.

际 GDP 增速垂直跌落,始终在 2%—3% 徘徊,公布失业率则自 2011 年起陡升至 12% 以上。数据显示,**埃及人口年增长率为 2.2%**(全世界自然人口增长率为 1.2%,中国为 0.5%),**与 2.3% 的 GDP 年增速**(以要素法不变价格计算)**基本持平**(世界 GDP 年增速为 2.4%,中国为 6.7%)。一方面是人口增速居高不下,另一方面经济与社会发展在低谷徘徊,在此背景下,教育事业所能得到的资源必然是极其有限的,同时还要承担培育人力资源和延缓就业的双重任务。显而易见,**教育发展已成为埃及国家当前和未来长期面临的一大挑战。**

(三)教育基础设施薄弱,发展投入严重不足,为社会资金投入提供了空间

与十年前相比,埃及正规教育各级在校生总数增长了 30%,年均增长 2.9%,增速超过同期全国人口自然增长率。分教育阶段看,学期教育阶段在校生增幅最高,比十年前净增 110%,而学校数量增长仅为 65.4%;其次是初中在校生,人数增长 61%,学校数量增长 25.4%;再次是普通高校在校生增长 48%,但高校数量几无变化;只有高中阶段(含普通高中和中等职业教育)学校数量增长率超过学生人数增幅;而在小学阶段两种变化率比较相差不大。这就意味着埃及大部分教育阶段的基础设施增长严重滞后于需求,必然产生供应不足问题。实际上,按每十万人口平均在校生数据计算,当前学前教育阶段为 1388 人,2006 学年为 805 人,增长 64%;当前初中阶段为 5027 人,2006 学年为 3997 人,增长 26%;当前普通高校为 3224 人,2006 学年为 2793 人,增长 15%;普通高中阶段小幅增长 5%,中等职业教育阶段则大幅下降 25%。值得关注的是小学阶段,虽看上去变化率略呈负值,但人数绝对值高达 11549 人(中国同档数据为 7211 人),且每班级平均人数以 45 人高居各阶段榜首,生师比 25.4,仅次于供求关系最为紧张的学前教育阶段,且随着大量学前人口在短期内的升学,可以预计小学阶段的教育资源压力将长期严重存在。[①]

上述情况显然表明,**埃及在教育投入方面远不能与适龄人口增长相适应**。从埃及政府开支预决算数据看,过去十余年来教育经费增速一直低于财政支出总额的增速,因此教育支出在政府公共财政支出中所占比

[①] Egyptian Statistical Yearbook 2017, 2007.

重连年下跌。2004/05 财年,教育经费在政府决算中占比为 15.9%,达到最近 20 年中的峰值,然而在下一个财年即出现剧跌,2014/15 财年已下降至 12.6%;而 2016/17 财年的预算占比更低至 10.7%,是为 20 年的最低点。为应对汹汹而来的婴儿潮,本已捉襟见肘的教育经费不得不进行结构上的调整,不断不削减高等教育份额,挪向基础教育阶段。2004/05 财年,公共财政的教育经费开支中,有 31.6% 投向高等教育阶段,而在 2016/17 财年,这一比例已至 21.8%,减少近 10 个百分点。[1]

2016/17 财年埃及公共财政教育经费 1039.6 亿埃镑,占政府公共预算的 10.7%,比之世界水平的 14.1% 和中国的 15.0% 差距巨大;该项开支相当于 GDP 的 3.7%,仍然低于世界水平的 4.7%。尽管埃及五年规划已提出到 2019 年教育支出达到 GDP 占比 6% 的目标,但从当前基础看显然相当不现实。[2]早在 2009 年,欧盟为埃及政府进行的一项研究表明,埃及的教育经费开支不仅不敷使用,而且效率低下。实际上,由于金额极为有限,国家财政中教育经费的 70%—80% 仅能用于支付人员工资,且比重还在连年快速上升,以致埃及教育事业依靠公共财政获得进一步发展的空间极为有限。[3]这就为公共财政体系之外的社会及外来资金进入教育领域提供了空间。

事实上,**埃及正规教育体系中,私营部门一直扮演重要角色**。当前各级各类私立学校占在校生总数的比例接近 10%,其中学前教育阶段占比最高,几近四分之一。与十年前相比,整个大学前教育阶段的私立学校在校生数量增长 56%,增幅几乎是公立 29% 的一倍。其中,私立普通中学的在校生数量增幅最高,初中为 133%,普通高中为 119%;同时超过公立学校的程度也最大,初高中公立学校分别为 57% 和 27%。私立小学在校生数量增长 39%,也超过公立小学的 19%。学前教育阶段私立学校在校生增长 75%,但同档公立学校增幅更大,达到 125%。仅有中等职业教育的

① Egyptian Statistical Yearbook 2017, 2013, 2007.

② Egypt's five year macroeconomic framework and strategy (FY 14/15—FY18/19), www.mof.gov.eg/MOFGallerySource/English/Strategy.pdf.

③ Sedaghat, Nazy, etc. Education Public Expenditure Tracking Survey (PETS) Final Report, 2009. http://www.mof.gov.eg/MOFGallerySource/English/Final_Report_%20PETS_final_report_en.pdf.

私立学校在校生数量出现了绝对下降,同档公立学校在校生略有增长。在高等教育阶段,尽管官方所承认的私立高校占大学生总数仅有 6%,但数量上有 43 所,比公立高校的 29 所多出一半。这也说明私人资本在高等教育阶段的投资密度更高,教学基础设施条件更有保障。当前私立高校平均规模为每校 6279 人,生师比 17.9;而公立高校平均为 89213 人,生师比 23.9。数据显示,2016/17 财年,教育投资 155.4 亿埃镑,在社会总投资中占 3%。其中,政府投入 91.1 亿埃镑,占 58.7%;民间投入 61 亿埃镑,占 39.4%。①

综上所述,埃及教育发展现状呈现这样一些主要特征:目标宏大,进步迅速;资源有限,后劲不足;族群差别巨大,目标取舍明确。

二、埃及国际学校情况

在埃及提供各级非公立学校中,国际学校一直都引人瞩目。通常所称的国际学校,是指以课程体系移植发达国家,教学也使用相应国家语言为主的正规学历教育机构(仅提供非学历的语言培训机构,如英国文化中心、法语联盟、歌德学院等不在此列)。在埃及日常生活中提及的国际学校仅指提供大学前阶段教育的中小学和学前教育学校,提供高等教育机构则称为国际大学。

据不完全统计,埃及现有提供大学前阶段教育的国际学校两百余所,其中以英语为主要教学语言的至少有 188 所②,法语至少 17 所,德语至少 7 所,俄语至少 1 所,日语 1 所(2016 年之前)。尽管从数量上看,相比埃及本土教育体系的 43850 所普通中小学微不足道,但**国际学校因办学条件和教育质量所产生的知名度、美誉度远超绝大多数普通学校;所吸引的客群**

---

① 埃及数据来自 Monthly Statistical Bulletin 248(11/2017),the Official Website of the Central Bank of Egypt, http://www.cbe.org.eg/MonthlyStatisticaclBulletinDL/Bulletin_2017_11_Nov.2017[1].pdf。

② "International schools market reaches 8,000 schools", The International School Consultancy, https://web.archive.org/web/20160304000123/http://www.iscresearch.com/information/isc-news.aspx。

也以中产和社会上层家庭为主,其社会影响力更非后者可比。大体来看,在埃及的国际学校呈现以下特点。

(一)发展历史悠久,折射外国与埃及关系现状

埃及在接受和建立国际学校方面具有长久历史,如著名的开罗德国路德高中(Deutsche Evangelische Oberschule)由德国新教团体于 1873 年创办,迄今已有 145 年历史,是德国最大最古老的海外学校之一。①埃及最早的法语中学,由法国"世俗特派团"(Mission laïque française)于 1909 年在亚历山大创办。②如前所述,绝大部分国际学校以英语为主要教学语言。可以理解的是,这三种语言的母国,即美、英、法、德与埃及不仅有极深的历史渊源,而且在当前仍与埃及保持着密切的经济、政治和文化关系。尤为值得注意的是,这四国是向埃及提供官方发展援助最多的国家。③

除以上三种语言外,使用其他语种公开对社会招生的学历教育学校较为少见,如一直在埃及社会有较大文化影响的俄语和日语。开罗日本人学校(カイロ日本人学校,Cairo Japanese School)1972 年即已开办,但一直不对当地社会开放,而仅招收日籍学生,是以规模很小,2017 年中小学合计只有 26 名学生。④但近年来情况发生较大变化。2013 年埃方宣布将建成一所以太空科技和数学教育为特色的俄语国际学校,这在整个中东地区均属首例;⑤而日本与埃及更是高调宣布建设两国教育合作伙伴关系,在埃及大力推广日式教育。

(二)对接语言母国教育体系,强调外语教育,但保持较高的语言兼容

在埃及的国际学校一般都直接对接语言母国的教学体系,学生毕业后以进入语言母国大学深造为主要发展方向,如路德高中颁发德国高中

<hr>

① Deutsche Evangelische Oberschule, http://www.deokairo.com/home.html.

② "Historical", Lycée Français du Caire, https://lfcaire.org/mot-du-proviseur.

③ "Japan's ODA Data by Country: Egypt", http://www.mofa.go.jp/mofaj/gaiko/oda/files/000142577.pdf.

④ "学校長あいさつ", Cairo Japanese School, https://cjseg.jimdo.com/学校長あいさつ.

⑤ "First Russian school of its kind to be built in Egypt", The Cairo Post, Dec. 22, 2013, http://thecairopost.youm7.com/news/59978/news/russian-school-kind-built-egypt.

文凭,学生可参加德国大学入学考试;①霍尔格达俄语学校颁发俄罗斯高中毕业文凭;②整个埃及的英文国际学校中,得到英国文化中心认证进入 IGCSE(International General Certificate of Secondary Education)体系的就有 96 所。③

因此,国际学校在课程设置上与语言母国保持高度同质,如在开罗的德语国际学校 Rahn Schulen Cairo 号称完全应用德国"勃兰登堡课程体系";④法国国际学校强调从幼儿园开始即强化以外语为主导的教学。⑤为保证教育连续性,学制以从幼儿园到高中的一贯制学校为主。埃及的国际学校是来自语言母国学生的首选,甚至生源高度国际化,如新开罗不列颠国际学校(New Cairo British International School)号称学生国籍多达 65 种,然而总体来看,国际学校生源仍以埃及为主,因此必须考虑本地学生的实际水平、客观需求和多样化发展可能。因此,国际学校同时也强调对本地语言和文化保持开放性。⑥所以,尽管国际学校以外语授课为特色,但多数都兼容阿拉伯语课程,非英语学校一般也兼容英语。有些国际学校同时容纳多种语言,如路德高中同时有德、阿、英、法四种语言。

(三)来源多样,背景复杂

埃及的国际学校投资来源多样,背景较为复杂。一方面,无论实际投资人来自本土还是海外,许多国际学校总是以和语言母国的关系或"国际化"为关键营销点。如在前述两百多所国际学校中,校名中带有 "American"的有 21 所,带有"British"的有 16 所,但其真实来源难以辨别,背景被人为复杂化。另一方面,尽管绝大部分的国际学校名义上都以私营机构的形式出现,但其中确有相当一部分与外国机构有较深关系,甚至

---

① "Construction", Deutsche Evangelische Oberschule, http://www.deokairo.com/unsere-schule/schulstruktur.html.

② Russian School in Hurghada, http://vgueham.wix.com/russian-school-hurghada#!programme-and-fees.

③ "IGCSE Schools List—British Council", https://www.britishcouncil.org.eg/sites/.../igcse_schools_list_external_jan2014_1.xls.

④ Rahn Schulen Cairo, http://www.rahn-schulen-kairo.org/3138.html?&L=2.

⑤⑥ "The French school system abroad (AEFE)", Ministry for Europe and Foreign Affairs of France, https://www.diplomatie.gouv.fr/en/french-overseas/the-french-school-system-abroad-aefe.

有官方机构背景。例如,新开罗不列颠国际学校的创办群体是世界卫生组织(WHO)工作人员。①又如开罗法语中学(Lycée Français du Caire)是法国海外教育署(Agence pour l'enseignement français à l'étranger, AEFE)直接管理的分布世界各地的 74 所国际学校之一,在埃及另有 10 所法语学校与该署建有合作关系。而该署是法国外交部下设的官方机构,其直接管理和有合作关系的海外国际学校共有 494 所,遍布全球 137 个国家。②

除此之外,还有大量有外国官方背景的语言培训机构,如法国大使馆直接管理的埃及法国学院(L'Institut français d'Égypte),作为法埃两国 1968 年文化与科技合作协议的产物,最早于 1967 年在亚历山大设立,现已有三所。③

(四)硬件设施一流,师资存在短板

总体而言,埃及私立学校的硬件条件,如生均校园面积、教学设备设施、校车配备等,被社会公认远非公立学校可比,国际学校更被认为是超一流设置。私立学校的突出短板表现在师资方面。十余年前,私立学校从学前教育直到初中的各级私立学校生师比数据均明显优于同阶段的公立学校(2007 年,学前教育阶段私立学校生师比为 17.6,公立学校 30;小学阶段分别为 21.1 和 27.4;初中阶段为 10.5 和 14.9),在普通高中阶段则两者相当(私立学校是 12;公立学校 11.6)。而在过去十年间,大学前普通教育阶段私立学校教师总人数增幅仅为 11%,大大落后于学生人数的增幅 56%,与同期公立学校师生同等比例增长的局面(28%:29%)形成了鲜明对比。其中,在普通高中阶段,甚至出现私立学校教师数量大幅下跌 14% 的现象,与在校生数剧增 119% 形成巨大反差。其他阶段,初中为 19%:133%,小学 9%:39%,学前教育 27%:75%,不均衡程度均大大

① Deana Elimam, "School Daze", *Business Monthly* of American Chamber of Commerce in Egypt, April-2016, https://www.amcham.org.eg/publications/business-monthly/issues/244/April-2016/3423/on-a-spacious-green-field-on-the-outskirts-of-cairo-groups-of-second-graders-run-and-shout-rooting.

② "The Agency for French Education Abroad", Agence pour l'enseignement français à l'étranger, http://www.aefe.fr/agency-french-education-abroad-0.

③ L'Institut français d'Égypte, http://institutfrancais-egypte.com/fr/qui-sommes-nous/l-institut-fran%C3%A7ais-d-%C3%A9gypte/.

超过公立学校。由此导致当前私、公立校各自的总体生师比数据对比，相比十年前已完全出现了倒转。目前学前教育阶段私立学校生师比为24，公立学校29；小学阶段分别为27和25.2；初中阶段为21和18，高中阶段逆转情况最为严重，现分别为31.6和13.8。①

但在表面数据之后又有另一番景象。公立学校尽管看起来师资更为充足，但普遍存在着严重的人员"隐性流失"现象。公立学校保有教师数量高，在很大程度上是因为埃及政府给予这些学校的教师相对较高的工资。但与此同时，公立学校也大面积存在管理极为松懈、劳动纪律涣散的现象，造成人浮于事、出勤率低的问题，许多教师并不安心本职工作，减少正常在岗时间，寻机到外校主要是私立学校代课以获得又一份薪酬。公立学校这种高福利低效率的激励机制，事实上为总体规模相对而言小得多的私立学校提供了数量庞大、使用方便的师资供应储备，这一方面使得包括国际学校在内的私立学校实际上师资并不紧张；另一方面也造成这些学校缺乏自身保有、培育充足和优质师资的动力，这就既为自身的长远发展埋下隐忧，也为政府外部监管提供了口实。

（五）埃及政府监管存在"非国民待遇"的不公平倾向

2017年年初，埃及政府勒令关闭已有近四十年历史的新开罗不列颠国际学校，理由是该校未获政府批准即超量招收学生，以致有新生入学后不能正式注册获得学籍。在此之前，该校已因学费上涨问题多次受到政府警告。同时，还有另外六所国际学校也面临着教育主管当局的严厉制裁，包括提出警告，以及将学校强行置于教育部的财务与行政监管之下，而处罚理由也都是学费涨幅过高和接受学生数量超出学校能力。②

上述报道中埃及政府教育当局对国际学校的处理，相对于公立学校的情况而言，表现出明显的罚不当罪。首先，私立学校特别是国际学校的学费的确一直远远高于公立学校。公立中小学校学费极为低廉，甚至免费，但教学设施条件极差，教学水平也相当低下，埃及民众对之较为失望。普通私立学校学费每年则三千至上万埃镑不等；至于国际学校，则比普通

① Egyptian Statistical Yearbook 2017, 2007.

② Hend El-Behary, "Government closes British international school in New Cairo", Egypt Independent, February 7, 2017, http://www.egyptindependent.com/government-closes-british-international-school-new-cairo.

私立学校的学费还要更高。当前中档收费水平的国际学校学费中,幼儿园通常在每年 3 万埃镑左右,中小学则一般需要每年 5 万埃镑以上,收费最为昂贵的开罗美国学院(Cairo American College)每年学费需 24300 美元,若从幼儿园读起一直到高中毕业共需 31 万多美元,按现价折算埃镑约 550 万。[①]在民众一般观点看来,私立学校教学条件好,师资有保证,管理较为完善,因此教学质量远超公立学校。特别是国际学校,因为有高水平的外语教育并对接发达国家教育体系,使学生未来出国深造有较高保障,所以深受一部分中产阶层和高收入家庭欢迎。但无论学费有多高,都是作为供需双方的学校和家庭以平等身份在市场上自由竞价的结果,这并不能构成政府限价的理由。国际学校最近两年学费上涨较快是有客观背景的,即自 2015 年下半年以来埃镑兑主要国际货币的汇率一直呈断崖式下跌。自 2016 年 3 月 14 日埃及中央银行首次正常大幅调整官方汇率后至前述新闻报出的 2017 年年初,在不到一年时间内,埃镑兑英镑汇率跌幅超过 52.5%,兑美元跌幅 58.4%。[②]由于国际学校多以外币(主要是美元、英镑或欧元)来结算,因此换算成埃镑收费时自然会表现出大幅上涨的现象。埃及政府不顾客观条件,强行要求国际学校压低学费,确有为难之意。但学费的人为限价显然效果有限,对学校自身发展不利。

至于说包括国际学校在内的私立学校招生数量超出办学能力,虽不能说完全没有根据,但有片面放大之嫌,其通常理由就是生师比。但如上文所分析过的,这其实并不是一个真问题。

因此,可以推测,埃及政府教育当局对国际学校的不公平规制应还有其他原因。值得注意的是,在关闭新开罗不列颠国际学校之前不到一个月,即 2017 年 1 月初,埃及教育部通过《金字塔报》披露了一份包括 47 所"有重大违规行为"学校的名单,全部为私立学校,其中国际学校超过半数。其所指的违规行为除前已述及的超额收取学费、未经批准超量招生外,还

---

① Moustafa Daly, "THE 12 MOST EXPENSIVE SCHOOLS IN EGYPT: 2017—2018 EDITION", *Cairo Scene*, August 28, 2017, http://www.cairoscene.com/Listicles/12-Most-Expensive-Schools-in-Egypt-2017-2018-Edition.

② 根据埃及中央银行数据计算,http://www.cbe.org.eg/en/EconomicResearch/Statistics/Pages/ExchangeRatesListing.aspx.

包括"违法教授外国课程"。①官方对之采取的制裁措施也相当严厉,从行政收尾(反思检讨)、财务和行政监管、纠正违规行为、直至没收,不一而足。②结合埃及政府一贯对待外资进入的态度来看,我们认为,埃及政府教育当局对于外国文化和教育传播持相当敏感态度。因此可以说,埃及政府对于国际学校实施不公平监管倾向的背后,有强烈的文化民族主义心态。

三、日本对埃及教育援助情况

埃及政府历来接受外来援助较多,近年间的峰值出现在 2013/14 财年,来自外国的借债、援助等转移支付居然占政府总收入的 21%。③2015年,仅接受官方发展援助就达 24.88 亿美元,占国民总收入(GNI)的 0.75%,比重超出世界平均水平 0.37%一倍。④外国援助款项用于埃及各项事业,在教科文卫方面尤为倚重。例如,埃及国家研究中心(NCR)的年度科研经费,大部分来自欧盟和欧洲国家的资助。⑤教育方面全方位地接受外来援助,包括学校援建、设备器材、研究分析、对策建议等。其中,来自日本的援助无论力度与特色都尤为引人瞩目。

(一)日本对外官方发展援助概况⑥

日本自 20 世纪 60 年代即开始机制化的对外官方援助工作,到 1989年首次成为世界上提供官方发展援助(ODA)金额最大国家,并于 1991—

---

① Hend El-Behary, "Government closes British international school in New Cairo", Egypt Independent, February 7, 2017, http://www.egyptindependent.com/government-closes-british-international-school-new-cairo.

② "Tough legal actions taken against 47 international, language schools", *Egypt Independent*, January 2, 2017, http://www.egyptindependent.com/tough-legal-actions-taken-against-47-international-language-schools.

③ Annual Report 2014/2015, Central Bank of Egypt.

④ The State of the World's Children 2017, UNICEF, https://www.unicef.org/sowc2017/.

⑤ 对埃及国家研究中心副主任的访谈。

⑥ 本节数据资料除非说明,均来自 JICA Annual Report 2017, https://www.jica.go.jp/english/publications/reports/annual/2017/c8h0vm0000bws721-att/2017_all.pdf。

2000 年间在经合组织发展援助委员会(OECD-DAC)成员国中排名居首。就净支付口径而言,2016/17 财年日本政府对外提供官方发展援助共103.31 亿美元,比上年增长 12.7%(按日元计价为 11241 亿,比上年增长1.3%)。其中双边援助 70.16 亿美元(约 7634 亿日元),向国际多边援助机构提供资金 33.15 亿美元(约 3607 亿日元)。在 OECD-DAC29 个成员国中,日本的对外援助金额绝对值排在美国、德国和英国之后居第四;但按在 GNI 中占比计为 0.20%,排第 20 位,又属于相对较低水平。就人员统计而言,当年派出各类专家 10284 人,派出研究团队成员 9955 人,派出海外合作志愿者(JOCV)1132 人,为援助对象国家和地区培训共计17613 人。

日本对外官方发展援助的主要工作由其政府机构"日本国际协力机构"(Japan International Cooperation, JICA)负责。JICA 公开宣称其工作迎合国际社会提出的"可持续发展目标"(SDGs),同时也是通过发展合作来参与国际事务,为**本国国家利益作贡献**。JICA 当前正在执行其第四个"五年计划"(2017—2021),其工作重点是通过促进"人的安全"来实现"可持续发展目标",具体目标包含:(1)提高个人能力,使之为本国发展作更多贡献;(2)促进受援国基础设施和配套制度等软硬件两方面的"质量提高";(3)促进以人为中心的发展;(4)为维和和社会治安作贡献;(5)应对全球挑战。

从内容看,日本 ODA 主要分为三类:贷款、技术合作、无偿赠款。其中贷款项目额度主要投向具有公共产品性质的基础性产业发展,如基建、能源开发与供应、公共设施、水利、农林渔业等;技术合作与无偿赠款也同样以公共事业为大头,排在第二位的就是以教育为主体的"人力资源",按金额计均占超过 11%。①日本海外合作志愿者(JOCV)团队派往最多的工作领域就是人力资源,占比高达 40.1%。②

从地理方向看,日本 ODA 的重点地区一直是亚洲,按金额计当前占70.4%;其次是撒哈拉以南非洲,占 11.3%;第三是中东,占 7.9%。③日本ODA 在不同地区各有明确的目标定位,中东地区的工作目标是通过人道

①　JICA Annual Report 2017,p.21.

②　Ibid.,p.92.

③　根据 JICA Annual Report 2017 披露数据计算。

主义援助和重建来实现稳定。

日本 ODA 的一个与众不同之处在于高度重视研究工作,当前研究的重点领域为:和平与发展;增长与减贫;环境与气候变化;援外策略。其核心工作特别强调对日本自身发展经验的研究、总结,以随着日本国际发展合作的推进实现全球传播。①

(二)日本对埃及援助概况

日埃两国间关系在历史上并不十分密切,特别是高层往来方面较为疏淡。然而,相对于双方的经济往来规模和政治关系密切程度,**日本对埃及的援助显得力度突出、特色鲜明**。

两国之间的经贸往来规模较小。2015 年日本对埃出口 1554 亿日元,从埃进口 181 亿日元②,双边贸易规模只及中埃贸易的 1/10,在埃及对外贸易总量中占比不到 2%。2016/17 财年,日本对埃及直接投资 9300 万美元,仅占埃及当年吸引外资总量的 0.7%,比中国对埃及直接投资的 1.5 亿美元还少 2/5。③但日本对埃及的单方面财政支持力度较大,近年来一直是对埃第二大的外国政府借款来源国,中国只是在 2016 年之后才突然跃升为第三大来源国。④

双方的合作主要集中在文教、商业等"低政治"领域。埃及共和国建立以来至今两国签订了八个政府间条约、协定,其中三个是按照国际惯例签订商业规则条约,一个是一般性的文化交流协定,其余四个实质上日本对埃及的援助协定,内容主要是技术和教育。⑤

日本政府对埃及提供援助始自 1973 年,最初是无偿赠款形式;从 1983 年起,增加了日元贷款和技术合作项目。2015/16 财年,对埃援助累积共提供贷款 6709 亿日元,赠款 1530 亿日元,技术合作项下金额 791 亿日元。⑥日本对埃援助多年,已不仅限于普通的捐赠贷款,而是在得到埃方极大信任基础上,双方开展深度合作,使日方从制度上获得影响埃及的机

① JICA Annual Report 2017, pp.96—97.

②⑤⑥ "Japan-Egypt Relations(Basic Data)", http://www.mofa.go.jp/region/africa/egypt/data.html.

③ Monthly Statistics Bulletin, 2017 Nov.(No.248), Central Bank of Egypt.

④ External Position of the Egyptian Economy, July/March 2016/17(No.57), Central Bank of Egypt.

会。如早在 2011 年,日本政府即应当时的埃及政府要求,帮助其政府制定经济发展规划,其时为"国民收入倍增计划",2012 年 8 月新内阁上台后调整更名为"2022 经济与社会发展战略框架"。2013 年 4 月,JICA 与前埃及计划部签署了"关于埃及计划项目发展与执行情况的信息共享"会谈纪要,确定日方不仅参与计划制定,而且参与实施。①2016 年时任埃及总统塞西总统实现对日本的"历史性"访问之后,日本对埃援助力度和深度都大大加强,以至于埃及民间认为按某种标准计算,本国已成为日本对外援助的最大去向国。②

按日本官方公布数据,2016/17 财年,日本政府共对中东 17 个国家和地区提供了官方发展援助,其中埃及仅次于伊拉克排第二,占对中东 ODA 金额的 19.9%,占全部 ODA 的 2.2%。③当年日本对埃及 ODA 总额 2900 万美元,其中无偿赠款 668 万美元,技术合作 2070 万美元,贷款 162 万美元。当年,日本对埃援助项目下派出专家 178 人,历史累计共 2979 人;研究团队成员 236 人,累计 5370 人;为埃方培训人员 248 人,累计 10851 人。④

日本政府对埃及援助的宗旨是"帮助埃及社会实现竞争力增强和经济稳定",其具体目标有三:**实现可持续发展和就业创造、减贫和提高生活水平、促进地区稳定**。日本援埃的重点领域有⑤:(1)可持续发展和创造就业,主要是交通基础设施,如开罗地铁四号线(2012 年 3 月批准,提供 327.2 亿日元 ODA 贷款),Borg el-Arab 国际机场(2005 年批准,提供 57 亿日元 ODA 贷款)等;(2)减贫、改善生活水平(民生),如开罗大学儿科医院(从 1982 年开始迄今提供全套援建),农业发展和生产率提高项目;(3)教育合作、人文交流,如埃及大博物馆援建项目(始于 2006 年,迄今已

① Egypt-Japan Planning Project,http://www.egypt-japan-planning.com/en/about-us/project-outline.

② Al-Masry Al-Youm, "Japanese school project still ongoing in Egypt: JICA Planing Director", Egypt Independent, January 30, 2018, http://www.egyptindependent.com/japanese-school-project-still-ongoing-in-egypt-jica-planing-director.

③ JICA Annual Report 2017, p.51.

④ JICA 2017 Annual Report Data Book, https://www.jica.go.jp/english/publications/reports/annual/2017/c8h0vm0000bws721-att/2017_data_all.pdf.

⑤ "Japan-Egypt Relations(Basic Data)", http://www.mofa.go.jp/region/africa/egypt/data.html.

批准提供 ODA 贷款合计 842.5 亿日元)等。①

（三）日本对埃及的教育援助

日本对埃及的教育、文化方面的援助，仅从金额看似乎并不占重要份额。例如文教方面的无偿赠款累计至 2016 财年为 11.33 亿日元，仅占全部无偿赠款的 0.7%，用于考古学、日语教育、体育等共计 27 个项目；②日本对埃及自 1974 年至今提供的 54 个 ODA 贷款项目中，直接用于教育的仅有一项，占全部贷款金额的 1.6%。③但从发展趋势看，日本对埃及教育援助项目呈现这样一些值得注意的特点：**(1)援助力度逐渐加大，出现单笔超过 100 亿日元的大项目；(2)由单一项目向整合为综合性项目发展；(3)合作等级高，已上升到两国政府最高级别。**当前日本对埃教育援助中，最值得深入观察的是**埃及日本科技大学项目和日埃教育合作伙伴关系的建立。**

1. 埃及日本科技大学

早在 2003 年 9 月于东京举行的首届"日本—阿拉伯对话论坛"上，促进中东地区社会—经济发展被认为是帮助该地区应对人口爆炸、认真实施改革、加强全球竞争力，以实现和平与稳定的必要措施。其中，推动包括劳动技能训练在内的"人的发展"是关键一步。④在接下来两年的连续两届论坛上，该意向被逐渐具体化为"日本—阿拉伯大学"⑤"日本—阿拉伯技术大学"⑥。

① "Egypt", ODA Loan Project DATA, https://www2. jica. go. jp/en/yen _ loan/index. php/module/search? anken _ name = &area1 = 0&area2 = 0&area3 = 0&country1 = 18&country2 = 0&country3 = 0&section1 = 0&section2 = 0&section3 = 0&industry1 = 0&industry2 = 0&industry3 = 0&anken_kubun = 0&chotatsu_kubun = 0&from_year = &to _ year = &submit = Search.

② "Japan-Egypt Relations（Basic Data）", http://www. mofa. go. jp/region/africa/egypt/data.html.

③ 自行统计："Egypt", ODA Loan Project DATA。

④ "The Japan Arab Dialogue Forum（Overview）", The Official Website of the Ministry of Foreign Affairs of Japan, http://www. mofa. go. jp/region/middle _ e/forum/meet0309-o.html.

⑤ "Japan-Arab Dialogue Second Session（3—4 March 2004, Alexandria, Egypt）Overview", The Official Website of the Ministry of Foreign Affairs of Japan, http://www. mofa.go.jp/region/middle_e/forum/meet0403.html.

⑥ The Third Meeting of the Arab-Japan Dialogue Forum（January 8—9, 2005, Riyadh, Saudi Arabia）Overview, The Official Website of the Ministry of Foreign Affairs of Japan, http://www.mofa.go.jp/region/middle_e/forum/meet0501.pdf.

一直到 2006 年举行的第四届论坛上,最终确定为日埃双方合作建立"埃及日本科技大学"(The Egypt-Japan University of Science and Technology, E-JUST)。①该项目于 2008 年启动筹建程序,日方由 JICA 全面负责;2009 年 3 月,日埃两国政府正式签订合作建校协议;②当年 5 月,该项目获得埃及总统令批准建校;③2010 年 2 月首名学生入学,当年 6 月举行正式开学典礼。④早期仅开展研究生教育,近年刚开始招收本科生,学历均获埃及、日本和国际承认。该校校址位于亚历山大城西南约 50 公里处的科技新城(New Borg El Arab),现有两个学院,下设四个系、一个研究所,共十四个专业,在校生两千余人,⑤计划近期还将增开一个系。⑥

该校从开始建设直至现在,日方一直以多种方式持续提供援助。自 2008 年以来,JICA 方面分两期提供建校资金共 6000 万美元;另双方在 2016⑦、2017 年⑧先后签订两份教研设备采购协议,由日方提供无偿援助约 2700 万美元(29.93 亿日元);此外,日方向该校提供价值 900 万美元(9.7 亿日

---

① "The Japan-Arab Dialogue Forum the Fourth Meeting", May 26—27, 2006, Tokyo, Japan, The Official Website of the Ministry of Foreign Affairs of Japan, http://www. mofa.go.jp/region/middle_e/forum/meet0605.html.

② "Signing of the Agreement between the Government of Japan and the Government of the Arab Republic of Egypt concerning the Establishment of Egypt-Japan University of Science and Technology", March 26, 2009, http://www.mofa.go.jp/announce/announce/2009/3/1189756_1130.html.

③ "Egypt-Japan University of Science and Technology (E-JUST)", Activities in Egypt, JICA, https://www.jica.go.jp/egypt/english/activities/activity09.html.

④ "History", The Official Website of Egypt-Japan University of Science and Technology, https://ejust.edu.eg/history.

⑤ "Exchange of Notes Concerning Grant Aid to Egypt", December 18, 2017, http://www.mofa.go.jp/press/release/press4e_001846.html.

⑥ "Admission, Undergraduate, Faculty of Engineering", https://ejust.edu.eg/foe-undergraduates; "Admission, Undergraduate, Faculty of International Business and Humanities", https://ejust.edu.eg/fibh-undergraduates; "Admission Requirements for Faculty of Engineering, Fall 2018 Student Enrollment, Graduate Program", https://ejust.edu.eg/national-admission-graduates-admission-requirements-foe; "Admission Requirements for Basic Applied Science Institute, Fall 2018 Student Enrollment, Graduate Program", https://ejust.edu.eg/national-admission-graduates-admission-requirements-bas.

⑦⑧ "Signing of Grant Agreement with Egypt: Strengthening practical education at the Egypt-Japan University of Science and Technology through the provision of educational and research equipment", July 27, 2016, https://www.jica.go.jp/english/news/press/2016/160727_01.html.

元)的太阳能发电清洁能源系统,使之成为于该领域在中东乃至整个非洲地区都居先进水平的研究中心。[①]上述这些直接援助款已达近亿美元,仅以此而论,E-JUST 就已成为 JICA 在全球范围内最大技术合作项目之一。同时,日本多所著名高校每年派出共约 100 名教授和研究人员赴 EJUST 担任客座教授或讲学,并有 10 名日方专家长驻该校,其中两人任副校长,分别负责国际合作和研究工作。该校还选送教研、行政、技术人员赴日进修培训。[②]

埃及日本科技大学项目自启动至今已整整 10 年,目前已成为在埃及乃至整个中东地区具有一定影响力的国际化大学。回顾该校这段并不长的发展史,可以发现其一些值得借鉴的关键成功要素。

首先,定位精准,特色鲜明,优势突出。 埃及日本科技大学一开始即定位为以工程类学科专业为主的研究型大学,从正式开始招生的 2010 年至 2017 年,学校的所有院系所和全部 12 个专业均属工程学科,从 2017 学年开始才增设了国际商学院及下设的两个商科专业。工程类专业在埃及一直深受喜爱,开设历史已有两百年之久,现几乎每家公立高校都设有工程学院,合计共有至少 27 所。另还有至少 16 所私立大学设置该专业,以及有 15 家私立高等技术学院。[③]据对占埃及高校学生总数 94.2% 的公立大学的统计,2016 学年理论类院系(文科)学生占 79.1%,实践类院系(理工科)学生占 20.9%,后者中的第一大专业就是工程学,占该类学生总数的 19.3%,是公立高校体系中录取分数线最高专业之一。[④]值得注意的是,尽管最近 20 年来工程专业学生数量一直在实践类院系中保持先列,但其发展速度却变化较大。在 20 世纪最后 5 年(1995—2000 年),工程类专业学生数曾出现年均 17% 的高速增长,然而在刚进入 21 世纪达到突破 10 万人(2001/02 学年)的历史峰值后,却陡然开始出现负增长,自 2010 学年至

① "Exchange of Notes for Environmental Program Grant Aid for the Arab Republic of Egypt (The Project for Introduction of Clean Energy by Solar Electricity Generation System)", February 12, 2010, http://www.mofa.go.jp/announce/announce/2010/2/0212_01.html.

② "JICA's Project for E-JUST", https://ejust.edu.eg/japanese-partner.

③ "Egypt-Japan University of Science and Technology (E-JUST), Engineering Undergraduate Programs, Bylaws, Curriculum and Course Outlines", 10 August 2017, https://ejust.edu.eg/wp-content/uploads/2018/01/UG-Bylaws_Final_2017-8-10.pdf.

④ "Education", Egyptian Statistical Yearbook 2017, 2007.

今一直在 8 万—9 万人徘徊。因高校学生总数连年增长的大势,该专业学生所占比重自然也相应下降。1996 学年,工程类专业学生在实践类院系学生总数中占比 25.8%,2001 学年历史峰值时达到 28.4%,2006 学年下降至 23.5%①,这种变化与埃及经济的总体发展趋势是相一致的。与文科和大多数理科教育不同的是,工科学生的培养过程和教学水平具有高度依赖实验、设备、资金的"重资产"特性,埃及近年来的经济发展局面显然对该国工科教育形成极严重限制,因此迫切需要有先进工科教育发展经验并能提供充足资金投入的外来支持,日本向埃及提供的 E-JUST 项目精准地对接了这一需求。此外,E-JUST 谋求从各个方面发展其工科特色,除课程设计等教育内容本身外,从工程学科的实践要求出发,特别注重社会资本的培育。例如学校选址抵近埃及重要的科技园区,数公里外即是多年来一直由日方提供 ODA 贷款的大型基建项目 Borg El Arab 国际机场(2005 年批准 57.3 亿日元贷款的现代化升级项目②、2016 年签订 182 亿日元贷款协议的扩建项目③)。同时,该校与日本和埃及的产业界也建立了密切关系。④

其次,政府引导,公私合作,商业运营。埃及日本科技大学明确宣称为两国政府合作建立的埃及国立大学⑤,但不同于其他公立大学实施的免费或低价教育政策,该校收取学费比照私立国际大学。2018 学年,工程专业对埃及学生收取学费 80000 埃镑,国际学生 15000 美元;国际商学院对埃及学生学费 62000 埃镑,国际学生 12000 美元。⑥相比之下,2018/

---

① "Education", Egyptian Statistical Yearbook 2017, 2007.

② 自行统计:"Egypt", ODA Loan Project DATA, https://www2.jica.go.jp/en/yen_loan/index.php/module/search?anken_name = &area1 = 0&area2 = 0&area3 = 0&country1 = 18&country2 = 0&country3 = 0&section1 = 0&section2 = 0&section3 = 0&industry1 = 0&industry2 = 0&industry3 = 0&anken_kubun = 0&chotatsu_kubun = 0&from_year = &to_year = &submit = Search。

③ "JICA oversees a new stage of cooperative relations between Egypt and Japan", February 29, 2016, https://www.jica.go.jp/egypt/english/office/topics/160229.html.

④ "Egypt-Japan University of Science and Technology (E-JUST), Engineering Undergraduate Programs, Bylaws, Curriculum and Course Outlines", 10 August 2017, https://ejust.edu.eg/wp-content/uploads/2018/01/UG-Bylaws_Final_2017-8-10.pdf.

⑤ "Egypt-Japan University of Science and Technology (E-JUST)", Activities in Egypt, JICA, https://www.jica.go.jp/egypt/english/activities/activity09.html.

⑥ "E-JUST Application Fees", https://ejust.edu.eg/undergraduates-application-fees.

19 学年开罗美国大学（American University in Cairo）本科生学费标准为埃及学生 143226 埃镑，国际学生 14556 美元。①开罗德国大学（German University in Cairo）2017/18 学年本科生学费，按专业不同从 100000 至 135000 埃镑不等。②埃及英国大学（British University in Egypt）2017/18 学年学费按专业不同差距较大，对埃及学生为 15000—63800 埃镑，对国际学生从 3750 英镑到 7150 英镑不等。③这意味着 E-JUST 尽管是官方援助项目，在日埃双方都得到政府背书，但按商业模式运营。我们理解这符合当地国际大学的惯例，可有效避免公立高校官僚主义的痼疾，使学校运行效率得到充分保证。

实际上，EJUST 项目不仅得到了两国官产学界的大力支持，也充分体现了公私合作。校董会现任 15 名成员中，有 7 名是两国前任或现任政府官员，4 名来自双方的公立教育科研机构，1 名来自日本私立高校，3 名来自两国产业界。④日方为支持该校发展，组织了一个包括 12 所日本一流高校在内的大学后援团（Japanese Supporting University Consortium, JSUC），明确各校分别对接 EJUST 各专业。其中 9 所为国立大学，3 所是私立大学。⑤

最后，灵活传播，体现精髓，注重实效。与外界一般想象不同的是，埃及日本科技大学并不突出强调日语教育，其现行所有专业研究生的教学科研完全使用英语为工作语言⑥，课程体系中也没有设置日语和介绍日本

---

① "Tuition for Academic Year 2018—2019", the Official Website of AUC, http://www.aucegypt.edu/admissions/tuition-and-fees-2018-2019.

② "Tuition and Fees", The German University in Cairo, http://www.guc.edu.eg/en/admission/undergraduate/tuition_fees.

③ "Tuition Fees of 2017/2018", British University in Egypt, http://www.bue.edu.eg/index.php/tuition-fees.

④ "Board of Trustees Members", https://ejust.edu.eg/board-of-trustees-members.

⑤ "Egypt-Japan University of Science and Technology（E-JUST）", Activities in Egypt, JICA, https://www.jica.go.jp/egypt/english/activities/activity09.html.

⑥ "Admission Requirements for Faculty of Engineering, Fall 2018 Student Enrollment, Graduate Program", https://ejust.edu.eg/national-admission-graduates-admission-requirements-foe; "Admission Requirements for Basic Applied Science Institute, Fall 2018 Student Enrollment, Graduate Program", https://ejust.edu.eg/national-admission-graduates-admission-requirements-bas; "Fall 2018 International Students' Enrolment", https://ejust.edu.eg/wp-content/uploads/2018/02/Fall-2018-International-Admission-Policy.pdf.

文化的课程。①在本科生课程设置中,日语虽然是所有专业必修的校级核心课程,但单位学分只有同级其他课程的一半。在四年全部 160 个(工程类专业)或 140 个学分(商学专业)中,日语课一共只有 2 学分,另一门必修的校级核心课"日本文化"也只有 2 学分②,这些在传统理解中直接传播日本文化的内容在整个课程体系中占比重甚低,特别是考虑到该校一直以研究生教育为主,本科教育本身只占小部分,则可以想见,该校可直观感知的日本文化元素应该并不丰富。实际上,**该校硕博士课程全部设置为专业技术课程,无任何人文社科内容**。本科生课程中,工程类专业的人文社科必修公共课占全部学分的 16%,理、工科专业基础课合占 39%,专业课占 36%,毕业设计与实习占 9%;③商学专业的人文社科部分占 20%,数理统计和计算机基础课占 24%,专业基础课占 29%,专业课(含实习和毕业设计)占 27%。④这组数据表明该校课程体系中专业课和实践课安排密度极高,这正是 EJUST 明确宣称自己所使用的"以实验室为基础的、实践导向、问题导向的日式教育方法"。EJUST 设定自身的使命就是"**引进日本教育标准、政策和体系,成为埃及研究生教育、科研和创新的模范高校**⑤。这意味着,该校事实上致力于"全盘日化",但并不追求表层文化符号,而是注重实质内容,强调制度建设,落实于细节模仿。如商学院细化到提出在教学中引进发端于日本工厂的"5S 管理方法",即整理(Seiri)、整顿(Seiton)、清扫(Seiso)、清洁(Seiketsu)和素养(Shitsuke),认为该管理体系

---

① "Egypt-Japan University of Science and Technology, Engineering Graduate Programs, M.Sc. & Ph.D. DEGREES BYLAWS", November, 2012, Last update by UC No.120 on July, 2017, https://ejust.edu.eg/wp-content/uploads/2018/01/Eng.-Graduate-bylaws-Last-updated-by-UC-120-July-2017.pdf; "Institute of Basic and Applied Sciences, Graduate Bylaw", https://ejust.edu.eg/wp-content/uploads/2018/01/BAS-Institute-Bylaw-17-5-2017.pdf.

② "Egypt-Japan University of Science and Technology (E-JUST), Engineering Undergraduate Programs, Bylaws, Curriculum and Course Outlines", 10 August 2017, https://ejust.edu.eg/wp-content/uploads/2018/01/UG-Bylaws_Final_2017-8-10.pdf; "Faculty of International Business and Humanities (FIBH), School of International Business Bylaws", https://ejust.edu.eg/wp-content/uploads/2018/01/E-JUST-FIBH-bylaws.pdf.

③ "Egypt-Japan University of Science and Technology (E-JUST), Engineering Undergraduate Programs, Bylaws, Curriculum and Course Outlines".

④ "Faculty of International Business and Humanities (FIBH), School of International Business Bylaws".

⑤ "About EJUST", https://ejust.edu.eg/about-ejust.

引入学校是日本教育的成功经验之一，成为日本学生从初级教育阶段即开始接受的最重要行为规范训练，由此养成的思维方式和工作习惯对大学生而言不仅是实验安全的必备保障，而且有助于取得研究成果。EJUST对日本教育体系的特点进行了较为细致的研究剖析，并据此提出了在本校各个教研环节上的细化目标。①由此可见，**EJUST 对传播日本文化采取了极为务实的态度，注重精神内核的移植，而不是流于表面。**

2. 埃及—日本教育合作伙伴关系②

早在 1999 年 4 月，时任埃及总统穆巴拉克访问日本期间，两国政府即提出了要在包括教育在内的五个领域建成"合作伙伴关系"。③此后在几乎历次双边最高级别会晤等重大政治场合都会对以促进人力资源发展为目标的教育合作（实为日本对埃及教育援助）进行强调与重申，如 2007 年安倍晋三访埃④、2012—2016 年间每年至少一次的两国首脑会见。⑤在 2016 年 2 月底至 3 月初塞西对日本进行"历史性"访问时，高度赞扬了日本的教

---

① "Faculty of International Business and Humanities（FIBH），School of International Business Bylaws"。

② 本部分内容除另有注明外，均来自："Egypt-Japan Education Partnership 'EJEP'，Empowerment of Egyptian Youth，Introduction of Japanese-Style Education"，The Official Website of the Ministry of Foreign Affairs of Japan，http://www.mofa.go.jp/files/000136269.pdf。

③ "Japan-Egypt Joint Statement on the Occasion of the Visit By President Hosni Mubarak to Japan"，April 11—13，1999，http://www.mofa.go.jp/region/africa/egypt/pv9904.html。

④ "Japan-Egypt Joint Statement on the Occasion of the Visit by Prime Minister Abe to the Arab Republic of Egypt"，May 2，2007，http://www.mofa.go.jp/region/middle_e/pmv0704/joint_egypt.html。

⑤ 2012 年野田佳彦在纽约会见穆尔西，"Japan-Egypt Summit Meeting（Overview）"，September 27，2012，http://www.mofa.go.jp/region/africa/egypt/meeting1209_pm.html；2013 年安倍晋三在横滨会见埃及总理甘迪勒，"Japan-Egypt Summit Meeting"，June 2，2013，http://www.mofa.go.jp/region/page6e_000049.html；2014 年安倍在纽约会见塞西，"Japan-Egypt Summit Meeting"，September 24，2014，http://www.mofa.go.jp/me_a/me1/eg/page3e_000243.html；2015 年 1 月安倍再次访埃，"Prime Minister Abe Visits Egypt"，January 18，2015，http://www.mofa.go.jp/me_a/me1/eg/page3e_000292.html；2015 年 4 月安倍在印尼会见埃及总理马赫莱卜，"Japan-Egypt Summit Meeting"，April 23，2015，http://www.mofa.go.jp/me_a/me1/eg/page22e_000674.html；2016 年 9 月安倍与塞西在杭州会晤，"Japan-Egypt Summit Meeting"，September 5，2016，http://www.mofa.go.jp/me_a/me1/eg/page3e_000561.html。

育经验,明确表示希望向埃及引入日式教育。①此次访问的主要成果之一,就是两国政府宣布建立"埃及—日本教育合作伙伴关系"(the Egypt-Japan Education Partnership, EJEP)。2017 年 5 月,双方签订协议规定日方将为此提供 ODA 贷款 101.92 亿日元,项目完成期为 2024 年 9 月。②2018 年 2 月两国政府以支持"埃及日本学校"为名签订了新的 EJEP 计划软贷款协议③,款项追加到 186.26 亿日元(合 1.757 亿美元④),计划于 2021 年 7 月贷款发放完毕。⑤两国开展此项合作旨在开发培育埃及青年人力资源,使之成为抵制恐怖主义和极端势力的重要力量,以促进国家和地区的和平、稳定、发展和繁荣。该计划的合作领域覆盖从儿童早期教育至高等教育的全阶段,包括科学研究和技术创新等,文件包括条款 12 项,核心内容归纳如下:

(1) 埃及赴日留学生和培训生数量年均增加 150%。过去 50 年里有超过 8000 名埃及人赴日留学和受训,年均 160 人左右。在该合作协议签订之前的最近几年,每年约有 200 名埃及人赴日参加各种长短期学习项目。该合作协议规定,自实施之后的五年内将派出共至少 2500 名埃及学生、科研人员、教师和政府官员赴日留学进修,日方将以包括提供奖学金在内的各种方式予以支持。

(2) 埃及引进日本学校教育模式。埃及政府对日本教育体系中的校

---

① "JICA oversees a new stage of cooperative relations between Egypt and Japan", February 29, 2016, https://www.jica.go.jp/egypt/english/office/topics/160229.html.

② "Signing of Japanese ODA Loan Agreement with Egypt: Supporting the establishment of a high-quality, Japanese-style education system in the education and health sectors through study and training in Japan", Press Releases, May 8, 2017, https://www.jica.go.jp/english/news/press/2017/170508_02.html.

③ "Japanese Government provides the soft loan for the Egypt-Japan Education Partnership: Egypt-Japan School Support Program", the Official Website of the Embassy of Japan in Egypt, February 22, 2018, http://www.eg.emb-japan.go.jp/e/biraterual/japan_egypt/recent_progress/2018/20180222.htm.

④ "Egypt agrees to finance Japanese schools with $175.7M", Egypt Today, Feb. 22, 2018, http://www.egypttoday.com/Article/3/43525/Egypt-agrees-to-finance-Japanese-schools-with-175-7M.

⑤ "Signing of Japanese ODA Loan Agreement with Egypt: Supporting the introduction and extension of Japanese-style education through financial support for the education sector", February 22, 2018, https://www.jica.go.jp/english/news/press/2017/180222_03.html.

园活动和学校管理表示出强烈兴趣,希望引入本国以有助于埃及年轻人培养品德操行、纪律观念与合作精神。埃方将引进日本的"培养学生全面发展"(Tokubetsu Katsudo, or Tokkatsu)教育模式,其以在中小学阶段推行"全童教育模式"和"校园特别活动学时"为突出特色①,重点是课程体系建设及其所依托的教育制度变革。应埃及政府要求,日本政府将予以全力支持和配合,帮助在埃及中小学中推广该模式。

根据协议,除日方援助新建若干学校外,"培养学生全面发展"教育模式也将在现有学校中实施。据报道,2016/17 学年,该模式已在三个省的12 所中小学校得到成功应用。2017 年 4 月,埃及教育部宣布 2017/18 学年将在另外 45 所公立学校中推广该模式,2018/19 学年将再增加 55 所学校。②

(3) 援建日本学校(EJC)。2016 年 EJEP 计划公布后,埃及社会上一个广为流传的说法是日方将援助埃及新建数目可观的"日本学校",包括当地严肃媒体也热衷于讨论此话题,对学校具体数量的报道从最初的 100所③发展到近来的 200 所④。但日方从未公布过关于该议题的具体信息,甚至直至 2018 年 2 月 21 日 JICA 与埃方就 EJEP 签订新的 ODA 贷款协议时,才宣布将开办"埃及—日本学校"(Egypt-Japan School, EJS),但仍

---

① "The Japanese Model of Educating the Whole Child", the Official Website of TO-KKATSU, http://www.p.u-tokyo.ac.jp/~tsunelab/tokkatsu/edwc/.

② "Japanese education system Tokkatsu to be applied in 45 Egyptian schools", Egypt Independent, April 19, 2017, http://www.egyptindependent.com/japanese-education-system-tokkatsu-be-applied-45-egyptian-schools.

③ "New Japanese schools in Egypt open doors for students in October", Ahram Online, 24 Sep. 2017, http://english. ahram. org. eg/NewsContent/1/64/277681/Egypt/Politics-/New-Japanese-schools-in-Egypt-open-doors-for-stude.aspx; "20,000 apply for new Japanese schools in Egypt: Ministry", Ahram Online, 30 Sep. 2017, http://english.ahram.org.eg/NewsContent/1/64/278030/Egypt/Politics-/,-applicants-registered-in-new-Japanese-schools-in.aspx.

④ Dina Elsayed, "Egypt to open its gates for Japanese schools", *Egypt Today*, Feb. 11, 2018, https://www.egypttoday.com/Article/1/42547/Egypt-to-open-its-gates-for-Japanese-schools; "200 Japanese Schools to be Opened in Egypt", *Albawaba*, February 22nd, 2018, https://www. albawaba. com/editorchoice/200-japanese-schools-be-opened-egypt-1092898.

然没有公布包括援建数量在内的任何细节。①

有关"日本学校"的实际运行情况是,在 2017 年 7 月下旬,有埃及媒体报道分布在全国各地的 28 所新建日本学校将于 8 月首周开始招生;至 9 月下旬,《金字塔报》等权威官媒报道仅有在从开罗至三角洲地区的 5 所新建日本学校将于 10 月开学,学制从幼儿园到小学三年级,日常教学时间比其他公私立学校长三个小时,每班容量为 40—45 名学生,学费 2000—4000 埃镑,当时在短短五天时间里②即有 29703 名学生申请入学,最终埃及教育部批准招生 1800 人③,日本学校在当地受欢迎程度可见一斑;但随后形势迅速发生变化,这些日本学校开学时间一再延迟,一直到比正常开学时间延迟将近 20 天的 10 月 19 日,埃及教育部才宣布塞西总统已决定日本学校开学全部推后,理由是由于招生和教师招聘程序不透明,以及整个项目的管理混乱状态,引发埃及议员强烈质疑,结果是教育部承认还未完全为这些日本学校运行做好准备,原有的招生和招聘办法全部作废,已决定录取的 1800 名学生仍留在原学校;④一直到 2018 年 1 月底春季学期开学时,埃及官方还未给出日本学校开学的大致时间。⑤

大体看来,埃及日本学校项目的实际执行与原定方案存在相当距离,这不仅影响双方合作效果和埃及学生的实际利益,对日方利益可能也构成损害,这突出表现在课程设置和日语教学方面。从埃及媒体的报道看,

---

① "Signing of Japanese ODA Loan Agreement with Egypt: Supporting the introduction and extension of Japanese-style education through financial support for the education sector", February 22, 2018, https://www.jica.go.jp/english/news/press/2017/180222_03.html.

② "New Japanese schools in Egypt open doors for students in October", Ahram Online, 24 Sep. 2017, http://english.ahram.org.eg/NewsContent/1/64/277681/Egypt/Politics-/New-Japanese-schools-in-Egypt-open-doors-for-stude.aspx.

③ "200 Japanese Schools to be Opened in Egypt", Albawaba, February 22nd, 2018, https://www.albawaba.com/editorchoice/200-japanese-schools-be-opened-egypt-1092898.

④ "Egypt postpones opening of new Japanese schools to review student, teacher selection process: Minister", Ahram Online, 19 Oct. 2017, http://english.ahram.org.eg/NewsContent/1/64/280072/Egypt/Politics-/Egypt-postpones-opening-of-new-Japanese-schools-to.aspx.

⑤ Al-Masry Al-Youm, "Japanese school project still ongoing in Egypt: JICA Planing Director", *Egypt Independent*, January 30, 2018, http://www.egyptindependent.com/japanese-school-project-still-ongoing-in-egypt-jica-planing-director/.

对该项目的介绍从最初的"全面引进日式教育模式",逐渐退到课程完全与公立学校相同,差别仅在于日校有更多校园活动,即所谓"全童教育模式";①而尽管在最初两国政府所签订的 EJEP 文件中,"双方都强调在各级学校开展日语教育的重要性",但根据公开报道,在日本学校中的学生将不学习日语。②

四、结 论 与 启 示

埃及教育发展已成为该国一个高危的社会问题,其落后、低效甚至腐败的状况不仅直接制约国家经济发展,而且成为引发社会动荡的重大诱因之一,长期以来公众蓄积了严重不满,现已逐渐演变为一个高度威胁国家稳定与安全的政治问题。应该说,埃及政府高度重视教育事业,并为改善局面付出巨大努力,也在积极寻求各方帮助,但仍面临几对难以纾解的重大矛盾。

首先,心有余而力不足。埃及政府主观上有发展教育事业的强烈意愿,为改善人力资源、降低文盲率设定了宏大目标,但在客观上,近年来埃及日益恶化的经济局势对公共财政等可用资源形成了难以跨越的制约。

其次,身有疾而讳医之。显然埃及主要依靠廉价、公立的政府包办方式发展教育的局面已难以为继,以多种方式大力发展非公教育应是一个有效且不可避免的突围之路,引入包括外来援助在内的国际资本尤其有显著的改善作用,但受制于利益集团、执政合法性、路径依赖等强大因素作用,政府又难以突破自身局限,缺乏打破陈规、进行制度改革的勇气。

---

① "20,000 apply for new Japanese schools in Egypt: Ministry", *Ahram Online*, 30 Sep. 2017, http://english.ahram.org.eg/NewsContent/1/64/278030/Egypt/Politics-/,-applicants-registered-in-new-Japanese-schools-in.aspx; "Egypt postpones opening of new Japanese schools to review student, teacher selection process: Minister", *Ahram Online*, Thursday 19 Oct. 2017, http://english.ahram.org.eg/NewsContent/1/64/280072/Egypt/Politics-/Egypt-postpones-opening-of-new-Japanese-schools-to.aspx.

② Dina Elsayed, "Egypt to open its gates for Japanese schools", *Egypt Today*, Feb. 11, 2018, https://www.egypttoday.com/Article/1/42547/Egypt-to-open-its-gates-for-Japanese-schools.

最后,口诺惠而实不至。埃及政府长期以来都对各种形式的私人、国际资本特别是外界援助形成较高期待和依赖,但同时并存的问题是埃方一直以种种手段对国际发展合作设置掣肘和限制。这其中,行政系统的低效和腐败自然是关键制约因素,但在教育文化的等意识形态领域,埃及民众素来强烈的民族主义心态比在其他领域更容易发挥干扰作用。

我国正在加大对外教育援助力度,同时也在积极促进双边人文交流,日本教育援助埃及对我相关工作具有一定的启发和借鉴意义。

第一,应始终明确援助的核心原则和终极目标是为中国国家利益服务。对外进行发展合作、提供援助,对受援国产生的积极贡献无可置疑,但就根本而言,对外援助应视为海外利益的一个重要组成部分,而海外利益是国家利益的自然延伸。作为现代国际体系中的国家行为,外交应始终坚持为本国国家利益服务,应是确定不移的首要原则。如前所述,JICA 的公报中开宗明义地提出其工作为日本国际利益服务,实际上各对外援助大国的有关机构都有类似表述。在此问题上,援助国首先要清楚识别自身在受援国的主要利益的内容是什么? 可用的手段有哪些? 可能面临的风险来自何处?

第二,对埃提供教育援助的总体规划要定位精准、提前布局。如前所述,埃及教育发展面临巨大困境,外来力量就总体而言,只能起到补充和局部支持的作用。我国自身也仍然是人均国民收入低于世界平均水平的最大发展中国家,这意味着在一个较长时期内对外援助的资金规模必然是较为有限的。国际发展合作署的刚刚成立,既表明国家对对外援助工作的重视程度大为提高,也意味着援助管理体系要加强统筹、科学规划,这自然要求对埃教育援助要明确重点、精心布局。既要准确认知埃方的合作诉求,也要充分对接我们自身的比较优势;既要解决当前急迫的现实问题,又要着眼于长期战略的谋篇布局。

第三,援助策略要灵活、务实,特别要高度谨慎地对待埃及的文化民族主义情绪。民族主义情绪在埃及社会各个领域普遍且强烈存在,无论其正当与否,都是一个难以改变的客观现实。外来援助无论初衷如何,若与之交流不当,很容易产生负面效果。

第四,在援助的具体执行层面,应大力吸收社会各界参与,充分运用政府引导、民间资本介入的公私合作(PPP)方式。这是为了淡化官方色彩,避免可能存在的意识形态问题,也是依照经济规律办事,提高运行效率。在这个过程中,我国政府应坚持只发挥监管和原则指导作用,而把具体项目按市场原则,以政府购买服务的方式交由私人资本或民间非营利机构负责运营。

国别开发银行与工业化：来自巴西的经验与启示[*]

【内容提要】 巴西是世界体系中的后发国家，在"国家发展主义"的指导思想下开启了工业化。这种模式强调国家主导，巴西国家开发银行在其工业化发展过程中发挥了关键作用并取得一定的成就。随后，巴西进行了以扩大对外开放为目标的经济改革，仍延续了"国家发展主义"，巴西国家开发银行的贷款量在经济改革后仍然显著增加。但是，巴西却开始了"去工业化"，强大的开发银行并未成为延续工业化的推动力。本文从开发银行的筹资模式、外资与内资的关系两个视角研究巴西国家开发银行在其工业化进程中的角色。研究认为，经济开放之后外资对内资的"挤出"以及国家是否有能力把控外资的投向是影响开发银行在工业化发展过程中作用发挥的重要原因。

【关键词】 后发国家，发展融资，工业化

【Abstract】 Brazil is a latecomer in the world system, having started its industrialization under the guiding philosophy of "national developmentism". This model emphasized state leadership, and the Brazilian National Development Bank (BNDES) played a key role in the development of its industrialization and achieved some success. Subsequent economic reforms aimed at opening up the country to the outside world continued the "national developmentalism", and the volume of loans from the Brazilian Development Bank increased significantly after the economic reforms. However, Brazil began to "de-industrialize" and the strong development banks did not become a driving force for the continuation of industrialization. This paper examines the role of the Brazilian National Development Bank in its industrialization process from two perspectives: the funding model of development banks and the relationship between foreign and domestic capital. It is argued that the "crowding out" of domestic capital by foreign capital after the opening of the economy and the ability of the state to control the investment of foreign capital were important factors that affected the role of development banks in the industrialization process.

【Key Words】 Backward economy, Development finance, Industrialization

---

* 本文是中国社会科学院青年启动项目"巴西左翼政府经济发展战略研究"（2020YQNQD00132）的阶段性研究成果。

** 侯筱辰，复旦大学国际关系与公共事务学院国际政治专业博士生；王飞，平顶山学院客座教授，中国社会科学院拉丁美洲研究所副研究员，巴西研究中心副秘书长。

一、问题的提出

在第二次世界大战后的所谓"后殖民主义时代"，大部分发展中国家都采取了新的发展战略，与之前的发展状况形成鲜明对比。这种发展战略追求一种自主性更强的发展，国家和政府在发展中扮演了更具战略性的角色，工业化则被视为追赶过程中必经的一步。[①]亚历山大·格申克龙（Alexander Gerschenkron）认为，落后国家启动工业化与先进国家相比存在较大差异。这种差异不仅体现在发展速度上，而且体现在工业生产结构和组织结构上。一个国家越落后，它的工业化就越可能在某种有组织的指导下进行，依据落后的不同程度，可通过投资银行或官僚机构的控制来进行。[②]作为工业化的基础条件，国家工业化的发展很大程度上归功于发展战略和经济政策，而国家在创造这些基础条件、发展相关的制度并进行战略性介入的过程中发挥着核心作用。[③]事实上，在实现工业化的过程中，政府在任何一个发展中国家中的作用都十分重要，虽然其在本质和目的上存在差异。[④]对于强调市场和开放程度的国家而言，其纠正市场失灵的关键在于理顺价格机制，购买技术和科技支撑工业化；对于强调国家介入及开放度存在一定限制的国家而言，其纠正政府失灵的关键在于制度

---

① ［印度］迪帕克·纳亚尔：《追赶：世界经济中的发展中国家》，周媛、桂姗译，南京大学出版社 2020 年版，第 98 页。

② ［美］亚历山大·格申克龙：《经济落后的历史透视》，张凤林译，商务印书馆 2011 年版，第 11—55 页。

③ Deepak Nayyar, *Catch Up：Developing Countries in the World Economy*, Oxford University Press, 2013.

④ Evans, Peter, *Embedded Autonomy：States and Industrial Transformation*, Princeton University Press, 1995；Wade, Robert, *Governing the Market：Economic Theory and the Role of Government in East Asian Industrialization*, Princeton University Press, 1990；Lall, Sanjaya, "Imperfect Markets and Fallible Governments：the role of the state in industrial development." in Deepak Nayyar, ed., *Trade and Industrialization*, Oxford University Press, 1997；Amsden, Alice H, *The Rise of the Rest：Challenges to the West from Late Industrializing Economies*, Oxford University Press, 2001.

建构,建立或培育工业化所需的技术和科技。①

在第二类国家,为了支持和培育工业化的基础制度框架基本建立在20世纪50年代后期或20世纪60年代早期。这样的制度框架均以推动工业化和工业化投资为目标,其具体手段包括产业政策、贸易政策、科技政策,或直接建立计划办公室、工业委员会、金融机构来贯彻政策。②这些国家逐步摸索出一种新的控制机制替代了"看不见的手"(市场),开发银行成为各国投资项目的关键融资方。在实际操作中,后发国家的开发银行克服了来自发达经济体的竞争压力以及资本充足率的限制,在这些国家产业业形成进程中发挥了重要作用。③在这个框架下,为工业部门投资提供长期融资的开发银行,尤其重要。

巴西是发展中国家的典型代表,作为后发国家,采用的是国家主导型的经济发展战略,通过利用国家干预加强工业化,从而实现经济追赶。对于为工业部门提供长期融资的开发银行,巴西国家开发银行贷款拨付量占GDP的比重和巴西工业增加值占GDP的比重同向变动,在发展过程中起到至关重要的作用。但是,在经济改革、国家扩大对外开放后,巴西国家开发银行贷款持续增加(1990—2010年)而工业增加值占GDP的比重却越来越低,看似强有力的巴西国家开发银行为何未能有效推动巴西的工业化发展?本文试图对巴西国家开发银行与工业化发展进行讨论,试图分析影响巴西开发银行在巴西工业化发展进程中作用的重要原因。

二、开发银行在经济发展中的作用

在第二次世界大战后的三十多年,不管是发展中国家还是发达国家,

① Bhaduri, Amit, and Deepak Nayyar, *The Intelligent Person's Guide to Liberalization*. Penguin, 1996; Deepak Nayyar, "Themes in Trade and Industrialization." in Deepak Nayyar, ed., *Trade and Industrialization*, Oxford University Press, 1997.

② Deepak Nayyar, "Development Banks and Industrial Finance: The Indian Experience and Its Lessons", in Akbar Noman, Joseph E. Stiglitz, eds., *Efficiency, Finance, and Varieties of Industrial Policy—Guiding Resources, Learning, and Technology for Sustained Growth*, Columbia University Press, 2017.

③ Alice Amsden, *The Rise of "The Rest": Challenges to the West from Late-Industrializing Economies*, Oxford University Press, 2001, p.169.

开发银行被广泛认为发挥着非常重要的作用。然而有观点认为被抑制的金融系统是低效的，从而鼓励金融自由化，即对金融施加最少的或取消限制。在其看来，公共金融机构，如开发银行，被视为是负面的并受到很多（公正的或不公正的）批评，一是它们和受到严格管制的国内金融环境使名义利率保持在比竞争更激烈的市场更低的水平，扭曲了贷方和借款人之间的经济激励，这使得金融市场低效；①二是这样的介入往往会导致寻租、腐败和对私人资本的挤出效应；三是开发银行项目经常用于非优先用途，最终导致不良贷款。此外，一旦引入开发银行，贷款就很难撤出。这一问题被称为政治占领（political capture）。出于以上考虑，西方国家政府直接或通过国际金融机构强烈推动发展中国家使其金融市场去管制和自由化。②正是在这种思潮的影响下，开发银行的作用在很多国家中大幅度减小。自相矛盾的是，在新自由主义占据上风的时期，世界银行，作为一个非常重要的公共开发银行，通过在贷款时附加政策条件在鼓励发展中国家减小或关闭它们的国家开发银行。③

基于经济学中市场失灵理论，另一方证明了开发银行存在的必要性。金融市场的市场失灵理论认为，金融市场中信息不完善或信息不对称导致金融市场无法高效运作④，这主要体现在资金的供需错配上。经济中存在这样一些资金需求方，尽管其愿意承担更高的利率筹资，但银行还是有可能拒绝为其贷款。如果这些机构恰好是发展所依赖的关键实体，则需要激励资金供给。特别地，在一些已经进行了私有化改革的国家，私人金

---

① McKinnon, Ronald I, *Money and Capital in Economic Development*, Brookings Institution Press, 1973.

② Stiglitz, J., and Greenwald, B, *Creating a Learning Society: A New Approach to Growth*, *Development*, *and Social Progress*, Columbia University Press, 2014.

③ Griffith-Jones, Stephany & Cozzi, Giovanni. "The Roles of Development Banks: How They Can Promote Investment in Europe and Globally: Guiding Resources, Learning, and Technology for Sustained Growth." In Akbar Noman, Joseph E. Stiglitz, eds., *Efficiency*, *Finance*, *and Varieties of Industrial Policy -Guiding Resources*, *Learning*, *and Technology for Sustained Growth*, Columbia University Press, 2017.

④ Stiglitz, Joseph E., and Andrew Weiss. "Credit rationing in markets with imperfect information." *The American economic review*, Vol.71, No.4, 1981, pp.393—410; Stiglitz, Joseph E. "Financial markets and development." *Oxford Review of Economic Policy* Vol.5, No.4, 1989, pp.55—68.

融体系的融资供给条件更为苛刻。施蒂格利茨(Stiglitz)认为由于金融市场信息更加密集,市场失灵在金融市场更加普遍,可能比其他部门或产业都严重。在这样的情境下,市场失灵远大于政府失灵。政府介入的益处远大于其成本。这为政府"有形的手"提供了强有力的理由,可通过有效的公共开发银行和对私人金融市场有力的监管。之后,施蒂格利茨和格林沃德进一步提出知识和信息市场同样有巨大的市场不完善,而且它们是基本的公共物品。所以,政府需要推动建立学习型社会,帮助实现生产力的提升。开发银行就是帮助实现这一目标的制度性工具,除了提供长期融资,它们还可提供特定的创新激励措施,因其从长远角度出发,可对创新的具体领域进行资助、聚集并协调专业知识。[①]

市场失灵是开发性金融机构存在的主要原因,国家开发银行能够应对市场失灵,有利于解决市场失灵中出现的信息不对称、创造正外部性、纠正短视主义并解决顺周期借贷的问题。例如能够给私人银行不愿投资的高风险的长期项目进行投资,在经济危机之中和之后,开发银行所发挥的积极作用反映出其具有反周期融资的重要作用。越来越多的学者和政策制定者认为,开发银行(多边、区域性及国别开发银行)在发展中国家和发达国家的发展融资中都有非常积极的作用。近几年来在一些发达国家新成立的开发银行,如法国和爱尔兰,还有成立比较久且有积极评价的德国复兴开发银行,表明开发银行在经济增长和结构转型方面发挥着积极作用。格里菲斯-琼斯等学者总结指出开发银行在发展过程中至少发挥着以下五个方面的重要作用:(1)抵消私人融资的顺周期行为;(2)推动创新和结构转型,对经济增长至关重要;(3)增强金融的包容性;(4)支持对基础设施投资的融资,对经济增长也十分重要;(5)支持公共产品的提供,尤其是应对气候变化,促进环境的可持续性和绿色增长。[②]有学者进一步指出开发银行可以通过贷款筛选和借贷活动,负责识别这些市场失灵,以指导其运营并为生产发展政策的设计提供关键投入。实际上,他们也可以识

① Stiglitz, Joseph E., and Bruce C. Greenwald. *Creating a learning society: a new approach to growth, development, and social progress*. Columbia University Press, 2015, p.680.

② Griffith-Jones, Stephany, and Jose Antonio Ocampo, eds. *The Future of National Development Banks*, Oxford University Press, 2018.

别阻碍发展的政府失灵，号召需要的公共投入。[①]除了弥补市场失灵，不少学者提出开发银行有培育市场的作用。[②]徐佳君通过对中国国家开发银行的案例研究分析指出国家开发银行的市场培育和市场参与的功能，同时也指出其具有中国特色，可能不适合直接复制到其他国家。[③]

另外，有不少研究对具体的国别开发银行进行深入的实证分析，指出其有效运作的重要因素或环境，或是指出其在该国家中如何发挥着不可替代的作用。除了对开发银行作为产业政策工具这一最重要的作用进行分析外，有很多结合当今的国际政治经济环境，提出开发银行可在新领域发挥作用。岛田刚分析了日本产业政策中制度的黑箱，主要从开发银行、私人部门和劳工方面进行了制度分析，从产业政策制度设置的角度重点分析了日本开发银行，指出有效的开发银行和制度有两个重要的因素：开发银行的自主性和高能力且在制度框架中有清晰的分工，才有助于产业政策的有效实施。[④]另有学者分析了德国复兴开发银行如何对经济全球化带来的多重挑战进行回应，如何增强德国复兴开发银行在 1980 年后施行有选择产业政策的能力。其分析认为这主要是由于德国强硬的货币和较低的主权信用风险，较大的市场规模且其欧盟成员的身份和德国在欧洲中处于区域性霸权更增强了这一优势。其研究表明，基于国内政治，发达经济体能够去塑造或利用国际经济体系的规则去施行有利于其国的产业

① Fernández-Arias, Eduardo, Ricardo Hausmann, and Ugo Panizza. "Smart development banks," *Journal of Industry, Competition and Trade* Vol.20, No.2, 2020, pp.395—420.

② Mazzucato, Mariana, and Caetano CR Penna, "Beyond Market Failures: The Market Creating and Shaping Roles of State Investment Banks," *Journal of Economic Policy Reform*, Vol.19, No.4, 2016, pp.305—326; Mertens, Daniel, and Matthias Thiemann, "Market-based but State-led: The Role of Public Development Banks in Shaping Market-based Finance in the European Union," *Competition & Change*, Vol.22, No.2, 2018, pp.184—204.

③ Xu, Jiajun, "Development Financing as an Instrument of Industrial Policy: From the Perspective of New Structural Economics," *Economic Review* Vol.03, 2017, pp.70—80.

④ Go Shimada, "Inside the Black Box of Japan's Institution for Industrial Policy: An Institutional Analysis of the Development Bank, Private Sector, and Labor," in Akbar Noman, Joseph E. Stiglitz, eds., *Efficiency, Finance, and Varieties of Industrial Policy: Guiding Resources, Learning, and Technology for Sustained Growth*, Columbia University Press, 2017.

政策,即便发展中国家被给予相反的政策建议(不要采用产业政策)。①

已有研究对开发银行的作用进行了比较宽泛的分析和讨论,但无论是理论分析还是国别案例,发挥作用的机制均依赖于某种先验存在的制度,因而导致开发银行作用的发挥存在差异,这也是学界未达成一致的直接原因。发达国家和后发国家融入世界经济体系的时间不同,其受到体系的制约也存在差异,这直接导致这些国家内外循环的不畅通。特别是对于包括巴西在内的后发经济体,国内的研究较少,而这些研究对于当前中国所强调的"双循环"有重要的意义。

三、巴西国家开发银行与巴西的工业化

(一)作为政策工具的巴西国家开发银行

巴西国家开发银行(The Brazilian Economic Development Bank, BNDE)成立于 1952 年 6 月 20 日,旨在满足国家对基础设施和工业项目长期融资的迫切需求。巴西的工业化始于 20 世纪 40 年代的第二次世界大战中期,但由于缺乏可用于大型基础设施和工业项目的投资资本,其扩张受到抑制。彼时,巴西已经采取了进口替代的工业化策略并在第二次世界大战期间站在同盟国一边,便于接受美国的外援,重点发展采矿和钢铁工业。1950 年,巴西和美国共同成立了联合委员会(CMBEU),分析和推荐基础设施项目,帮助巴西的经济发展。BNDE 是 CMBEU 的工作内容,经两任总统欧里科·加斯帕尔·杜特拉(1946—1951 年)和热图利奥·多内列斯·瓦加斯(1951—1954 年)任期后成立,为重工业企业提供资金。②巴西国家开发银行作为政府机构,旨在制定和执行国家经济发展政策。随后,根据 1971 年 6 月 21 日的第 5662 号法律,BNDE 根据私法转变为国有公司,这使得其筹集和投资资金的灵活性更大,而且受到的政治

① Natalya Naqvi, Anne Henow & Ha-Joon Chang, "Kicking away the financial ladder? German development banking under economic globalisation," *Review of International Political Economy*, Vol.25, No.5, 2018, pp.672—698.

② Musacchio, Aldo, et al. "The role and impact of Development Banks," World Bank Working Paper, 2017.

干预更少。巴西国家开发银行的资金主要源于与社会保险和工人安全保障相关的"准公共"基金(社会一体化计划、公务员援助计划税和工人扶持基金)、未偿还贷款和股权投资收益、发行债券和从多边机构借款。

巴西国家开发银行一直是巴西工业化的主角。最初,BNDE 在基础设施方面投入了大量资金。20 世纪 70 年代,BNDE 在巴西进口替代政策方面发挥了重要作用,最终使巴西形成了拉丁美洲最完整的工业部门。BNDE 推动重要工业领域的投入产出和生产资料的发展,同时在巴西仍然微不足道的工业领域开始投资,帮助建立新产业,如信息技术和微电子。1974 年,银行成立了三个子公司在资本市场开展业务,旨在扩大巴西公司的资本化类型。它们于 1982 年合并,成为一家名为 BNDESPAR 的新子公司。1982 年,银行更名为巴西经济和社会发展银行(The Brazilian Economic and Social Development Bank,BNDES),将社会关注与发展政策相结合。20 世纪 80 年代,银行鼓励巴西公司在国内市场与进口产品竞争,并刺激出口。

巴西的工业化发展可分为两个阶段(见图 1)。第一个阶段是 20 世纪 90 年代之前,制造业增加值占 GDP 的比重从 1947 年的 20% 增至 1989 年的 30% 左右。在此期间,尽管在某些年份有所下降,但巴西的工业占比总体保持了上升趋势。第二个阶段从 20 世纪 90 年代延续至今,巴西进入了"去工业化"阶段,制造业增加值占 GDP 的比重持续下降,甚至降至 1947 年的水平之下。

图 1　巴西制造业增加值占 GDP 的比重

资料来源:巴西应用经济研究所(IPEA)。

巴西国家开发银行在巴西的工业化进程中发挥了重要作用,其关注重点随着国家的发展战略不断调整(见表 1)。首先,在进口替代工业化阶段,巴西国家开发银行是进口替代政策的实施工具,为基础设施和重工业部门提供发展资金,助推巴西工业的发展。其次,20 世纪 80 年代债务危机及 90 年代的经济改革期间,巴西国家开发银行协助推动巴西的私有化进程,它负责计划的行政、财务和技术支持,1991 年开始协助出售巴西的大型国有公司。[1]而 20 世纪 90 年代开始,巴西的工业化水平随后呈下降趋势,1998 年跌至约 15%的水平。最后,自 21 世纪初以来,巴西国家开发银行已经成为政府重大基础设施项目投资中的关键参与方[2],旨在促进地方和区域发展、社会和环境承诺以及需要其支持的项目的创新能力。巴西国家开发银行既是一家金融巨头,也是巴西社会经济发展的核心所在。2002 年至 2015 年,巴西国家开发银行加大了对大型基础设施与物流项目及其全球业务的支持力度。

表 1　巴西国家开发银行的阶段性政策重点

阶　　段	关注重点
20 世纪 50—70 年代	作为进口替代政策工具,主要关注公共基础设施、钢铁、科技、消费品,对私人公司提供贷款
20 世纪 80—90 年代	作为私有化工具,强调社会发展,主要关注资本品、原材料、能源、农业
21 世纪以来	重新关注产业发展,强调创新、社会环境发展、区域发展

资料来源:作者自制。

2006 年开始,巴西国家开发银行的贷款水平呈现指数级增长,直到 2016 年才出现大幅下滑。尽管巴西国家开发银行在努力吸引和利用私人资本,但其也严重依赖于国库的资金调拨。2009 年,巴西国家开发银行参与应对 2008 年全球金融危机。由于市场开发速度跟不上为应对危机产生的贷款组合的膨胀速度,巴西国家开发银行的资金开始严重依赖国库调

---

① BNDES, History, https://www.bndes.gov.br/SiteBNDES/bndes/bndes_en/Institucional/The_BNDES/history.html.

② [巴西]罗杰里奥·司徒达特、拉姆·拉莫斯:《开发性银行的未来:以巴西国家开发银行为例》,《开发性金融研究》2017 年第 16 期,第 59—70 页。

拨,调拨资金大幅增加,占比超出其资金总额的 50%。2009—2014 年,巴西财政部调拨给巴西国家开发银行的国库资金总额已接近 4300 亿美元。国库调拨资金的大幅增长重新引发了关于促进工业政策实施的社会成本,以及巴西国家开发银行融资战略有效性的争议。对准财政资金来源的依赖性日益增强会给银行带来挑战,同时银行也受到外部在调整定价、扩大大型项目共同融资和缩小规模等方面施加的越来越大的压力。2015年巴西政府为了减少债务总额,决定不再对巴西国家开发银行进行财政拨款①,巴西国家开发银行的资金来源面临着新的挑战。

（二）巴西国家开发银行的资金投向与效果

巴西国家开发银行是 1985 年以来巴西工业政策最重要的核心机构之一。BNDES 作为巴西长期私人和公共资金的主要来源,其贷款决定体现了政府的产业政策导向。从贷款量来看,BNDES 的贷款总额占巴西固定资本形成总额的比重由 1989 年的 3.1% 上升至 2006 年的 13.3%,占巴西整个金融系统总信贷比例由 1989 年的 2.9% 上升至 2006 年的 8.3%。BNDES 对出口支持的力度也在不断增加,由 20 世纪 90 年代初期的 2.6%上升至 2006 年的 28.2%。而形成明显对比的是,巴西固定资本形成总额占 GDP 的比重却不断下降,由 1989 年的 26.9%降至 2006 年的 16.2%(见表 2)。因此,从数据来看,在巴西经济改革之后,巴西国家开发银行不断增加的贷款量并没有实现更多的资本形成,巴西的整体投资水平仍然较低。

表 2　BNDES 系统贷款拨付额相关指标(1989—2006 年)

时间段	BNDES 贷款拨付额					
	总额 （百万 雷亚尔）	出口占比 （%）	总额/固定 资本形成总额 （GFCF)（%）	总额/巴西 金融系统总 信贷额(%)	GFCF/ GDP （%）	实际 GDP 增长率 （%）
1989	—	—	3.1	2.9	26.9	3.2
1990—1994	—	2.6	4.1	3.0	19.4	1.2

---

① ［巴西]罗杰里奥·司徒达特、拉姆·拉莫斯:《开发性银行的未来:以巴西国家开发银行为例》,《开发性金融研究》2017 年第 16 期,第 59—70 页。

（续表）

时间段	BNDES 贷款拨付额					
	总额（百万雷亚尔）	出口占比（%）	总额/固定资本形成总额（GFCF）（%）	总额/巴西金融系统总信贷额（%）	GFCF/GDP（%）	实际 GDP 增长率（%）
1995—1998	13414	7.2	8.7	5.2	17.4	2.5
1999—2003	27453	27.4	12.4	8.2	16.2	1.9
2004—2006	46044	28.2	13.3	8.3	16.2	4.3

资料来源：Hermann，Jennifer，"Development banks in the financial-liberalization era: the case of BNDES in Brazil，" *CEPAL Review*，No.100，April 2010。

从贷款投向的部门看（见表 3），根据数据统计，2000 年工业部门占银行贷款拨付额近 45.5%，而在 2010 年降至 32.07%，2019 年只占 15.2%，基础设施部门的贷款则在 2019 年升至 54.8%。BNDES 对工业部门的关注有所减弱，转向对基础设施方面的投入。2002—2011 年间，工业部门中贷款额主要集中在能源、通信、食品、交通行业。其中，大多数最大贷款的接受者实际上与主导巴西 ISI 时期的"国家冠军"有关[1]；一些建设大型水电站的贷款接受者也是包括 ISI 时期接受项目融资的公司在内的财团。2007 年后，BNDES 的拨款增加到 GDP 的 4.5%，但其中 60% 的资金基本上用于资助"国家冠军"的形成，只有 40%（或略高于 GDP 的 1.5%）可用于对潜在的创新型中小型公司的长期补贴资金，而这并不足以推动生产性投资。[2]BNDES 将贷款过多地集中在已经具有国际竞争力的部门，加强了公用事业和商品的专业化，如采矿、石油、钢铁、农业企业和航空航天。

---

① 国家冠军（national champion）指的是大型垄断性国有企业，具体可参见 Amann，Edmund，"Technology，public policy，and the emergence of Brazilian multinationals，" In L. Martínez-Díaz & L. Brainard，eds.，*Brazil as an economic superpower*? Brookings Institution Press，2009，pp.187—218；Schneider，Ben Ross，"Big business in Brazil: Leveraging natural endowments and state support for international expansion，" *Brazil as an economic superpower*，2009，pp.159—186.

② Di John，Jonathan，"The Political Economy of Development Banking，" in Arkebe Oqubay and others，eds.，*The Oxford Handbook of Industrial Policy*，2020.

2009—2011 年间,其贷款的违约率几乎仅有 0.16%,远远低于巴西全国金融系统的违约率 3.8%,可见,BNDES 遵循的战略是"与赢家同行"而不是"挑选赢家"。[①]

表 3　BNDES 贷款的部门流向

(贷款额单位:R $ Billion)

产业部门	2000 年		2010 年		2019 年	
	贷款额	占比	贷款额	占比	贷款额	占比
农业	2.2	8.5%	10.1	6.00%	7.6	13.7%
工业	11.9	45.5%	54.0	32.07%	8.4	15.2%
基础设施	—	—	52.4	31.12%	30.3	54.8%
贸易/服务	12.1	46%	27.1	16.09%	9.0	16.3%
其他	—	—	24.8	14.73%	—	—
总额	26.3	100%	168.4	100%	55.3	100%

资料来源:BNDES Annul Report 2000,2010,2019。

　　同时,BNDES 的贷款多流向了低技术密集型部门。2002—2011 年劳工党执政时期,巴西恰逢良好的国际环境,贸易条件改善,外资流入增加。在此期间,BNDES 的投资应该向高技术密集型转向,提升经济的内生生产率,但是 BNDES 的投资拨付却并未实现转向(见表 4)。按照贷款额度统计,农业和油气收到了更多的发展融资,而按照贷款项目数量统计,艺术和娱乐、影视制作等服务业收到的贷款居多,但这对巴西的生产能力并无太大的拉动作用。因此,有研究认为,尽管历次产业政策的重要目标都是促进技术密集型部门的发展,但从贸易顺差来衡量,2011 年最具竞争力的产业部门与 1996 年相同,BNDES 并未能实现产业政策的目标,促进巴西经济结构转型,而是巩固了巴西出口围绕资源型产业和商品的专业化。[②]

---

　　① Colby, Seth, "Explaining the BNDES: what it is, what it does and how it works," *CEBRI Artigos*, Vol.3, No.8, 2012, pp.3—31.

　　② Almeida, Mansueto, and Ben Ross Schneider, "Globalization, democratization, and the challenges of industrial policy in Brazil," *Korean Development Institute*, July 2012.

表 4　BNDES 贷款投向的主要产业部门(2002—2011)(按 ISIC 部门分类)

年份	按贷款额度统计投向的 主要产业部门	按贷款项目数量统计投向的 主要产业部门
2002	电力和天然气、其他运输(造船)、机动车	电力和天然气、艺术和娱乐、机动车辆
2003	电力和天然气、电信、零售业	电力和天然气、艺术和娱乐、甘蔗综合体
2004	电力和天然气、电信、机动车	电和煤气、食品、艺术和娱乐
2005	电信、电力和天然气、食品	食品、艺术和娱乐、博物馆和档案馆
2006	电信、电力和天然气、机动车	影视制作、电信、甘蔗综合体
2007	电力和天然气、电信、食品	电力和天然气、艺术和娱乐、甘蔗综合体
2008	电力和天然气、食品、电信	甘蔗综合体
2009	电力和天然气、石油提炼、石油生产	电力和天然气、食品、影视制作
2010	食品、甘蔗综合产业、机动车	博物馆和档案馆、影视制作、电力和天然气
2011	电力和天然气、土木工程、电信	电力和天然气、影视制作、博物馆和档案馆

资料来源:Kathryn Hochstetler，Alfred P. Montero，"The Renewed Developmental State：The National Development Bank and the Brazil Model，" *Journal of Development Studies*，Vol.49，No.11，2013，p.1491。

四、巴西经济改革中的发展融资

(一)发展融资模式的变化

作为金融自由化政策的一部分,1988 年巴西政府试图建立一种长期私人融资体系,通过银行改革成立多业务或全球性银行。此次改革导致银行集中化,代表着 20 世纪 60 年代金融模式的彻底改变。但改革并未成功,私人融资部门仍然很弱,BNDES 的活动虽有所缩减,但 BNDES 在此期间仍发挥着作为巴西战略投资强制储蓄和融资核心的传统功能。

市场化的改革并没有削弱巴西的国家主义，而国家主义的优先事项重新调整了市场导向的政策，形成了"亲商"而非严格意义上的"亲市场"模式。巴西开发银行是重要的产业政策工具之一，其贷款投向体现了产业政策关注的重点行业和企业，同时也体现了规划者对发展主义政策的调整和变化，如设计了额外的贷款和信贷额度，以鼓励企业通过扩张、创新以及更加国际化的发展方向来提高竞争力。①在公共政策的指导下，产业政策的实际计划进行了有影响的调整，最重要的是从进口替代（ISI）政策优先考虑为国内市场扩大工业部门转向鼓励提升全球竞争力。1985 年，巴西民主化转型后，主管经济、工业和计划的国家部委以及 BNDES 经济部门的主要政策宣言和工作文件都包含了超越保护主义和幼稚工业原则并通过提高效率收益来促进国内产业竞争力的主题。②巴西诸多公司在 20 世纪 80 年代已经开始尽可能地转向出口，经济政策制定者承认技术和资本密集型行业（如飞机、钢铁、化工、汽车和汽车零部件以及资源为基础的制造商）的重组趋势。③

1990 年，巴西政府提出国家私有化计划（Programa Nacional de Desestatização，PND）。在其初始阶段（1990—1995 年），BNDES 的活动以实现 PND 为目标，BNDES 负责提供资金以重新改造钢铁、石化和化肥领域的上市公司，实现巴西国有企业的现代化并提高其国际竞争力。PND 在拍卖上市公司之前创建了一个涉及生产性重组的流程，通过金融和产业政策干预来提高生产力和吸收债务。PND 和 BNDES 的领导人认为，所选择的私有化模式有助于重新转变具有潜在竞争力的公司。④

虽然 BNDES 支出在 1989 年至 1994 年间平均占巴西金融体系未偿

---

① Kathryn Hochstetler，Alfred P. Montero，"The Renewed Developmental State：The National Development Bank and the Brazil Model，" Journal of Development Studies，Vol.49，No.11，2013，pp.1484—1499.

② Hermann，Jennifer，"Development banks in the financial-liberalization era：the case of BNDES in Brazil，" CEPAL Review，No.100，April 2010.

③ Mesquita，M.，"A indústria brasileira nos anos 90：O que já se pode dizer，" A Economia Brasileira Nos-anos 90，1999.

④ Montero，Alfred P，"State interests and the new industrial policy in Brazil：the privatization of steel，1990—1994，" Journal of Interamerican Studies and World Affairs Vol.40，No.3，1998，pp.27—62.

还信贷的 3%,但在 1995 年至 1998 年间上升至 5%,在随后的两个时期(1999 年至 2006 年间)上升至近 8%。在第二个国家发展计划(II PND)下开始的投资项目完成后,重工业开始失去重要性,而国内经济开始更具竞争力地参与国际经济。与新发展模式的基本原理一致,银行因此优先考虑私有化进程和出口部门,以及中小企业和社会项目。[①]

巴西在 20 世纪 80 年代后期采用了自由化模式,并逐步推进到 2000 年的前五年。尽管如此,在 1990—2006 年,银行体系和资本市场的反应相当温和,因此 BNDES 的行动领域得以维持。此外,在此期间,银行的贷款明显相对增加,无论是名义上还是在巴西金融体系和该国固定资本形成总额(GFCF)中占总信贷的比例。2004—2006 年,除了对出口的更大支持外,另一个在巴西金融体系中保留甚至扩大 BNDES 行动领域的重要因素源于政府对经济发展政策的态度的变化。从 2004 年开始,路易斯·伊纳西奥·卢拉·达席尔瓦领导的劳工党政府成功地将"自由化模式"的基本原则与 20 世纪 90 年代初放弃的产业政策类型相协调。BNDES 与其他政府机构一起直接参与了 2003 年巴西"国家创新、技术和贸易政策"(PITCE)的制定,并且是其主要公共资助者之一。BNDES 在实施这一政策中发挥了核心作用,其间其支付占 GFCF 的比例增加,以及在信贷占GDP 的比率不断上升的时候(2004—2006 年)保持了其占总贷款的份额。就 GFCF 而言,BNDES 贷款在整个分析期间持续增长:从 1989 年的 3%(自 1964 年以来的最低水平)到 20 世纪 90 年代上半期略高于 4%,然后在1995—1999 年间翻了一番,在 2004—2006 年间达到 13% 的水平。

经济自由化政策尽管促进了金融扩张和经济的多样化,但并没有消除对开发银行资金的需求依赖,巴西仍然存在相当大的发展挑战,需要投资于创新、引入新技术和社会项目。国内资本和信贷市场的运作规模不足,无法为相关企业提供融资,所以 BNDES 仍然发挥着不可替代的重要作用。[②]

(二)对外开放进程中的内外资互动

20 世纪 80 年代初,由于国际金融市场石油美元的回流,发展中国家

---

① Guth, Felipe, "O BNDES nos anos 1990: uma análise keynesiana," *Master's diss.*, *Universidade Federal do Rio de Janeiro*, 2006.

② Hermann, Jennifer, "Development banks in the financial-liberalization era: the case of BNDES in Brazil," *CEPAL Review*, No.100, April 2010.

无法通过举债融资的方式筹集资金。同时由于巴西的贸易伙伴国经济同样受挫,减少了对巴西的进口,巴西无法通过贸易盈余来偿还债务。而美国在第二次石油危机后采取扩张性的财政政策促进经济和紧缩性的货币政策抑制通货膨胀,带动国际利率不断上升,这使得巴西进口资本货物的费用大幅增加,债务变相增加。而军政府为了赢得1982年的选举,只好通过进一步借贷的方式快速满足资金需要,而无法彻底解决巴西经济高通货膨胀、高外债和高赤字的"三高"问题。1983年起,巴西政府主要向国际多边金融机构求助获得资金。而国际货币基金组织在给巴西提供贷款的同时提出了明确的改革要求,即"在宏观经济层面上采取紧缩性财政政策,削减财政赤字,缩减公共部门支出,以达成降低消费与刺激储蓄等目的;在结构调整方面则要求减少出口补贴,进一步实行贸易自由化、货币小幅贬值等,以促进出口从而进一步积累外汇"。[1]这些措施使得巴西向新自由主义经济的方向迈进。

巴西向新自由主义的转变始于费尔南多·科洛尔·德梅洛(Fernando Collor de Mello)政府,于1990年开始进行商业开放,废除了旧工业政策的保护工具,开启了被称为"华盛顿共识"的自由主义进程,迈出了向国际竞争开放市场、促进外国投资、经济私有化、消除国家在商品生产和服务方面垄断的第一步。[2]1994年,时任经济部部长费尔南多·恩里克·卡多佐(Fernando Henrique Silva Cardoso)负责实施雷亚尔计划,随后卡多佐出任巴西总统,在其任期开始全面实施新自由主义政策,推动国有企业私有化改革、快速施行贸易自由化改革和金融自由化改革,以期加强与国际市场的联系。

在贸易自由化进程中,巴西的开放度有了明显提高,但20世纪90年代初期过快的自由化对巴西国内产业造成了较大冲击,使巴西工业直接暴露在全球化的力量之下。在20世纪80年代和90年代的几十年里,巴西经济的开放程度稳定在18%左右,而到了2000—2010年间,这个指标已经增长到平均26%,反映了更大的出口和进口增长。1999—2009年,巴

---

① 叶桂平:《卡多佐总统当政时期巴西经济改革研究》,经济管理出版社2017年版,第35页。

② [巴西]弗朗西斯科·维达尔·卢纳等:《巴西经济社会史》,王飞译,中国社会科学出版社2020年版,第240页。

西的出口和进口都增加了两倍,但这种出口扩张的轨迹越来越多地由以农业为基础的加工业主导,表明了面向初级产品部门的政策举措,体现出"外部依赖性"的问题。初级出口产品占工业出口品的比重大幅增加,由1995 年的 0.31 持续上升至 2011 年的 0.95,这样初级产品的出口就接近了总出口的 50%,这与进口替代时期制造业产品的出口占比高形成了明显的对比。①出口带动了国内产业的变化。在巴西较为重要的几个产业中,食品和饮料部门的产出不断增加(见图 2),并且同其他产业相比存在较大的优势。可见,巴西越来越成为低附加值的初级产品的生产者和供应商,体现出巴西经济的外部依赖性和外部脆弱性。

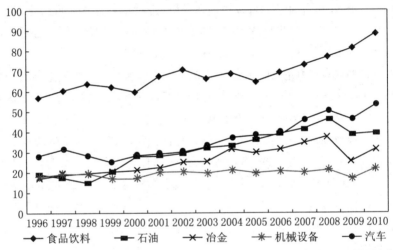

图 2　1996—2010 年巴西高增长率产业的总产出(1994 年不变价,百万雷亚尔)

资料来源:IBGE. 2012—2013. www.sidra.ibge.gov.br。

金融自由化主要包括金融系统向国际市场开放、国内资本市场向外国机构投资者开放、银行重组和兼并、国有银行私有化。②金融自由化吸引

　　①　Trindade, Jose Raimundo, Paul Cooney, and Wesley Pereira de Oliveira, "Industrial trajectory and economic development: dilemma of the re-primarization of the Brazilian economy," *Review of Radical Political Economics* Vol.48, No.2, 2016, pp.269—286.

　　②　Pedersen, Jørgen Dige, *Globalization, development and the state: the performance of India and Brazil since 1990*, Springer, 2008.

了外资流入，但同时由于国内储蓄率的下降，使得巴西更加依赖外国资本。为了吸引外资，卡多佐政府施行了高估的汇率政策，控制了通货膨胀，但同时对想要参与全球竞争的出口企业造成不良影响。外国资本在巴西经济中的存在和流入在 20 世纪 90 年代特别突出，尤其是在雷亚尔计划实施之后。这主要是在经济的重要部门，如矿业和电信业，推动公共企业私有化的结果。外国资本的参与，按产值计算，从 1995 年的 10% 增加到 1998 年的大约 15%。此外，考虑到外国直接投资的增长，外国资本作用的增加显而易见：从 1994 年的 21 亿美元增加到 1996 年的 108 亿美元，2 年内就翻了 5 倍左右，后来在 2007 年达到 340 亿美元，在巴西经济中产生了巨大的金融波动。[①]跨国公司的大量存在导致巴西经济的非国有化，削弱了巴西的生产基础，以及世贸组织对补贴和保护的限制，降低了巴西工业的竞争能力，也增加了巴西经济的外部脆弱性。外国直接投资并没有提供新的生产性投资，而只是将以前存在的国有资产的所有权转移给了外国跨国公司。生产基地是按照全球生产效率的逻辑来管理的，即旨在加强全球资本网络的决定，而不是为了国家工业的利益。[②]

五、结 语 与 启 示

作为巴西重要的发展机构，巴西国家开发银行在巴西工业化过程中发挥了关键的作用。在其成立初期，BNDES 是巴西进口替代工业化战略的执行者，扮演着国内资金中转站的角色，助推巴西工业化水平的不断提升。新自由主义改革后，巴西国家开发银行的贷款量继续增加，但巴西的工业化水平没能进一步提升。如果说开发性金融是促成巴西工业化提高的动力，为何近年来在开发性金融持续扩张的情况下巴西却出现了"去工业化"的悖论，是本文的逻辑起点。通过对巴西国家开发银行的深入分析

---

① Rocha, Geisa Maria, "Neo-dependency in Brazil," *New Left Review*, Vol.16, 2002.

② Trindade, Jose Raimundo, Paul Cooney, and Wesley Pereira de Oliveira, "Industrial trajectory and economic development: dilemma of the re-primarization of the Brazilian economy," *Review of Radical Political Economics* Vol.48, No.2, 2016, pp.269—286.

发现,一国的国别开发银行在其经济发展中所能发挥的作用,除了取决于开发银行本身的筹资能力之外,其资金的产业和部门流向以及资金是否能转换成经济增长的内生动力也同等重要。特别地,对于包括巴西在内的后发经济体来说,金融开放之后外资进入对内资的影响以及国家是否有能力把控外资的投向是影响开发性金融在工业化发展过程中作用的重要原因,也为其他发展中国家提供了重要的启示。

第一,开发性金融机构需要形成一定的筹资能力,才能在国家发展过程中更充分地发挥作用。巴西国家开发银行在 2008 年全球金融危机之后,严重依赖国库资金支持,2015 年巴西停止对其财政拨款后,巴西国家开发银行的资金来源受到严重影响,贷款量随之缩减。巴西国家开发银行的筹资能力在一定程度上限制了其作用的发挥。

第二,开发性金融机构的投资流向需要适应不同的形势和环境,选择合适的产业和最优的企业,才能实现资金的生产力转向。巴西工业化初期,依靠进口替代工业化和贸易保护主义,花重金支持国有重工业,取得了成功。经济开放后,BNDES 并未转向支持具有科技创新能力的中小企业,导致经济持续增长的能力丧失,影响了巴西的工业化进程。

第三,一国在对外开放过程中,要处理好对外资的利用以及外资的国内挤出效应。经济对外开放后,对外贸易和外国直接投资都有显著增加,国内开发性金融机构的投向也需要国内外资金和资源的联动产生经济的增长动力。巴西对外国资本的依赖性强、对外资的引导力度弱,这就影响了开发性金融的生产力转换。BNDES 在 2010 年至 2019 年将大部分资金投向基础设施建设领域,而又以"国家冠军"企业为主,这些企业的建设需要大量进口,进而产生寻租行为,效率低下,经济转换能力差。因此,国家在开放的同时,相关政策需配套,更有效地利用开放的优势,将外资引导至国家希望发展的部门,适当配合的本地化政策,通过其政策导向和技术指导方面的优势促进相关工业部门的发展。

体系结构与议题演变：土耳其与西方关系中的亚美尼亚问题[*]

邹志强^{**}

【内容提要】 体系结构性因素一直是推动亚美尼亚问题在土耳其对外关系中发生角色演变的主要力量。西方主导的历史叙事、土亚两国的民族主义叙事冲突、亚美尼亚侨民群体在西方的影响力和西方大国的政治干预共同推动了当代亚美尼亚问题的国际化，并转化为西方国家的内外政策议程，进而演变为影响土耳其与西方关系的重要议题。从体系结构与议题演变的关系来看，亚美尼亚问题对土耳其与西方关系的影响力并不取决于该因素本身，而是受到国际体系结构及其变化的决定性制约。土耳其与国际体系结构特别是与西方之间的冲突是亚美尼亚议题演变的根本动力，不是亚美尼亚问题造成了土耳其与西方国家关系的紧张，而是土耳其与西方关系的结构性变化使亚美尼亚问题日益显性化。

【关键词】 亚美尼亚问题，土耳其，西方国家，体系结构，议题演变

【Abstract】 The system structure has been the main dynamic for evolution of the Armenian issue in contemporary Turkey's foreign relations, especially its relations with Western countries. The Western-dominant historical narrative, the nationalist narrative conflict between Turkey and Armenia, the influence of the Armenian diaspora in the West and the political interference of Western powers have jointly promoted the internationalization of the Armenian issue and its continuous resurgence and gradually become a foreign policy issue of Western countries and an emerging factor towards relationship between Turkey and the West. From the perspective of the relationship between system structure and issue evolution, the extent to which the Armenian issue affects Turkey's relations with the West is not entirely determined by the factor itself, but is more subject to the decisive constraints of the international system structure and its changes. The conflict between Turkey and the international system structure, especially with the West, is the fundamental reason for the evolution of the Armenian issue. Essentially, it is not the Armenian issue that has caused the tension between Turkey and the West, but the structural changes in the bilateral relations that have made the Armenian issue increasingly prominent.

【Key Words】 The Armenian Issue, Turkey, the West, System Structure, Issue Evolution

---

* 本文为教育部人文社科重点研究基地重大项目"百年变局下中东治理的大国作用与影响研究"(22JJD81004)的阶段性成果。感谢上海外国语大学 2020 级硕士生周俊对本文作出的贡献。

** 邹志强，复旦大学国际问题研究院、中东研究中心青年研究员。

21 世纪以来，与亚美尼亚相关的历史与现实问题是影响土耳其对外关系特别与西方国家关系的因素之一，并多次造成土耳其与美欧国家关系的波动起伏。近年来，亚美尼亚问题正在从影响土耳其与西方关系的隐性因素逐步发展成为显性因素。2021 年 4 月 24 日，美国总统拜登发表声明正式承认第一次世界大战期间奥斯曼帝国对亚美尼亚人的大屠杀为"种族灭绝"，成为第一位正式作出这一认定的美国在任总统。[1]美国的做法立刻引发土耳其的激烈反应，土耳其外交部在声明中用"最强烈的方式拒绝接受和谴责"；时任土耳其外交部长恰武什奥卢直接指责拜登这一声明是基于"民粹主义"和"政治冒险主义"，是对和平与正义"最大的背叛"。土耳其总统埃尔多安表示，"美国作出了毫无根据、不公正和不真实的陈述。这些言论没有历史或法律依据"。此举"对两国关系具有破坏性"。[2]土耳其国内也群情激奋，土耳其政府和大多数反对派在拒绝拜登的声明上表现出罕见的团结。由此，多年来一直时隐时现的亚美尼亚问题前所未有地凸显出来，使本就紧张的美土关系遭遇新的考验。

国内外学界对亚美尼亚相关问题的研究成果十分丰富，包括从历史角度研究奥斯曼帝国和现代土耳其的亚美尼亚少数族裔问题演变、对亚美尼亚大屠杀问题及其影响的大量专题研究、从现实政治角度研究土耳其与亚美尼亚关系及地区国际关系，以及从外部大国视角对亚美尼亚与周边地区局势的研究等。总体而言，已有研究可分为历史溯源分析、民族主义冲突分析、现实政治博弈分析三种类型，三者之间也往往相互交织，共同用以解释土耳其视角下的亚美尼亚问题国际化及其影响。首先，从历史根源分析来看，奥斯曼帝国在中东地区的长期统治历史及其少数民族政策的变化是无法避开的研究起点，亚美尼亚问题尤

---

① "Statement by President Joe Biden on Armenian Remembrance Day," *The White House*，April 24，2021，https://www.whitehouse.gov/briefing-room/statements-releases/2021/04/24/statement-by-president-joe-biden-on-armenian-remembrance-day.

② "Turkish Leader Blasts Biden's Unfounded Remarks on 1915 Events"，*Anadolu Agency*，April 26，2021，https://www.aa.com.tr/en/top-headline/turkish-leader-blasts-biden-s-unfounded-remarks-on-1915-events/2221315.

其复杂。①其次，民族主义及其强大影响推动奥斯曼帝国向民族国家转变，在此过程中希腊、亚美尼亚、库尔德等少数民族的民族主义运动风起云涌，其中带来的冲突、战争与灾难让土耳其和其他民族刻骨铭心，并影响至今。②最后，从国际政治现实来看，外部大国干涉、现代民族国家与西方大国的复杂关系也深刻地影响了亚美尼亚问题。③总体来看，已有相关研究多集中于历史溯源和民族主义冲突等传统路径研究，对于深入理解亚美尼亚问题本身的历史演变大有助益；相对而言，从现实国际政治角度的研究成果较少，难以准确把握亚美尼亚问题的当代演变及其发展态势。

当前，传统研究路径的不足日益明显，概言之，其无法很好地解释本

---

① 参见王三义：《亚美尼亚人问题的起源与演变》，《世界民族》2004 年第 6 期；王三义：《少数民族与晚期奥斯曼帝国的社会变革》，《世界民族》2011 年第 6 期；王三义：《帝国之衰：奥斯曼帝国史六论》，社会科学文献出版社 2018 年版；Taner Akçam, *From Empire to Republic: Turkish Nationalism and the Armenian Genocide*, London and New York: Zed Books, 2004; Michael M. Gunter, *Armenian History and the Question of Genocide*, Palgrave MacMillan, 2011; Ronald Grigor Suny, Fatma Müge Göçek and Norman M. Naimark, eds., *A Question of Genocide: Armenians and Turks at the End of the Ottoman Empire*, Oxford University Press, 2011; Taner Akçam, *The Young Turks' Crime against Humanity: the Armenian Genocide and Ethnic Cleansing in the Ottoman Empire*, Princeton University Press, 2012; Brad Dennis, "The Debate on the Early 'Armenian Question' 1877—1896: Strengths, Weaknesses, Lacunae and Ways Forward", *Middle East Critique*, Vol.20, No.3, 2011。

② 参见昝涛：《现代国家与民族建构：20 世纪前期土耳其民族主义研究》，生活·读书·新知三联书店 2011 年版；李秉忠：《土耳其民族国家建设和库尔德问题的演进》，社会科学文献出版社 2017 年版；Mustafa Serdar Palabiyik, *Understanding the Turkish-Armenian Controversy over 1915*, Beta, 2015; Fatma Müge Göçek, *Denial of Violence: Ottoman Past, Turkish Present, and Collective Violence against the Armenians*, 1789—2009, Oxford University Press, 2015; Alla Mirzoyan, *Armenia, The Regional Powers, and The West: Between History and Geopolitics*, Palgrave Macmillan, 2010; M. Hakan Yavuz, "The Turkish-Armenian Historical Controversy: How to Name the Events of 1915?", *Middle East Critique*, Vol.29, No.3, 2020。

③ Simon Payaslian, *United States Policy toward the Armenian Question and the Armenian Genocide*, Palgrave Macmillan, 2005; Donald Bloxham, "The Roots of Armenian Genocide Denial: Near Eastern Geopolitics ant the Interwar Armenian Question", *Journal of Genocide Research*, Vol.8, No.1, 2006; Alexis Demirdjian, ed., *The Armenian Genocide Legacy*, Palgrave Macmillan, 2016; Özlem Belçim Galip, *New Social Movements and the Armenian Question in Turkey*, Palgrave Macmillan, 2020。

就在土耳其对外关系中长期存在的亚美尼亚问题为何从总体可控的隐性状态加速走向了显性化。考虑到冷战后西方对人权、民族问题政治化操作主要用来打击敌人或对手,而土耳其是西方正式盟友的基本事实,亚美尼亚问题在土耳其与西方国家关系中消极效应的凸显更具研究价值。这不仅体现出大西洋联盟体系内部的矛盾,也反映出土耳其与现有国际体系之间关系的巨大变化。本文无意深入探究亚美尼亚大屠杀的溯源评估或其他相关历史问题,也无意纠结于作出价值判断,而是选择围绕亚美尼亚问题的当代国际争议,尝试从体系结构与议题演变的关系角度探讨这一问题在当前土耳其与西方关系中的角色及其背后的作用机理,以丰富相关区域国别问题研究的路径与成果。

一、土耳其对外关系中的当代亚美尼亚问题

历史上的亚美尼亚问题最早可追溯到奥斯曼帝国征服之前,主要是指亚美尼亚人被多个帝国征服统治的问题。[1]近代的亚美尼亚问题起源于19 世纪下半叶,第 10 次俄土战争(1877—1878 年)和 1878 年的柏林会议标志着该问题在欧洲的正式出现,亚美尼亚问题成为欧洲列强处理"东方问题"大博弈中的一部分,这导致亚美尼亚人分离主义的上升及其在奥斯曼帝国境内身份的敏感化,这一问题在第一次世界大战中最为凸显,至1923 年《洛桑条约》签订后基本结束。[2]亚美尼亚问题开始于复杂的欧洲帝国主义野心,这些野心经常试图使土耳其人和亚美尼亚人相互对抗。[3]在奥斯曼帝国崩溃之后进入民族国家体系的当代,该问题随着亚美尼亚人的全球流散而回旋于历史争议和偶发的少数民族权利地位问题之中,

---

① 王三义:《亚美尼亚人问题的起源与演变》,《世界民族》2004 年第 6 期,第 34—35页;Brad Dennis, "The Debate on the Early 'Armenian Question' 1877—1896: Strengths, Weaknesses, Lacunae and Ways Forward", *Middle East Critique*, Vol.20, No.3, 2011, p.271.

② "The Armenian Question", *Australian Turkish Advocacy Alliance*, https://www.ata-a.org.au/the-armenian-question.

③ Michael M. Gunter, *Armenian History and the Question of Genocide*, Palgrave MacMillan, 2011, p.3.

冷战后亚美尼亚独立国家的出现及其与邻国的民族主义叙事冲突，开始与早已存在的历史争议纠缠在一起，引发更为复杂的当代亚美尼亚问题。

此处的"亚美尼亚问题"是指影响当代土耳其对外关系的、持续国际化的亚美尼亚相关议题。这既包括历史上遗留至今的亚美尼亚大屠杀问题的当代争议，也包括现实中尚未正常化的土耳其与亚美尼亚关系，以及土耳其国内亚美尼亚少数族裔的权利地位问题。在多种因素作用下，历史与现实交织的亚美尼亚问题呈现突出的国际化特征，在西方国家日益转变为一个国内政治议题与外交政策议题，越来越多的西方国家有意或被迫对此问题作出回应并影响到对土外交政策，这又引发土耳其方面的激烈反应，从而在不同程度上冲击到土耳其与西方国家的关系。

（一）历史上亚美尼亚大屠杀问题的当代争议

亚美尼亚大屠杀问题的当代争议是土耳其与亚美尼亚及外界相关争议的核心问题。亚美尼亚大屠杀是指第一次世界大战期间，1915—1917 年奥斯曼帝国境内因逮捕、屠杀和迁徙而造成大批亚美尼亚人死亡的事件，广为接受的说法是遇害人数多达 150 万人[①]，被亚美尼亚和大部分西方国家认为是"大屠杀"和"种族灭绝"。亚美尼亚种族灭绝博物馆和研究所等机构认为大屠杀从 1915 年一直持续到 1923 年。[②]亚美尼亚人指责该运动是蓄意消灭亚美尼亚人的行为，因此是"种族灭绝"行为。学术界对该问题的研究成果十分丰富，国际上主流历史学家、大屠杀和种族灭绝研究机构以及多国政府都承认这是事实，甚至称之为"种族灭绝"。[③]然而

---

① 各种统计来源的遇害人数从 60 万到 150 万不等，虽然具体数字存在争议，但大屠杀的事实基本得到认可。Jakub Bijak and Sarah Lubman, "The Disputed Numbers: In Search of the Demographic Basis for Studies of Armenian Population Losses, 1915—1923", in Alexis Demirdjian, ed., *The Armenian Genocide Legacy*, Palgrave Macmillan, 2016, p.26.

② "What is the Armenian Genocide", *Genocide Museum*, http://www.genocide-museum.am/eng/armenian_genocide.php.

③ Ronald Grigor Suny, Fatma Müge Göçek and Norman Naimark, eds., *A Question of Genocide: Armenians and Turks at the End of the Ottoman Empire*, Oxford University Press, 2011.

土耳其官方始终拒绝承认这一罪行,一直称之为"1915年事件",认为虽然发生了暴行,但没有将亚美尼亚人作为一个群体实施官方灭绝政策[1],并与很多国家在此问题上长期争执不下,成为影响其对外关系的重要因素。

随着近代奥斯曼帝国走向衰落和欧洲强国的入侵,帝国境内的希腊人、亚美尼亚人等少数民族纷纷加入民族独立运动的浪潮。特别是在沙俄的侵略与策动之下,亚美尼亚人寻求民族独立的愿望日益强烈。第一次世界大战爆发后,陷入与沙俄苦战的奥斯曼帝国十分担忧亚美尼亚人与俄国勾结,并将战事不利怪罪到亚美尼亚人身上。在此背景下,土耳其政府和军方有组织有步骤地将亚美尼亚人从东部地区迁走,试图"一劳永逸地解决亚美尼亚问题"[2],但在此过程中伴随着大量的逮捕、虐待和屠杀,更多的人在迁往叙利亚和美索不达米亚地区的过程中死亡。土耳其政府承认许多亚美尼亚人丧生,但拒绝承认这是一起官方发起的、针对亚美尼亚人的有预谋的屠杀行为,并称死亡数字被夸大。土耳其学者辩称,亚美尼亚人和奥斯曼帝国早有冲突,出于国家安全的考虑,为了"自卫"或防止发生起义,土耳其才决定将亚美尼亚人迁徙到其他地方,迁徙过程中大量死去的亚美尼亚人主要是疾病造成的。甚至还有人称,流放亚美尼亚人是为了他们的"安全"。[3]

土耳其政府不仅坚决否认亚美尼亚大屠杀的存在,还制定了专门法律,向试图将亚美尼亚大屠杀的责任归于土耳其的国家、组织和个人施加压力。土耳其阻碍国家和国际组织承认亚美尼亚大屠杀为种族灭绝,甚至在微观层面上阻止个人行动。[4]亚美尼亚大屠杀之所以一直是土耳其的政治禁区,背后的主要原因在于其与土耳其的国家合法性紧紧联系在一

---

① "Armenian Genocide", Britannica, https://www.britannica.com/event/Armenian-Genocide.

② Donald Bloxham, "The Roots of Armenian Genocide Denial: Near Eastern Geopolitics ant the Interwar Armenian Question", *Journal of Genocide Research*, Vol.8, No.1, 2006, p.27.

③ William Yale, *The Near East: A Modern History*, University of Michigan Press, 1958, p.115.

④ Anthonie Holslag, *The Transgenerational Consequence of Armenian Genocide*, Palgrave Macmillan, 2018, p.28.

起,倘若承认了亚美尼亚大屠杀这一事实,将会给土耳其政府带来极大的负面影响,甚至会动摇现代土耳其的立国合法性。因此,建国至今的历届土耳其政府将拒绝承认亚美尼亚大屠杀为"种族灭绝"作为不容触犯的国家基本核心。然而,受到亚美尼亚和全球亚美尼亚侨民群体、西方学界和媒体等多种力量的推动,作为历史遗留问题的亚美尼亚大屠杀问题在西方社会中获得广泛的认同,并逐步发展成为社会运动和国内政治议题,进而影响所在国政府的态度与政策。随着越来越多的欧美国家开始把亚美尼亚大屠杀认定是"种族灭绝",这不可避免地成为影响土耳其与西方国家关系的重要因素。由于土耳其坚决否认,任何关于此事的讨论都会引发进一步的争议,而且这个问题持续存在,成为一个"流血的伤口"。每当该事件被任何国家或人物谴责为"种族灭绝"时,无一例外地会引起土耳其的愤怒谴责,并导致亚美尼亚人和土耳其人之间的关系恶化。[1]

（二）土耳其国内亚美尼亚少数族群的权利地位

亚美尼亚人在中东地区政治、经济和文化生活中占据重要地位,广泛分布于中东地区多国,特别是土耳其、叙利亚、黎巴嫩、埃及等国,亚美尼亚问题也曾被认为是中东地区除阿以冲突和库尔德问题外的另一个复杂的民族问题。[2]土耳其的前身奥斯曼帝国曾是亚美尼亚人聚居的主要国家,在大屠杀之前的奥斯曼帝国晚期,有200多万亚美尼亚人生活在帝国境内,经过奥斯曼帝国晚期的战争、迫害与迁徙之后,至土耳其共和国成立前夕这一数字已锐减至约40万。[3]目前土耳其国内的亚美尼亚人可能只有6万人左右。[4]流散在土耳其、叙利亚、伊朗、伊拉克、黎巴嫩和埃及等中东国家的亚美尼亚人始终面临着隐性困境,即作为少数族群的亚美尼亚人在与所在国的主体民族互动过程中,一直面临着被同化、被忽视和被

---

① Özlem Belçim Galip, *New Social Movements and the Armenian Question in Turkey*, Palgrave Macmillan, 2020, p.2.

② 许晓光:《中东亚美尼亚问题探源》,《世界历史》1994年第1期,第98页。

③ Özlem Belçim Galip, *New Social Movements and the Armenian Question in Turkey*, Palgrave Macmillan, 2020, p.1.

④ Talin Suciyan, *The Armenians in Modern Turkey：Post-genocide Society, Politics and History*, Tauris, 2017, p.58.

边缘化的困扰。①

不同于奥斯曼帝国的多元族群社会,在奥斯曼帝国废墟上建立的土耳其共和国致力于构建土耳其人的民族国家,对境内少数族群长期采取以同化为导向的民族政策,要将境内少数民族都转变为"土耳其人"。②这种政策不可避免地带有歧视性,特别是对于经历过大屠杀幸存下来的亚美尼亚人而言,更是如此。从土耳其共和国诞生之日起,土耳其政府对亚美尼亚相关问题就十分敏感,一直采取措施消除对亚美尼亚人及其苦难历史的提及,以免破坏国家形象和对外关系。土耳其境内的亚美尼亚人成为边缘化的少数族群,遭遇强加的土耳其民族主义言论和政治干扰,民族与宗教权利地位问题一直存在。但亚美尼亚人是土耳其规模最大的非穆斯林少数族群③,也是土耳其官方承认的少数民族,拥有自身独特的身份与地位。

随着土耳其与欧美国家的关系日益走近,特别是冷战结束前后积极要求加入欧盟,由于入盟标准的规范性要求和欧盟国家对人权问题的高度重视,国内少数族群权利问题成为土耳其与欧盟关系的重要内容。在土耳其入盟问题上,欧盟十分关注土耳其国内的民主化改革、少数族群的权利地位等问题,亚美尼亚人的政治权利、社会文化权利和宗教权利等内容也是其中应有之义。欧盟年度报告中频繁提及和关注土耳其境内针对亚美尼亚裔、希腊裔等少数族群的仇恨犯罪和教育、媒体、宗教设施公平问题等。④这也成为土耳其对外关系中的亚美尼亚问题的重要组成部分。

(三)历史、领土与纳卡争端交织下的土耳其与亚美尼亚关系

土耳其和亚美尼亚两国一直背负着沉重的历史包袱,可谓宿怨至深,两国不仅在亚美尼亚大屠杀这一问题的立场上相去甚远,现实中因边界

---

① 赵军:《埃及亚美尼亚人的族群维系及其现实困境》,《阿拉伯世界研究》2020 年第 6 期,第 141 页。

② "The Armenian Genocide: Lerna Ekmekçioğlu interviewed by Seda Altuğ", in E. Özyürek et al. eds., *Authoritarianism and Resistance in Turkey*, Springer, 2019, p.169.

③ H. Birsen Örs, "The Perception of the Army by Armenian Minorities Living in Turkey", *Armed Forces and Society*, Vol.36, No.4, 2009, p.604.

④ "Commission Staff Working Document: Turkey 2020 Report," European Commission, 6 October 2020, SWD(2020) 355 final; "Commission Staff Working Document: Turkey 2021 Report," European Commission, 19 October 2021, SWD(2021) 290 final/2.

争议、纳卡争端等，两国关系处于长期紧张甚至对立状态。纳卡问题和历史问题始终是横亘在两国关系正常化道路上的巨大阻碍，导致两国尝试建立外交关系的多次努力均以失败告终。[1]正义与发展党（以下简称"正发党"）上台特别是 2005 年之后，土耳其政府一度采取和解政策，对亚美尼亚历史事件进行反思，时任土耳其总理埃尔多安对此表示道歉，亚美尼亚在土耳其境内不再是禁忌话题，甚至在 2013 年伊斯坦布尔开始出现纪念大屠杀遇难者的活动。两国政府放宽了对希望前往土耳其的亚美尼亚人的签证要求，两国学者、商人、记者和民间社会组织之间的互动越来越多。2009 年签署的双边关系正常化的协定是土亚两国和解的标志性事件，但该协议同时遭到了两国国内有关力量的反对，没有得到两国议会的批准，2018 年 2 月亚美尼亚正式放弃了该协议，两国关系正常化努力无疾而终。虽然两国在 2022 年开启了新一轮和谈尝试，但关系正常化的努力与承诺依旧十分脆弱。[2]

在边界问题上，亚美尼亚独立后，国内法律规定亚美尼亚要力争使国际社会承认"种族屠杀"；不承认土亚两国边界和确立边界的 1921 年《卡尔斯条约》；将位于土耳其境内的阿勒山（亚美尼亚称亚拉腊山或亚拉拉特山，Mt. Ararat）视为本国的象征，甚至将土耳其东部地区称为"西亚美尼亚"。亚美尼亚国内也一直有政党坚持要求将承认历史上的大屠杀作为与土耳其关系正常化的先决条件。这一要求被土耳其视为对其有领土要求，自然不会轻易让步，两国关系长期无法实现正常化。而亚美尼亚与阿塞拜疆之间的领土争端和土耳其坚定支持阿塞拜疆的政策，更加剧了土亚两国的不信任和对立情绪。两国关系的僵局反映了双方对彼此的深层次威胁认知，土耳其对亚美尼亚威胁的历史想象在很大程度上被亚美尼亚的民族主义言论及其行动所强化。

阻碍土亚两国关系正常化的另一大现实障碍是纳卡问题，由于土耳其在纳卡问题上坚定支持亚美尼亚的对手阿塞拜疆，加剧了亚美尼亚人

---

① 李静雅：《第二次纳卡战争背后的各方战略博弈》，《现代国际关系》2021 年第 1 期，第 31 页。

② Gönül Tol, "Fragile promise：The prospects for Turkish-Armenian normalization," Middle East Institute, February 17, 2022, https://www.mei.edu/publications/fragile-promise-prospects-turkish-armenian-normalization.

对土耳其的敌意。长期以来,土耳其支持同为"突厥兄弟"的阿塞拜疆,而西方同情亚美尼亚,双方多年来一直不合。纳卡问题重新创造了恐惧和不信任的环境,双方的集体叙事在其中重新上演并更加盘根错节,国家荣誉和民族自豪感因素在这种关系中占据了主导地位。[①]2020年新一轮纳卡冲突中,得到土耳其直接军事支持的阿塞拜疆从亚美尼亚手中夺取了纳卡地区的控制权,这一重大失利加剧了亚美尼亚对土耳其的仇视情绪。

除了历史因素和纳卡问题,亚美尼亚与土耳其关系也与地区局势及域外大国的介入有着密不可分的联系。土亚关系涉及欧亚地区安全,受到俄罗斯、欧盟和美国高度关注,两国关系的持续冷冻状态不仅受到外部大国势力的影响,也促使两国极力争取外部大国的支持,自然影响各自的对外关系。虽然土亚关系似乎是一个双边问题,但毫无疑问地缘政治形势和相关国家持续对两国关系进程产生影响。[②]

二、体系因素主导下的亚美尼亚问题国际化

历史上的和当代的亚美尼亚问题均是一个国际化问题。当初,美国作为全球大国的出现就恰逢19世纪后期亚美尼亚问题的国际化。[③]当代亚美尼亚问题的国际化是广义的亚美尼亚历史与现实问题在当代国际关系中的关注、研究、扩散及其政治化进程,多种因素共同推动了亚美尼亚问题的国际化。西方主导的历史叙事倾向、土亚两国的民族主义叙事冲突、西方亚美尼亚侨民群体的积极推动、西方大国的政治干预等因素共同推动了当代亚美尼亚问题的国际化进程及其在西方与土耳其关系中的持续发酵。从影响逻辑来看,正是因为长期以来亚美尼亚问题的国际化,推动其持续回潮并逐步成为西方国家的内政与外交政策议题,进而反映到

---

① Alla Mirzoyan, *Armenia*, *The Regional Powers*, *and The West*: *Between History and Geopolitics*, Palgrave Macmillan, 2010, pp.55—56.

② Vahram Ter-Matevosyan, "Deadlocked in History and Geopolitics: Revisiting Armenia-Turkey Relations", *Digest of Middle East Studies*, Vol.30, No.3, 2021, pp.155—169.

③ Simon Payaslian, *United States Policy toward the Armenian Question and the Armenian Genocide*, Palgrave Macmillan, 2005, p.xi.

西方国家的对土外交之中，使这一问题成为影响土耳其与西方关系的重要因素。

第一，西方主导的历史叙事对当代亚美尼亚问题的持续回潮带来的深远影响。

谁控制了叙事谁就控制了结果。所谓历史叙事是"公众在阐述和解释历史事件以及建立因果关系以解释和证明当前现实，同时也设定对未来趋势的预期方面的当前看法和评估"。①长期以来，世界历史叙事的主导权掌握在西方媒体和学界手中，特别是对于与西方关系密切的中近东世界的历史。西方国家凭借近代以来在中近东地区的殖民统治和文化渗透，使其历史叙事在国际上占有主导地位，并对相关问题的发展演变和地区国家间关系带来了深远的影响。在亚美尼亚问题上，西方学界长期对奥斯曼帝国缺乏好感，将之塑造为一个落后、独裁、酷好镇压的"东方帝国"，而对希腊、亚美尼亚等少数族群抱有天然同情，宗教文化上的联系和亚美尼亚人的苦难更增加了西方国家对其的支持。在西方学界和媒体的百年叙事中，以第一次世界大战中亚美尼亚大屠杀为代表的亚美尼亚人遭受的苦难得到深入研究和广泛传播，巩固了亚美尼亚人的群体记忆和意识形态化的叙事特征，形成了一种主导型的叙事模式，对西方国家带来了巨大的社会和文化影响。这一叙事模式随着西方思想文化扩散至世界各地，为亚美尼亚问题经久不衰、持续回潮奠定了思想文化基础。1915 年在奥斯曼、亚美尼亚和世界各地的公众记忆深刻地影响了地区和全球的人际关系、社区间和国家间关系。

第二，西方影响下土耳其与亚美尼亚民族国家构建和民族主义叙事冲突。

深受西方民族主义理论和西方历史叙事的影响，土耳其和亚美尼亚之间的国家与民族叙事充满尖锐冲突。民族主义和民族国家是事关现代国家合法性的基础，实际上民族主义本身就是一种关于国家政治合法性的理论，现代民族国家就是民族主义思想和运动发展的产物。②二者的民

---

① Nareg Seferian, "The Clash of Turkish and Armenian Narratives: The Imperative for a Comprehensive and Nuanced Public Memory", Istanbul Policy Center, May 2017.

② ［英］厄内斯特·盖尔纳：《民族与民族主义》，韩红译，中央编译出版社 2002 年版，第 1 页；［英］埃里克·霍布斯鲍姆：《民族与民族主义》，李金梅译，上海人民出版社 2006 年版，第 8 页。

族主义叙事相互对立和充满冲突张力,特别是背负着沉重历史遗产的亚美尼亚把本国民族主义叙事建立在否定和反对奥斯曼帝国的心理和话语基础之上。实质上,土耳其和亚美尼亚的叙事都强烈反映彼此的民族主义叙事框架,两者都非常重视自身的民族认同,并努力实现或巩固国家作为这种认同的最终表达,也均认为自己是受害者。土耳其的历史叙事将亚美尼亚人视为"背叛者",忽视或淡化了对亚美尼亚人的大屠杀等事件。这从土耳其的相关文学作品中也清晰地体现出来。①而亚美尼亚的叙事将奥斯曼帝国及其继承人视为压迫者、迫害者,阻碍了亚美尼亚完整国家的建立,并有意绕过了历史上亚美尼亚民兵组织的武装行动,以及 20 世纪七八十年代针对土耳其外交官的袭击行为。与语言、种族、领土一样,集体记忆是群体建立集体身份的支柱之一,②亚美尼亚人对大屠杀和苦难历史的集体记忆构建和强化了其集体身份。亚美尼亚和土耳其对 1915 年亚美尼亚大屠杀的历史叙事相互冲突,双方都发展了自己的"民族中心主义"叙事和支持其史学观,并长期拒绝彼此的叙述而变得日益僵化。③而土耳其的民族主义也正是在希腊、亚美尼亚等少数民族身份的认知与政策变化中树立起来的,亚美尼亚大屠杀等问题也推动对土耳其民族主义的反思。④同时,近年来土耳其国内的历史政治化倾向也影响着对亚美尼亚和库尔德问题的认知。⑤

在此背景下,土耳其和亚美尼亚的民族主义叙事实质上都建立在否定对方的基础之上,而且都不容挑战,因为国家建立的政治合法性正基于此。亚美尼亚方面在国际舞台上极力宣扬和推动这一问题的国际化,对

---

① Özlem Belçim Galip, "The Armenian Genocide and Armenian Identity in Modern Turkish Novels," *Turkish Studies*, Vol.20, No.1, 2019, pp.92—119.

② Anthonie Holslag, *The Transgenerational Consequence of Armenian Genocide*, Palgrave Macmillan, 2018, p.32.

③ M. Hakan Yavuz, "The Turkish-Armenian Historical Controversy: How to Name the Events of 1915?", *Middle East Critique*, Vol.29, No.3, 2020, p.362.

④ Taner Akçam, *From Empire to Republic: Turkish Nationalism and the Armenian Genocide*, Zed Books, 2004; Michael M. Gunter, *Armenian History and the Question of Genocide*, Palgrave MacMillan, 2011.

⑤ Mustafa Serdar Palabiyik, "Politicization of Recent Turkish History: (ab)use of history as a political discourse in Turkey", *Turkish Studies*, Vol.19, No.2, 2018, pp.240—263.

土耳其施加压力，而土耳其方面也极力捍卫自己的民族尊严和国家安全，矛盾不可避免地外溢至国际层面。这种历史敌意往往压倒了其他积极因素带来的改善关系动力。亚美尼亚的历史叙事也得到巴尔干、高加索和中东地区曾受奥斯曼帝国统治的其他相关民族的共情和支持。为此，亚美尼亚人和土耳其人在国际上经常出现无休止的辩论和争吵，涉及欧美和中东各国的两国侨民、社团和宗教文化团体等。民族文化中的悲情意识在很大程度上推动了亚美尼亚人的民族主义形成，历史问题特别是1915 年的大屠杀事件是这个民族难以跨越的心结，而现实中土耳其在亚美尼亚大屠杀问题上的强硬立场，限制了亚美尼亚社会自身的民族主义情绪化解①，推动其更为积极地在国际上争取承认支持。由于亚美尼亚侨民对土耳其种族灭绝的指控、欧美国家对土耳其法律责任的讨论以及亚美尼亚大屠杀纪念活动的高涨，土耳其国内的反弹和反对声音也更加强烈。

第三，亚美尼亚侨民群体在西方国家的流散及其对所在国政策议程的影响力。

自 19 世纪以来，大量亚美尼亚人迁徙和流亡至欧美国家，在美国、俄罗斯、法国等国都形成了庞大的亚美尼亚侨民群体，他们结成了各种形式的社会团体，在学术、社会甚至政界表现活跃，不仅对西方国家的学术研究和历史叙事产生了影响，也逐步对所在国家的外交政策拥有了一定影响力。据统计，全球共有约 800 万亚美尼亚人，其中只有约 300 万人生活在亚美尼亚国内，500 万人生活在世界各地。其中，美国约有 100 万—150万人，俄罗斯也超过 100 万人，法国有 25 万—75 万人，德国有 9 万—11 万人，伊朗、格鲁吉亚各有 10 余万人，西班牙、瑞典、希腊、保加利亚、澳大利亚、加拿大等国也有为数不少的亚美尼亚人。②

亚美尼亚侨民在国际舞台上的广泛宣传和对土耳其的"种族灭绝"指

---

① 张弘：《民族主义与政治转型的相互影响——以亚美尼亚为案例的研究》，《俄罗斯东欧中亚研究》2018 年第 3 期，第 77 页。

② "Armenian Population"，*iArmenia*，August 13，2017，https://www.iarmenia.org/armenian-population/＃：～：text = Armenia% 20occupies% 20a% 20territory% 20of% 2029. 800% 20square% 20kilometres.，They% 20migrated% 20during% 20different% 20stages% 20of% 20Armenian% 20history.

控,给土耳其带来了巨大国际压力,这成为土亚两国关系的重大障碍之
一。①亚美尼亚对土耳其的外交政策受到侨民因素的显著影响,这限制了
其外交政策空间。②亚美尼亚侨民群体一直致力于寻求国际社会的承认和
支持。大屠杀问题的集体记忆持续推动海外亚美尼亚侨民群体将承认种
族灭绝作为共同目标,并致力于使之进入各国的公共政策议程。③近年来,
国际社会要求土耳其承认大屠杀事件的压力日益增加,这在很大程度上归
功于世界各地亚美尼亚群体的大力游说以及反"种族灭绝"的各类组织。西
方国家的亚美尼亚人团体一直积极参与在所在国的社会与议会辩论,讨论
和定性大屠杀问题,通常是要求议会正式承认大屠杀事件为"种族灭绝"。
其中,法国是表现最为突出的国家之一,很多欧美国家在此问题上相互影
响,共同推动了认定进程。法国、德国、荷兰等国议会都通过承认亚美尼亚
人"种族灭绝"的相关决议。西方国家在此问题上的政策态度与海外亚美尼
亚裔的政治影响力及其不懈努力存在直接关系。

美国有大量的亚美尼亚侨民,并成立有多个社团组织宣传游说,如美
国亚美尼亚民族委员会(Armenian National Committee of America)和美
国亚美尼亚人大会(Armenian Assembly of America),其宗旨就是致力于
支持亚美尼亚和影响美国相关外交政策。④这些组织每年 4 月 24 日开展
亚美尼亚大屠杀遇难者纪念活动,争取美国社会和政界的同情和支持。
美国亚美尼亚人游说团体的活动比较成功,特别是在影响美国国会方面
取得了积极成果。⑤早在 2007 年,美国众议院外委会就通过了一项议案,
将第一次世界大战期间奥斯曼帝国大量亚美尼亚人死亡的历史定性为

---

① Ali Valigholizadeh, Yashar Zaki, Kazem Zoghi Barani, "An Analytical Study of
Geopolitical Consequences of Normalization of Turkish-Armenian Relations", *Journal of
Eurasian Studies*, No.4, 2013, p.198.

② Alla Mirzoyan, Armenia, *The Regional Powers*, and *The West*: *Between History
and Geopolitics*, Palgrave Macmillan, 2010, p.56.

③ Maria Koinova, "Conflict and Cooperation in Armenian Diaspora Mobilisation for
Genocide Recognition", in David Carment, Ariane Sadjed, eds., *Diaspora as Cultures of
Cooperation*, *Migration*, *Diasporas and Citizenship*, Palgrave Macmillan, 2017, p.112.

④ Armenian National Committee of America, https://anca.org/about-anca/profile/;
Armenian Assembly of America, https://www.armenian-assembly.org/.

⑤ Julien Zarifian, "The Armenian-American Lobby and Its Impact on U.S. Foreign
Policy", *Society*, Vol.51, No.5, 2014, pp.503—512.

"种族屠杀",美国绝大多数的州议会也先后通过了类似决议。美国总统的年度声明和国会议员的支持,离不开足以同犹太院外集团势均力敌的亚美尼亚人游说团体的推动。①2019 年 12 月 12 日,美国参议院通过决议,将此事件正式认定为"种族屠杀"。由于美国希腊裔和亚美尼亚裔影响不小,加之犹太人群体的支持,共同促使了拜登承认声明的出台。这既是美国亚美尼亚裔群体长期推动和期待的结果,也必将进一步增强其热情与动力。2022 年土耳其与亚美尼亚关系正常化谈判中,埃尔多安还专门提及美国和法国的亚美尼亚裔群体所采取的"敌对行为"。

第四,西方大国的持续政治干预推动了亚美尼亚问题的发酵与国际化。

西方国家一向高举民主人权的旗帜,以"人权卫士"自居,甚至以"人权高于主权"为名干涉其他国家内政。亚美尼亚问题的国际化使之逐步演变为西方国家的外交政策议题之一,并与冷战后西方国家输出自由、民主、人权的意识形态冲动不谋而合,由此引发西方国家强烈的干预倾向。欧盟借入盟问题对土耳其进行规范性建构,这使该问题成为双边关系中的重要争议之一,而美国出于战略安全目的,也逐步改变政策,将该问题作为压制土耳其离心倾向的一种有用工具。

虽然美国长期在亚美尼亚大屠杀等相关问题上表态谨慎,注重拉拢土耳其和维护自身战略利益,但历届政府也多在此问题上发表了声明,公开表明对人权问题和亚美尼亚人的支持,不忘站在道德高地上对土耳其进行敲打和压制。从小布什到特朗普,美国总统均在亚美尼亚大屠杀纪念日前后就此问题发表了声明,表明对人权问题和亚美尼亚人的支持。2021 年拜登更是一改传统的模糊立场,在纪念日当天直接承认亚美尼亚大屠杀为"种族灭绝"。亚美尼亚问题成为美国压制土耳其、干涉外高加索和中东地区事务的重要手段。

土耳其一直争取加入欧盟,长期入盟进程在很大程度上建构了土耳其的内政外交。然而,库尔德问题、塞浦路斯问题、亚美尼亚问题等阻碍了土耳其的入盟进程,欧盟将这些问题与入盟相联系并用以规范土耳其发展。自 1999 年以来,随着土耳其成为欧盟候选国,推动对亚美尼亚"种族

---

① 包丽丽:《问责"亚美尼亚大屠杀"》,《世界知识》2010 年第 9 期,第 44 页。

灭绝"的承认获得了新的动力,并在 2005 年土耳其启动入盟谈判和大屠杀 90 周年之际达到了第一个高峰。欧盟在是否接纳土耳其入盟问题上存在深刻的担忧,内部分歧很大,这涉及关于入盟标准的哥本哈根协定中"人权和少数群体的保护"条款。是否应将承认亚美尼亚大屠杀作为土耳其入盟的政治标准之一出现巨大争议①,是否应将承认种族灭绝问题成为土耳其加入欧盟的"非正式先决条件"。②欧洲议会早在 1987 年 6 月就通过了关于承认亚美尼亚大屠杀的议案,还通过决议呼吁土耳其承认历史上对亚美尼亚人的"种族灭绝",并敦促土耳其不要进行反亚美尼亚宣传和仇恨言论。后来欧洲议会也多次在报告中对土耳其施压,并指责其在纳卡冲突中的消极作用。亚美尼亚问题也成为横亘在土耳其入盟道路上的一个障碍,并加大了土欧之间的矛盾和怨怼。③

三、亚美尼亚问题在土耳其与
西方关系中的演变逻辑

国际体系结构是现实主义理论分析的重要起点,国际关系中的主要行为体(世界大国)及其权力对比(分布)决定了国际体系结构。在结构现实主义眼中,体系结构就是国家间的实力对比或权力分布,这构成体系结构的根本内容与基本特征;强调体系结构作为外部结构性力量对行为体及行为体间关系的影响与约束,即体系结构对国家及国家间互动关系具有结构性的约束力。④新古典现实主义认为,一国的外交政策受到国际体

---

① Pierluigi Simone,"Is the Denial of the 'Armenian Genocide' an Obstacle to Turkey's Accession to the EU?", F. Lattanzi and E. Pistoia, eds., *The Armenian Massacres of 1915—1916 a Hundred Years Later*, Springer, 2018, pp.275—296.

② Seyhan Bayraktar,"The Politics of Denial and Recognition: Turkey, Armenia and the EU", in Alexis Demirdjian, ed., *The Armenian Genocide Legacy*, Palgrave Macmillan, 2016, pp.197—198.

③ Ara Sanjian, "Öke's Armenian Question Re-examined", *Middle Eastern Studies*, Vol.42, No.5, 2006, p.831.

④ Kenneth N. Waltz. "The Emerging Structure of International Politics," *International Security*, 1993, Vol.18, No.2, pp.44—79;陈岳:《国际政治学概论》,中国人民大学出版社 2020 年版,第 59—60 页。

系结构因素和国内政治因素的双重影响,体系结构性因素或体系压力在很大程度上决定了一国外交政策的回旋空间和选择余地。国家在国际体系中的相对权力对其外交政策的影响至为关键,国家外交政策从根本上根植于国家的相对实力,一国在国际体系中的地位及其相对实力和能力决定了这个国家的对外政策。①

一方面,国家对外关系和外交政策选择很大程度上受到国际体系结构的决定性影响,与体系中主要大国之间的互动关系奠定了其对外关系的基本态势,进而建构了对外关系中的主要议题及其角色地位,而对外关系基本态势的变化也必然带来议题角色地位的变动。国家对外政策的首要推动力是其在国际体系中的地位以及相对的物质力量或权力,但这种权力受到外部环境不确定性的影响。②

另一方面,新古典现实主义也强调体系层面和单位层面之间的互动关系,体系层面的变化对外交政策的影响通过单位层面的变量转化为外交决策者的理念,他们的决策不仅基于对外部因素的考虑,而且也基于对内部因素的考量。③体系层面变化带来的外交政策影响往往通过行为主体内外政策议程的传导对主体间议程产生影响。主体之间关系的结构性变化使得主体内部的相关各方更为积极地行动起来,利用机会推动自身关心的相关政策议程转化为国家的重点或优先议程,经由国内政治逻辑使这些政策议程反映到外交政策与行动中,从而使这些议题在国家间关系中凸显出来。这种体系层面与单元层面的互动关系不仅影响体系中的中小国家,也影响体系中的主要行为体(即大国),体系结构、主体内部政治逻辑与主体间关系相互作用,共同推动相关外交议题的角色变化。

就土耳其而言,2002 年正发党执政后,其外交政策经历了显著的转变,从提倡相互依存的逻辑到战略自主。④对现状的不满、追求大国地位、

---

① 崔向平:《新古典现实主义理论评析》,《社会科学战线》2020 年第 5 期,第 273 页。

② [加拿大]诺林·里普斯曼、[美]杰弗里·托利弗、[美]斯蒂芬·洛贝尔:《新古典现实主义国际政治理论》,刘丰、张晨译,刘丰校,上海人民出版社 2017 年版,第 150 页。

③ Gideon Rose, "Neoclassical Realism and Theories of Foreign Policy," *World Politics*, Vol.51, No.1, 1998, pp.146—148.

④ Mustafa Kutlay and Ziya Öniş, "Turkish Foreign Policy in a Post-Western Order: Strategic Autonomy or New Forms of Dependence?", *International Affairs*, Vol.97, No.4, 2021, p.1085.

国内政治等因素共同推动土耳其的外交转型,在与多方合作与博弈中不断调适,试图在国际体系中寻找一个独立而最为有利的位置。土耳其的外交政策向积极进取和多元平衡的方向转型,推行"积极进取的人道主义"外交①,强势干涉地区事务,借此谋求地缘政治利益与构建大国地位,并取得了很大成效。土耳其的外交政策在某种程度上摆脱了西方阵营的束缚,同时也更多地依赖自身实力而不是作为西方集团和北约的一员发挥作用,战略自主性与政策独立性明显增强。然而,外部国际体系结构的压力依然存在,对于土耳其来说甚至出现更为不利的变化。土耳其既没有足够能力和意愿推翻或突破现有的国际体系格局,又持续尝试突破既有秩序束缚和追求中心大国地位,这自然带来了与既有体系结构的更大冲突。这种冲突主要表现为土耳其与西方大国之间的关系紧张,背后既因土耳其主动疏远西方阵营,也源于双方在库尔德问题、亚美尼亚问题等关系到土核心利益问题上的冲突,进而推动其对外关系中的相关议题出现新变化。

亚美尼亚问题是长期影响西方国家与土耳其外交政策议程以及二者关系发展稳定的重要因素,但其影响程度与水平在不同的历史时期存在明显差异。由于外部压力,土耳其社会和国家机构对于亚美尼亚大屠杀从集体失忆转向逐步构建国家支持的否认政策。②受到西方主导的历史叙事、土亚两国民族主义叙事冲突、亚美尼亚侨民群体等因素的影响,亚美尼亚问题一直是土耳其与西方关系中的一个消极因素,但很长时间以来总体上时隐时现或多隐藏于水面之下,并没有对二者关系造成重大冲击。然而,近年来形势逐步发生变化,由于土耳其与美欧关系的紧张程度不断上升,亚美尼亚问题正在从隐性因素变为显性因素,美国政府正式承认历史上的亚美尼亚大屠杀为"种族灭绝"可谓是标志性事件。从体系结构与议题演变的关系出发,亚美尼亚相关议题在土耳其外交中的凸显主要不是土耳其和亚美尼亚两国之间矛盾的结果,而是西方国家这一体系性力

---

① 参见[希腊]尼克斯·克里斯托菲斯、李秉忠:《21世纪以来土耳其外交政策演变及前景》,《当代世界》2020年第2期;李秉忠:《土耳其外交的"人道主义"取向》,《现代国际关系》2020年第4期。

② Tunç Aybak, "Geopolitics of Denial: Turkish State's 'Armenian Problem'," *Journal of Balkan and Near Eastern Studies*, Vol.18, No.2, 2016, p.138.

量在此问题上持续介入的结果。亚美尼亚问题不仅是土耳其与亚美尼亚之间的问题，在更大程度上发展成为土耳其与西方国家关系中的一个挑战，既影响着双方关系的发展，又反过来受制于双方关系态势。

第一，西方国家与土耳其在亚美尼亚问题上的关系张力日益增大，国际体系结构性的变化推动亚美尼亚问题成为双方关系中的显性因素。

正发党执政以来，土耳其与西方国家之间出现日益上升的结构性矛盾，这显著影响了双边关系中相关议题的地位变化，很多潜在问题因而逐步凸显出来。亚美尼亚问题正是其中之一，即土耳其与西方关系出现的结构性变化是这一议题快速显性化的根本原因。实际上，亚美尼亚问题对土耳其与西方关系的影响程度及其发展趋势既不取决于该因素本身，更不是亚美尼亚一方单独推动的结果，在更大程度上受到国际体系结构的决定性影响。国际体系结构的变化及其带来的议题变动，成为考察亚美尼亚问题在土耳其与西方关系中角色演变的有效途径。

从体系结构的角度来看，由于土耳其长期与西方国家保持制度性联系和政策一致，西方国家顾及土耳其的战略地位，土耳其对西方盟友的外交施压也更加有效，使得亚美尼亚这类消极因素难以成为双边关系中的显性问题。面对亚美尼亚和西方世界的巨大压力，土耳其除了继续否认这一指控之外，也对其他国家施以反制，阻挠其承认大屠杀事件，也在美国等西方国家进行政治游说，包括土耳其盟国在内的许多国家都曾作出让步，并在将近一个世纪以来避免官方将历史上对亚美尼亚人的杀戮行为称为种族屠杀。土耳其依托与西方的盟友关系，截至21世纪初，土耳其发起的游说取得了暂时胜利，看似效果显著，2003年只有5个欧洲国家官方承认这一事实，但真正在背后起作用的恐怕是美国的政治战略需要，或者说土耳其的游说与美国的中东战略利益出现了契合。①

然而，土耳其的游说施压所能发挥的作用呈现持续下降趋势，亚美尼亚问题日益不受控制地显现出来，到2015年已有十几个欧洲国家官方承认历史上的亚美尼亚大屠杀为种族灭绝，之后更出现加速趋势，背后是土耳其自身国际角色地位及其与西方关系的结构性变化。2015年之后，土耳其国内政治与对外关系出现巨大变化，从2015年波折的国内大选和改

---

① 李庆四：《美国国会中的外来游说》，《美国研究》2007年第3期，第15—16页。

变库尔德和解政策、2016 年的未遂政变到 2017 年的修宪公投和购买俄罗斯 S-400 导弹、2018 年正式改行总统制,土耳其与西方之间的互信大幅下降,矛盾快速上升。随着土耳其与美欧关系紧张带来的体系结构性变化,西方国家对土耳其加快进行重新定位,土耳其的施压不再那么有效,亚美尼亚问题在土耳其与西方外交关系中的议题性质发生变化,逐步走向显性化,从而对二者关系带来更大的冲击与挑战。

在亚美尼亚问题得到西方普遍认可的背景下,土耳其与西方关系的结构性变化成为推动这一问题影响力上升的关键动力。近年来土耳其与西方的联盟关系陷入困境,断层线日益清晰。[①] 土耳其与美欧关系一直处于高度紧张之中,并屡遭西方制裁威胁。在土美关系上,"居伦运动"、库尔德人问题、土耳其购买俄罗斯 S-400 防空导弹等争议依然困扰着两国关系,土俄之间保持务实合作导致土美两国关系始终紧张,加之近年来土耳其的地缘重要性有所下降和在周边地区四面出击,美国对土耳其的敲打不断加大。土美关系疏离的趋势和本质并未改变。[②] 而土耳其与欧盟在入盟、民主人权、难民和反恐等问题上的分歧根深蒂固,在东地中海、利比亚等地区热点问题上相互对立,欧盟还屡次对土耳其发出制裁威胁,土耳其对此进行了强硬回击,双边关系陷入持续紧张之中。土耳其越界与俄罗斯"结盟",利用与俄罗斯的伙伴关系制衡西方盟友,对美土关系和北约联盟体系构成直接挑战。[③] 总体上来看,土耳其与西方之间的结构性矛盾日益突出,其国际角色与权力地位经历重大变化,与西方之间的结构性矛盾日益突出,国际体系结构对土耳其的压力趋向增大。即使是二者关系因俄乌战争这样的重大事件而得以暂时缓和,但矛盾并没有得到解决,土耳其在芬兰和瑞典紧急加入北约问题上的激烈态度以及不放弃与俄罗斯的务实合作即是明证。

第二,亚美尼亚问题在西方国家内外政策议程中的地位持续凸显,对

---

① Kemal Kirişçi, *Turkey and the West: Fault Lines in a Troubled Alliance*, Washington: Brookings Institution Press, 2018, pp.2—6.

② 宫小飞、石斌:《叙利亚危机与美土关系的疏离》,《国际问题研究》2020 年第 5 期,第 94 页。

③ 寿慧生、王倩楠:《模糊盟友:联盟体系视角下的美国与土耳其关系》,《国际安全研究》2022 年第 2 期,第 154 页。

土耳其与西方关系的冲击效应呈现上升趋势。

亚美尼亚问题始终是影响西方对土耳其观感的重要因素之一。而且随着时间推移，亚美尼亚问题对于西方学界和政界来说已经成为一个无法回避的问题①；特别是美国在亚美尼亚问题上的兴趣和压力日益上升，使得历届政府不得不对此问题表态。②2011 年 12 月,法国国民议会通过将"否认亚美尼亚人种族灭绝"列为刑事罪行的法案,违反的人可被判监禁和罚款;2012 年 1 月,法案在法国参议院亦获得通过。2013 年 5 月,澳大利亚新南威尔士州议会通过议案承认历史上土耳其对亚美尼亚人、希腊人及亚述人的"种族灭绝"。2015 年,教皇方济各在纪念活动中将之描述为"20 世纪的第一次种族灭绝",土耳其召见梵蒂冈驻土大使并召回本国驻梵蒂冈大使;次年,教皇方济各在访问亚美尼亚期间再次使用"种族灭绝"一词,又引起土耳其的愤怒。在德国,2015 年 4 月 24 日大屠杀遇难者纪念日当天,德国联邦议院首次商讨是否通过一项将亚美尼亚大屠杀称为"种族灭绝"的决议。2016 年 6 月德国联邦议院投票宣布第一次世界大战期间奥斯曼帝国对亚美尼亚人进行了"种族灭绝"。土耳其为此召回其驻德国大使,土德两国关系遭受很大冲击。虽然亚美尼亚游说团体未能将承认转化为土耳其成为欧盟成员或实施谴责否认"种族灭绝"的立法的先决条件,这一问题在欧洲国家议会和政府的辩论中已经失去了一些热度,但它仍然不断浮出水面。③2021 年 2 月 25 日,荷兰众议院通过决议,呼吁荷兰政府承认 1915 年奥斯曼帝国对亚美尼亚人的大屠杀构成"种族灭绝"。

包括法国、德国、意大利在内的大部分欧盟国家都以不同形式承认亚美尼亚大屠杀为"种族灭绝",同情亚美尼亚、对土耳其施压几乎成为西方共识。据统计,目前共有 31 个国家以不同的官方形式正式承认亚美尼亚大屠杀为"种族灭绝",其中包括 20 个欧美国家④,加上澳大利亚、西班牙

---

① Mim Kemal Öke, *The Armenian Question*, Turkish Historical Society, 2001.

② Donald Bloxham, "The Roots of Armenian Genocide Denial: Near Eastern Geopolitics ant the Interwar Armenian Question", *Journal of Genocide Research*, Vol.8, No.1, 2006, p.27.

③ Eduard Soler i Lecha, "EU-Turkey Relations: Mapping Landmines and Exploring Alternative Pathways", FEPS Policy Paper, September 2019.

④ "Countries that Recognize the Armenian Genocide", The Armenian National Institute, https://www.armenian-genocide.org/recognition_countries.html.

等部分地方政府或议会承认的国家,囊括了大部分的西方国家。这无一例外地遭到土耳其的强烈反对,土耳其政府进行了谴责与反制,并引发土耳其与西方国家关系的紧张,逐步加剧了双方在此问题上的对立。在与土耳其关系紧张的背景下,欧美利用亚美尼亚问题敲打土耳其的倾向上升,该问题在双边关系中的冲击效应日益增大,拜登上台后正式承认亚美尼亚大屠杀为"种族灭绝"就是典型表现。

第三,美国态度与土美关系的变化是亚美尼亚问题显性化的关键推手。

亚美尼亚大屠杀问题是美土两国关系中的焦点议题之一,近年来美国在此问题上面临的压力日益增大。长期以来,美国政府针对历史上的亚美尼亚大屠杀的态度一直很谨慎,长期使用屠杀(massacre)一词,而避免将之称为种族灭绝(genocide),主要考虑与土耳其的盟友关系。奥巴马执政时期,美国官方对此事的态度依然模糊,2015年4月17日,奥巴马就种族屠杀纪念周年致辞时用"大灾难"(Meds Yeghern)一词替代"种族灭绝"。近年来美国国会越来越倾向于支持亚美尼亚人的主张,2019年12月,美国众议院和参议院通过了"承认土耳其对亚美尼亚种族灭绝"决议。

美国总统拜登上台后,并没有把美土关系列入优先议程,两国关系依旧冷淡,甚至美国对土打压势头依然不减,包括正式将土耳其移出F-35战机联合开发计划。从美国国内政治看,亚美尼亚裔传统上是民主党的票仓,近几年土美关系龃龉不断,拜登或许有意借"亚美尼亚大屠杀"问题敲打土耳其,同时彰显拜登和民主党政府对所谓"人权外交"的追求。①美国政府最终打破了政治顾忌,将亚美尼亚大屠杀问题重新提出,既是顺应国内呼吁,凸显美国民主党政府对人权问题的重视,也将之作为敲打和限制土耳其的一种有用工具。拜登政府的承认举措势必进一步激化美国与土耳其之间本已紧张的关系。2021年4月24日拜登的声明引发土耳其的激烈反应,土耳其外交部、外长、总统、议长及反对党都发表了强烈反对的声明,国内也群情激奋。埃尔多安在演讲中以土耳其境内多达65万亚美

---

① 秦彦洋、昝涛:《"亚美尼亚大屠杀"用词之争折射土美关系深层分歧》,《世界知识》2021年第12期,第58页。

尼亚人的数字反击美国的指责，表示美国"错误的步骤"将阻碍两国关系发展，并建议美国"照照镜子"，称其在历史上有许多可被称为"种族灭绝"的事件。①拜登声明之后，土耳其方面公布了美国的种族灭绝历史清单，多次提到美国针对印第安人的"种族灭绝"和发生在波黑针对穆斯林的大屠杀等历史事件。2022 年 4 月 24 日的亚美尼亚大屠杀纪念日声明中，拜登重申了前一年关于"种族灭绝"的观点，显然这已成为美国政府的官方立场和固定做法。在此背景下，亚美尼亚问题对两国关系的冲击效应骤然加大。

四、结　语

亚美尼亚问题是观察当代土耳其与西方关系的一个重要视角，同时也只有跳出亚美尼亚问题本身，从国际体系结构变化的角度才能更为全面地把握这一议题的变动逻辑与发展前景。与其说亚美尼亚问题造成了土耳其与西方国家的紧张，不如说是土耳其与西方关系的结构性变化导致亚美尼亚问题在双方关系中凸显。有学者用"西方问题"表述土耳其与西方国家之间复杂的外交困境②，而亚美尼亚问题很大程度上只是这一更大问题的表现之一。随着越来越多的西方国家议会或政府承认历史上土耳其对亚美尼亚人的大屠杀和"种族灭绝"，土耳其与西方国家的关系趋向高度紧张，恶化了土耳其与西方国家之间的关系氛围，严重影响了土耳其在入盟、北约、中东等问题上的博弈地位。在入盟受挫、美欧制裁和外交转型的背景下，土耳其在亚美尼亚问题上的立场也出现倒退和收缩，不再愿意采取开放态度和被人反复审视，而倾向于回归强硬姿态。土耳其国内民族主义者也将西方迫使其承认亚美尼亚大屠杀视为"反土耳其"议程

① "Turkish Leader Blasts Biden's Unfounded Remarks on 1915 Events", *Anadolu Agency*, April 26, 2021, https://www.aa.com.tr/en/top-headline/turkish-leader-blasts-biden-s-unfounded-remarks-on-1915-events/2221315.
② Şevket Ovalı, İlkim Özdikmenli, "Ideologies and the Western Question in Turkish Foreign Policy: A Neo-classical Realist Perspective," *All Azimuth: A Journal of Foreign Policy and Peace*, Vol.9, No.1, 2019, p.106.

的一部分,强化了欧洲的"他者"认知。①这进一步扩大了土耳其与西方在亚美尼亚问题上的认知差距与政策分歧,体系结构因素的变化持续强化了这一议题的显性化趋势。西方利用亚美尼亚问题打压土耳其的做法激发了土耳其国内本就日益高涨的民族主义情绪,对于土耳其政府与总统埃尔多安来说,这有利于其借此进行民粹主义动员和获得更多民众支持,在未来的大选中继续赢得执政地位。

　　未来一段时期,受到土耳其与西方关系结构性恶化的影响,亚美尼亚问题的国际化趋势及其对土耳其对外关系的冲击将出现上升趋势,即使土亚两国间歇性地作出和解努力,但无法改变这一点。然而,其究竟会一直表现为线性发展趋势还是会出现周期性变化仍存在不确定性,如果土耳其与西方结构性力量的关系出现改善,也势必带来亚美尼亚问题在双边关系中的影响力弱化。从实践来看,亚美尼亚问题将在多大程度上成为土耳其的外交麻烦,从根本上来说取决于土耳其与西方国家关系特别是土美关系的发展态势。

---

　　①　Seyhan Bayraktar, "The Politics of Denial and Recognition: Turkey, Armenia and the EU", in Alexis Demirdjian, ed., *The Armenian Genocide Legacy*, Palgrave Macmillan, 2016, p.209.

澜湄次区域多边禁毒合作的困境与改革[*]

【内容提要】 毒品问题一直是澜湄地区重要的非传统安全威胁。次区域国家早在三十余年前就开始了禁毒合作，并逐渐建构起三种分别由联合国毒品和犯罪问题办公室、东盟以及中国牵头的多边机制，即谅解备忘录机制、《东盟和中国禁毒合作行动计划》以及澜湄执法安全合作机制。然而，在过去十余年间，次区域的多边禁毒合作陷入了发展的瓶颈，不仅缺少维持和深化的动力，而且也未能遏制毒品问题的扩大。这是因为既有机制一方面依然受到利益分化和地区权力分布不平衡等旧问题的困扰，另一方面又难以适应诸如合成毒品兴起、跨国贩毒集团壮大、毒品贩运路线调整以及交易方式改革等新的毒品形势。为此，本文提出，澜湄次区域的禁毒合作需要向毒品治理转型，以整合不同行为体的优势，从执法、公共卫生、社会经济等角度发力，开拓新的合作方向以实现既"擒贼"也"擒王"。

【关键词】 禁毒合作，谅解备忘录机制，《东盟和中国禁毒合作行动计划》，澜湄执法安全合作，毒品治理

【Abstract】 The production and trafficking of illicit drugs has always been an important nontraditional security threat to the Lancang-Mekong subregion. The subregional countries started their cooperation to tackle this issue from thirty years ago and have constructed three multilateral institutions led by the UN Office on Drugs and Crime（UNODC）, ASEAN, and China respectively, known as the Mekong Memorandum of Understanding on Drug Control（MOU）, ASEAN and China Cooperative Operations in Response to Dangerous Drugs（ACCORD）, and Lancing-Mekong Law Enforcement Cooperation. However, in the past decade, these institutions have experienced difficulties in maintaining their momentum for deepening and development and failed to deter the expansion of drug crimes in the subregion. This is partly due to the "old" structural factors characterized by the regional countries' diverged perception of interests in containing drug crimes and their unbalanced distribution of power; and partly related to the rising new drug situations including the thriving of synthetic drugs, the expansion of transnational drug syndicates, the change of trafficking routes, and the shift of transaction methods. Therefore, this paper suggests that the subregional cooperation on fighting against illicit drugs should adopt a new mode of drug governance, which takes advantage of multiple players, works from aspects including law enforcement, public health and social economic development, and explores new direction of cooperation aiming to not just hunt for drug traffickers and dealers but also drug lords behind the scene.

【Key Words】 anti-drug cooperation, MOU, ACCORD, Lancang-Mekong Law Enforcement Cooperation, drug governance

---

* 本文系国家社科基金青年项目"中美在东南亚非传统安全问题上的竞争与中国的对策研究"（21CGJ032）的阶段性成果。

** 贺嘉洁，复旦大学国际关系与公共事务学院青年副研究员。

澜湄地区的毒品问题沉疴多年,不仅与次区域的其他非传统安全问题(如洗钱、武器走私、跨境赌博、人口贩卖等)相互交织,而且其负面影响日益扩散到次区域之外并成为大国势力介入地区事务的抓手。有效遏制毒品犯罪的发生和扩散因此成为次区域安全秩序建构的重要组成部分,也是澜湄命运共同体建设不可或缺的一个环节。

尽管联合国、东盟及次区域国家早在三十余年前就开始了禁毒多边机制的建构,并在政治合作与执法合作领域都取得了一定的成效,但这些努力并没有遏制住地区毒品问题的蔓延。近年来,不仅次区域的毒品缉获量大幅上升,而且在新冠疫情暴发、边境管控收紧的背景下,跨国犯罪集团依然找到了规避管控的方式。[1]为什么次区域禁毒合作未能遏制地区毒品问题的扩大化和复杂化? 未来次区域禁毒合作应该作怎样的改革? 这就是本文致力于回答的具体问题。

一、既有的相关研究与评述

近年来,学界对于澜湄次区域治理的研究有相当一部分围绕着水资源的开发和合作。但是除了跨境水资源管理以外,次区域的非传统安全威胁——特别是以毒品的生产、贩运和消费为核心,和洗钱、人口贩卖等问题相关联的跨国犯罪问题——仍然困扰着地区安全秩序的建构。然而,与问题本身的演进、治理需求的上升以及制度化合作的深入不符的是,有关次区域合作应对具体非传统安全威胁的文献却相对缺乏,围绕毒品问题的探讨亦很有限。

(一)有关澜湄次区域安全合作机制的探讨

一些学者从较为宏观的角度考察了澜湄次区域的非传统安全合作。例如,金新分析了次区域多边和双边跨境安全治理机制,并讨论了现有治理制度的结构性、过程性和效能性困境。[2]卢光盛、李志斐等则指出,澜湄

---

① UNODC, "World Drug Report 2022: Executive Summary/Policy Implications," UNODC, June 27, 2022, https://www.unodc.org/res/wdr2022/MS/WDR22_Booklet_1.pdf.

② 金新:《中国—东盟跨境安全治理:制度困境与优化策略》,《国际论坛》2019 年第 4 期,第 74—88 页。

合作机制使得次区域碎片化的非传统安全治理向平台化模式演进,并促进了区域国家间的务实合作和非传统安全问题的治理。①

操作层面的澜湄执法安全合作也是学者关注的话题。除了白俊丰分析过湄公河联合巡逻执法合作背后的政治因素之外,很多学者都谈到了澜湄执法安全合作存在的问题,并就其形成的原因及未来改革的方向作了有益的探讨。②其中,陈红梅强调区域国家在经济发展水平、合作意愿、执法管控能力和国内政治局势等方面的差异对执法安全合作的成效产生了负面的影响;雷珺认为对国家利益的过分考量、地区认同的不足和区域性安全公共产品的自身特性阻碍了澜湄执法安全合作的深入;关键聚焦于次区域复杂的地理条件、高昂的执法成本、恶劣的执法环境和较低的互信程度;樊守政和张哲则指出,流域新的安全形势、不完善的机制内部治理、重叠的区域机制和大国的相互制衡是制约澜湄执法安全合作发展的主要因素。③此外,封顺和郑先武在双边层面考察了中缅跨境安全复合体的消极外部性及其治理机制,特别强调了边境联络官办公室机制在维护边境经济安全和社会安全中所发挥的作用。④

这些研究从不同角度分析了次区域安全治理的进展、存在的问题以及制约因素,为进一步思考次区域安全治理在特定问题领域的特点和面临的挑战提供了有益的参考。但是,由于非传统安全和跨国犯罪本身都是较为宏大的框架,在讨论具体问题领域的治理时仍然需要更为微观和深入的考察。

---

① 卢光盛、张励:《澜沧江—湄公河合作机制与跨境安全治理》,《南洋问题研究》2016年第3期,第12—21页;李志斐:《澜湄合作中的非传统安全治理:从碎片化到平台化》,《国际安全研究》2021年第1期,第90—119页。

② 白俊丰:《推动湄公河联合巡逻执法的政治因素分析》,《东南亚纵横》2017年第5期,第50—55页。

③ 陈红梅:《中老缅泰湄公河流域执法安全合作的挑战》,《东南亚研究》2014年第4期,第28—33页;雷珺:《区域性安全公共产品供给的"湄公模式"——以湄公河流域联合执法安全合作机制为例》,《南洋问题研究》2015年第3期,第28—38页;关键:《区域安全公共产品供给的"中国方案"——中老缅泰湄公河联合执法合作机制研究》,《中山大学学报(社会科学版)》2019年第2期,第187—196页;樊守政、张哲:《澜湄安全合作存在的问题与未来路径》,《现代国际关系》2021年第7期,第44—51页。

④ 封顺、郑先武:《中缅跨境安全复合体及其治理》,《国际安全研究》2016年第5期,第122—145页。

（二）有关澜湄次区域禁毒合作的探讨

作为跨国犯罪的一种形式,毒品犯罪的治理无疑是次区域非传统安全合作以及澜湄合作机制的重要内容之一。与此同时,由于联合国在毒品管制规范的制定和执行中的主导地位以及毒品问题的区域和全球影响,次区域毒品问题的治理也得到了联合国相关机构和东盟的高度关注,其治理机制的形成不仅早于澜湄合作机制的诞生,而且超越了次区域的范畴。正因为如此,对于次区域禁毒合作的讨论虽与次区域及澜湄机制下的跨境安全治理问题的讨论相关,但也存在较大的差异。

由于东盟禁毒合作的重点在于应对金三角地区的毒品问题,因此在一定程度上东盟的禁毒合作机制与澜湄次区域的毒品治理密切相关。拉弗·艾默斯(Ralf Emmers)和王虎分别考察了东盟禁毒合作机制从"东盟五国"拓展到"东盟十国"进而形成"东盟＋中国"模式的历史沿革。艾默斯认为,由于腐败、利益集团的介入和国家能力的不足,目前东盟层面的多边禁毒合作机制只是松散的信息交换平台,实质性的多边合作依然缺乏;而王虎则更为乐观,指出尽管存在各种障碍,但中国与东盟的合作已经取得了成效。[1]张晓春重点关注中国与东盟的禁毒警务合作。他强调,毒情的复杂化、禁毒机制和理念的陈旧以及行动力度的不足是造成中国—东盟的禁毒警务合作难以取得实质性成效的主要原因。[2]罗圣荣和兰丽从治理理念、机制和行动三个层面出发,探讨了澜湄次区域毒品治理的进展和不足。他们认为,政治互信的欠缺、经济发展水平的差距、禁毒法律规范的缺位、替代种植实践的瓶颈以及地区毒情的变化使得次区域国家难以展开深入的合作。[3]刘稚则在回顾中国参与澜湄次区域禁毒国际合作的过程和取得的成果的基础上强调,这一合作也面临着领域不宽、层次不高、机制不全、力度不够等问题。[4]

① Ralf Emmers, "International Regime-Building in ASEAN: Cooperation against the Illicit Trafficking and Abuse of Drugs," *Contemporary Southeast Asia*, Vol.29, No.3, 2007, pp.506—525.

② 张晓春:《中国—东盟禁毒命运共同体建设问题研究》,《广西社会科学》2015 年第 4 期,第 60—64 页。

③ 罗圣荣、兰丽:《澜沧江—湄公河合作机制下的澜沧江—湄公河次区域毒品治理问题探析》,《东南亚纵横》2020 年第 3 期,第 5—13 页。

④ 参见刘稚:《中国参与湄公河次区域禁毒国际合作研究》,中国书籍出版社 2004 年版。

这些讨论都颇具启发性,不仅梳理了次区域禁毒合作的历史,也指出了合作在现实中面临的主要困难。但是,这些分析或关注东盟单一层次的禁毒合作机制,或以次区域总体的禁毒合作为切入点,对于澜湄次区域既有的多层次禁毒合作机制的构成和互动着墨不多,也没有考察机制供给的局限对于毒品治理成效的影响,因此存在着尚待完善之处。

(三)现有研究的不足

总的来说,目前围绕澜湄次区域非传统安全问题特别是打击毒品犯罪合作的讨论多围绕着某一特定的机制或者框架展开。相比对于次区域政治或经济合作领域"机制拥堵"的深入探讨,非传统安全领域的机制间关系似乎没有引起学界的充分关注,进而对于在安全治理领域是否形成了有效的治理网络仍然不甚清晰。在打击毒品犯罪问题上,尽管次区域有着由联合国、东盟以及中国推动的不同合作机制,但对这些机制之间的分工、作用和局限缺少扎实的实证研究。

同样重要的是,最近几年,随着技术的进步、管制措施的执行、互联互通的进展以及新冠疫情以来边境管控的收紧,以金三角为生产中心的次区域毒情有了新的发展。既有的禁毒合作机制都是针对旧有毒情设计的合作框架,在新形势下无疑面临着新的挑战和制约。那么,次区域国家和相关的国际组织要如何应对新的问题,既有机制需要进行怎样的改革也是学者们需要关注的问题。

本文就将着眼于次区域的三套多边禁毒机制,探讨它们在结构性困境和新毒情背景下所面临的挑战,并在此基础上提出从"禁毒合作"到"毒品治理"的改革思路与建议,以弥补现有文献的不足。

二、澜湄次区域禁毒多边合作机制的建设

澜湄次区域(特别是泰国、老挝、缅甸三国交界处的金三角地区)一直是世界上集中的毒品生产地。面对严峻的毒品形势和不断扩大的毒品生产与销售市场,次区域国家和相关国际组织早在三十余年前就开始了合作,并逐渐形成了三套互相配合的禁毒多边合作机制——由联合国毒品和犯罪问题办公室(United Nations Office on Drugs and Crime,以下简称

"UNODC")领导的谅解备忘录机制（The Mekong Memorandum of Un-
derstanding on Drug Control,以下简称"MOU 机制"）、由东盟和中国共同
推动的《东盟和中国禁毒合作行动计划》（ASEAN and China Cooperative
Operations in Response to Dangerous Drugs,以下简称"ACCORD 机制"）
和由中国牵头的澜湄执法安全合作机制（见表1）。

表1　次区域现有多边禁毒合作机制的比较

	MOU 机制	ACCORD 机制	澜湄执法安全合作机制
牵头方	UNODC	东盟	中国
合作目的	政治合作与执法合作	政治合作	执法合作
议题领域	毒品与健康、执法合作、法律和司法合作、可持续替代种植	预防教育、减少需求、缉毒执法、替代发展	联合执法巡逻、情报融合与案件协查、执法能力建设等
成员	UNODC、中国、老挝、缅甸、泰国、越南、柬埔寨	东盟十国与中国	中国、老挝、缅甸、泰国、越南、柬埔寨
工作机制	两年一次部长级会议，每年一次高官会	年度10＋1毒品问题高官咨询会	制度化合作（机制、组织、行动）与专项行动

资料来源：作者自制。

（一）MOU 机制

MOU 机制是澜湄次区域最活跃也是唯一由联合国作为签约方直接
参与和指导的禁毒合作机制。[1]1993 年,为了遏制湄公河流域毒品问题的
蔓延,中国、缅甸、老挝、泰国和联合国禁毒署（1997 年后改组为联合国毒
品和犯罪问题办公室）东亚和太平洋地区中心共同签署了《大湄公河次区
域禁毒合作谅解备忘录》,建立了 MOU 机制,明确在禁毒合作中保持高级
别接触。1995 年,MOU 机制接纳越南和柬埔寨为签约国,由此覆盖了次
区域所有国家并形成了六国七方的合作架构。[2]

1995 年 5 月,MOU 机制第一届部长级会议召开。会议决定每两年

---

① 孙广勇：《湄公河流域国家深化禁毒合作》,《人民日报》2018 年 6 月 27 日,第 21 版。
② 《中国积极参与大湄公河次区域禁毒国际合作》,《人民日报》2016 年 4 月 19 日,
第 3 版。

举行一次次区域禁毒合作部长级会议,并通过了有效期三年的《次区域禁毒行动计划》(The Sub-regional Action Plan,以下简称"SAP")。作为MOU进程的核心,SAP不仅为各签约方提供了合作的战略框架,而且也对成员国的行动作了具体规划,明确了合作的四大领域,即毒品与健康、执法合作、法律和司法合作以及可持续替代种植。[①]1997年,在第二次部长级会议上,签约方决定在定期就具体条款进行修改和更新的前提下,无限期延长SAP。[②]目前,SAP已经更新至第十一版。

在MOU机制下,除了作为决策机构的部长级会议,其核心的组织架构还有每年一次的高官委员会会议和焦点会议。前者监督部长级会议决策的落实,并评估SAP的执行与进展;后者则负责制定和协调各国下一年的工作计划。此外,MOU机制还在1998年支持建立了禁毒问题高级别双边会议制度以作为其协调架构的组成部分。[③]

除了政治层面的合作,MOU机制在执法合作领域也作了大胆的尝试,建立了边境禁毒联络官网络。[④]1999年,在UNODC的支持下,次区域六国签署协议,在主要的边境口岸两侧附近建立了41个边境联络官办公室(Border Liaison Office,以下简称"BLO")作为各国执法部门间的协调机构和边境地区贩毒信息的集中处理中心。每个BLO由5—7位边境执法部门(包括警察、边检、海关、移民机构)官员组成。他们不仅分享实时的毒品贩运信息,在有异常情况时实现快速协调行动,而且也定期交换情报,并参与地区BLO研讨会以熟悉近期毒品贩运路线和动态。[⑤]UNODC

①③　UNODC, "Partnership, Cooperation and Action in the Greater Mekong Sub-region: The Memorandum of Understanding (MOU) on Drug Control," https://www.un-odc.org/documents/southeastasiaandpacific//Publications/2017/MOU_Brochure.pdf.

②　"Mekong MOU on Drug Control," UNODC, https://www.unodc.org/southeasta-siaandpacific/en/what-we-do/toc/mou.html.

④　Ghada Waly, "63rd CND High-level Side Event 'Addressing the Deteriorating Synthetic Drug Situation in The Mekong: a New Level of Strategic Cooperation'," UN-ODC, March 3, 2020, https://www.unodc.org/unodc/en/speeches/2020/cnd63-mekong-030320.html.

⑤　UNODC Regional Centre for East Asia and the Pacific, "Border Liaison Office in Southeast Asia 1999—2009: Ten Years of Fighting Transnational Organized Crime," March 6, 2019, https://www.unodc.org/documents/southeastasiaandpacific/2010/07/blo-cambo-dia/Border_Book_final_6mar09.pdf.

在五个关键领域为 BLO 提供支持,包括培训人员、建设办公基础设施、提供最新的硬件设备、建立现代信息管理系统和促进常态化的跨境沟通。[①]

　　BLO 网络的建立使国与国之间日常的情报交流和协调行动无需通过各国中央政府。负责边境事务的执法机构可以直接跨境对话,同时与各自国内机构和中央政府保持协调,必要时在国家双边外交层面上进一步跟进(见图 1)。[②]2010 年,在 UNODC 支持下,BLO 的授权从原先只处理毒品威胁和情报扩大到处理所有与跨国有组织犯罪相关的事务。由于毒品犯罪往往与其他形式的跨国有组织犯罪相关联,这一措施事实上增强

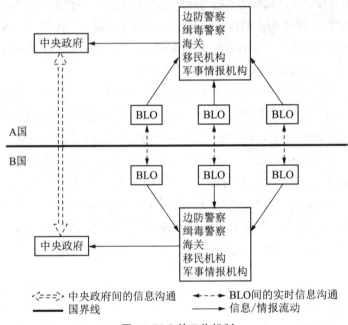

图 1　BLO 的工作机制

资料来源:UNODC 网站。

---

　　① UNODC, "Responses: Border Liaison Office (BLO) Network," http://asia.aid-forum.org/docs/Gerson_Bergeth.pdf.

　　② UNODC Regional Centre for East Asia and the Pacific, "Border Liaison Office in Southeast Asia 1999—2009: Ten Years of Fighting Transnational Organized Crime," March 6, 2019, https://www.unodc.org/documents/southeastasiaandpacific/2010/07/blo-cambo-dia/Border_Book_final_6mar09.pdf.

了 MOU 框架下各国打击毒品犯罪的力度。[①]目前，在次区域 UNODC 支持的 BLO 有 70 个左右，此外还有一些基于双边或三边协议的 BLO。[②]

作为次区域最早建立的多边禁毒合作机制，MOU 机制"在遏制毒品问题蔓延发展、加强次区域禁毒合作、开展高效跨境案件合作、提高周边国家执法能力方面发挥了突出作用"。[③]

（二）ACCORD 机制

作为东盟的一部分，次区域的禁毒合作也得到了东盟的高度关注。2000 年 10 月，东盟与 UNODC 合作，在泰国举办了第一届东盟和中国禁毒合作部长级会议，提出在 2015 年实现"无毒东盟和中国"的目标，并通过了《曼谷政治宣言》和《东盟和中国禁毒合作行动计划》。次年，东盟和中国成立了预防教育、减少需求、缉毒执法、替代发展四个工作组，并每年召开会议回顾上一年度取得的合作成果同时制定下一年度的工作计划。[④]由此，ACCORD 机制在"东盟＋1"的框架下正式建立，UNODC 和东盟是它的联合秘书处。[⑤]

2005 年，由于毒品形势的变化，特别是合成毒品问题的出现，东盟和中国共同决定在北京召开第二届东盟和中国(10＋1)禁毒合作部长级会议，就"打击苯丙胺类毒品犯罪""减少毒品需求和执法"及"戒毒康复"等议题深入探讨，并发布更新后的《行动计划》《北京宣言》和本地区国家"打击苯丙胺类毒品犯罪联合行动的倡议"。[⑥]新的《行动计划》不仅要求成员国通过各自的国家行动加强在四个重点合作领域的协调，而且在除替代发

---

① "Mekong River Drug Threat Assessment," UNODC, March 2016, https://www.unodc.org/documents/southeastasiaandpacific/Publications/2016/Mekong _ River _ Drug _ Threat_Assessment_low.pdf.

② "Border Management: Overview," UNODC, https://www.unodc.org/southeastasiaandpacific/en/what-we-do/toc/border-overview.html.

③ 《郭声琨出席大湄公河次区域禁毒合作机制边会》，外交部，https://www.fmprc.gov.cn/web/wjdt_674879/gjldrhd_674881/t1357278.shtml。

④⑥ 《公安部召开东盟和中国禁毒合作国际会议发布会》，中国政府门户网站，http://www.gov.cn/xwfb/2005-10/13/content_76821.htm。

⑤ "ASEAN and China Cooperative Operations in Response to Dangerous Drugs (ACCORD) 8th Task Forces Meetings on Civic Awareness and Demand Reduction," UNODC, August 19, 2009, https://www.unodc.org/southeastasiaandpacific/en/2009/08/ACCORD/asean-and-china-cooperative-operations-in-response-to-dangerous-drugs.html.

展以外的各领域合作中分别纳入应对合成毒品的措施,并鼓励成员国在亚太毒品滥用信息网络分享本国数据。①

2012 年,为了进一步加强在禁毒合作领域的磋商,中国与东盟决定建立年度毒品问题高官咨询会(ASEAN Senior Officials on Drug Matters Plus China Consultation,以下简称"ASOD + 中国")机制,并于 2013 年召开了第一届会议。②从 2014 年起,中国每年通过 UNODC 的地区办公室向ACCORD 捐资 5 万美元。③

然而,尽管中国积极推动 ACCORD 机制的深化,但它的发展却后劲乏力。④截至目前,除了 2000 年和 2005 年的两次部长级会议外,ACCORD机制下的合作多是高官级的协调和磋商,并没有形成部长级的定期会晤机制;成员国也未在其框架下签署有约束力的协议或形成联合行动。

(三)澜湄执法安全合作机制

如果说 MOU 和 ACCORD 是以政治合作为基础的多边禁毒合作机制,那么中国牵头推动的澜湄执法安全合作则是行动导向的专门性执法合作机制。

早在 2001 年,中国、老挝、缅甸、泰国四国就召开了禁毒合作部长级会议,"谋求以高层次禁毒会晤和磋商方式来解决地区毒品问题"。⑤2003 年7 月,中老缅泰四国禁毒主管部门联合组织实施了湄公河禁毒考察,通过了合作打击沿河贩毒活动的行动计划,并召开了中老缅泰及印度五国禁毒合作部长级会议。⑥这些早期的互动和建立信任措施为之后执法安全合

---

① Ralf Emmers, "International Regime-Building in ASEAN: Cooperation against the Illicit Trafficking and Abuse of Drug," pp.515—517.

② "Overview of ASEAN-China Dialogue Relations," ASEAN, APSC/ERD/ERD1/INF/2021/03, October 6, 2021, https://asean.org/wp-content/uploads/2021/10/Overview-of-ASEAN-China-Relations-6-Oct-2021.pdf.

③ Xinhua, "China to Strengthen Ties with ASEAN on Drug Control," *China Daily*, August 31, 2018, https://www.chinadailyhk.com/articles/36/250/122/1535685490627.html.

④ Ralf Emmers, "International Regime-Building in ASEAN: Cooperation against the Illicit Trafficking and Abuse of Drug," p.522.

⑤ 温宪:《合作禁毒:中、老、缅、泰通过〈北京宣言〉》,人民网,http://43.250.236.5/GB/guoji/22/82/20010828/546078.html。

⑥ 《公安部召开东盟和中国禁毒合作国际会议发布会》,中国政府门户网站,http://www.gov.cn/xwfb/2005-10/13/content_76821.htm。

作的顺利开展奠定了基础。

2011 年 10 月 5 日,两艘中国商船在湄公河金三角泰国水域被劫持,13 名中国船员全部遇害。中老缅泰四国随即发表《关于湄公河执法安全合作的联合声明》,强调为有效打击危害流域安全的跨国犯罪活动,四国执法部门不仅要开展联合巡逻执法,而且还将共同建设流域执法安全合作机制,为情报交流、联合巡逻执法、联合整治治安突出问题、打击跨国犯罪以及共同应对突发事件提供制度保障。①同年 12 月 9 日,中老缅泰湄公河联合巡逻执法正式启动。巡逻队从云南西双版纳州的关累港出发,至老缅泰交界水域的老挝金木棉码头返航,全程 256 公里,经过四国 6 个港口。2013 年 5 月第 10 次联巡后固定为每月开展一次。②如今各国执法艇平均每月江面巡逻 25 天,江面见警率达 80%以上。③

2015 年 10 月,在既有合作成果的基础上,中老缅泰湄公河流域执法安全合作部长级会议在北京召开。会议不仅确定每两年举行一次次区域执法安全合作部长级会议、每年举行一次高官会,而且提议建立澜沧江—湄公河综合执法安全合作中心(以下简称"澜湄执法中心"),并邀请柬埔寨和越南以观察员身份参与。④2017 年 12 月,作为政府间国际组织的澜湄执法中心启动,澜湄执法安全合作走上制度化的进程。⑤中心下设湄公河联合巡逻执法指挥部、情报融合与案件协查部、联合行动协调部、执法能力建设和综合保障部⑥,并设计开发了澜湄情报信息交换网络平台,为成

---

① 《中华人民共和国、老挝人民民主共和国、缅甸联邦共和国和泰王国关于湄公河流域执法安全合作的联合声明》,中央政府门户网站,http://www.gov.cn/gzdt/2011-10/31/content_1982676.htm。

② 《中老缅泰湄公河流域执法安全合作五周年综述》,中华人民共和国中央人民政府官网,http://www.gov.cn/xinwen/2016-12/25/content_5152611.htm#1。

③ 陈晓波:《命运与共、守望安澜——写在中老缅泰湄公河联合巡逻执法机制成立十周年之际》,《云南日报》2021 年 12 月 9 日,第 3 版。

④ 《湄公河流域执法安全合作部长级会议通过〈联合声明〉》,人民网,http://world.people.com.cn/n/2015/1025/c157278-27736268.html。

⑤ 《大事记》,澜沧江湄公河综合执法安全合作中心,http://www.lm-lesc-center.org/pages_79_218.aspx。

⑥ 《组织架构》,澜沧江湄公河综合执法安全合作中心,http://www.lm-lesc-center.org/Pages_77_179.aspx。

员国之间保持密切交流、进行追逃和个案协调并完善优化协作机制创造了条件。①

除了联合巡逻执法的常态化和执法中心的建立外，澜湄执法安全合作还以专项行动的形式展开。2013 年，中国主导推动了中老缅泰"平安航道"联合扫毒行动，旨在加强各国的情报交流和司法合作，共同打击湄公河流域的贩毒活动。②2015 年，柬埔寨和越南加入联合行动。③目前，"平安航道"联合扫毒行动工作机制已逐渐成形，并在禁毒信息合作、经验交流方面取得了巨大成功。④

此外，2018 年 8 月，中国海关与越南海关还联合倡议发起了次区域六国海关打击毒品走私的"湄龙行动"，并在后续的"湄龙行动 II""湄龙行动 III"中，邀请了区域外国家和地区的海关和警务执法部门参与。⑤2021 年 3 月和 8 月，中老缅泰四国先后启动了湄公河联合"扫毒"百日攻坚行动和联合打击跨境犯罪专项行动，以更好地应对流域内的毒品及其他违法犯罪形势的变化。⑥2022 年 7 月至 12 月，澜湄各国执法部门又共同开展了打击涉枪爆违法犯罪的联合执法行动——靖枪行动，以打击当前严峻的涉枪涉毒犯罪。⑦

经过十年的发展，澜湄执法安全合作机制已经形成了制度化合作和常态化的专项行动两大支柱（见图 2），为次区域国家联合打击毒品及其关联犯罪提供了平台。

---

① 樊守政、张哲：《澜湄安全合作存在的问题与未来路径》，《现代国际关系》2021 年第 7 期，第 45 页。
② 《六国"平安航道"联合扫毒："消灭毒品，会做到最好"》，新华网，http://www.xinhuanet.com/politics/2018-02/27/c_1122457349.htm。
③ 孙广勇：《湄公河流域国家深化禁毒合作》，新华网，http://www.xinhuanet.com/world/2018-06/27/c_129901551.htm。
④ 《中老缅泰柬越 2016 年第二阶段"平安航道"联合扫毒行动综述》，澜沧江湄公河综合执法安全合作中心，http://www.lm-lesc-center.org/Pages_15_182.aspx。
⑤ 《姜水副秘书长参加"湄龙行动"启动会》，澜沧江湄公河综合执法安全合作中心，http://www.lm-lesc-center.org/Pages_9_288.aspx。
⑥ 王研、曾维：《中老缅泰第 108 次湄公河联合巡逻执法行动启动》，中华人民共和国中央人民政府，http://www.gov.cn/xinwen/2021-08/25/content_5633117.htm。
⑦ 《澜湄执法中心召开澜湄区域"靖枪行动"视频启动会》，澜湄执法中心网站，http://116.55.226.55/Pages_3_4649.aspx。

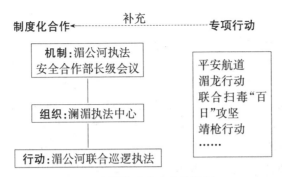

图2 澜湄执法安全合作机制

资料来源:作者自制。

三、次区域多边禁毒合作中的
结构性制约及其影响

尽管地区国家与国际组织在过去三十余年间一直在寻求强化次区域的禁毒多边合作,但次区域面临的结构性制约依然困扰着这些合作,并使多边合作机制陷入了发展的瓶颈。

(一)次区域禁毒合作中的结构性制约

次区域禁毒合作的结构性制约主要包括两个方面。其一,由于位于毒品供应链上的不同位置且国家政治经济情况有别,澜湄次区域国家在禁毒问题上有着不同的利益,进而导致多边禁毒合作的凝聚力不足。在毒品供应链上的次区域国家,缅甸是毒品的来源地,老挝和柬埔寨是毒品的主要过境国,泰国、越南和中国则是毒品的消费国。作为毒源地的缅甸经济实力较弱且政治动荡,中央政府一直没能对金三角的少数民族聚居特区实行有效控制。因此,不仅当地活跃的民族地方武装(以下简称"民地武")寻求通过毒品生产和交易来维持长期的武装斗争,而且政府及军队也依赖跨国贩毒集团的贿赂和雇佣军来确保自身在当地的存在和对民地武的制约。①在这

---

① 翁婉莹:《罂粟花战争:缅甸为何难以戒断毒瘾?》,报道者,https://www.twreporter.org/a/myanmarese-drugs-use。

样的背景下,缅甸参与区域禁毒合作的能力和动力均较为薄弱。相反,次区域的毒品消费国因为承受着毒品泛滥所造成的社会、经济、治安和公共卫生的巨大压力,加上政局相对稳定、经济实力较强,所以有着更强的动力去推动禁毒合作。过境国虽然也为毒品贩运过程中的暴力、洗钱、武器走私等问题所困扰,但由于经济基础薄弱且毒品问题带来的社会危害不如位于毒品供应链末端的消费国,因此投入禁毒合作的资源有限,参与合作的动力也不及后者。正是在这种利益认知差异的驱动下,地区国家对禁毒合作的紧迫性和重要性缺乏共识,也难以建立起保障合作的物质与观念基础。

其二,次区域权力结构的不平衡进一步制约了既有禁毒合作的深化。作为最大的地区国家也是毒品问题的攸关方,中国在推动次区域三个禁毒合作机制的运作中发挥了重要作用。但是,由于中国相对其他次区域国家不断扩大的权力优势,后者对于参与中国牵头的多边禁毒合作机制有着现实的顾虑。这种顾虑又在中美战略竞争加剧、西方舆论不断挑拨下被放大,从而阻碍了地区国家展开实质性的执法合作。

早在澜湄执法合作开展之初,西方学者就鼓吹联合巡逻执法是中国在执行所谓"域外执法权",威胁了湄公河国家的主权。[1]2020 年 10 月,时任美国助理国务卿大卫·史迪威(David Stilwell)更是在与湄公河国家领导人的视频对话中呼吁次区域国家"联合起来进行有利于地区国家利益而不是邻国利益的执法安全合作",公然鼓动地区国家抵制澜湄执法合作。[2]

作为西方的舆论战,类似的言论虽然毫无依据,但迎合了权力结构不均衡背景下小国对于具有主权属性的执法安全合作的顾虑,也强化了它们在中美之间寻求对冲的意愿。正是因为担心与中国的执法合作会损害

---

① Andrew Marshall, "Led by China, Mekong Nations Take on Golden Triangle Narco-Empire," Reuters, March 16, 2016, https://www.reuters.com/article/uk-southeastasia-drugs-mekong-idUKKCN0WH2ZW.

② David R. Stilwell, "The Mekong River, Mekong Sovereignty, and the Future of Southeast Asia," U.S. Embassy and Consulate in Thailand, October 15, 2020, https://th.usembassy. gov/remarks-david-stilwell-assistant-secretary-at-indo-pacific-conference-on-strengthening-transboundary-river-governance.

与美国的盟友关系,泰国至今未与中国签署澜湄执法安全合作的备忘录。①越南甚至担心执法合作的深入会提升中国在地区的渗透程度,进而损害其在南海问题上的议价能力,因此对执法合作态度谨慎。②值得注意的是,泰、越两国恰好处于毒品供应链的中末端,本应是次区域禁毒合作的推动者,但不均衡的地区权力结构制约了它们参与合作的意愿,进一步加剧了合作面临的困境。

（二）多边禁毒合作机制发展中的瓶颈

事实上,利益分化和地区权力分布不均衡是困扰地区禁毒合作的"老问题",但随着近年来缅甸政治局势的变化和中国实力的发展而被进一步放大,次区域的多边禁毒合作遭遇了发展的瓶颈。

第一,现有的禁毒合作是为了应对急剧恶化的毒情或突发事件而作出的反应。但是,由于次区域国家对毒品问题的危害有着不同的认知,缺少长期协同行动的动机和能力,因此随着时间的推移以及毒品问题的长期化,它们逐渐失去了持续发展的动力。例如,2010 年后,虽然金三角地区的毒品问题依然严重,但因为合作进展缓慢及 UNODC 的改革,后者在MOU 机制下向次区域国家提供的技术支持和资金援助明显缩减,在次区域的禁毒项目也有所减少。③如今,一些早年在 MOU 框架下建立的 BLO已经被废弃;仍在运作的 BLO 大多一年仅有一次与边境另一边 BLO 的跨境交流,且都面临着设备和资金不足的困境;跨境情报数据库也因网络和设施的缺乏而难以建立。④ACCORD 机制更是在 2000 年和 2005 年两次部长级会议后就放弃了在 2015 年实现"无毒东盟"的目标,合作事实上降

---

① 樊守政、张哲:《澜湄安全合作存在的问题与未来路径》,《现代国际关系》2021 年第 7 期,第 49 页。

② Huong Le Thu, "Securing the Mekong Subregion's Future through Transitioning to Renewable Energy," The National Bureau of Asian Research, July 10, 2021, https://www. nbr. org/publication/securing-the-mekong-subregions-future-through-transitioning-to-renewable-energy.

③ 《中国代表团在联合国麻醉药品委员会第 53 届会议上的发言》,外交部,https:// www.mfa.gov.cn/ce/cgvienna//chn/zxxx/t673641.htm。

④ "Border Control in the Greater Mekong Sub-region: Baseline, Challenges and Opportunities to Build Effective Law Enforcement Response to Organized Crime along Land Borders," UNODC, December 2013, https://www. unodc. org/documents/southeastasiaandpacific/2014/01/patrol/Border_Control_GMS_report.pdf.

为高官级。中国牵头的澜湄执法安全合作虽然实现了从"案件合作"到形成"联合巡逻执法"机制直至建立实体化运作的"澜湄执法合作中心"的三级跳,但随着"湄公河惨案"热度的逐渐退去,合作更多依赖于常态化的专项行动,在制度层面则面临着难以深化的困境。①

第二,合作动力的不足和互信的缺失导致三套多边禁毒合作机制下发挥实际作用的主要是双边层面的合作,多边互动受限,政治与执法合作网络难以构建。在 MOU 框架下,虽然 UNODC 资助建立了覆盖次区域的BLO 系统,但它们的运作依赖于边境两边国家在双边互动中积累的善意,不同地点的 BLO 之间鲜有互动,并未建立合作的网络。②还有一些关键的BLO 甚至不在 MOU 框架内。③ACCORD 机制下的合作则要求以国家为中心采取行动,并在区域的平台上共享经验以彼此激励。东盟扮演着信息交换平台的角色,但实质性的联合行动需要国家在双边或三边的层面落实。④

相比 MOU 机制和 ACCORD 机制,澜湄执法安全合作建立了制度化的多边合作框架和组织,但在实践中它依然主要采用小多边和双边相结合的模式,并且双边合作(尤其是中老合作)是发展的主要动力。⑤例如,联合巡逻执法多以中老、中缅、老缅、老泰等分区域分航段的联合巡逻、联勤训练、水陆查缉等方式展开,情报交流亦多在相关国家双边层面展开。⑥在四国联巡任务结束后,中国多次与老挝的执法部门进行双边水上查缉演练,缅、

---

① 樊守政、张哲:《澜湄安全合作存在的问题与未来路径》,《现代国际关系》2021 年第 7期,第 44 页。

② UNODC Regional Centre for East Asia and the Pacific, "Border Liaison Office in Southeast Asia 1999—2009: Ten Years of Fighting Transnational Organized Crime," March 6, 2019, https://www.unodc.org/documents/southeastasiaandpacific/2010/07/blo-cambodia/Border_Book_final_6mar09.pdf.

③ "Border Management: Overview," UNODC, https://www.unodc.org/southeastasiaandpacific/en/what-we-do/toc/border-overview.html.

④ Ralf Emmers, "International Regime-Building in ASEAN: Cooperation against the Illicit Trafficking and Abuse of Drug," pp.517—518.

⑤ Prashanth Parameswaran, "China's Mekong Security Role in the Headlines with New Joint Patrols," The Diplomat, March 31, 2020, https://thediplomat.com/2020/03/chinas-mekong-security-role-in-the-headlines-with-new-joint-patrols.

⑥ 《中老缅泰湄公河联合巡逻执法 100 巡新闻发布会图文实录》,云南省人民政府新闻办公室,http://www.yn.gov.cn/ynxwfbt/html/2020/fbh_zhibo_1205/901.html＃a3。

泰两国鲜有参与。①尽管密切的双边互动是禁毒合作的重要一环,但多边
互动的不足在很大程度上制约了联合行动和情报交流的有效性和时效性。

第三,结构性因素的制约也造成了禁毒合作涉及的执法问题难以得
到制度化的解决。由于《湄公河流域执法安全合作协议》迄今仍未签署,湄
公河联合巡逻执法的合法性依据仅是两份联合声明,即 2011 年 10 月发表
的《中老缅泰关于湄公河流域执法安全合作的联合声明》和 2015 年 10 月
通过的《关于加强湄公河流域综合执法安全合作的联合声明》。这就造成
实践中联合巡逻执法虽已常态化运行,但授权和主权让渡有限。巡逻的
性质多为"协调"而非"联合"巡逻,且鲜有"执法",对犯罪分子的威慑效应
因此大打折扣,也阻碍了合作的进一步深化。②

综上所述,尽管次区域国家在相关国际组织的支持下建立了三套次
区域禁毒合作多边机制,但它们的实践却因为受到长期困扰地区的结构
性因素制约而陷入了瓶颈。

四、次区域毒情的最新进展及其
对多边禁毒合作的影响

除了禁毒合作机制本身发展过程中所遇到的瓶颈外,澜湄次区域的
毒品市场在过去十余年中也发生了巨变,不仅毒品的种类和商业模式与
此前有了很大的不同,而且参与毒品犯罪的行为体、行为体活动的地理空
间和平台也经历了变革和升级,从而进一步暴露了既有禁毒合作机制的
不足,也对改革提出了新的要求。

(一)次区域毒情的最新进展

第一,在过去十年间,次区域的非法毒品市场从原先以海洛因为主

---

① Prashanth Parameswaran, "China's Mekong Security Role in the Headlines with
New Joint Patrols," The Diplomat, March 31, 2020, https://thediplomat.com/2020/03/
chinas-mekong-security-role-in-the-headlines-with-new-joint-patrols.

② John Bradford, "China's Security Force Posture in Thailand, Laos, and Cambodia,"
United States Institute of Peace, December 15, 2021, https://www.usip.org/publications/
2021/12/chinas-security-force-posture-thailand-laos-and-cambodia.

迅速转向以苯丙胺类合成毒品为主。如今,不仅在所有的次区域国家甲基苯丙胺都已取代海洛因成为危害最大的毒品,而且前者的缉获量持续上升,在 2021 年达到了历史性的 127.6 吨,占到整个东亚地区缉获量的 74.4%。①次区域毒品问题的性质发生了巨变。

合成毒品指不依赖毒品原植物的栽种,而是由人工化学合成并可直接作用于人体中枢神经系统的毒品。它有很高的成瘾性,并会对长期吸食者的身体和精神造成极大的伤害。②更重要的是,合成毒品的商业模式与传统毒品非常不同,对其贩运的打击也更为困难。

首先,合成毒品制作工艺简单、生产周期短、损失风险小,所以生产门槛和成本远低于传统毒品。③同时,高纯度的甲基苯丙胺晶体(即冰毒)在发达国家的市场价格高于以海洛因为代表的传统毒品,而低纯度的甲基苯丙胺混合咖啡因制成的片剂(即 Yaba,又称疯药)又价格低廉,在贫困的东南亚发展中国家有着广阔的市场。因此,总体来说合成毒品有着比传统毒品更大的市场占有和更高的利润。④据估计,仅 2019 年东南亚甲基苯丙胺市场就创造了高达 614 亿美元的利润,高于部分地区国家的 GDP。⑤巨额的利润刺激着犯罪集团铤而走险,也使次区域合成毒品的生产和贩运急剧"膨胀"。

其次,作为实验室毒品,合成毒品的生产需要化学前体或前前体以及相应的实验室设备。因此,除了贩运毒品成品外,还涵盖了管制和非管制的化学前体和前前体以及用于制毒的实验室设备的贩运。澜湄地区与中国和印度接壤,而两国恰好拥有世界上最大的药品和化工产业。这就为各类化学品和实验室设备的走私创造了条件。

---

① ④ "Synthetic Drugs in East and Southeast Asia: Latest Developments and Challenges 2022," UNODC, May 2022, https://www.unodc.org/documents/scientific/Synthetic_Drugs_in_East_and_Southeast_Asia_2022_web.pdf.

② "Synthetic Drugs," CADCA, https://www.cadca.org/synthetic-drugs.

③ 牛何兰:《"金三角"毒情与中国国家安全》,载张勇安主编:《国际禁毒研究报告(2019)》,社会科学文献出版社 2019 年版,第 117 页。

⑤ UNODC Regional Office for Southeast Asia and the Pacific, "Mekong Drug Situation and New Plan of Action, 2019 Mekong MOU Ministerial Meeting," November 2019, https://www.issup.net/files/2019-11/2019-11%20Mekong%20Drug%20Situation%20and%20New%20Plan%20of%20Action.pdf.

最后,合成毒品是化学合成的产物,理论上存在多种不同的制毒路径和技术手段。一旦一种已知的前体化学品被严格管制,犯罪集团很快就能找到替代的化学品和技术方法来制毒。值得注意的是,在甲基苯丙胺地下实验室的集中地缅甸掸邦,每年都有大量冰毒成品被缉获,但在当地被缉获的受管制前体化学品却数量有限。这一事实证明了制毒者正日益频繁地使用不受管制的前前体及新的技术路径制造冰毒。①然而,由于缺乏明确的管制法规和技术手段,执法部门难以采取措施对其进行打击。

第二,近年来亚洲地区还出现了一些组织严密、运作灵活的大型跨国犯罪集团。它们构建起了澜湄次区域合成毒品生产和贩运的巨大网络,同时也在各类管控面前表现出了超强的"韧性"。

亚洲的贩毒集团有着鲜明的特点。它们彼此密切合作,在东南亚及周边地区建立基地并形成了相互联系的网络。这些组织虽然等级森严、纪律严明,但很少像拉美的贩毒集团那样爆发内部冲突,而更重视抱团以追求更多的非法利润。在将生产基地转移到缅北以后,它们不仅成功推动了甲基苯丙胺生产的扩大,同时也扩张了地区的消费市场,还利用东南亚和周边的博彩网络洗钱,从而形成了一条完整的利益链。②

过去几年间,这些组织不断合并重组,力量日趋庞大和集中,也因此有了高度的灵活性和移动性,能迅速适应环境的变化。据 UNODC 估计,仅 2018 年,次区域最有影响力的跨国贩毒组织通过生产和销售甲基苯丙胺获得了高达 177 亿美元的利润,占到地区甲基苯丙胺市场份额的40%—70%。③如今,这些组织还在不断拓展新的毒品生产基地。有证据表明,柬埔寨逐渐成为金三角之外非法合成毒品的新产地。④

---

① UNODC Regional Office for Southeast Asia and the Pacific, "Mekong Drug Situation and New Plan of Action, 2019 Mekong MOU Ministerial Meeting," November 2019, https://www.issup.net/files/2019-11/2019-11% 20Mekong% 20Drug% 20Situation% 20and% 20New%20Plan%20of%20Action.pdf.

②③ Tom Allard, "The Hunt for Asia's El Chapo," Reuters, October 14, 2019, https://www.reuters.com/investigates/special-report/meth-syndicate.

④ "Mekong Officials and UNODC Discuss the Intensifying Regional Drug Situation and The Need for New and Balanced Strategies," UNODC, September 10, 2021, https://www.unodc.org/southeastasiaandpacific/en/2021/09/mekong-mou-senior-officials/story.html.

第三,在新冠疫情的背景下,区域国家采取了严格的边境管控措施,原有的毒品贩运路线受到影响。但是,跨国贩毒集团利用管控的漏洞迅速调整路线并采用新的运毒方式,从而确保了毒品供应链的稳定。

疫情暴发后,泰缅边境的管控截断了原先连接缅甸和泰国的运输路线,老挝作为易制毒化学品和毒品成品中转国的重要性因此凸显。①一方面,越来越多用于制造甲基苯丙胺的前体化学品从泰国港口上岸后沿着湄公河或陆路被运往老挝,再经由老挝运抵缅甸第四特区勐拉。②2020年,大约 125 吨易制毒化学品在老挝境内被查获,而 2019 年时这一数据仅为 13 吨。③另一方面,越来越多的毒品成品从缅北运出,取道老挝再被转运至泰国和越南。据估算,2021 年老挝警方缉获的毒品总量是前一年缉获的 6 倍。④同年,老挝执法部门还在该国北部缉获了东亚历史上单次查获的最大规模毒品。⑤

陆路之外,海运线路也被频繁地被用于毒品的贩运。⑥贩毒集团或利用小型渔船从缅甸伊洛瓦底三角洲及其他临近安达曼海的地区运出毒

---

① "Mekong Officials and UNODC Discuss the Intensifying Regional Drug Situation and The Need for New and Balanced Strategies," UNODC, September 10, 2021, https://www.unodc.org/southeastasiaandpacific/en/2021/09/mekong-mou-senior-officials/story.html.

② Johanna Son, "In Mekong Region, Drug Trade Thrives," Bangkok Post, July 15, 2021, https://www.bangkokpost.com/opinion/opinion/2148899/in-mekong-region-drug-trade-thrives.

③ Global SMART Programme, "Synthetic Drugs in East and Southeast Asia: Latest Developments and Challenges," UNODC, 2021, https://www.unodc.org/documents/scientific/ATS/2021_ESEA_Regional_Synthetic_Drugs_Report.pdf, p.9.

④ Mazoe Ford and Supattra Vimonsuknopparat, "Asia's Infamous Golden Triangle and the Soldiers Tracking Down the Drug Smugglers Who Rule Its Narcotics Trade," ABC News, December 12, 2021, https://www. abc. net. au/news/2021-12-12/golden-triangle-drug-smugglers-who-rule-narcotics-trade/100677834.

⑤ "Laos Police Seize Record Drugs Haul in Golden Triangle," Reuter, Oct. 28, 2021, https://www.reuters.com/world/asia-pacific/laos-police-seize-record-drugs-haul-golden-triangle-2021-10-28/.

⑥ Global SMART Program, "Synthetic Drugs in East and Southeast Asia: Latest developments and challenges 2021," UNODC, https://www.unodc.org/documents/southeastasiaandpacific/Publications/2021/Synthetic_Drugs_in_East_and_Southeast_Asia_2021.pdf.

品,并在离岸一定距离后与母船接头,将毒品转运到母船上再由其运往马来西亚等地;①或将成吨的毒品与其他商品混装在集装箱里,从泰国的港口发出,经由马六甲海峡运往中国香港、澳大利亚、新西兰等地。②此外,它们还利用无人机、航空货运、邮政包裹及邮件递送等人货分离的方式运送毒品。新加坡多次在从泰国发出的食品快递中发现隐藏的毒品。③中国境内也查获了大量同城、跨省快递物流包裹中的藏毒。④

第四,疫情下的管控措施还为线上毒品市场的扩大创造了条件。随着"暗网"的加入和虚拟货币的使用,在线活动取代了部分线下交易,贩毒集团成员可以在网络上完成市场交易而不被发现。⑤毒品贩运形成了"互联网＋物流"的模式。⑥从中国的缉毒数据看,2020年警方查获的"互联网＋物流寄递"贩毒案件显著增多。一些境内外的贩毒团伙盘踞在中国与湄公河国家交界的西南边境,利用暗网勾连、移动支付、卫星定位和通信等技术手段实施犯罪。⑦

(二)现有机制在应对新毒情时的不足

地区非法毒品市场的这些变化给澜湄次区域国家的禁毒合作带来了很多困难,也进一步暴露了既有合作机制的不足。

首先,既有的政治合作多针对传统毒品所设计,缺少应对合成毒品

① Johanna Son,"In Mekong Region,Drug Trade Thrives,"Bangkok Post,July 15,2021,https://www.bangkokpost.com/opinion/opinion/2148899/in-mekong-region-drug-trade-thrives.

② Vijitra Duangdee,"Asia-Pacific Drug Trade Thriving as Gangs Make Billions in Profits,"UN Says,VOA,June 10,2021,https://www.voanews.com/a/east-asia-pacific_asia-pacific-drug-trade-thriving-gangs-make-billions-profits-un-says/6206848.html.

③ Punchada Sirivunnabood,"Commentary:COVID-19 didn't Dampen the Drugs Trade,It Worsened It,"CNA,January 4,2022,https://www.channelnewsasia.com/commentary/drugs-thailand-myanmar-instability-pandemic-2407471.

④《快递藏毒,举报有奖!又有快递小哥立功啦》,中国禁毒网,http://www.nncc626.com/2022-01/07/c_1211520480.htm。

⑤ 包涵:《全球毒情与国际公共安全》,载张勇安主编:《国际禁毒研究报告(2019)》,社会科学文献出版社2019年版,第72页。

⑥ 罗圣荣、兰丽:《澜沧江—湄公河合作机制下的澜沧江—湄公河次区域毒品治理问题探析》,《东南亚纵横》2020年第3期,第12页。

⑦《2020年中国毒情形势报告》,中国禁毒网,http://www.nncc626.com/2021-07/16/c_1211244064.htm。

管制的相应措施。例如，MOU 和 ACCORD 机制都致力于推动替代发展，即帮助次区域的罂粟种植者实现作物替换以减少毒品作物的种植，但这一措施无法遏制合成毒品的生产。随着合成毒品问题的日益突出，出台有关易制毒化学品前体管制的相关规范已经成为区域多边禁毒合作迫切需要解决的问题。但直到最近一次的 MOU 部长级会议，签约国依然没能达成一致。①ACCORD 机制虽然将"打击苯丙胺类毒品犯罪"列入了更新后的《行动计划》，但由于机制本身缺乏行动能力，也没有实际举措出台。

其次，由于政治合作意愿的不足以及相关管制法规的不健全，现有的执法合作更多作用于毒品的贩运过程而对毒品的生产束手无策，也很难限制毒品消费市场的扩大。这就意味着这些机制只能打击处于毒品供应链底端的毒品贩运者和经销商，却难以触及贩毒集团的核心和运作架构。因此，不管执法部门截获多少毒品和易制毒化学品，贩毒集团总能源源不断地生产出更多的毒品并找到新的运毒方式以应对升级的管控措施。②合作也陷入了"擒贼难擒王"的困境。

再次，现有机制仍然以散点式合作为主，既没有能力在地理上做到全面覆盖和渗透，也无法在关键节点构建强有力的威慑系统，从而为犯罪集团利用执法合作的漏洞进行非法毒品贩运和交易创造了条件。一方面，无论是 MOU 机制下的 BLO 系统还是常态化的湄公河联合巡逻执法，现有的执法合作只能威慑部分经由关键出入境关口和湄公河航道的毒品走私和贩运，而对于利用次区域复杂的地形和长达数千公里的陆上边界从事毒品犯罪的行为体却无能为力。另一方面，由于打击毒品犯罪不只依赖警方的行动，来自其他执法机构（例如海关、边检）以及军队的配合必不可少。但是，UNODC 的报告指出，除了中国在民事执法部门之间以及边境与内地之间的协调程度较高外，泰国、缅甸和老挝各部门间协调行动和

---

① "6 Ministerial Leaders and UNODC Representative of the Mekong MOU," Bangkok Post，November 22，2019，https：//www.bangkokpost.com/business/1799089/6-ministerial-leaders-and-unodc-representative-of-the-mekong-mou.

② Johanna Son，"In Mekong region，drug trade thrives," Bangkok Post，July 15，2021，https：//www.bangkokpost.com/opinion/opinion/2148899/in-mekong-region-drug-trade-thrives.

情报共享情况都不尽如人意。①

最后，现有机制缺少能力建设措施，无法应对在禁毒合作中日益提高的技术要求以及相关国家间能力的差异。参与次区域禁毒合作的国家中，中国和泰国在资金和设备上有着较大优势；缅甸和老挝则缺少相应的资源来支持长期、制度化的禁毒合作。UNODC 在调查湄公河流域执法安全合作的情况后发现，沿湄公河的中国关累港和泰国清盛港都有先进的设备检测易制毒化学品，但老挝和缅甸的检测能力则较为薄弱，检测点的官员仅对海洛因和两种主要的甲基苯丙胺制品有基本的辨识能力，但对合成毒品的化学前体缺乏相应知识。②同时，随着线上毒品市场的"繁荣"，禁毒合作也需要结合线上和线下的技术手段来采取措施。这对于本身经济和技术能力差距明显的地区国家来说有着较大的困难，也制约了现有机制的绩效发挥。绩效的不足反过来进一步降低了各国投入合作的动力和积极性。

总之，最近十年澜湄次区域毒品形势的变化不仅进一步暴露了既有合作机制的瓶颈，也凸显了禁毒合作模式转换的必要性和紧迫性。

五、从"禁毒合作"到"毒品治理"的改革

受到结构性问题和毒情新形势的双重影响，既有的澜湄禁毒合作面临着停滞和僵化的危机，需要从理念到行动上进行改革从而激发其活力。正如 UNODC 发布的《2022 年世界毒品报告》所指出，毒品问题的治理"必须激励国际社会、各国政府、民间团体和所有利益攸关方采取紧急行动保护人民，包括加强吸毒预防、治疗以及解决非法药物的供应问题"③。澜湄次区域禁毒合作的改革也是如此。这一部分就将针对澜湄禁毒合作所面临的具体困境提出从"禁毒合作"到"毒品治理"的改革路径（见表2），为更

---

①② "Mekong River Drug Threat Assessment," UNODC, March 2016, https://www.unodc.org/documents/southeastasiaandpacific/Publications/2016/Mekong_River_Drug_Threat_Assessment_low.pdf.

③ 《〈2022 年世界毒品报告〉发布》，国家毒品问题治理研究中心，https://dcppc.swupl.edu.cn/jddt/310af648e520409fa3f905569159aace.htm。

好地巩固地区非传统安全秩序、构建澜湄命运共同体作出贡献。

表 2 澜湄次区域禁毒合作改革的路径

	禁毒合作面临的困境	改革的具体措施	毒品治理的手段
结构性制约	利益分化导致多边禁毒合作的凝聚力不足	动员社会经济层面的力量解决毒源地的发展问题;在公共卫生层面对需求端加强预防教育	多行为体参与;多领域配合;新的合作方向
	权力结构不平衡制约既有禁毒合作的深化	大国在东盟的框架下提供区域公共产品,构建区域治理网络	
新毒情	非法毒品市场从以海洛因为主转向以苯丙胺类合成毒品为主	技术部门和立法部门建立交流和协调机制为合成毒品的管制提供技术支持;UNODC 推动管制规范的制定;UNODC 配合公共卫生部门向国家提供技术支持和能力建设保障	
	组织严密、运作灵活的大型跨国犯罪集团	执法部门与其他相关政府部门配合,构建打击非法毒品犯罪的网络;打击跨国犯罪集团的洗钱活动,阻断毒品供应链	
	新的运毒路线和方式	地方政府参与阻断毒品贩运路线,加强供给端与市场端之间的情报共享和协调	
	线上毒品市场的活跃	跨国私营部门为执法合作提供技术支持	

资料来源:作者自制。

(一)多行为体参与

现有的次区域多边禁毒合作依然以国家为中心。虽然在 MOU 和 ACCORD 机制下,UNODC 和东盟分别扮演了牵头者的角色,但如前所述,它们的作用随着时间的推移逐渐弱化,国家间的双边或小多边合作主导着地区的禁毒合作机制。然而,这一权威高度中心化的模式越来越不能适应日趋复杂的毒品形势——国家不仅难以在区域层面上推动建构共同的规范结构并提供公共产品,而且也无法渗透到地方层面阻止毒品的生产、流动和交易。毒品的治理需要一个更加开放的体系,鼓励多种行为体共同参与以实现优势互补。①

首先,UNODC和东盟的作用需要进一步强化。作为禁毒领域的权威机构,UNODC在制定易制毒化学品管制规范及提供技术支持上有着其他行为体难以取代的优势。同时,打击毒品犯罪所涉及的情报共享、网络安全、联合行动等问题有很强的主权敏感性。若 UNODC 在支持地区国家能力建设的过程中更多地以中立的第三方身份参与资源分配和信息协调,就有可能帮助地区国家克服由于互信不足所导致的合作限制。同样,作为重要的区域组织,东盟在毒品问题的治理中也可以超越"清谈馆"的定位而发挥实质性作用。东南亚的毒品网络错综复杂,毒品的中转地和市场遍布绝大部分东盟成员国。如果"东盟中心"的架构能够动员区域大国提供公共产品进而带动建立区域层面机制化的毒品治理网络,那么不仅有助于缓解次区域国家间的资源差异并加深彼此互信,而且东盟在区域治理中的作用也将得到进一步巩固。

其次,在中央政府之外,地区国家的其他政府部门也可以参与毒品问题的治理。毒品的贩售与枪支走私、赌博、网络犯罪、洗钱等问题相互关联。为了有效打击毒品犯罪,一方面,在各国政府内部,除了公安部门的警务合作外,边检、海关、金融等部门之间应该建立起联动的网络;另一方面,次区域以外的相关地方政府也要被纳入多边禁毒的框架,从而加强供给端与市场端之间的情报共享和协调。

最后,跨国私营部门也是毒品治理中不可或缺的力量。由于毒品供应链的延长和互联网贩毒的兴起,执法机构需要具备一定的技术能力方能在虚拟世界中展开调查,并采取先发制人的行动瓦解网络贩毒的平台和市场。②互联网服务供应商、技术公司、运输和邮寄公司等有着技术和资源的优势,可以成为执法机构的合作者,以共同推进治理框架的完善。③

(二)多领域配合

毒品问题不只是公共安全问题,也涉及法治、公共卫生、社会经济等多个方面,因此它的有效治理离不开多领域行动的配合。随着合成毒品

---

① Simon Hix,"The Study of the European Union II:The 'New Governance' Agenda and Its Rival," *Journal of European Public Policy*,Vol.5,No.1,1998,p.39.

②③ "World Drug Report 2021:Special Points of Interest," UNODC Research,https://www.unodc.org/res/wdr2021/field/WDR21_Booklet_1_takeaways.pdf.

的泛滥,首要的是各国国内以及区域国家之间的技术部门和立法部门建立交流和协调机制,尽快识别被用于制造合成毒品的非列管化学品并将其列入管制,从而为执法行动提供依据。[1]

随着毒品供给的复杂化和毒品市场的扩大,在公共卫生层面对执法部门进行能力建设并在需求端加强预防教育也变得迫在眉睫。疫情管控措施之下,公众的精神健康与毒品市场的扩大之间存在一定的相关性。公共卫生部门急需加强与执法部门的协调,一方面配合执法部门向公众解释和宣传毒品滥用的危害,并向成瘾者提供必要的健康帮助;另一方面协助执法部门在查缉毒品过程中辨别各种新型毒品及相关的前体化学品,遏制它们在市场扩散。

另外,毒品的泛滥归根结底是发展的问题。毒源地往往位于政治动荡、国家控制难以渗透的边缘地带,因此遏制毒品供应需要次区域国家在社会经济层面的动员和配合,既铲除毒品经济发展的根源,也推动禁毒规范的传播。这就要求位于毒品供应链中下游的国家为毒源地政府提供基础设施和能力建设的保障,以激发后者打击合成毒品生产的动力;而毒源地政府则要充分认识毒品泛滥对地区稳定的长期危害以及它与其他社会问题的高度关联,从而采取措施推动经济发展、遏制毒品的生产和犯罪。

（三）新的合作方向

如前所述,当前的禁毒执法安全合作多致力于阻断毒品的供应链,却鲜有触及贩毒集团的核心,也难以对其形成有效的遏制。如果要真正打击跨国有组织犯罪集团,除了加强在毒源地根除导致毒品问题孳生的根源并巩固既有的执法安全合作以外,次区域国家还需要在新的合作方向上取得突破,特别是针对犯罪集团在毒品交易中所获巨额利润的洗钱工具和途径(如金三角地区及网上的赌场)采取有力措施,以阻断其资金流动,从根源上打击这些组织。[2]但这也意味着,次区域国家需要克服更多合作的阻碍,包括各自国内利益集团的游说、政治互信的不足以及行动能

---

① 牛何兰:《合成毒品跨境犯罪的演进趋势:以东南亚为例》,载张勇安主编,《国际禁毒研究报告(2020)》,社会科学文献出版社 2020 年版,第 235 页。

② Johanna Son, "In Mekong region, drug trade thrives," *Bangkok Post*, July 15, 2021, https://www.bangkokpost.com/opinion/opinion/2148899/in-mekong-region-drug-trade-thrives.

力上的差距。

从禁毒合作到毒品治理既是理念的变化,更是社会资源和禁毒行为体的全方位动员。毒品问题不仅是一个公共安全议题,也与社会生活的其他方面相联系,直接危害地区稳定和经济发展。为此,我们需要在既有的多边机制基础上发展出一个长期、制度化且全方位的治理方案,以克服危机反应式合作的瓶颈并应对随时变化的毒品形势和日益复杂化的"敌人"。

六、结 束 语

毒品是一个困扰澜湄次区域多年的问题。围绕着毒品犯罪,次区域国家有着三十余年的合作历史,并建构起了分别由 UNODC、东盟及中国牵头的三套多边禁毒合作机制。然而,尽管合作取得了重要的进展,但依然没能遏制毒品犯罪的发展,而且日益面临着"机制不足"的困境。这既是因为合作受到了次区域既有的结构性因素制约,也与过去十年间毒品形势的巨变密切相关。

在这样的背景下,打击毒品犯罪不能局限于现有的多边禁毒合作,而应从毒品治理的角度构建一个区域治理的框架,整合不同行为体的优势,从执法、公共卫生、社会经济等角度发力,既"擒贼"也"擒王",从而克服国家"过大"与"过小"的困境,为维护区域秩序的稳定创造条件,也为建设澜湄命运共同体提供一个具有可操作性的方案。

印蒙关系的历史演变与特征

汪金国　　祁治业*

【内容提要】　印度和蒙古国自1955年建交以来,两国关系大致经历了四个发展阶段:建交探索期(1955—1971年)、政治盟友期(1971—1991年)、友好伙伴期(1991—2015年)和战略伙伴期(2015—2022年)。尽管两国高层努力推动经贸合作,但长期以来"政热经冷"的局面仍未改变,印度对蒙投资和双边贸易规模十分有限。不过印蒙基于共同的战略需要在军事安全领域的合作值得警惕,双方在铀供应方面的合作也需高度关注。近年来,印度对蒙开展的教育外交、佛教外交、文化外交、援助外交、国际组织外交等均成效显著。现在,印蒙已经探讨将两国关系提升为全面战略伙伴关系,比肩中蒙关系和俄蒙关系。

【关键词】　印蒙关系,战略伙伴关系,东向行动政策,佛教外交

【Abstract】　Since the establishment of diplomatic relations between India and Mongolia in 1955, the bilateral relations have experienced four development stages: the early period (1955—1971), the political alliance period (1971—1991), the friendly partnership period (1991—2015) and the strategic partnership period (2015—2024). Despite the efforts have made by the heads of the two countries to promote economic and trade cooperation, but the "hot politics and cold economy" situation has not changed, and the scale of Indian investment in Mongolia and bilateral trade is very limited. However, the cooperation between India and Mongolia in the field of military security based on common strategic needs is still worthy of vigilance, and their cooperation in the field of uranium supply also needs high attention. In recent years, India's education diplomacy, Buddhist diplomacy, cultural diplomacy, aid diplomacy, international organizations and multilateral diplomacy have achieved remarkable results in Mongolia. Now, India and Mongolia have discussed elevating their relations to a comprehensive strategic partnership, on a par with China-Mongolia relations and Russia-Mongolia relations.

【Key Words】　India-Mongolia relations, Strategic partnership, Act East Policy, Buddhist diplomacy

---

　*　汪金国,兰州大学政治与国际关系学院院长、中亚研究所副所长、教授;祁治业,兰州大学马克思主义学院博士研究生,中共阿拉善盟委党校讲师。

自2015年5月印度总理莫迪访问蒙古国并将两国关系提升为"战略伙伴关系"之后,印蒙在各领域的交往明显加速。2022年,印蒙两国又开始谋划进一步提升为全面战略伙伴关系,未来印蒙关系的水平将比肩中蒙关系和俄蒙关系。国内学术界对印蒙关系的关注不多,在这方面仍缺乏基础信息和深入探讨。本文尝试在全面梳理印蒙建交至今发展历程的基础上,分析两国在外交、经贸、军事、能源、教育、文化、宗教、援助等方面的现状和特点,为研判未来印蒙关系的发展趋势作铺垫。

一、印蒙政治与外交关系的演进

自1955年印蒙建交到2024年的这69年间,印蒙关系总体上经历了四个发展阶段:建交探索期(1955—1971年)、政治盟友期(1971—1991年)、友好伙伴期(1991—2015年)和战略伙伴期(2015—2024年)。

(一)印蒙建交探索期(1955—1971年):开始互相了解

印蒙最初的政治交往,其实在印度正式独立之前就开始了。[1]1947年3月,一个由3人组成的外蒙古代表团访问新德里,参加"第一届亚洲关系会议"(Asian Relations Conference),这是外蒙古自独立[2]以来首次参加国际性会议。该会议由尼赫鲁倡议召开,他在印度独立之初的过渡时期担任政府总理;举行这次会议的主要目标是使亚洲国家聚集在一起,互相了解各自的社会、经济和政治问题,并促进亚洲各国人民之间的友好合作。[3]这成为印蒙两国现代外交关系的起点,也促成了1955年12月24

---

① 1947年6月,英国颁布《蒙巴顿方案》,实行印巴分治。1947年8月14日巴基斯坦自治领成立,8月15日印度自治领成立,标志着英国在印度的统治宣告结束,因此印度将8月15日定为"独立日"(Independence Day,即国庆日)。1950年1月26日,印度宣布成立共和国,同时成为英联邦成员国。

② 1945年8月14日,蒋介石国民党政府与苏联签署《中苏友好同盟条约》同意外蒙古独立公投;同年10月20日,外蒙古正式举行独立公投。1946年1月5日,国民党政府发表公告正式承认外蒙古独立,而中华人民共和国正式承认外蒙古独立在1949年10月16日中蒙建交之时。蒙古国在1924年11月至1992年2月全称为蒙古人民共和国,从1992年2月12日起才改名为蒙古国。因此本文讨论到改名后内容时统称蒙古国。

③ Santosh Kumar Jha, "Mongolia and India: Developing a Strategic Relations", *Think India Journal*, Vol.22, No.10, November 2019, p.2350.

日的印蒙正式建交,印度成为冷战期间苏联社会主义阵营以外第一个与蒙古建交的国家。随后印蒙两国互派大使,1956 年 1 月 29 日第一位蒙古驻印度大使巴彦巴图·奥其尔巴特(Bayanbatyn Ochirbat)向印度首任总统拉金德拉·普拉萨德(Rajendra Prasad)递交国书,蒙古在新德里开设了大使馆;同年 5 月 9 日,第一位印度驻蒙大使小尼赫鲁①向蒙古大人民呼拉尔主席团主席(国家元首)扎木斯朗·桑布(Jamsrangiin Sambuu)递交国书。②但是,此时印度并未在乌兰巴托开设大使馆,印度驻蒙大使也是由印度驻华大使兼任,并不常驻蒙古。一年之后,1957 年 9 月时任印度副总统萨瓦帕利·拉达克里希南③访蒙,正式拉开了印蒙两国高层交往的序幕。

实际上,印蒙建交初期的两国关系,也受当时苏联、中国、印度、蒙古四方关系的影响。由于从 1958 年年底中苏关系开始出现裂痕,同时中印之间也因为边界问题于 1959 年 8 月暴发小型武装冲突。④1959 年 9 月 10 日,时任蒙古部长会议主席(总理)的尤睦佳·泽登巴尔首次访印,与时任印度总理尼赫鲁就国际问题交换了看法。1961 年 10 月 27 日蒙古正式成为联合国成员国,而印度是最早支持蒙古加入联合国的国家之一,并且在联合国大会上为蒙古积极发声和游说,因此蒙古至今一直对印度表示感激。1962 年 6 月,蒙古加入经济互助委员会(以下简称"经互会"),在中苏争端中选择倒向苏联;在同年的中印边境战争中,苏联支持了印度。

但是,印度在中印战争中的惨败给了尼赫鲁沉重打击,最终于 1964 年 5 月去世。1965 年 7 月,尼赫鲁之女、时任印度新闻和广播部长的英迪

---

① 拉·库·尼赫鲁(Ratan Kumar Nehru),也称小尼赫鲁,是印度总理贾瓦哈拉尔·尼赫鲁(Jawaharlal Nehru)的侄子,1955 年 11 月 6 日至 1958 年 1 月 23 日担任印度驻华大使,兼任印度驻蒙大使。

② Oidov Nyamdavaa, "Mongolia and India", *The Mongolian Journal of International Affairs*, Vol.3, 1996, p.47.

③ 萨瓦帕利·拉达克里希南(Sarvepalli Radhakrishnan),1962—1967 年担任印度总统。

④ 1959 年 3 月 10 日,西藏封建农奴主上层顽固势力发动全面武装叛乱,宣布"西藏独立";3 月 17 日晚第十四世达赖喇嘛出逃,后得到印度"庇护"。同年 8 月 25 日,在中印边界东段的朗久村(属于日喀则市吉隆县吉隆镇,位于非法的"麦克马洪线"以北)发生了中印之间第一次较大的武装冲突(朗久事件)。

拉·甘地(Indira Gandhi,1966年1月成为印度总理)访蒙。1971年2月
22日,在印蒙建交15年后,印度才在乌兰巴托正式开设了大使馆,首任常
驻蒙古大使索南·纳布(Sonam Norbu)到任。而在此之前,印度在蒙古的
外交事务最先由印度驻华大使代理,后来中苏、中蒙、中印关系恶化后,改
由时任印度驻苏联大使考尔全权代理。

　　总体上,在印蒙建交初期,1955年至1971年两国来往并不密切,两国
关系还处于探索发展阶段。1971年印度驻蒙大使馆的设立成为印蒙关系
的一个转折点,此后两国关系开始升温,高层往来逐渐频繁(见表1)。

表1　1955—1990年印蒙两国高层互访情况

年份	印度访蒙	年份	蒙古访印
1957	副总统萨瓦帕利·拉达克里希南(9月)	1959	国家元首尤睦佳·泽登巴尔(9月)
1965	新闻和广播部长英迪拉·甘地(7月)	1973	总理尤睦佳·泽登巴尔(2月)
1974	人民院议长戈迪尔·辛格·迪隆(7月)	1975	外交部长洛敦·林钦(11月)
1976	外交部长亚什万特劳·查万(7月)	1978	外交部长曼加林·杜格尔苏伦(2月)
1983	卫生部长桑卡兰(9月)	1982	外交部长曼加林·杜格尔苏伦(8月)
1985	人民院议长巴尔拉姆·亚哈尔(10月)	1985	外交部第一副部长达马林·云登(3月)
1988	总统拉马斯瓦米·文卡塔拉曼(7月)	1989	国家元首姜巴·巴特蒙赫(3月)

资料来源:作者自制。

(二)印蒙政治盟友期(1971—1991年):意图牵制中国

　　从1971年开始到1991年苏联解体之前的这段时期,由于蒙古和印度
同为苏联的军事盟友,而三国又拥有共同的战略对手中国,因此印蒙两国
也自然间接成为"政治盟友"。这体现在1972年在关于孟加拉国加入联合
国的决议案中,蒙古(和不丹)支持印度立场投了赞成票,这也算是蒙方对
印度曾支持蒙古加入联合国的投桃报李。但因中国在安理会的一票否

决,印度推动孟加拉国加入联合国的首次尝试失败。[①]

1973 年 2 月时任蒙古总理泽登巴尔第二次访印,具有里程碑意义,双方签署了《蒙印两国联合声明》。这份共同宣言确立了双边关系的基本准则,为"盟友"关系奠定了基础,印蒙开始了国防合作,意图牵制中国。1975年 11 月,时任蒙古外交部长洛敦·林钦(Lodongiyn Rinchin)访印,两国签署了 2 份关于贸易、文化和科技合作的协议。1976 年 9 月,时任印度外交部长亚什万特劳·查万(Yashwantrao Chavan)回访蒙古,这也是印度外长首次访蒙。1978 年 2 月,时任蒙古外长曼加林·杜格尔苏伦(Mangalyn Dugersuren)访印,与时任印度外长阿塔尔·比哈里·瓦杰帕伊(Atal Bihari Vajpayee,三度出任印度总理)举行会谈并签署了 2 份关于贸易和文化交流的协议。

到了 20 世纪 80 年代,印蒙关系进一步得到提升。1982 年 8 月,杜格尔苏伦再次访印,并得到时任印度总理英迪拉·甘地(Indira Gandhi)的接见。1983 年 9 月,时任印度卫生部长桑卡兰(B. Shankaranand)访蒙,双方签署了一项 1984—1986 年间公共卫生领域的合作协议。1985年 3 月,时任蒙古外交部第一副部长达马林·云登(Damaryn Yondon)访问印度时表示,蒙方坚定支持印度发起的"不结盟运动"。同年,时任印度议会人民院议长巴尔拉姆·亚哈尔(Balram Jakhar)访问蒙古,双方签署了农业领域的合作协议。1988 年 7 月,时任印度总统拉马斯瓦米·文卡塔拉曼(Ramaswamy Venkataraman)访蒙,成为首位访问蒙古的印度国家元首。1989 年 3 月,时任蒙古大人民呼拉尔主席团主席(国家元首)姜巴·巴特蒙赫(Jambyn Batmunhk)回访印度,双方签署了在科技和农业等领域的合作协议。[②]两国元首间的互访,成为印蒙关系史上的又一个里

---

① 1971 年 10 月 25 日,中国恢复了联合国安理会常任理事国席位。1971 年 11 月 21日,印度出兵"东巴基斯坦",第三次印巴战争爆发,同年 12 月印度占领整个"东巴基斯坦"后,主导"东巴"独立建国,改名孟加拉国。1972 年 8 月 25 日,苏联、印度、南斯拉夫和英国等国提出了"关于推荐孟加拉国加入联合国的决议草案"。中国从反对肢解一个主权国家的原则出发,最终在安理会行使了一票否决权,该决议案被中国否决,这也是中国第一次使用一票否决权。1974 年巴基斯坦承认孟加拉国独立,于是孟加拉国再次申请加入联合国,中国这次投赞成票,孟加拉国终于成功加入联合国。

② Oidov Nyamdavaa, *Mongolia-India Relations: 1947—1999*, Ph.D. dissertation, Jawaharlal Nehru University, 2002,pp.78—79.

程碑。

但是好景不长,东欧剧变也波及了蒙古和印度。在 1989—1991 年这段时间,蒙古放弃了共产主义采取了多党制的"西方式民主化"改革进程,印度国大党也再次失去执政党地位,沦为在野党。印蒙两国在经济上都失去了昔日盟友苏联的支持,"经互会"也正式解散,生活难以为继,需要及时转型自立自保。蒙古开始寻求独立自主的外交政策,扩大"朋友圈",举措之一就是在印度的大力支持下于 1990 年 9 月正式加入"不结盟运动"组织。①1991 年 2 月,蒙古人民党②正式宣布以"不结盟政策"作为基本外交政策。

回顾印蒙两国从正式建交到冷战结束(1955—1991 年)这 36 年的外交历程,蒙古一直由人民党执政,印度尽管中间经历过几次政党轮换,但在大多数时间是由国大党执政,基本保持了印蒙关系的稳定发展。可以说,由于两国在历史上素无恩怨,甚至还有蒙古人后裔巴布尔大帝在印度建立莫卧儿王朝的历史渊源,以及蒙古人的传统信仰藏传佛教这一宗教纽带,成为印蒙两国建立外交关系的历史友好基因。因此,在冷战期间,印度自诩为"不结盟运动"的领袖,成为社会主义阵营之外首个承认蒙古独立地位的大国,又是最早支持蒙古加入联合国的国家之一,为蒙古获得国际社会的承认拉开了序幕。这不仅为日后印蒙关系的稳步发展创造了良好的开端,同时也成为蒙古政府始终称赞和铭记的一份珍贵友谊③,这也是多年来蒙古一直积极支持印度入常的原因之一。

(三)印蒙友好伙伴期(1991—2015 年):同步改革开放

1991 年 6 月,印度国大党赢得议会大选重回执政地位,纳拉辛哈·拉奥(Narasimha Rao)出任总理。在经历了 1989 年至 1991 年的政局动荡、经济滑坡之后,拉奥政府开启了印度国内的改革进程,并于 1991 年 9 月提出了"东向政策",这成为冷战后印度对内政外交实施重大改革的战略举

---

① 孙树理:《蒙古国的新外交》,载《现代国际关系》1994 年第 5 期,第 15 页。

② 蒙古人民党(MPP)于 1921 年 3 月 1—3 日召开第一次代表大会正式建党,在 1924 年 8 月 4—31 日召开的人民党"三大"上更名为蒙古人民革命党(MPRP)。在 2010 年 11 月召开的人民党"二十六大"上,将党名从"人民革命党"改回"人民党",故本文中统称为人民党。

③ 在这一点上,与中国常说的"法国是首个与中国建交的西方大国"以及"非洲把中国抬进了联合国"有异曲同工之处。

措。同一时期,蒙古国内也在进行着政治和经济的全面改革,1991 年该国制定了新版宪法并于 1992 年 1 月 13 日在议会通过①,规定国名由"蒙古人民共和国"改为"蒙古国"。1991 年 12 月底苏联解体之后,印蒙两国基于相似的政治制度和西方式民主价值观以及自由化的市场环境,也为两国关系的快速发展提供了新的动力。

于是 1992 年 4 月,时任印度副总统夏尔马②访蒙,以此表明印度对蒙古国正在进行的"民主改革和市场经济转型"的坚定支持,并承诺在乌兰巴托建立一个职业培训中心。③1994 年 2 月 22 日,蒙古国首任总统彭萨勒玛·奥其尔巴特(Punsalmaagiyn Ochirbat)访问印度,双方签署了《蒙印两国友好合作关系条约》。这份新条约是在 1973 年《蒙印两国联合声明》的基础上根据最新现实作了一些修改,同时印度向蒙提供 5000 万印度卢比的软贷款。④此外,双方还签署了两份协议:《关于建立印蒙合作联合工作组的协议》和《印蒙两国避免双重征税和防止偷漏税的协定》。前者旨在建立两国之间长期合作的沟通机制,后者为两国经济关系的自由、公平和持续发展奠定了基础。⑤1994 年 6 月 30 日,蒙古国出台了第一份《外交政策构想》,其中列出了未来重点外交方向,印度位列俄、中、美、日、德之后第 6 位。⑥

在整个 20 世纪 90 年代,印度政客访蒙频率相对较高(见表 2)。尤其 1991—1996 年之间,印度是国大党执政、蒙古国是人民党执政,双方国内的政治稳定有利于两国关系的稳步发展。但是,1996 年上半年印蒙两国

---

① 1992 年 1 月 13 日,蒙古人民共和国第 12 届大人民呼拉尔(议会)第 2 次会议通过了新版《宪法》,取代 1960 年版宪法,规定新宪法自 1992 年 2 月 12 日开始正式生效。按照蒙古国的说法,这是该国历史上第 4 部宪法,前 3 部都是社会主义时期的宪法(1924 年版、1940 年版、1960 年版)。1992 年版宪法在蒙古国也被称为"民主宪法"。

② 尚卡尔·达亚尔·夏尔马(Shankar Dayal Sharma),1992 年 7 月当选为印度第九任总统,1997 年 7 月卸任总统一职。

③ Santosh Kumar Jha, "Mongolia and India: Developing a Strategic Relations", *Think India Journal*, Vol.22, No.10, November 2019, p.2351.

④ "Brief on India-Mongolia Bilateral Relations 2015", India MEA, July 31, 2016.

⑤ Oidov Nyamdavaa, *Mongolia-India relations 1947—1999*, Bhavana Books & Prints, 2003, p.146.

⑥ Concept of Mongolia's Foreign Policy. *The Mongolian Journal of International Affairs*, Vol.2, 1995, p.58.

都举行了议会选举①,且原来的执政党都失去了执政地位。此后的几年内,印蒙两国都经历了频繁的政府更迭,双方国内的政局动荡也影响了各自的对外交往,因此印蒙高层往来相应减少。

表 2　1991—2014 年印蒙两国高层互访情况

年份	印度访蒙	年份	蒙古国访印
1992	副总统尚卡尔·达亚尔·夏尔马(4 月)	1994	总统彭萨勒玛·奥其尔巴特(2 月)
1994	商务部长普拉纳布·慕克吉	1996	议长那楚克·巴嘎班迪
1995	人民院议长希夫拉吉·帕蒂尔(7 月)	1998	议长拉德那苏木贝尔勒·贡其格道尔吉(11 月)
1996	副总统科切里尔·拉曼·纳拉亚南(9 月)	1999	人民党主席那木巴尔·恩赫巴亚尔(9 月)
1997	人民院议长普尔诺·桑格马(10 月)	2001	总统那楚克·巴嘎班迪(1 月)
1999	副总统克里尚·坎特(8 月)	2002	基础建设部部长(2 月)
2001	人民院议长巴拉约吉(7 月)	2002	教育、文化和科学部长仓吉德(3 月)
2001	信息技术部长普拉莫德·马哈詹(9 月)	2003	议长桑吉贝格兹·图木尔奥其尔(1 月)
2002	人力资源部长马诺哈尔·乔希(7 月)	2003	国防部长朱·古尔拉格查(11 月)
2002	信息技术国务部长桑贾伊·帕斯万(10 月)	2004	总理那木巴尔·恩赫巴亚尔(1 月)
2003	外交部国务部长维诺德·康纳(9 月)	2005	外交部长曾德·蒙赫奥尔吉勒(12 月)
2006	国防部国务部长帕拉姆·拉久(5 月)	2005	国防部长策伦呼格·沙拉布道尔吉(12 月)

---

① 蒙古国为一院制,议会为国家大呼拉尔,每 4 年举行一次选举,赢得议会多数席位的政党或政党联盟有权组建政府。印度为两院制,分为联邦院(议会上院)和人民院(议会下院);议会大选指的是人民院选举,每 5 年举行一次,在选举中赢得多数的政党或政党联盟有权组建政府。

（续表）

年份	印度访蒙	年份	蒙古国访印
2010	人民院议长梅拉·库马尔(6 月)	2009	总统查希亚·额勒贝格道尔吉(9 月)
2011	总统普拉蒂巴·帕蒂尔(7 月)	2010	议长达木丁·登贝尔勒(12 月)

资料来源：作者自制。

2000 年，蒙古人民党在议会选举中东山再起，赢得议会中绝大多数席位重返执政地位，2000—2004 年间蒙古国政治稳定，所以蒙印交往又逐渐增多。2001 年 1 月蒙古国总统纳特索伊·巴嘎班迪(Natsagiin Bagabandi)访印，恢复了双方高层互访。此访期间，蒙印两国签署了联合声明，明确了未来双边关系的发展方向，还签署了包括防务合作、信息技术合作、投资促进与保护、刑事民事商业犯罪方面的法律互助及引渡条约等 6 项合作协议。2004 年 1 月 14 日至 19 日，时任蒙古国总理那木巴尔·恩赫巴亚尔访印。[①]访问期间两国除了发布联合声明外，还签署了包括太空科技合作、生物技术、动物卫生防疫和乳制品等领域的 3 项合作协议；印度向蒙提供 1000 万美元软贷款，用于从印度采购物品及印度在蒙古国的相关项目。

2004 年上半年，印蒙两国又都举行了议会选举。印度国大党再次上台并且连续执政十年之久(2004 年 5 月—2014 年 5 月)，保持了印度国内的政局稳定。但是蒙古国在这十年中却因国内党派斗争严重，导致政府更迭频繁、政局不稳，一定程度上也影响了蒙印两国关系的发展。2005 年 12 月时任蒙古国外长曾德·蒙赫奥尔吉勒(Tsend Munkh-Orgil)在蒙印建交 50 周年之际访问印度，双方决定启动一个由印度援建的新项目，帮助蒙古国建立一个基于卫星通信的远程教育和远程医疗网络。[②]

此后直到 2009 年 9 月时任蒙古国总统查希亚·额勒贝格道尔吉

---

① 那木巴尔·恩赫巴亚尔(Nambaryn Enkhbayar)，2004 年 6 月前担任蒙古人民党主席、政府总理，2004 年 7 月后担任蒙古人民党主席、议长，2005 年又当选为蒙古国第三任总统。

② Santosh Kumar Jha, "Mongolia and India: Developing a Strategic Relations", *Think India Journal*, Vol.22, No.10, November 2019, p.2352.

(Tsakhiagiin Elbegdorj)访问印度,才使两国关系有了质的提升。他在当选总统后首次出访便选择了印度,体现了对印蒙关系的重视。此访中,蒙印两国发布了联合声明,将1994年以来的"友好合作关系"提升至"全面伙伴关系"。两国还签署了一系列协议,包括印度向蒙古国提供2500万美元的政府间软贷款协议(帮助稳定蒙古国经济以摆脱2008年全球金融危机的后续影响)、健康医疗领域的合作协议、2009—2012文化交流项目以及《印蒙两国关于和平利用放射性矿物和核能的合作备忘录》等。蒙古国也成为继美国、法国、俄罗斯、哈萨克斯坦和纳米比亚之后,第六个与印度签署民用核协议的国家。①

2011年7月27—30日,时任印度总统普拉蒂巴·帕蒂尔(Pratibha Devisingh Patil)正式访问蒙古国,对促进印蒙"全面伙伴关系"具有重要推动作用,毕竟距离上一次印度总统访蒙(1988年)已经整整23年。此访中,印度承诺向蒙古国提供2000万美元贷款在乌兰巴托建立"印蒙联合信息技术教育和外包中心"。②访问期间,双方还签署了《印蒙两国防务合作协议》《印度计划委员会与蒙古国家发展局合作备忘录》《印蒙两国关于媒体交流合作的备忘录》等。印蒙两国领导人还讨论了关于"和平利用核能"以及在改善航空运输方面的合作,蒙古国重申了支持印度在联合国安理会改革及谋求安理会常任理事国席位方面的立场。此后几年,印蒙高层互访减少,直到2014年印度总理莫迪上台后又再次将目光投向蒙古国。

综上所述,由于1990年年初开始蒙古国逐步转向了西方式多党制,印蒙之间的关系纽带在原有的历史和宗教基础上又多了一层共同的"民主价值观",为两国关系的发展增添了一些积极的政治因素。从1991年印度提出"东向政策"(Look East Policy)到2014年升级为"东向行动政策"(Act East Policy),印蒙关系经历了24年的"友好伙伴期"。尤其是2009年两国元首将"友好合作关系"升级为"全面伙伴关系"后,进一步拓展了双边合作的广度和深度,也为印蒙建立"战略伙伴关系"奠定了坚实的基础。

① Sharad Soni, "The 'Third Neighbour' Approach of Mongolia's Diplomacy of External Relations: Effects on Relations between India and Mongolia", *India Quarterly*, Vol. 71, No.1, 2015, p.45.

② "India-Mongolia Relations 2012", India MEA, June 2013.

（四）印蒙战略伙伴期（2015—2022 年）：平衡中国崛起

印蒙关系在莫迪执政时期步入快速发展阶段，这明显得益于印度"东向行动政策"的促进作用。莫迪于 2014 年 5 月上台后，在外交方面更为进取，印度不再满足于南亚地区大国地位转而向世界大国迈进，也开始将视线投向东北亚地区。而过去长期以来，蒙古国方面一直认为，印度并不像蒙方重视印度那般看重印蒙关系。①

2015 年 5 月 16—18 日，莫迪在印蒙建交 60 周年之际历史性地访问蒙古国，成为第一位访蒙的印度总理。这次访问也是印蒙关系史上的新起点，双方签署了《印蒙关于建立战略伙伴关系的联合声明》，将两国关系从"全面伙伴关系"提升为"战略伙伴关系"。莫迪称"蒙古国是印度东向行动政策的一部分"，并承诺向蒙提供 10 亿美元贷款用于基础设施项目。②不过，莫迪此次访蒙只不过是他东亚之行的第二站。③

在莫迪访蒙期间，印蒙双方还签署了一系列合作协议，包括互相移交罪犯协议、修订航空服务协议、牲畜健康及奶制品合作协议、联合建立蒙印友谊学校的备忘录、传统医药领域合作备忘录、2015—2018 年政府间文化交流项目、边境防控合作备忘录、蒙印两国国家安全委员会合作备忘录、2016—2020 年两国政府间合作协定，以及蒙古国家肿瘤中心与印度 Tata Momera 中心合作备忘录等 14 项合作协议。此外，印度还向蒙古国家肿瘤研究中心赠送了两台用于癌症治疗的 Bhabhatron-II 型三维影像放射治疗仪，以及蒙古国选派 1000 名中学教师到印度学习英语的师资培训项目。④可见，莫迪此访是带着满满的诚意而来，不仅需要寻找新的煤炭供应渠道、减少对澳大利亚焦煤的过度依赖，同时在中国周边拓展影响力。

莫迪访蒙之后，两国各领域交往明显热络起来（见表 3）。2017 年 6 月

---

① Ritesh Kumar Rai, "Emerging Dynamics in India-Mongolia Relations", *International Journal of Research and Analytical Reviews*, Vol.5, No.3, 2018, p.351.

② "India announces US $ 1 billion credit line to Mongolia", May 17, 2015, https://www.dnaindia.com/india/report-india-announces-us-1-billion-credit-line-to-mongolia-2086523.

③ 印度总理莫迪于 2015 年 5 月 14—19 日访问中蒙韩三国；5 月 14—16 日访华，到访西安、北京和上海；之后于 16 日抵达蒙古国，17 日在乌兰巴托停留一天；18 日即前往首尔去见时任韩国总统朴槿惠。

④ "Brief on India-Mongolia Bilateral Relations 2018", Embassy of India (Ulaanbaatar), August 28, 2019.

2日,两国总理又在"2017圣彼得堡国际经济论坛"上举行了会晤。印度总理莫迪和时任蒙古国总统哈勒特马·巴特图勒嘎(Khaltmaa Battulga)于2018年6月在"2018上海合作组织青岛峰会"上也举行了会晤,后又于2019年9月在俄罗斯符拉迪沃斯托克(海参崴)举行的"东方经济论坛"期间会晤。毫无疑问,这几次高层会谈都加深了两国关系。

年份	印度访蒙	年份	蒙古国访印
2015	总理纳伦德拉·莫迪(5月)	2015	副总理策·奥云巴特尔(11月)
	边境安全部队总干事帕塔克(8月)		外交部长龙德格·普日布苏伦(4月)
2016	人民院议长苏米特拉·马哈詹(4月)	2016	副总理乌赫那·呼日勒苏赫(11月)
	外交部东方秘书普里特·萨兰(5月)		能源矿产部副部长钢宝勒德(12月)
	财政部长助理迪内希·夏尔马(6月)		国防部副部长托·杜拉姆道尔吉(12月)
	副总统穆罕默德·哈米德·安萨里(7月)		建筑与城市建设部长蒙赫巴雅尔(12月)
	边境安全部队总司令夏尔马(12月)	2017	卫生部副部长宾巴苏伦(2月、10月)
2017	边境安全部队总司令夏尔马(10月)	2018	国防部长尼亚马·恩赫包勒德(3月)
2018	外交部长苏诗玛·斯瓦拉吉(4月)		矿业和重工业部长道·苏米亚巴扎尔(6月)
	内政部长拉杰纳特·辛格(6月)	2019	外交部长达木丁·朝格特巴特尔(1月)
	内政部国务部长基伦·里吉朱(7月)		矿业和重工业部长道·苏米亚巴扎尔(2月)
2019	石油天然气部长达曼德拉·普拉丹(10月)		总统哈勒特马·巴特图勒嘎(9月)
	外交部联合秘书库马尔·杰恩(11月)	2020	政府办公厅主任罗·奥云额尔登(1月)

（续表）

年份	印度访蒙	年份	蒙古国访印
2021	外交部国务部长拉杰库马尔·兰詹·辛格(11月)	2021	议长贡布扎布·赞丹沙塔尔(12月)
2022	司法部长基伦·里吉朱(6月)	2022	国防部长戈·赛汗巴雅尔(10月)
	国防部长拉杰纳特·辛格(9月)		
2023	人民院(议会下院)议长奥姆·博拉(7月)		

资料来源:作者自制。

2018 年 4 月,时任印度外长苏诗玛·斯瓦拉吉(Sushma Swaraj)访问蒙古国,这是自 1976 年以后 42 年来印度外长首次访蒙。访问期间,印蒙双方讨论了在基础设施、能源、建设炼油厂项目等领域的合作。同年 6 月,时任印度内政部长拉杰纳特·辛格(Rajnath Singh)访蒙,专程出席印度援建的蒙古国第一个炼油厂的奠基仪式。2019 年 1 月,在新德里举办的"2019 瑞辛纳对话会"(Raisina Dialogue)上,时任蒙古国外长达木丁·朝格特巴特尔(Damdin Tsogtbaatar)与时任印度外长苏诗玛·斯瓦拉吉互相以"姐弟"相称。2019 年 8 月 2 日,蒙古国外长朝格特巴特尔与印度新外长苏杰生(Subrahmanyam Jaishankar)在泰国曼谷参加"第 9 届东亚峰会外长会议"时举行了会晤。

2019 年 9 月 19—23 日,时任蒙古国总统巴特图勒嘎访问印度,这是蒙古国元首时隔 10 年后再次访印,同样具有里程碑意义。在这次为期 5 天的国事访问中,双方围绕政治、安全、国防、贸易、投资、经济、教育、文化和人道主义援助,以及双边关系、国际和地区问题等进行了磋商,并发表了《蒙印两国关于加强战略伙伴关系的联合声明》。①2020 年 12 月 3 日,第七届"印蒙合作联合工作组"年度会议在线召开,由印度外交部长苏杰生和蒙古国总理办公厅主任奥云额尔登②共同主持。2021 年 12 月 1 日至 5 日,蒙古国家大呼拉尔主席贡布扎布·赞丹沙塔尔与 6 名国会议员对印度

---

① "Joint statement on strengthening the Strategic Partnership between Mongolia and India", Montsame, September 23, 2019, https://www.montsame.mn/en/read/201478.

② 罗布森那木斯莱·奥云额尔登(Luvsannamsrai Oyun-Erdene),2021 年 1 月 27 日升任总理。

进行正式访问,这是蒙古议长 11 年来首次访印,双方认为此访对深化蒙印战略伙伴关系、加强政治互信、扩大议会间联系具有重要意义。

2020 年至 2022 年,尽管受新冠疫情影响,印蒙双方的互访活动有所减少,但两国外长在参加国际会议期间保持着密切沟通。2021 年 10 月 12 日,印度外交部长苏杰生在哈萨克斯坦亚首都参加"亚信会议"(CICA)第六次外长会议期间会见了蒙古国新任外交部长 B.巴特策策格(B. Battset-seg);同年 11 月 3 日,双方在英国格拉斯哥举行的《联合国气候变化框架公约》第 26 次缔约方会议(COP26)上再次会晤。2022 年 2 月,苏杰生和巴特策格在德国参加"第 58 届慕尼黑安全会议"(Munich Security Conference)时举行双边会晤,同意恢复两国高层互访活动。

2022 年 9 月 5—7 日,印度国防部长拉杰纳特·辛格(Rajnath Singh)访蒙,这是印度防长时隔 16 年后对蒙古国的访问,将为扩大印蒙国防领域的合作发挥重要作用。两国防长出席了蒙古国国防大学信息安全培训中心揭牌仪式,该中心是在 2015 年印度总理莫迪访蒙时签署的《印蒙政府间合作备忘录》框架下建立的。蒙古国总统乌赫那·呼日勒苏赫在会见拉杰纳特·辛格时表示,两国战略伙伴关系完全有可能提升为全面战略伙伴关系。①紧接着 10 月 18—24 日,蒙古国防部长戈·赛汗巴雅尔对印度进行工作访问,同时参加在古吉拉特邦甘地讷格尔(Gandhinagar, Gujarat)举行的第 12 届印度国际防务展(DefExpo-2022)。他与印度副总统、国防部长、总参谋长和陆军司令分别会谈,讨论在 2023 年举行"游牧大象"联合军演、联合开展跳伞训练以及扩大国防工业合作等。可以预见,印度将很快成为继中国和俄罗斯之后蒙古国第三个"全面战略伙伴"。

回顾印蒙外交历史可以发现,由于印度是大国、蒙古属于小国,大国与小国之间的关系受大国外交政策变化的影响较大,受小国外交政策变化的影响则较小。可以说,印度对蒙政策的每次转变,都是印度自身对外战略调整的外溢影响。在两国建交之初的前 16 年中,由于印度奉行"不结盟"政策,而蒙古属于苏联社会主义阵营,两国各领域交往并不多,因此直到 1971 年印度才在乌兰巴托设立大使馆。此后,为了对抗中国的战略需要,印度在

---

① "President receives Indian Defense Minister", Montsame, September 6, 2022, https://www.montsame.mn/en/read/303325.

1971 年 8 月与苏联签订了为期 20 年的"和平友好合作条约",事实上放弃了"不结盟"政策,成为苏联的军事盟友。于是,同为苏联盟友的印蒙两国也自然成为"政治盟友"关系。在这 20 年中,印蒙关系逐渐升温,在政治上互相支持,但经济上往来并不多。蒙古于 1962 年加入"经互会",在经济上完全依赖苏联和其他"经互会"成员国;印度曾为"经互会"最大的贸易伙伴,但印蒙两国之间经贸往来却很少。直到冷战结束后,印蒙政治关系不断提升的同时也带动了经济贸易和国防军事等领域的合作。1991 年苏联解体后到目前为止两国关系经历了三次升级:第一次是 1994 年正式确立了"友好合作关系",第二次是 2009 年升级为"全面伙伴关系",第三次是 2015 年升级为"战略伙伴关系"。在此过程中,也伴随着印度从弱变强再到世界大国的转变。

二、印蒙经济与军事合作的特征

冷战结束后的 30 年里,在印蒙双方的共同努力下,两国关系在政治外交、经济贸易、军事安全、人文交流等方面都实现了较快发展,同时也对中蒙关系产生了一定影响。蒙古国不仅将印度视为一个重要的出口贸易市场,还是平衡中国的一个战略筹码。对印度来说,同样有着"借蒙制华"的战略需要,以此来平衡中国在印度传统"后院"南亚地区日益增长的影响力。可以说,印蒙两国走近在战略上是各取所需。

(一)印蒙经济关系:政热经冷

由于印度在地理位置上距离蒙古国较远,中间相隔巨大的中国,从区位优势看,它既比不上中俄也不如日韩,因此长期以来印蒙两国关系一直处于"政热经冷"的状态。早在 1994 年时任印度商务部长普拉纳布·慕克吉(Pranab Mukherjee)访蒙时,双方就签署了《印蒙关于设立贸易联合委员会的备忘录》和《印度计划委员会与蒙古国家发展局合作备忘录》。次年印度在蒙古国的第一家投资公司注册成立。1996 年时任印度副总统切里尔·拉曼·纳拉亚南(Kocheril Raman Narayanan)访蒙期间,双方签署了经济贸易合作协定,并且给予对方最惠国待遇,两国还签署了一份地质和矿产资源领域合作协定。2001 年时任蒙古国总统巴嘎班迪访印期间签署了双边投资促进与保护协定,但是 21 世纪初的两国贸易规模还很小,属于刚起步阶段(见图1)。印度对蒙出口的主要商品有药品、矿山机械、汽车零部件等,从蒙古国进口的主要是羊毛、羊绒、羊皮、萤石矿、钼精粉等。

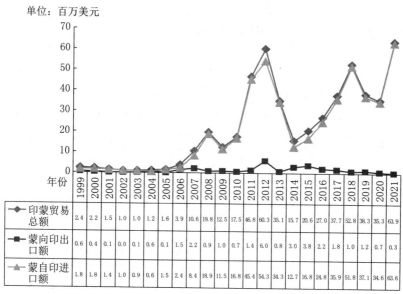

单位:百万美元

年份	1999	2000	2001	2002	2003	2004	2005	2006	2007	2008	2009	2010	2011	2012	2013	2014	2015	2016	2017	2018	2019	2020	2021
印蒙贸易总额	2.4	2.2	1.5	1.0	1.0	1.2	1.6	3.9	10.6	19.8	12.5	17.5	46.8	60.3	35.1	15.7	20.6	27.0	37.7	52.8	38.3	35.3	63.9
蒙向印出口额	0.6	0.4	0.1	0.0	0.1	0.6	0.1	1.5	2.2	0.9	1.0	0.7	1.4	6.0	0.8	3.0	3.8	2.2	1.8	1.0	1.2	0.7	0.3
蒙自印进口额	1.8	1.8	1.4	1.0	0.9	0.6	1.5	2.4	8.4	18.9	11.5	16.8	45.4	54.3	34.3	12.7	16.8	24.8	35.9	51.8	37.1	34.6	63.6

图1　1999—2021年印蒙两国贸易额增长趋势

资料来源:《蒙古国统计年鉴》(1999—2021),数据截至2021年8月,本图由作者自制。

根据蒙古国官方统计数据,在2000年至2021年印蒙两国的进出口贸易中,印度从蒙进口远小于向蒙出口,印度为贸易顺差国、蒙古国为逆差国。2007年起印蒙两国的贸易规模才开始明显增长,不过主要是源于印度对蒙出口的拉动。而在进入新世纪以来,印蒙双边贸易总额最高峰也才刚刚6390万美元(2021年)。对比2021年中蒙贸易额约101.6亿美元(占蒙古国外贸总额的63.1%),已经突破两国在2014年设定的目标——百亿美元大关。尽管2015年以来在莫迪政府的大力推动下,两国贸易保持了稳步增长,但比起双方热络的政治关系和高层交往,贸易显然还远未达到两国预期的水平。

蒙古国海关总局统计数据显示,2021年蒙古国与全球159个国家进行贸易往来,贸易总额约161亿美元,其中出口额约92亿美元,进口额约68亿美元,外贸顺差约24亿美元。在蒙古国2021年的进口总额中,36.8%来自中国,俄罗斯28.6%、日本6.6%、韩国4.5%、德国3.3%、美国3.1%,这些国家共计占到进口总额的82.9%。其中,从俄罗斯进口总额的51.1%为石油产品,从日本进口总额的 70.4% 为汽车,从中国进口总额的 5% 为电力、11.3% 为卡车,83.7% 为其他产品。另外,在蒙古国 2021 年的出口总额中,中国占 82.6%、瑞士 9.4%、新加坡 2.8%、韩国 2.4%,这些国家合计占蒙古国出口总额的 97.2%。由此可见,印蒙两国"政热经冷"的情况没有实质性变化,目前的双边贸易规模几乎可以忽略不计,印度并非蒙古国的重要经济伙伴。

印度学者认为主要原因在于,作为一个内陆国,蒙古国货物必须通过中国或俄罗斯的港口才能运输出去,这不仅导致运费上升,也延迟了交货计划,因此阻碍了贸易发展。①比如,蒙古国绝大部分对外贸易依赖中国天津港转运出口,但按目前情况,一个集装箱从印度新德里出发,需要途经7000 公里左右,历时 45 天以上,才能到达乌兰巴托,这使得印蒙双边贸易既费钱又费时。②为此,2020 年 9 月 29 日蒙古国正式加入了《亚太贸易协定》③,并从 2021 年 1 月 1 日起开始实施关税减让政策。

其实,对于蒙古国始终担心过度依赖中国的弱国心态,完全可以理解,但期盼通过"第三邻国"来实现平衡,仍是"远水解不了近渴"。在蒙古国的"第三邻国"外交政策中,美、日、印是排在前列的。对此印度尼赫鲁大学内亚研究中心主任沙拉德·索尼认为,美国作为蒙古国的首要"第三邻国",距离太远,不能像中俄那样发挥作用;至于日本,虽然它是"第三邻国"中的典型代表,但直到目前还仅限于提供贷款和经济援助,没有获得太多实际利益,或许未来日本将成为蒙古国对抗中国的一个平衡者。印度也是后来者,在 2015 年莫迪总理访蒙时才确立了"战略伙伴关系"。但蒙古国在经济援助和贸易方面对中俄两国依赖太深,这几个"第三邻国"能否起到平衡作用,只有用时间去证明。④简而言之,"印度太远而中国太近",

---

① Sharad Soni, "The 'Third Neighbour' Approach of Mongolia's Diplomacy of External Relations: Effects on Relations between India and Mongolia", *India Quarterly*, Vol. 71, No.1, 2015, p.46.

② Prabir De and Sreya Pan, "India-Mongolia Economic Relations: Current Status and Future Prospect", *The Northeast Asian Economic Review*, Vol.5, No.2, October 2017, p.44.

③ 《亚太贸易协定》(APTA),前身为 1975 年签订的《曼谷协定》,成员国包括中国、韩国、印度、孟加拉国、斯里兰卡和老挝。

④ Sharad Soni, "The Geopolitical Dilemma of Small States in External Relations: Mongolia's Tryst with 'Immediate' and 'Third' Neighbours", *The Mongolian Journal of International Affairs*, Vol.20, September 27, 2018.

蒙古国想发展经济、改善民生、兴建基础设施、扩大矿产资源出口,终究离不开中国的援助和投资。这一点,在2020年至2022年的新冠疫情蒙古国对中国的依赖性中体现得更加明显。

(二)印蒙能源关系:潜力巨大

蒙古国矿产资源丰富,以"矿业立国",尤其是煤、铜、金、铀等储量位居世界前列。印度近些年发展势头迅猛,在能源需求方面正在变成"第二个中国",因此对印度来说加强与蒙古国的能源合作有着非常重要的现实意义。

首先,印蒙两国核能合作值得重视。由于印度的铀矿储量少,一直为铀所困,是典型的"贫铀国",而蒙古国拥有丰富的铀矿资源,是印度寻求铀资源供应的理想国家。据2021年11月15日蒙通社报道,蒙古国已发现铀矿床10余处,确认储量约16万吨,随着进一步勘探,储量可能增加到100万吨。印度原子能部(DAE)和蒙古国核能源局(NEA)组建了一个"核能合作工作组",该小组于2012年12月10—12日在印度孟买举行了第二次会晤,2017年3月在乌兰巴托举行了第三次会晤[①],此后一直再无进展。其实,早在2009年9月时任蒙古国总统额勒贝格道尔吉访问印度时,两国就签订了民用核能的铀供应协议,之后总部位于新德里的印度金达尔钢铁电力公司[②]就获得了两项探矿许可证,开始在蒙古国戈壁沙漠地区进行铀矿勘探工作。但是直到现在,印度仍未等来蒙古国的铀供应。作为《核不扩散条约》的缔约国,蒙古国也是不扩散制度的坚定支持者,但印度一直拒绝参加《核不扩散条约》。对此,印度有分析认为,对印度来说耐心地扩大与蒙古国的国防和安全合作,符合新德里的"东向行动"战略目标;同时还要谨慎评估:蒙方"第三邻国"政策对印度来说到底是互利共赢的合作,还是一个利用"铀矿外交"来吸引印度投资的政治圈套?[③]鉴于蒙古国的陆锁国位置、交通不畅,应放弃从蒙获得铀的执念,转向其他运输方便的铀供应国。[④]此

---

① "Brief on India-Mongolia Bilateral Relations 2018", Embassy of India (Ulaanbaatar), August 28, 2019.

② 金达尔钢铁电力公司(Jindal Steel and Power Company)。

③ Sharad Soni, "The 'Third Neighbour' Approach of Mongolia's Diplomacy of External Relations: Effects on Relations between India and Mongolia", *India Quarterly*, Vol. 71, No.1, 2015, p.49.

④ Sharad Soni, "Emerging Dimensions of India-Mongolia Relations", *Indian Foreign Affairs Journal*, Vol.11, No.1, January-March 2016, p.54.

外,印度也在其国内积极勘探潜在的铀矿,以增加其本国的铀产量,准备通过"进口＋自主"建立战略铀储备计划。

其次,印蒙可再生能源合作方兴未艾。2019 年 9 月时任蒙古国总统巴特图勒嘎访印时,双方同意进一步加强在可再生能源领域的合作,两国还成立了一个"可再生能源合作联合工作组"。蒙古国于 2020 年 12 月决定加入由印度牵头组建的"国际太阳能联盟"。①蒙方表示有兴趣学习"印度屋顶太阳能光伏项目"的实施经验,并在印度培训蒙古国可再生能源专家。另外,2018 年蒙古国外交部长曾向印度外交部提出希望印方援助蒙外交部办公大楼的太阳能改造项目,大约造价 50 万美元;2019 年巴特图勒嘎访印时,印度政府决定提供援助,使其成为一座绿色、节能的太阳能建筑。印度前外长批准了该项援助计划,并且已经将可行性研究和工程预算方案提交给了蒙外交部,计划于 2022 年下半年开始动工。②实际上,印蒙太阳能合作由来已久。2006 年 4 月 29 日,印度援建的一个太阳能发电项目在蒙古国东部的肯特省达达勒苏木③正式投入使用。该项目由印度国有中央电子有限公司(CEL)负责建设,工程造价约 10 万美元,蒙古国的太阳能专业技术人员在印度接受培训。

最后,印蒙煤炭合作潜力有待发掘。为了减少对高价澳大利亚炼焦煤的依赖,印度 2012 年在蒙古国收购了一个煤矿,并提议帮助蒙方建立第一座钢铁厂以换取矿山的股份。蒙古国焦煤质量非常好,印度本国没有这么优质的煤矿。印度计划将该矿出产的煤炭优先用于蒙古国钢铁厂,其余则通过中国港口进口到印度。④因为当时印度每年要进口 3500 万吨焦煤,其中 60%—70%来自澳大利亚,其余来自美国和新西兰。2018—2019 财年,印度钢铁行业的焦煤需求总量为 5837 万吨,其中 5183 万吨依

---

① 国际太阳能联盟(ISA)是首个由印度带头发起的以条约为依据的政府间国际组织,于 2015 年由印度总理莫迪在联合国气候变化大会(巴黎 COP21)上与法国前总统奥朗德共同倡议建立。

② "Brief on India-Mongolia Bilateral Relations 2020", Embassy of India (Ulaanbaatar), February, 2021.

③ 达达勒苏木(Dadal Soum),也称达代尔苏木,苏木即县,位于蒙古国东部的肯特省,距俄蒙边境不远。

④ "India to acquire coking coal mine in Mongolia", The Hindu, May 10, 2012, http://www.thehindu.com/business/Economy/article3404225.ece.

赖进口(占 88.8%)。2021 年 1 月,时任蒙古国政府办公厅主任的罗·奥云额尔登与时任印度钢铁部长(兼石油天然气部长)曼德拉·普拉丹(Dharmendra Pradhan)举行视频会议时再次讨论了蒙古国向印度供应炼焦煤的问题。①2020 年 9 月中国已经在第 75 届联合国大会上做出了"二氧化碳排放在 2030 年前达峰,2060 年前碳中和"的承诺。未来,随着中国减排目标的逐步推进,对煤炭的总体需求将有所下降,印度或许成为蒙古国煤炭产量的潜在接盘者。

(三)印蒙军事关系:针对中国

2000 年以后,印蒙两国才真正开始军事安全领域的合作,包括军事援助、情报共享、反恐合作、联合军演、边防合作等,意味着两国关系得到了实质性提升。2001 年时任蒙古国总统巴嘎班迪访问印度时,两国签署了《印蒙防务合作协定》,包括举行联合军演、军事人员互访等内容,两国的军事合作显著热络起来。2003 年 11 月蒙古国防部长访印并达成协议,印度决定派遣专家对蒙方所有武器装备进行维修和保养,其中包括苏制"米格-21"战斗机的升级计划,这也是印度首次负责对他国武器装备进行日常维护。②蒙古空军长期使用苏制战机,由于经费有限,难以更新换代,许多战机无法升空;而印度空军则拥有这方面的技术和经验,因此一拍即合。

2004 年 1 月时任蒙古国总理那木巴尔·恩赫巴亚尔访印,双方同意进一步加强军事交流合作,蒙古将派军官到印度军事院校接受训练,并探讨两国联合军演的可能性。③在此次访问中,印度航天部与蒙古基础设施部签署了《印蒙太空科技合作协议》,包括卫星通信、遥感、气象学,卫星地面站、卫星发射管理、训练设施以及科技人员交流等内容。该协议也成为今后两国在空间科学技术等领域开展合作的"幌子",印度由此在蒙古国南部靠近中国的地方设立了预警雷达(印媒称为监听站),从而能够监视中国在西部地区进行的弹道导弹试验以及航天发射等军事活动。④

2005 年 12 月在印蒙两国建交 50 周年之际,时任蒙古国防部长策伦

---

① "India intends to source coking coal from Mongolia", Sxcoal.com, January 21, 2021, http://www.sxcoal.com/news/4620371/info/en.

② 《有意向亚洲内陆渗透,印军谋划蒙古设基地》,《环球时报》2006 年 5 月 15 日。

③ 2004 年 10 月印蒙两国在蒙古国举行了首次"维和行动"联合军演。

④ 《印度和蒙古联合军演强化军事合作监视中国》,《参考消息》2007 年 9 月 6 日。

呼格·沙拉布道尔吉对印度进行了为期一周的访问,与印度国防部众多高官会谈。双方同意成立"印蒙国防合作联合工作组",以便就部队人员训练、举行常规军事演习等细节性问题进行磋商,为两国全面提升军事合作打下基础。两国还在印度东北部米佐拉姆邦的"印度陆军反叛乱和丛林战学院"举行了第二次联合军演,印蒙两军各 25 名特种部队参加演习,蒙古国防部长观摩了演习,自此双方国防合作进入实质化阶段。此外,从 2006 年起印度开始与蒙古国举办"游牧大象"①联合军演并参加在蒙举行的"可汗探索"②多国军演(见表 4)。

表 4 印蒙两国军事安全合作

项目	参加者	届数	举办时间	名　称	举办地点
可汗探索	多国联合军演	第 17 届	2019 年 6 月	可汗探索-2019	固定在乌兰巴托西郊 65 公里处的塔旺陶勒盖国家武装力量综合训练中心举行
		第 18 届	2022 年 6 月	可汗探索-2022	
游牧大象	印蒙双边军演	第 12 届	2017 年 4 月 5 日—18 日	游牧大象-2017	印度米佐拉姆邦(Mizoram)瓦伦特(Vairengte)
		第 13 届	2018 年 9 月 10 日—22 日	游牧大象-2018	乌兰巴托
		第 14 届	2019 年 10 月 5 日—18 日	游牧大象-2019	印度喜马偕尔邦(Himachal)巴克洛(Bakloh)
		第 15 届	2023 年	游牧大象-2023	乌兰巴托

---

① 游牧大象(Nomadic Elephant)军演:2006 年 5 月 3—6 日,印度国防部国务部长帕拉姆·拉久(Pallam Raju)访问蒙古国,双方讨论了扩展两国防务合作关系的有关议题,并且签署了一项双边合作协定。蒙古国与印度举行的代号为"游牧大象"的双边军演就始于 2006年,目前也已实现定期化、年度化。

② 可汗探索(Khaan Quest)军演:蒙古国与美国太平洋司令部从 1996 年开始举行代号为"平衡魔术"的年度"民防"联合演习,从 2003 年开始将其升格为一年一度的代号为"可汗探索"的双边军演,在位于乌兰巴托西郊 65 公里处的塔旺陶勒盖"国家武装力量综合训练中心"举行,主导者为美国,起初具有作战和作战支援性质。2006 年起扩大为多国维和军事演习,印度也是从 2006 年开始参加"可汗探索"军演。

项目	参加者	届数	举办时间	名　称	举办地点
国防合作	印蒙	第8届	2016年12月13日—14日	印蒙国防合作联合工作组年度会议	新德里
		第9届	2019年5月6日—8日		乌兰巴托
		第10届	2021年4月16日		网络视频会议
边防合作	印蒙	第1届	2016年12月21日—23日	印度边境安全部队和蒙古国边防总局联合工作会议	乌兰巴托
		第2届	2018年10月28日—30日		乌兰巴托

资料来源:作者自制。

印度渴望迅速加强与蒙古国的防务合作,因为新德里认为,如果印度对蒙交往能由投资者变成战略合作伙伴,印方将在蒙古国的采矿业和贸易领域更具竞争力。但是,蒙古国或许顾忌中国的战略关切,仍对在国防问题上与印度走近持谨慎态度。①2011年时任印度总统帕蒂尔访蒙时,两国签署了《印蒙防务合作协议》,此后印蒙军事关系迅速升温。2019年5月在乌兰巴托举行的"印蒙国防合作联合工作组"第九次会议上,印度提出将帮助蒙古国防部建设一个新的培训中心,该项目将在2020年3月前建成,印度还向蒙古国军方赠送了50套降落伞。②印度每年还通过"印度技术与经济合作"项目为蒙古国军事人员提供英语、IT等方面的培训,以提升蒙军的作战能力。2019年9月时任蒙古国总统巴特图勒嘎访印期间,两国还签署了《印蒙合作探索及和平利用外太空的协议》,为双方扩大在遥感、卫星通信和空间技术领域的应用(包括自然资源管理、天气预报

---

① Berkshire Miller, "India, Mongolia Cosy Up: Joint military counterinsurgency exercises this month are a sign of warming ties between India and Mongolia", *The Diplomat*, September 17, 2011, http://thediplomat.com/flashpoints-blog/2011/09/17/india-mongolia-cosy-up/.

② "9th India-Mongolia Joint Working Group meeting on Defence Cooperation", Embassy of India(Ulaanbaatar), May 7, 2019, https://eoi.gov.in/ulaanbaatar/?8023?000.

和灾害管理等)奠定了基础。[①]

印蒙两国的边防合作则显得更有深意,毕竟两国并不接壤。实际上,印度准军事武装力量"边境安全部队"(Border Security Force,以下简称"BSF")和蒙古国边防总局(Mongolian General Authority for Border Protection,以下简称"GABP")在边境巡逻相关领域的合作已经持续了 8 年多。在 2015 年莫迪访蒙期间,双方通过合作备忘录的形式将其制度化,并且还专门成立了一个"联合指导委员会"。2018 年 10 月 28 日至 30 日,印度边境安全部队代表团访蒙,双方就进一步提升合作进行了商讨,包括 BSF 向 GABP 提供 120 万美元翻新 GABP 指挥中心(于 2021 年 9 月正式落成)。[②]

综上所述,印蒙两国加强军事合作、举行联合军演,对中国的潜在影响是什么,是否构成威胁?其实,按照蒙古国的现实安全环境和中立原则,以及蒙古国宪法第四条的规定——"禁止在蒙古国境内部署或过境外国军队",蒙古不可能成为其他国家用来专门针对中国、对中国产生军事威胁的"基地"。尽管印蒙两国在平衡中国方面有着心照不宣的共识和诉求,印蒙安全合作也日趋紧密,但就其实际影响而言,象征意义更大。尤其在当前中国强大的军事实力面前,对中国产生不了实质性威胁。目前印度受制于自身实力局限,想要染指中国"后院"却显得"心有余而力不足"。蒙古国则更看重经济收益,但两国的经济关系暂时还摆脱不了"政热经冷"的局面。不过,印蒙军事交往仍值得我们持续关注,保持一定的警惕。

三、印蒙人文交流与援助的特点

在政治上,印度和蒙古国一直被美欧等西方世界捧为"亚洲民主典范",虽言过其实,但两国在政治制度上的确有着共同的"民主价值观"。在

---

① "Joint statement on strengthening the Strategic Partnership between Mongolia and India", Montsame, September 23, 2019, https://www.montsame.mn/en/read/201478.

② "Brief on India-Mongolia Bilateral Relations 2022", Embassy of India (Ulaanbaatar), June, 2022.

军事上,印蒙两国也有"平衡中国"的战略考量。在经济上,两国又有互补之处,尤其莫迪上台后印度加大了对蒙援助。在人文纽带上,印蒙互称"精神伙伴",有着佛教的历史渊源。印度以文化软实力和民生援助为抓手,不断提高蒙古国民众对印度的亲近感。总结起来,印蒙关系有以下新发展。

（一）教育外交:面向精英群体

印度对蒙"教育外交"主要依托3个奖学金和2个学校。[①]印蒙两国早在1961年就签署了《印蒙文化交流协定》,自此一直作为两国间"文化交流项目"的指南,其中包括奖学金项目、学者访问项目、国际会议交流项目等合作,而且该协议在2003年、2005年、2009年、2015年、2019年都进行了更新,法律效力延长至2023年。2019年8月,首届"印度教育展"在乌兰巴托举行,有5所印度大学参加了宣介活动。另外,印度文化关系委员会(ICCR)[②]每年为蒙古国公民提供40—50个到印度接受高等教育的奖学金名额。2019—2020学年印度向蒙古国提供了50个ICCR奖学金名额,包括援蒙专项计划20名、一般性文化项目20名、文化交流项目10名。[③]除此之外,印度每年还单独为3—5名蒙古国学生提供留学奖学金,以资助他们到印度北方邦阿格拉市(Agra)的印度中央印地语学院[④]学习印地语。例如2017—2018年有3人、2019—2020年有4人获得了该奖学金,过去25年来(截至2022年6月)已经有200多名蒙古国公民在该学院深造。[⑤]

---

① 3个奖学金包括:文化交流项目(Cultural Exchange Programme, CEP)、印度文化关系委员会(ICCR)奖学金、印度技术与经济合作项目(ITEC)。2个学校包括:瓦杰帕伊信息中心(Atal Behari Vajpayee Centre for Excellence in Information and Communication Technology Education,ABVCE)、拉吉夫·甘地生产工艺职业技术学院(Rajiv Gandhi Polytechnic College for Production and Art,RGPCPA)。

② 印度文化关系委员会(Indian Council for Cultural Relations,ICCR),是印度政府负责印度对外文化关系和对外文化交流的一个自治组织,该机构于1950年4月9日由印度独立后第一位教育部部长毛拉纳·阿布·卡拉姆·阿扎德成立。

③ 援蒙专项计划(Aid to Mongolia)、一般性文化项目(General Cultural Scholarship Scheme)、文化交流(教育)项目(Cultural Exchange Programme/Education)。

④ 印度中央印地语学院(Central Institute of Hindi,即 Kendriya Hindi Sansthan)。

⑤ "Brief on India-Mongolia Bilateral Relations 2020",Embassy of India (Ulaanbaatar),February,2021.

如今,在乌兰巴托也逐渐兴起了"印地语热"。

此外,2009年时任蒙古国总统额勒贝格道尔吉访印时,印方宣布将通过"印度技术与经济合作项目"(ITEC)①每年向蒙方提供120名赴印交流培训的名额。2011年印度总统访蒙时将名额增加到150人,2015年莫迪访蒙时又将名额增加到了200人,2016年后又减少至150人(见图2)。2019年该名额又增加到了200人,包括为印度援蒙炼油厂培训40—50名工程专业技术人员。2020年同样为200个名额,但是因为疫情封锁影响,2020—2022年仅使用4个名额为蒙古国医护人员进行了在线培训。在ITEC框架下,印度还为蒙古国政府官员和社会精英量身定制专门的培训项目(见表5)。

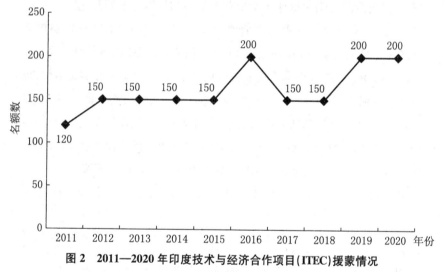

图2　2011—2020年印度技术与经济合作项目(ITEC)援蒙情况

资料来源:根据印度外交部官网发布的"印蒙外交年度报告(2013—2021)"整理而成,本图由作者自制。

---

① 印度技术与经济合作项目(Indian Technical and Economic Cooperation, ITEC)是印度于1964年正式启动的对外援助项目,该项目具体涵盖五个方面的内容:(1)由ITEC伙伴国派遣学员到印度接受贸易、投资、科技等领域的专业培训;(2)包含可行性研究和咨询服务在内的计划和相关活动;(3)印度向海外派出专家团;(4)实地考察;(5)灾难救援。该项目的最大特色是为发展中国家培训专业人才,此后成为印度发展合作的品牌项目。

表 5　印度对蒙 ITEC 援助情况

时　　　间	名额	培训项目
2015 年	26 名	蒙古国海关官员
2016 年 2 月至 4 月	29 名	蒙古国英语教师
2017 年 11 月至 2018 年 2 月	20 名	蒙古国国家应急管理局官员
2018 年 3 月	13 名	蒙古国国务秘书(新德里,印度公共行政学院 IIPA)
2019 年 10 月	25 名	为蒙古国外交官和前驻外大使量身定制的培训课程(新德里,印度外交学院 FSI)
2020 年 1 月	25 名	为 18 名省长和 7 名政府高官培训公共管理课程[印多尔市(Indore)的印度管理学院(IIM)],时任蒙古国政府办公厅主任罗·奥云额尔登(现总理)带队
2020 年 2 月	20 名	为蒙古国炼油厂项目的工程师和技术人员进行了炼油厂运营和维护的专题培训
2021 年 2 月	10 名	为来自蒙古国、缅甸和老挝的国家紧急事务管理局官员进行英语培训

资料来源:根据《印蒙外交年度报告(2021)》整理而成,由作者自制。

　　除了上述教育培训援助外,印度还向蒙古国重点援建了两所学校:拉吉夫·甘地生产工艺职业技术学院和瓦杰帕伊信息中心。早在 1992 年时任印度副总统夏尔马访蒙时就商定为蒙方援建一所职业培训中心——拉吉夫·甘地生产工艺职业技术学院,包括 8 个分部的教学设施等,该学院一度成为印蒙合作的标志性项目。2015 年莫迪访蒙后,印度又无偿援助 284 万美元对其中 6 个分部的软硬件设施进行了全面升级,工程最终于 2016 年 11 月全部完工。另外,2001 年 9 月时任印度信息技术部长普拉莫德·马哈詹(Pramod Mahajan)访蒙期间两国签署了一份协议,由印度援助蒙古国建设一个"通信技术信息中心"并建设 5 个分中心。①2005 年印度又援助增建了 5 个分中心。该"通信技术信息中心"与蒙古国所有 21 个省的分中心都实现了互联互通,并且该通信网络被蒙古国领导层和国会议员

————————

　　①　5 个分中心位于库苏古尔省(Khovsgol)、布尔干省(Bulgan)、哈拉和林(Kharkhorin,后杭爱省)、达尔汗乌拉省(Darkhan-Uul)、苏赫巴托尔省(Sukhbaatar)。

们广泛使用,为中央与地方的通信服务提供了帮助。2011 年时任印度总统帕蒂尔访蒙时,曾提出为蒙古国提供 2000 万美元贷款建立一个"印蒙联合信息技术教育和外包中心"。于是,蒙古国教育部决定利用印度这笔贷款在乌兰巴托建设一个"综合信息中心"。2015 年莫迪访蒙时,印蒙两国总理在蒙古国科技大学(MUST)校园内共同举行了奠基仪式,并将该信息中心以印度前总理阿塔尔·比哈里·瓦杰帕伊的名字命名为"瓦杰帕伊信息中心"。受新冠疫情影响,该中心于 2021 年 8 月 12 日才开工建设,建成后,该中心将为蒙古国 1000 多名 IT 专业人员提供 16 门 IT 课程的本地培训,并创造超过 850 个外包工作岗位,促进印度在蒙古国 IT 领域的影响力。

此外,由印度国防部资助的蒙古国国防部网络安全培训中心(Cyber Security Training Centre)已经于 2022 年 9 月在印度国防部长拉杰纳特·辛格访蒙时举行了启用仪式,这将为印蒙两国未来深化网络安全合作奠定基础。蒙古国政府还寻求印度援助,以扩大蒙古国农村地区的网络基础设施和升级主干信息通信网络,双方正在就此进行具体协商工作。

另外值得一提的是,自 1996 年以来的 26 年里,印度驻蒙大使馆在乌兰巴托国家少年宫和印度文化中心的支持协助下,每年都举办主题为"恒河旋律"(Melody of Ganga)的印度舞大赛,主要面向蒙古全国的小学和初高中生。在 2019 年 3 月举办的第 22 届印度舞蹈大赛上,吸引了来自蒙古国 11 个省、6 个区的 260 多名蒙古国青少年参加。[1]为庆祝印蒙建交 65 周年,2019 年 12 月印度驻蒙大使馆联合印度文化中心和蒙古国儿童创意艺术中心(MACCC)的协助下举办了一场绘画比赛,吸引了来自 6—16 岁年龄段学生的 976 件作品,创下历史新高。[2]

由此可见,印度的"教育外交"早已覆盖从儿童、青年到成年各个阶段的蒙古国公民,以及出国留学、职业技术教育、公务员培训等多个领域,并且已经成为印蒙两国合作的典范。教育援助可以增进蒙古国精英人群对印度的好感,实实在在地培育"民心相通"。

---

[1] "Indian dance festival organized", Montsame, March 19, 2019, https://montsame. mn/en/read/183409.

[2] "Children express their imagination of friendship between Mongolia and India through artworks", Montsame, December 13, 2019, https://montsame. mn/en/read/ 209906.

（二）佛教外交：面向普罗大众

莫迪上台执政以来，在对南亚、东南亚和东北亚的外交中大打"佛教牌"。从不丹、尼泊尔、斯里兰卡、缅甸、越南，到日本、韩国、中国、蒙古国，"拜庙参佛"已成莫迪出访的"规定动作"，佛教文化也成为印度对外援助的重点内容，以增强外交政策的文化底蕴和感情基础。①

2015 年莫迪访蒙时，曾到访乌兰巴托的甘丹寺②，并亲手栽下一棵菩提树，以此寓意开启印蒙关系发展的新方向。③此次访问期间，印蒙双方商定开展一项新的合作，由印度瓦拉纳西市的中央西藏研究大学④提供帮助，将甘丹寺收藏的佛经古本转变为电子图书档案，但是该项目后因甘丹寺和蒙古国家图书馆之间的问题而最终未能实施。此外，印度文化关系委员会还向多家蒙古国机构和寺院捐赠了 14 套佛经《甘珠尔》，包括蒙古文库伦版《甘珠尔》(*Urga Kanjur*)和藏文纳塘版《甘珠尔》(*Narthang Kanjur*)。⑤2020 年 4 月，在印度文化部的支持下，印度驻蒙大使馆重印了 100 套蒙古文库伦版《甘珠尔》(每套 108 卷)，并于 2022 年 10 月将其中的 50 套交给蒙方。⑥

---

① 楼春豪：《莫迪的"佛教外交"：风生水起但挑战不小》，《世界知识》2017 年第 20 期，第 28—29 页。

② 甘丹寺(Gandan Monstery)是蒙古国佛教中心，也是该国最大的寺庙。

③ 杨涛、王盼盼：《莫迪成为访蒙古国首位印度总理，在蒙种菩提树》，《环球时报》2015 年 5 月 18 日。

④ 中央西藏研究大学(Central University of Tibetan Studies，CUTS)，也称"西藏高等研究中央学院"(Central Institute of Higher Tibetan Studies，CIHTS)、中央西藏高级研究所、藏学研究中心、或瓦拉纳西西藏大学，位于印度北方邦瓦拉纳西市的鹿野苑(佛教四大圣地之一，传说中佛祖释迦牟尼成佛后初转法轮之地，即第一次公开传授佛法的地方)，该西藏研究中心在印度被视为大学，最初是由印度前总理尼赫鲁与十四世达赖喇嘛在 1967 年共同创办的。

⑤ 西藏藏文版的佛教经典总集《大藏经》分成《甘珠尔》和《丹珠尔》(Tanjur)两大部分。《甘珠尔》指的是将佛说的教法翻译成藏文的译本；《丹珠尔》则指将论典(佛弟子或学者解释佛典)的内容翻译成藏文的译本。"甘珠尔""丹珠尔"词语是直接从藏语音译而来。1908—1910 年，由外蒙藏传佛教领袖第八世哲布尊丹巴主持，在乌兰巴托刻造的库伦版《甘珠尔》原存于甘丹寺，经板已失。印度对蒙古文版的《甘珠尔》和《丹珠尔》的研究，从 1947 年印度独立之后开始逐步发展起来，现在印度已经成为世界蒙古文版《甘珠尔》和《丹珠尔》研究的主要国家之一。

⑥ "Brief on India-Mongolia Bilateral Relations 2023", Embassy of India (Ulaanbaatar)，October 2023.

在印度文化关系委员会的资助下,由根登达姆博士(Dr. Gendendarm)将 21 部印度经典文学作品翻译成蒙古文出版。2019 年,蒙古国的印度学家希仁德夫博士(Dr. Shirendev)将 8 部巴利语的《法句经》①翻译成蒙古文出版。2020 年在印蒙建交 65 周年之际,印度驻蒙大使馆也促成了甘丹寺下属的蒙古国佛教协会和印度电视广播巨头 ZEE 电视台(Zee India)签署了合作协议,在蒙古国播出 55 集印度电视连续剧《佛陀》(Buddha)的蒙语译制片。

鉴于佛教源于印度,蒙古国也将印度誉为"精神邻国"甚至宗教的朝圣中心。近年来,"民主、佛教和发展伙伴关系"②已成为印蒙关系的重要支柱。2019 年 9 月时任蒙古国总统巴特图勒嘎访印期间,印方宣布在 2020—2021 年为蒙古国青年提供 10 个"佛学研修专项"ICCR 奖学金名额,学员可选择在瓦拉纳西市的"中央西藏研究大学"或者列城县的"中央佛教研究所"③就读(截至 2022 年 6 月印度驻蒙大使馆已向 19 名蒙古国人授予该项奖学金)。同时蒙方宣布向有意到蒙古国留学的印度学生提供 2 个奖学金名额。双方认为佛教在两国历史、传统文化和未来合作中发挥着宝贵作用,决定开展研究,对两国的古代交往历史进行溯源,并推向世界。

实际上,印蒙两国学术界已经开始了对两国历史文化渊源的研究。2016 年 9 月 28 日至 29 日,印度文化关系委员会、蒙古国外交部和蒙古国国立大学在乌兰巴托联合举办了第一届"成吉思汗及其遗产与印度文化国际论坛"。④这次会议是印蒙两国智库近年来的首次重要互动,印度文化

---

① 《法句经》,又称《法句集经》《法句集》《法句录》,巴利语称 Dhammapada,梵文称 Dharmapada,是从佛经中录出的偈颂集,意思是佛陀所说的教法。《法句经》的"法"字,梵语为 dharma,意为"道理",又有规则之意;"句"的梵文为 Pada(波陀),又作"钵",原意为足迹,后转为"道"和"句"之意。法救尊者是公元一世纪的北印度人,他重新整理古来传诵的佛祖句,编集出新的《法句经》,从《无常品》到《梵志品》,共计三十三品。巴利语(Pali),古代印度的一种通用俗语,属于印欧语系印度语族中的中古印度-雅利安语,与梵语十分相近。

② 印度称之为印蒙关系的"3D 支柱",即 Democracy(民主)、Dharma(达摩,代指佛教)、Development Partnership(发展伙伴关系)。

③ 中央佛教研究所(Central Institute of Buddhist Studies, CIBS 或 Leh Institute),位于拉达克地区(Ladakh)的列城(Leh),它在印度也被视为大学,1962 年创办。

④ 成吉思汗及其遗产与印度文化国际论坛(International Conference on Chinggis Khaan, His Legacy and Indian Culture),会议主题包括成吉思汗的传统形象、成吉思汗与现代蒙古人身份、佛教与印度文化、地缘政治影响、未来经济前景。

关系委员会主席、印度著名的蒙古学和佛学专家洛克希·金德尔教授（Lokesh Chandra）率领 20 人的代表团参加会议,成员包括印度执政党人民党（BJP）全国总书记拉姆·马达夫（Ram Madhav）和来自印度多所大学的著名学者。2018 年 1 月 9 日,第二届"印蒙关系会议"在新德里尼赫鲁大学举办,由印度文化关系委员会、尼赫鲁大学、印度基金会（India Foundation）、蒙古国驻印度大使馆联合主办。2018 年 3 月 15 日,蒙古国驻印度大使馆和尼赫鲁大学在新德里又联合举办了"感知蒙古会议"①,作为对印度国内蒙古语学习者的支持,以及吸引更多的印度年轻研究者关注蒙古学研究。②2019 年,在蒙古国前驻印度大使、蒙古国科学院印度研究中心主任奥伊多乌那木达瓦（Oidov Nyamdavaa）的协助下,印度驻蒙古国大使馆在蒙古国人文大学（Mongolian National University of Humanities）和蒙古国 CITI 大学举办了两次学术会议和一次摄影展,重点聚焦印蒙两国在文化和历史上的相似性。

而印度对蒙古的"佛教外交"也由来已久,1990—2000 年间出任印度驻蒙古国大使的库索克·巴库拉（Kushok Bakula）曾是位于拉达克地区列城县③的贝图寺（Spituk 或 Pethup Gompa）第十九世"活佛"④,印度称他为库索克·巴库拉·仁波切（Kushok Bakula Rinpoche）。他在担任印度驻蒙大使期间,利用其特殊身份,为印蒙关系的发展,（尤其是恢复两国间的藏传佛教联系）起到了极大的促进作用。2003 年 11 月巴库拉去世后,印度前总理曼莫汉·辛格于 2005 年将列城机场命名为库索克·巴库拉·仁

---

① 感知蒙古会议（Ehipassiko Mongolia Conference）,Ehipassiko 是巴利语,意为来看看。

② "Ehipassiko Mongolia Conference held in New Delhi", *Asia Russia Daily*, March 27, 2018, http://asiarussia.ru/news/19276.（《亚洲俄罗斯日报》,位于俄罗斯乌兰乌德市）

③ 拉达克地区（Ladakh）,位于印控克什米尔东南部,是印度与中国有领土争议的地区,现绝大部分由印度非法实际控制,面积 45110 平方公里,首府是列城县（Leh）。拉达克历史上是中国西藏的一部分,清朝时为受驻藏大臣节制的西藏藩属。拉达克是藏族的传统居住区,有"小西藏"之称,信仰噶举派佛教,无论地理、民族、宗教与文化皆接近西藏。2019 年 8 月 6 日,中国外交部发言人华春莹就印度宣布成立"拉达克中央直辖区"表示,中方一直反对印方将中印边界西段的中方领土划入印行政管辖范围。

④ "Kushok Bakula Rinpoche", Tibetan Buddhist Encyclopedia, http://tibetanbuddhistencyclopedia.com/en/index.php?title=Kushok_Bakula_Rinpoche.

波切机场。2018 年 5 月 19 日,印度总理莫迪专程到访列城参加"巴库拉百年诞辰"纪念活动,蒙古国政府也于同年 4 月 17 日在乌兰巴托组织了一次纪念活动。此外,2019 年 6 月来自拉达克地区的一家查玛舞剧团(Laddakh Mask Dance Troupe)访问蒙古国,参加了 2019 年 6 月 21—23 日在乌兰巴托甘丹寺举办的第 11 届"亚洲佛教和平会议",并在大会上表演了查玛舞,之后又在蒙古国达尔汗乌勒省(Darkhan)进行了演出。

除此之外,印度的传统文学、瑜伽和宝莱坞等也是其对蒙古国"文化外交"的一部分,在赢得民心方面取得了较好的效果。早在 2002 年 7 月时任印度人力资源部长穆利·马诺哈尔·乔希(Murli Manohar Joshi)访蒙时,两国就签署了一份合作备忘录。在此框架下有大量印度文学作品在蒙古国翻译成蒙文出版,包括《五卷书》《罗摩衍那》《沙恭达拉》《时令之环》《爱经》《神牛的礼物》《格班》和《卡蒂·帕坦》。①2015 年 11 月,为庆祝印蒙建交 60 周年,印度在蒙古国举办了"印度节"。2017 年 6 月 18 日,蒙古国为了庆祝"第三届国际瑜伽日"(每年 6 月 21 日),在乌兰巴托"蒙古国家博物馆"还专门举办了一场"瑜伽主题展览"。2017 年 12 月 15 日,蒙古国在举办"印度—蒙古国传统医学大会"期间,首次在乌兰巴托庆祝了"阿育吠陀日"。②印度电影也在蒙古国很受欢迎,《摩诃婆罗多》的蒙语译制片在乌兰巴托电视台的电影频道上播放。2018 年 3 月,印度加尔各答市举办了"蒙古国电影节",放映了多部蒙古国电影。2019 年 3 月 27 日至 29 日,在

---

① 《五卷书》:Panchatantra,梵文写成的寓言童话集。《罗摩衍那》:Ramayana,印度古代梵语叙事诗。《沙恭达拉》:Shakuntala,印度古代诗人和戏剧家迦梨陀娑的七幕诗剧,也称《沙恭达罗》。《时令之环》:Ritu Samhara,印度伟大诗人、戏剧家迦梨陀娑早期创作的一部诗歌集,又叫《六季杂咏》。《神牛的礼物》(Godaan),现代印地语文学著名作家普列姆昌德(Premchand)所著的印地语小说。《格班》,普列姆昌德(Premchand)所著的印地语小说,写于 1931 年。

② 阿育吠陀纪念日(Ayurveda Day),是印度的国立节日,印度从 2016 年开始实施"国立阿育吠陀日",就在排灯节(Diwali,这个节日一般在公历的十月中旬和十一月中旬之间)的前两天。阿育吠陀医学,早在大约 5000 年前,古印度就已经产生了与中国五行学说相近的五元素理论。五元素(Panchamahabhutas),土、水、火、风、空组成宇宙的基础并塑造了所有生物的形态,这是阿育吠陀的核心内容。阿育吠陀被包含在印度最古老的文本经典《吠陀经》之中,意为生命的科学。第三次"阿育吠陀日"庆祝大会于 2018 年 11 月 5 日在蒙古国阿托奇曼然巴大学(Otoch Manramba University)举行。第五次"阿育吠陀日"原定于 2020 年 11 月 13 日举办,但后来因疫情封锁措施而取消。

蒙古国首都乌兰巴托也举办了"印度电影节",放映了《劫机惊魂》和《摔跤吧！爸爸》等印度电影。

如果说印度的"教育外交"培育了蒙古国年轻一代（或未来掌舵者）的印蒙友好基因,"佛教外交"笼络了蒙古国传统信教人群的民心,那么"文化外交"则广泛覆盖了其余世俗群体。可以预见,"藏传佛教"将是印度今后对蒙开展公共外交的一张王牌,也将会成为印度用来牵制中蒙关系的一张底牌。正如印度总理莫迪 2015 年 2 月在第一届"国际罗摩衍那节"上致辞时所言："世界上所有信仰佛教和印度教的国家都与印度有着超越外交关系的特殊纽带。在软实力方面,印度可以向世界提供很多东西。"①

（三）援助外交：促进民心相通

在莫迪提出的"东向行动政策"中,将蒙古国作为印度向东北亚地区拓展影响力的重要一环,尤其 2015 年将两国关系升级为"战略伙伴关系"之后,印度明显加大了对蒙投资和援助的力度。

近年来印度对蒙古国最重要的一笔经济援助为 2015 年 5 月莫迪访蒙时承诺的 10 亿美元优惠贷款。②2017 年 5 月,蒙古国议会通过决议,决定利用这笔资金建设本国第一个炼油厂并于 2018 年 6 月 22 日在东戈壁省阿拉坦西列县③境内举行了项目奠基仪式,时任蒙古国总理呼日勒苏赫、印度内政部长拉杰纳特·辛格等出席仪式。2019 年 9 月时任蒙古国总统巴特图勒嘎访印期间,印方批准了蒙古国政府提出的为炼油厂项目增拨 2.36 亿美元贷款的请求,使印度政府在该项目上的总贷款额增至 12.36 亿美元,对此蒙方高度赞赏。④该项目计划于 2024 年 6 月建成投产,建成后将具有年加工 150 万吨原油的能力,约占蒙古国石油产品总消费量的 85%。由于蒙古国燃油全部依赖进口,这不仅不利于贸易平衡,也会成为物价上涨和通货膨胀率上升的主要因素。相关研究显示,矿业生产总成

---

① "PM's address at the first International Ramayana Mela", Prime Minister's Office, February 23, 2015, https://pib.gov.in/newsite/PrintRelease.aspx?relid=115688.

② 霍文:《蒙古国首个炼油厂项目奠基仪式在东戈壁省举行》,人民网,http://world.people.com.cn/n1/2018/0623/c1002-30078222.html.

③ 阿拉坦西列县（Altanshiree Soum）,国内也译为阿勒坦希雷苏木,或阿拉坦希来雷县,距蒙古国东戈壁省（Dornogobi Aimag）省会赛音山达市 18 公里。

④ "Joint statement on strengthening the Strategic Partnership between Mongolia and India", Montsame, September 23, 2019, https://www.montsame.mn/en/read/201478.

本的近 30% 和农牧业生产总成本的 25%—30% 是燃油成本。①因此，限制燃油价格的唯一希望就是让蒙古国拥有一家自己的炼油厂。当前，进口燃油价格控制着蒙古国人民的"面包"价格，所以建设炼油厂迫在眉睫，而印度的援助正好雪中送炭。

作为蒙古国的"精神邻国"和重要的"第三邻国"，印度被蒙方视为继俄、中、美之后，能为蒙古提供可靠安全保障和发展利益的第四大伙伴。印度与中国的这种影响力竞争也同样体现在印度的"疫苗外交"方面，印度于 2021 年 2 月 22 日向蒙古国免费捐赠了 15 万剂 Covishield 疫苗。当时正值蒙古国内疫情日益严重之际，这批疫苗是蒙方接收的第一批疫苗，因此印度也成为首个向蒙古国捐赠疫苗的国家；②之后蒙方向印度提出另外采购 150 万剂印度制造的 Covishield 疫苗的计划。当然，在印度国内疫情严重的时候，蒙古国政府也于 2021 年 4 月 30 日向印度回赠了 100 万美元捐款。③

在医疗援助方面，印度也十分注重在蒙古国普通百姓中建立良好口碑。2019 年 5 月由"印度扶轮社"的 17 名医生组成的医疗团队赴蒙古国进行"第二次义诊活动"，这次活动由"国际扶轮社"前社长拉詹德拉·K.萨博（Rajendra K.Saboo）④带队，共在蒙古国实施了 300 多场手术，并向蒙

① 《炼油厂投入使用时间推迟一年》，蒙通社，https://montsame.mn/cn/read/271577。
② 印度向蒙古国免费捐赠的 15 万剂 Covishield 疫苗（实际上是在印度生产的英国阿斯利康 AstraZeneca 疫苗）是 2021 年 2 月 22 日早晨抵达乌兰巴托的；而中国向蒙古国免费捐赠的 30 万剂由国药集团生产的灭活疫苗（其中包括中国国防部应蒙古国防部请求向蒙方军队援助的 10 万剂疫苗）是同日晚间运抵乌兰巴托交付蒙方的。
③ "Mongolia to provide USD 1 million in humanitarian assistance to India", Montsame, April 30, 2021, https://www.montsame.mn/en/read/262383.
④ 詹德拉·K.萨博（Rajendra K.Saboo），男，印度人，1991—1992 年间担任国际扶轮社（Rotary International）社长，1961 年加入印度昌迪加尔扶轮社（Rotary Club of Chandigarh），曾担任印度昌迪加尔扶轮社社长、国际扶轮社董事（1981—1983 年）、扶轮社基金会理事（1992—1998 年）等。国际扶轮社（也称扶轮国际）是由一个名叫保罗·哈里斯的青年律师在 1905 年 2 月 23 日创立于美国伊利诺伊州芝加哥，也是全球第一个扶轮社；最初扶轮社的定期聚会是每周轮流在各社员的工作场所举办，因此便以"轮流"（Rotary）作为社名。每个扶轮社都是独立运作的社团，但皆需向国际扶轮社申请通过后才可成立，通常会以所在地的城市或地区名称作为社名。1919 年，中国第一个扶轮社在上海成立。随着在沪中外精英的加入，扶轮社在中国产生了巨大的影响力，并得到迅速发展，全国曾有 30 多个城市建立了扶轮社。1952 年，扶轮社完全退出中国大陆（内地），只有中国香港、中国澳门、中国台湾等地的扶轮社还在活动。2006 年，扶轮社重新进入中国大陆（内地），成立上海、北京两个分社。

古国捐赠了价值 1.2 万美元的医疗设备和药品。此前,该组织曾于 2017 年 8 月在蒙古国进行了"第一次义诊活动",当时向蒙古国的多家医院共捐赠了价值 3 万美元的医疗设备,并实施了一系列手术以及培训蒙古国的医生。除此之外,"印度扶轮社"还在 2018 年向 10 名蒙古国贫困儿童提供了免费的心脏病手术。①

此外,在应急救灾等人道主义援助方面,近几年印度国家灾害管理局(NEMA)和蒙古国国家应急管理局(NDMA)之间的合作也逐渐升温。2017 年 5 月,印度向蒙古国苏赫巴托尔省(Sukhbaatar)捐赠了价值 2 万美元的物资,包括床、被褥、玩具等,主要提供给该省遭受冬季严寒和雪灾影响较重的牧区孩子,蒙古国副总理和苏赫巴托尔省省长等出席了捐赠仪式。②2018 年 8 月,印度政府向受洪灾影响较为严重的几个蒙古国省份捐助了价值 5 万美元的物资,包括巴彦乌勒盖省(Bayan Ulgii)、后杭爱省(Arhangai,也称后杭盖省)和库苏古尔省(Huvsgul)。2019 年 9 月巴特图勒嘎总统访印时表示,蒙方高度赞赏印度于 2018 年在蒙古国发生自然灾害期间为蒙古国提供的人道主义援助,印蒙两国的国家应急管理局签署了《印蒙减少灾害风险谅解备忘录》。但因新冠疫情影响导致 2020—2021 年计划的一些活动未能照常举行,2021 年 2 月双方还就 2021—2022 年的"行动计划"进行了磋商。除此之外,2016 年 11 月 2 日至 5 日第七届"亚洲减灾部长级会议"在印度新德里举行,时任蒙古国副总理的呼日勒苏赫参加了会议;2018 年 7 月 3 日至 6 日蒙古国主办了第八届"亚洲减灾部长级会议",时任印度内政国务部长基伦·里吉朱(Kiren Rijiju)率领大型代表团访问乌兰巴托并出席大会。

总体而言,多年来印度在对蒙教育援助、人文交流、佛教外交、人道主义援助和医疗援助等方面花费极大精力。尤其莫迪上台后开始重视印度的软实力外交,积极争取蒙古国人民的对印亲近感,进而提升印度在蒙古国的国家形象,有效改善对蒙投资的舆论环境,其目的跟中国的"民心相通"有异曲同工之处。

---

① "Brief on India-Mongolia Bilateral Relations 2019", Embassy of India (Ulaanbaatar), January, 2020.

② "Brief on India-Mongolia Bilateral Relations 2017", India MEA, Januarary 25, 2018.

（四）国际组织外交:利益交换

印度曾积极支持蒙古国加入联合国,因此蒙古国多年来一直坚定支持印度推动安理会改革和扩员、支持印度成为安理会常任理事国,几乎每次印蒙双方高层互访都要一再重申这一立场。2019 年 9 月巴特图勒嘎访印时表示支持印度的"印太构想",双方强调必须尽早改革联合国安理会的常任理事国和非常任理事国,从而负责任、有代表性和有效地反映当前的国际现实和职能。蒙方重申支持印度"入常",两国还相互支持对方争取非常任理事国席位,任期分别为 2021—2022 年(印)和 2023—2024 年(蒙)。①此前,蒙古国在印度竞选 2011—2012 年安理会非常任理事国时就给予过支持。

此外,印蒙两国在各类国际组织中也互相支持(见表 6)。例如,在印度向联合国教科文组织申请将"瑜伽"列入"世界非物质文化遗产名录"过程中(2016 年 12 月 1 日瑜伽被列入"非遗"),蒙古国给予了坚定支持。同样,在蒙古国申请将"蒙古祭敖包习俗"列入"非遗"(2017 年 12 月 6 日成功被列入"非遗")和蒙古国参选"联合国儿童基金会执行局"的执委成员(任期 3 年,2019—2021 年)的过程中,印度也给予了相应的支持。

表 6 2017—2022 年蒙古国在国际组织中对印度的支持

时间	国际组织	职　位	任　期
2017 年 6 月	国际海洋法法庭	印度人当选法官②	9 年 (2017—2026 年)
2017 年 11 月	联合国教科文组织执行局	印度再次当选委员	4 年 (2017—2021 年)
2017 年 11 月	联合国国际法院 (海牙国际法庭)	印度人再次当选法官③	9 年

---

① "Joint Statement on Strengthening the Strategic Partnership between India and Mongolia", India MEA, September 20, 2019, https://www. mea. gov. in/bilateral-documents.htm?dtl/31841/Joint_Statement_on_Strengthening_the_Strategic_Partnership_between_India_and_Mongolia.

② 印度人尼赫鲁·查达(Neeru Chadha)成为该法庭迎来的首位印度女性法官,也是该法庭有史以来的第二位女性法官。

③ 印度人班达里(Bhandari)再次当选法官。

(续表)

时间	国际组织	职 位	任 期
2017 年 12 月	国际海事组织理事会	印度当选 B 类理事国①	2 年
2018 年	世界海关组织	印度当选亚太地区副主席	2 年(2018 年 7 月—2020 年 6 月)
2018 年	联合国人权理事会	印度再次当选成员②	3 年(2019 年 1 月—2021 年 12 月)
2019 年 10 月	国际民航组织	印度再次当选为理事国	3 年
2019 年	世界反兴奋剂组织	印度当选为理事会成员	3 年(2020—2022 年)
2020 年 6 月	联合国安理会非常任理事国	印度当选亚太地区代表席位之一(亚太地区共 2 席)	2 年(2021—2022 年)
2020 年 11 月	联合国大会行政和预算委员会(第五委员会)下设的行政和预算问题咨询委员会	印度人当选"行预咨委会"成员③	3 年(2021—2023 年)

资料来源:作者自制。

归根结底,印度最大的愿望还是"入常"。印度和日本、德国、巴西组成了"四国集团",多年来一直在谋求联合国安理会改革和获得常任理事国席位。但是蒙古国本身影响力有限,对印度的支持也只能是道义上的支持,安理会改革最主要还是以五大常任理事国的意见为主。到目前为止,美、英、法、俄四国都明确表达了支持的态度,似乎球已经抛到了中国手中。但"五常"拥有"一票否决权",只要有一国不同意,印度就无法"入常"。除了要获得"五常"的同意,还要获得 2/3 联合国成员的同意,这两个条件必须同时满足。因此,目前来看,在印度的综合实力没有得到显著提升之前,大国也是口头上的支持,但动向需要持续关注。

① 印度在 2019 年 11 月举行的国际海事组织第 31 届大会上成功连任。
② 印度曾于 2011—2014 年和 2014—2017 年连任"日内瓦人权理事会"成员国。
③ 印度人维迪沙·梅特拉(Vidisha Maitra)当选"行预咨委会"成员。

综上可见,印蒙两国在各类国际组织中的互相支持是一种利益交换,各取所需。往往大国为了获得国际影响力,需要小国投票支持,同时会许诺小国一些经济利益或者充当利益代言人的角色,这几乎是大国与小国之间的常规操作。

四、结　语

印蒙两国从 1955 年 12 月 24 日建交至今已经整 69 年,印蒙关系大致经历了四个历史阶段:建交初期探索阶段(1955—1971 年)、政治盟友阶段(1971—1991 年)、友好伙伴阶段(1991—2015 年)和战略伙伴阶段(2015—2024 年)。尽管此前有两任印度总统到访过蒙古国,但在印度国内总统并无实权,只是一个象征性的虚职。实际上,印蒙关系真正变得引人注目是从 2015 年 5 月莫迪访蒙开始的,因为这是有史以来印度总理首次访问蒙古国。莫迪上台后开始关注蒙古国,主要是为了平衡中国在印度“后院”的影响力,于是他要到“雄鸡的背部”开展活动。

蒙古国的“第三邻国”外交政策和印度的“东向行动政策、印太构想”在战略上有契合之处,而印蒙战略合作也始终绕不开中国话题。印蒙两国在政治制度上有共同的“民主价值观”,在经济贸易上有互补之处,在历史宗教上有佛教为纽带,这些会成为促进双边关系的积极因素。但受限于距离较远,印蒙经济关系在冷战后 30 多年来一直处于“政热经冷”的状态,而且在双边贸易中印度也一直处于顺差国地位;两国能源合作的潜力也难以充分挖掘(运输不便),印蒙军事安全合作虽然“项庄舞剑、意在沛公”,但其象征意义大于实质性威胁。因此,印度通过“教育外交、佛教外交、文化外交、援助外交”来笼络蒙古国的精英群体、信教群众和世俗人群,赢得蒙古国舆论对印度的好感,促进民心相通。而在国际组织中,印蒙两国历来有相互支持的传统,这也是一种利益互换和“以钞票换选票”的政治交易。可以预见,未来两国在铀矿和稀土领域的合作也将成为新的重点。

总而言之,全面梳理印蒙关系的发展历程和各领域交往合作的特点,对于分析研判印蒙关系的未来走势以及对中蒙关系的潜在影响具有一定的启示意义。印蒙关系也值得我们持续跟踪关注和深入研究。

国际关系评论

全球发展倡议的规范内涵与实践来源[*]

何　越　朱杰进[**]

【内容提要】 从全球治理体系变革的视角出发,本文将全球发展倡议理解为中国倡导的一种统筹治理的新型国际规范。其中,坚持发展优先原则和坚持以人民为中心原则是新型国际规范的核心内涵,具体表现为统筹发展与安全、统筹人民与国家的新型治理理念。从实践来源看,这一新型国际规范源于中国近年通过澜湄合作、上海合作组织等机制来重塑周边区域治理的一系列成功实践。在澜湄合作中,除了回应下游国家对跨境水资源合作的需求外,中国倡议开展跨境安全合作以及社会人文领域的合作,平衡该流域既有机制偏重经济合作和国家间合作的倾向,实现了发展与安全、人民与国家的统筹治理。在上海合作组织中,除了推进俄罗斯偏好的中亚安全合作外,中国倡议开展中亚经济合作和人文合作,平衡该机制侧重安全合作和国家间合作的倾向,也实现了发展与安全、人民与国家的统筹治理。

【关键词】 全球发展倡议,统筹治理,新型国际规范,澜湄合作,上合组织

【Abstract】 From the perspective of the reform of global governance, this paper conceptualizes the Global Development Initiative as a new type of international norm for comprehensive governance advocated by China. The essence of this new international norm lies in the priority development and people-centered principles, which are specifically manifested in a novel governance concept that integrates development with security and harmonizes the interests of people with those of nation-states. In practical terms, this new international norm has its roots in China's recent successful efforts to reshape regional governance within its neighboring areas through institutions such as Lancang-Mekong Cooperation and Shanghai Cooperation Organization. For example, within the Lancang-Mekong Cooperation framework, China has not only addressed downstream countries' requests for cross-border water resource cooperation but also fostered cross-border security cooperation and collaboration in social and cultural domains. This balances the existing mechanism's inclination towards economic cooperation and inter-state collaboration while achieving integrated governance encompassing development, security, people, and state interests. Similarly, in the Shanghai Cooperation Organization, alongside advancing Russia's preference for security cooperation, China has proposed economic cooperation and cultural exchange in Central Asia. This serves to balance an organizational bias towards security cooperation and inter-state coordination while realizing comprehensive governance integrating development with security considerations and reconciling individual interests with those of nation-states.

【Key Words】 Global Development Initiative, Comprehensive Governance, New International Norms, Lancang-Mekong Cooperation, Shanghai Cooperation Organization

---

　＊ 本文系上海市哲学社会科学规划项目"中国推动全球治理体系变革的路径研究"(项目编号:2020BGJ001)的阶段性研究成果。

　＊＊ 何越,复旦大学国际关系与公共事务学院研究生;朱杰进,复旦大学国际关系与公共事务学院教授、博士生导师。

一、引　言

国际金融危机爆发以来,主要经济体的发展遭受重创,经济全球化逆流涌动,叠加新冠疫情和俄乌冲突等地缘政治事件带来的消极影响,使得原先就存在的全球发展赤字更加严重。在此背景下,世界将走向何方? 全球治理体系如何变革? 针对这一世界之问和时代之问,2021 年 9 月 21日,中国国家主席习近平在第 76 届联合国大会一般性辩论上提出了全球发展倡议,获得国际社会的大力支持。①从内容上看,全球发展倡议强调,为推动全球发展迈向平衡协调包容的新阶段,国际社会要坚持六项原则,即发展优先原则、以人民为中心原则、普惠包容原则、创新驱动原则、人与自然和谐共生原则和行动导向原则。

在当前百年未有之大变局和全球治理体系大变革的背景下,如何理解全球发展倡议的内涵? 作为一种新型全球治理原则和理念,全球发展倡议的实践来源是什么? 这是本文尝试探讨的问题。通过借鉴国际规范重塑的理论②,本文将全球发展倡议理解为中国在全球治理体系变革中倡导的一种统筹治理的新型国际规范。③其中,坚持发展优先原则和坚持以

① 截至 2022 年 9 月 21 日,支持全球发展倡议的国家和国际组织已经增加到 100 多个,在联合国平台成立的"全球发展倡议之友小组"已经有 60 多个成员。各成员积极落实全球发展高层对话会 32 项务实举措,取得了多项早期收获。"全球发展倡议之友小组"发起成立了国际民间减贫合作网络,首批已有来自 17 个国家和地区的相关机构加入;发起成立了世界职业技术教育发展联盟,近 40 个国家和地区的 150 家机构加入。中国—太平洋岛国应对气候变化合作中心落地,1000 多期能力建设项目共为发展中国家提供 4 万余人次培训。参见外交部发言人介绍全球发展倡议提出一年来取得的积极进展,http://www.gov.cn/xinwen/2022-09/21/content_5710976.htm,中华人民共和国中央人民政府官网,2022 年 10 月 20 日。

② Antje Wiener, *A Theory of Contestation*, Heidelberg: Springer, 2014, pp.1—30; Thomas Risse, "Let's Argue: Communicative Action in World Politics", *International Organization*, Vol.54, No.1, 2000, pp.1—39; Jonas Wolff and Lisbeth Zimmermann, "Between Banyans and battle scenes: Liberal norms, contestation, and the limits of critique", *Review of International Studies*, Vol.42, No.3, 2016, pp.513—534;袁正清、李志永、主父笑飞:《中国与国际人权规范重塑》,《中国社会科学》2016 年第 7 期,第 189—203 页。陈拯:《建构主义国际规范研究述评》,《国际政治研究》2015 年第 1 期,第 135—153 页。

③ 国际规范指的是行为体共同持有的关于适当行为的共同预期。与观念不同,观念可以个人持有,而规范是行为体共同持有的,是主体间性的(inter-subjective)。参见[美]玛莎·费丽莫:《国际社会中的国家利益》,袁正清译,浙江大学出版社 2001 年版,第 29 页。

人民为中心原则是新型国际规范的核心内涵,具体表现为统筹发展与安全、统筹人民与国家的新型治理理念。从实践来源上看,这一新型国际规范源于中国近年通过澜湄合作、上海合作组织(以下简称"上合组织")等机制来重塑周边区域治理的一系列成功实践。

理解全球发展倡议的国际规范内涵及其实践来源,具有重要的理论和政策意义。在理论上,既有关于中国与国际规范关系的理论研究大多围绕中国如何接受国际规范(norm-taker)展开,而对于中国如何重塑国际规范(norm-maker)的分析较少。①作为一种新型国际规范,全球发展倡议正是中国尝试重塑国际规范的一种努力,需要从理论上探讨。在政策方面,全球发展倡议已经成为新时代中国特色大国外交的重要组成部分。党的二十大报告明确指出,中国提出了全球发展倡议、全球安全倡议,愿同国际社会一道努力落实。因此,在当前努力落实全球发展倡议的过程中,搞清楚"全球发展倡议是什么"以及"全球发展倡议从哪里来",对于开展新时代中国特色大国外交无疑具有重要意义。

二、既有研究及其不足

作为中国在全球治理体系变革中提出的一项重大主张,全球发展倡议一经提出便引发了学术界的广泛关注,相关研究逐渐成为学术热点。围绕"全球发展倡议是什么"和"如何实现全球发展倡议"的核心问题,既有研究主要从以下两种视角展开。

一是诠释全球发展倡议的视角。就全球发展倡议是什么的问题,中国国际发展知识中心撰写的《全球发展报告》指出,全球发展倡议是国际

---

① 张小明:《中国的崛起与国际规范的变迁》,《外交评论》2011 年第 1 期,第 34—47 页;黄超:《建构主义视野下的国际规范传播》,《外交评论》2008 年第 4 期,第 55—62 页;林民旺、朱立群:《国际规范的国内化:国内结构的影响及传播机制》,《当代亚太》2011 年第 1 期,第 136—160 页;陈拯:《框定竞争与"保护的责任"的演进》,《世界经济与政治》2014 年第 2 期,第 111—127 页;Alastair Iain Johnston, *Social States: China in International Institutions, 1980—2000*, Princeton University Press, 2008;Xiaoyu Pu, "Socialization as a Two-way Process: Emerging Powers and the Diffusion of International Norms", *The Chinese Journal of International Politics*, Vol.5, No.2, 2012, pp.341—367.

社会加快落实联合国 2030 年可持续发展议程的一条可行路径。①徐秀丽认为,全球发展倡议是一种新型国际发展合作模式,是中国基于自身发展实践总结出来的发展知识体系。②王镭认为,全球发展倡议是中国为国际社会提供的思想层面和行动层面的国际公共产品,具有历史逻辑、理论逻辑和现实逻辑的坚实支撑。③于宏源指出,全球发展倡议是中国为全球发展治理提供的新思路,是中国在全球发展治理中角色转型的关键一步。④威廉·琼斯(William Jones)指出,全球发展倡议是中国对国际社会最新的发展承诺,极有可能成为新时代中国特色大国外交的指导原则之一。⑤

二是全球发展倡议实现路径的视角。就如何实现全球发展倡议的问题,张贵洪、赵若祯指出,全球发展倡议与联合国 2030 年可持续发展议程互为实现路径,两者的核心理念契合、行动目标一致、治理逻辑互补、重点领域对接。⑥程子龙指出,"一带一路"倡议与全球发展倡议相互关联,两者可以在合作机制共建、发展融资共享和发展伙伴共商三个方面协同发展。⑦李因才认为,深化中非合作是实现全球发展倡议的重要途径,全球发展倡议是真正契合非洲地区现实发展需求的发展框架,必将成为中非双方深化合作的新纲领。⑧崔文星指出,中国的对外发展援助是实现全球发展倡议的手段,全球发展倡议将成为结果导向型国际发展援助

---

① 《全球发展报告》,中国国际发展知识中心,http://www.cikd.org/detail?docId=1538692405216194562,2022 年 9 月 26 日。

② 徐秀丽:《建设面向人类命运共同体的中国国际发展学》,《中国社会科学报》2022 年第 1 期,第 1—2 页。

③ 王镭:《全球发展倡议:促进共同发展的国际公共产品》,《社会科学文摘》2022 年第 9 期,第 8—10 页。

④ 于宏源:《全球发展治理进程与中国角色转型》,《当代世界》2022 年第 10 期,第 28—32 页。

⑤ "Congress conveys continuity message, China Daily Global",2022-10-31,https://www.chinadaily.com.cn/a/202210/31/WS635f2326a310fd2b29e7f57c.html.

⑥ 赵若祯、张贵洪:《全球发展倡议对接 2030 年可持续发展议程》,《湖北社会科学》2022 年第 6 期,第 19—30 页。

⑦ 程子龙:《"全球发展倡议"与"一带一路"建设》,《湖北社会科学》2022 年第 6 期,第 40—46 页。

⑧ 李因才:《"全球发展倡议"与中非发展合作》,《湖北社会科学》2022 年第 6 期,第 31—39 页。

的行动指南。①丹尼尔·维特（Daniel Waite）认为，"一带一路"倡议是全球发展倡议的先行实践，通过博弈论模型可以预测全球发展倡议中利益攸关方的战略选择。②

总体上看，对于"全球发展倡议是什么"以及"如何实现全球发展倡议"的问题，既有研究给出了一定的解释，但也存在两点不足：第一，既有研究未能摆脱"就全球发展倡议谈全球发展倡议"的局面，未能将全球发展倡议与全球治理体系大变革相联系。从宏观背景来看，全球发展倡议是中国针对全球治理体系变革提出的一种新型治理理念，是中国重构国际规范的一次尝试。第二，既有研究较少探讨"全球发展倡议从哪里来"。作为一种新型全球治理理念，全球发展倡议与中国特色大国外交的丰富实践密不可分。③实际上，全球发展倡议正是源于中国近年重建周边区域治理的一系列成功实践。

接下来，本文将借鉴国际规范重塑理论，尝试构建一个理解全球发展倡议的国际规范内涵的分析框架，并探讨这一新型国际规范的实践来源，以补充学术界的相关研究。

三、全球发展倡议与统筹治理的新型国际规范

（一）作为一种新型国际规范的全球发展倡议

"坚持发展优先"和"坚持以人民为中心"是全球发展倡议六项原则中的前两项原则，也是这一新型国际规范的核心内涵。其中，"坚持发展优先"体现了全球治理中发展议题与安全议题的相互关联，"坚持以人民为中心"体现了全球治理中人民主体与国家主体的相互兼顾，而要实现这种

---

① 崔文星：《结果导向型援助及其超越：兼论中国国际发展合作与全球发展话语权》，《国际展望》2022年第1期，第74—94页。

② Daniel Waite, "Economic Reactions to Global Development Strategies: Mapping Public Discourse in Germany on China's Belt and Road Initiative," in Harald Pechlaner, Hannes Thees and Wei Manske-Wang, eds., *The Clash of Entrepreneurial Cultures*? Springer: Cham, 2022, pp.49—63.

③ 中共中央宣传部、中华人民共和国外交部：《习近平外交思想学习纲要》，人民出版社2021年版，第145—173页。

关联和兼顾,就需要采取统筹治理的全球治理新规范,包括统筹发展与安全、统筹人民与国家两个方面。

从统筹发展与安全的角度看,统筹治理就是牢牢把握发展与安全两个议题之间的内在联系,平衡发展与安全两个议题在区域治理和全球治理中的权重占比。①从发展与安全两个议题的历史脉络来看,国际社会长期聚焦的问题是"如何实现发展"和"如何实现安全"。传统观点认为依靠权力结构和利益分配能够实现安全,而发展是与安全无关的低阶政治议题。②进入21世纪后,该观点理论和实践两个方面受到质疑。③在理论上,将安全和发展分而治之的理论受到了新马克思主义、新自由主义和结构主义的批判,出现了有关多元发展实现方式和多元安全实现方式的理论关怀④;在实践上,将安全和发展分而治之的实践缺乏应对当今新型安全威胁和发展挑战的能力。因此,国际社会急需有关"如何实现发展"和"如何实现安全"的新答案,全球发展倡议回答了这一时代之问,提出统筹治理的新规范,为全球治理提供了新的知识支撑。⑤

从统筹人民与国家的角度看,统筹治理就是在区域治理和全球治理中协调人民发展诉求与国家发展利益,平衡人民安全需求与国家安全战略。统筹人民与国家既包括对国家的发展和安全的强调,也包含对人民的发展和安全的关切。从人民与国家两个主体的互动历史来看,国际社

---

① 复旦大学国际关系与公共事务学院"国务智库"编写组:《安全、发展与国际共进》,《国际安全研究》2015年第1期,第45—77页;Caroline Thomas, "Global Governance, Development and Human Security: Exploring the Links", *Third World Quarterly*, Vol.22, No.2, 2001, pp.159—175; Maria Stern and Joakim Ojendal, "Mapping the Security-Development Nexus: Conflict, Complexity, Cacophony, Convergence?" *Security Dialogue*, Vol. 41, No.1, 2010, pp.18—19。

② [美]汉斯·摩根索:《国家间政治:权力斗争与和平》,徐昕等译,北京大学出版社2006年版,第27—50页。

③ The World Bank, *World Development Report 2011: Conflict, Security and Development*, The World Bank, 2011, p.28.

④ 徐秀丽、李小云:《发展知识:全球秩序形成于重塑中的隐形线索》,《文化纵横》2020年第1期,第94—103页;David Chandler, "The Security-Development Nexus and the Rise of Anti-Foreign Policy," *Journal of International Relations and Development*, Vol.10, No.4, 2007, pp.362—386。

⑤ 徐秀丽、李小云:《平行经验分享:中国对非援助理论的探索性构建》,《世界经济与政治》2020年第11期,第117—135页。

会长期聚焦的问题是"谁的发展"和"谁的安全"。传统观点认为,发展与安全都是依附于现代国家主权原则的概念。如果国家不安全,那么政治秩序就会瓦解,最终会使个人的安全受到威胁,发展更无从谈起,因此,确保国家安全与发展是首要目标,个人安全与发展是随之产生的"附属物"。[①]进入 21 世纪后,该观点在理论和实践两个方面受到质疑。在理论上,哥本哈根学派将安全概念分为军事、政治、经济、社会和环境五个领域,反思以国家为中心的安全观[②],提出要以"人民"(People)来取代"国家"(State)作为安全的参照物[③],这些研究大大冲击了以国家为中心的传统安全观和发展观。在实践上,国家作为发展和安全第一责任人的地位受到了全球化浪潮的冲击,发展和安全不再是仅由国家主导的概念。[④]因此,国际社会亟需关于"谁的发展"和"谁的安全"的新答案,全球发展倡议回答了这一时代之问,以统筹治理规范为核心,将人民与国家置于同等重要的位置。

总体上看,全球发展倡议是一种统筹治理的新型国际规范,强调要抓住发展与安全两个议题、人民与国家两个主体之间的动态联结点(dynamic nexus),因时因地采取对策的全球治理新理念。[⑤]

作为中国提出的一种新型国际规范,全球发展倡议从哪里来? 从哲学上看,理念和规范必然源于实践。具体来看,统筹发展与安全、统筹人民与国家的全球治理新规范正是源于中国特色大国外交近年来在周边区域

---

① Barry Buzan, *People*, *States and Fear*: *An Agenda for International Security Studies in the Post-Cold War Era*, Boulder: Lynne Rienner, 1991, pp.1—30; David Simon, "Development Revisited: Thinking about, Practising and Teaching Development after the Cold War", in Anders Narman and David Simon, eds. *Development as Theory and Practice*, London: Longman, 2016, pp.19—20.

② Barry Buzan and Lene Hansen, eds., *The Evolution of International Security Studies*, Cambridge University Press, 2009, pp.45—48.

③ Barry Buzan, *People*, *States and Fear*: *An Agenda for International Security Studies in the Post-Cold War Era*, Lynne Rienner, 1991, pp.1—30.

④ Björn Hettne, "Development and Security: Origins and Future", *Security Dialogue*, Vol.41, No.1, 2010, pp.31—52.

⑤ Maria Stern and Joakim Ojendal, "Mapping the Security-Development Nexus: Conflict, Complexity, Cacophony, Convergence?" *Security Dialogue*, Vol.41, No.1, 2010, pp.18—19; Caroline Thomas, "Global Governance, Development and Human Security: Exploring the Links", *Third World Quarterly*, Vol.22, No.2, 2001, pp.159—175.

治理中的一系列成功实践。

(二)全球发展倡议的实践来源

在中国特色大国外交的整体布局中,周边外交和周边区域治理具有极为重要的战略意义。[①]在积极参与周边区域治理的实践中,中国通过"规范对话—规范争论—规范重塑"的路径[②],逐步形成了统筹发展与安全、统筹人民与国家的新型治理规范。

第一,规范对话。为应对外界对中国周边外交政策的误解,中国开始发起成立了澜湄合作机制等一系列新的国际合作平台,实现了规范对话的常态化。在平等的基础上,经过开放的对话,才能使其他国家更好地理解统筹发展与安全、统筹人民与国家的核心内涵。在对话过程中,中国积极提升对话的制度化水平,通过建设国际制度实现多边沟通的常态化,特别是在涉及安全和发展等重大议题上,稳定的对话平台有助于建立相互保证而不是相互威慑的地区共识,发展有效的预防性外交机制,培养各国对话和合作的习惯,以此降低国家间发生冲突的可能性。[③]此外,对话的结果并不是一方完全接受另一方倡导的国际规范,而是大小国家在一律平等的基础上,双方的理念和平共存、相互融合,从双向互动的动态视角推进理念的融会贯通。

第二,规范争论。在与既有规范对话的基础上,规范争论的目标就是找到问题,发现病症,跳出具体事务的僵局,从统筹治理的新视角来化解规范分歧和治理困境。全球发展倡议所蕴含的统筹治理新规范,是与以往片面关注发展或安全的治理规范的争论,是对既有治理规范的批判性反思。詹姆斯·马奇(James March)和约翰·奥尔森(Johan Olson)指出,行为体的行为受两种逻辑的支配,一是结果性逻辑(logic of consequence),二是适当性逻辑(logic of appropriateness)。前者是指行为体追求自身利益

---

① 2013 年 10 月 24 日,中共中央政治局举行了新中国成立以来的首次周边外交座谈会,提出要更加奋发有为地推进周边外交,找准同周边国家互利合作的战略契合点,积极参与周边区域治理。

② 袁正清、李志永、主父笑飞:《中国与国际人权规范重塑》,《中国社会科学》2016 年第 7 期,第 189—203 页;Thomas Risse, "Let's Argue: Communicative Action in World Politics", *International Organization*, Vol.54, No.1, 2000, pp.1—39。

③ 阎学通:《中国的新安全观与安全合作构想》,《现代国际关系》1997 年第 11 期,第 29—33 页。

的最大化,而后者是指行为体受到社会规范的影响,将依照社会规范来行动。① 而托马斯·里斯(Thomas Risse)强调,除了结果性逻辑和适当性逻辑,行为体的行为还有第三种逻辑,那就是争论性逻辑(logic of arguing),指的是行为体挑战既有的话语陈述和社会规范,通过规范争论来重塑国际共识。②乔纳斯·沃尔夫(Jonas Wolff)和利斯贝茨·齐默尔曼(Lisbeth Zimmermann)则进一步提出,国际规范争论可以分为三种维度:一是按争论强度分类。新国际规范可以从最弱的质疑旧国际规范的应用方式,到最强的质疑旧国际规范的有效性。二是按争论深度分类。新国际规范可以从最浅的质疑旧国际规范的技术手段,到最深的挑战旧国际规范的本质特征。三是按争论形式分类。新国际规范可以循规蹈矩地按照制度化的渠道对旧国际规范提出疑问,也可以不按常理出牌,使用非传统的、革命的形式实现对旧国际规范的颠覆。③基于上述三种国际规范争论方式,中国在与既有国际规范进行对话的基础上,抓住既有国际规范在统筹发展与安全、统筹人民与国家方面的不足,有针对性地提出了统筹治理的新型国际规范。

第三,规范重构。在与既有国际规范的争论中发现问题,通过统筹治理的新国际规范来解决周边外交中存在的问题,最终实现了周边区域中治理的国际规范重构。统筹治理作为一种新话语和新规范,其本身并不能自动构建治理实践和产生预期的治理效果,只有真正切合地区需求才能得到激活和扩散,从而实现有效的地区治理。④因此,统筹治理规范在取得一定效果后,继续保持开放的对话心态和灵活的治理手段,通过自我改革等方式跟进地区新需求和新动态,实现常态化的国际规范重塑,统筹处理发展与安全、人民与国家这两对关系,将统筹治理的新型国际规范落到实处。

---

① James March and Johan Olson, "The Institutional Dynamics of International Political Orders", *International Organization*, Vol.52, No.4, 1998, pp.943—969.

② Thomas Risse, "Let's Argue: Communicative Action in World Politics", *International Organization*, Vol.54, No.1, 2000, pp.1—39.

③ Jonas Wolff and Lisbeth Zimmermann, "Between Banyans and battle scenes: Liberal norms, contestation, and the limits of critique", *Review of International Studies*, Vol. 42, No.3, 2016, pp.513—534.

④ 魏玲、杨嘉宜:《规则、关系与地区安全治理——以大湄公河次区域公共卫生协作治理为例》,《国际安全研究》2022 年第 1 期,第 26—48 页。

下文中笔者将结合澜湄合作与上合组织等中国参与周边区域治理的具体案例来探讨统筹治理这一新型国际规范的实践来源。

四、澜湄合作与湄公河流域统筹治理的实践

作为新型国际规范,统筹治理产生于中国特色大国外交在周边区域治理的实践。其中,中国在湄公河流域的治理实践就是产生统筹治理理念的重要来源之一。

笔者将通过规范对话、规范争论和规范重构三个路径,来分析中国如何重塑湄公河流域治理的国际规范。

第一,规范对话。为澄清下游国家、非政府组织、科研机构和境外媒体对中国水电建设的误解和担忧,回应所谓"中国水电威胁论"等负面话语,中国主动提出与下游国家开展对话,并在对话的过程中兼容并包,将双方的关切都纳入其中。1996年,中国开始成为下游国家组建的湄公河委员会(Mekong River Commission,MRC)的对话伙伴国,与下游国家保持对话协商。在水文数据共享方面,中国水利部在2002年与湄委会签署了《关于中国水利部向湄委会秘书处提供澜沧江—湄公河汛期水文资料的协议》。在2008年湄公河流域发生大洪水期间,中方提供的水文数据为下游国家开展防洪减灾工作争取了宝贵的时间。在经济合作方面,中国于2002年、2008年和2011年先后三次发布《中国参与大湄公河次区域经济合作国家报告》,涉及交通、电力、农业等十一个领域的合作发展。但由于中国对水文数据共享存在国家安全方面的一些顾虑,对跨境水资源开发合作与分配问题存在国家利益的考量①,自2010年以后,湄公河流域内的跨境水资源合作陷入僵局。

需要注意的是,除了下游国家关心的跨境水资源开发和分配问题,中国在湄公河流域治理中对跨境安全合作的问题也十分关心。②但不容忽视

---

① 张励、卢光盛:《从应急补水看澜湄合作机制下的跨境水资源合作》,《国际展望》2015年第5期,第95—112页。

② 谈谭、陈剑峰:《"创造性介入"与跨境安全治理——以湄公河惨案后续处理的国际法律合作为例》,《国际展望》2015年第1期,第90—103页。

的是,湄公河跨境安全合作也存在风险与挑战。虽然下游国家希望借助中国的力量打击湄公河跨境有组织犯罪,但是出于对自身国家主权和安全的维护,下游国家既不愿意他国军队直接进入其领土水域,也不愿意提高既有跨境安全合作机制的制度化水平,对签署正式的、长期的、政府间的联合执法协议态度消极。

在这种背景下,湄公河流域内的既有治理机制和规范不能很好地回应这些新挑战与新问题,也不能很好地协调作为上游国家的中国与下游国家之间的观念分歧。其中,以亚洲开发银行(以下简称"亚行")发起的"大湄公河次区域经济合作机制"(Greater Mekong Sub-region Economic Cooperation,以下简称"GMS 机制")为代表的既有区域治理机制存在议题过窄的问题。具体来看,GMS 机制根据亚行制定的《GMS 新十年战略框架(2012—2022)》采取行动①,其确定的三大目标是实现推动次区域一体化进程、完善基础设施互联互通和推动次区域可持续发展,确定的八项优先事项是以推动 GMS 及走廊建设,继续加强公路、铁路等基础设施建设,加强能源合作,完善电信网络建设,推动本地区旅游发展、推动农业可持续性发展、加强环境合作和推进人力资源合作。从未来规划上看,GMS 机制将遵照亚行制定的《2030 年 GMS 经济合作战略框架》展开工作②,其确定三大支柱为建立更广阔的社区意识,实现更便利连通性和增强竞争性,确立的八个重点领域是健康、环保、交通、能源、贸易、农业、旅游和城市发展。

总体上看,以 GMS 为代表的既有地区治理机制的议题范围过于狭窄,主要集中在跨境经济合作,特别是基础设施的互联互通方面,而对下游国家最为关切的跨境水资源开发合作和分配问题,对中国关切的跨境安全合作问题以及对中国与下游国家的利益分歧都有所忽视,这就成为中国重塑湄公河区域治理规范的独特契机。

第二,规范争论。一方面,在与下游国家开展对话的基础上,中国了解

---

① Asian Development Bank: The Great Mekong Sub-region Economic Cooperation Program Strategic Framework(2012—2022). https://www.adb.org/documents/greater-mekong-subregion-economic-cooperation-program-strategic-framework-2012-22.

② Asian Development Bank: GMS Economic Cooperation Strategic Framework 2030. https://www.adb.org/sites/default/files/institutional-document/678631/gms-economic-cooperation-strategic-framework-2030.

到下游国家对跨境水资源合作的迫切需求,但中国自身对跨境水资源合作又存在国家安全顾虑和国家利益考量;另一方面,中国对跨境安全合作抱有政治热情,希望杜绝"湄公河惨案"等伤害人民生命安全的事件,但这些努力又遭到下游国家的质疑。规范对话发现了在湄公河流域治理中存在着发展与安全两个议题、人民与国家两个主体间存在着联结困境。如何走出困境、找到联结点成为中国重塑区域治理国际规范的关键。

在对话中,中国开始发现,尽管中国与下游国家存在着一些观念和利益分歧,但也在发展与安全两个议题、人民与国家两个主体之间的统筹协调上存在着广阔的合作机遇。对于中国而言,中国在跨境水资源合作方面有维护自身国际形象的考量,希望通过回应下游国家的关切,来发挥负责任大国的作用。与此同时,改善与下游国家的关系,也有利于中国想要达成的湄公河流域内的跨境安全合作。对于下游国家而言,虽然下游国家对中国既往不够透明的水电建设项目表达过担忧,但他们普遍不愿在大坝建设问题上破坏与中国良好的经济和政治关系①,相反,下游国家希望通过参与中国搭建的对话平台,实现水文数据共享,拓展经济、人文等领域的合作,而这就为中国重塑地区治理规范提供了机遇。

为协调双方偏好差异和利益诉求,中国提出以统筹治理为核心的新型国际规范,通过抓住发展与安全两个议题、人民与国家两个主体之间的动态联结点,在既有跨境经济合作的基础上拓展了跨境安全合作、跨境水资源合作和跨境人文合作。针对 GMS 机制议题局限于跨境经济合作的弊端,中国通过搭建澜沧江—湄公河合作机制(Lancang-Mekong Cooperation,以下简称"LMC"),提出议题范围全方位覆盖的设想,将跨境经济合作、跨境安全合作、跨境水资源合作和跨境人文合作都纳入议题框架。中国的这一设想在澜沧江—湄公河合作第二次领导人会议上得到落实,此次会议发表的《金边宣言》提出,澜湄合作机制已从培育期发展到成长期,未来澜湄合作将基于"3 + 5 + X 合作框架"展开②,即以坚持政治安全、经

① K. Mehtonen, "Do the Downstream Countries Oppose the Upstream Dams?" in M. Kummu, M. Keskinen and O. Varis, eds., *Modern Myths of the Mekong*, Helsinki University of Technology, 2008, pp.161—172.

② 《澜湄合作第二次领导人会议:为成长期的澜湄合作规划蓝图》,中新社,http://www.gov.cn/ xinwen/ 2018-01/11/content_5256480.htm/, 2022 年 10 月 22 日。

济和可持续发展、社会人文为三大合作支柱;以互联互通、产能、跨境经济、水资源、农业减贫为五个优先领域;拓展数字经济、环保、卫生、海关、青年等未来领域合作。通过"3+5+X合作框架",中国实现了议题范围的扩大与议题之间的联系,将下游国家关注的跨境水资源合作难题,与中国关注的跨境安全合作难题都纳入LMC框架,运用统筹治理规范抓住了发展与安全两个议题、人民与国家两对主体间的动态联结点,找到了走出困境、找到联结点的方式,成功实现了规范争论的目标。

第三,规范重塑。通过规范对话和规范争论,在统筹治理的新型国际规范的指导下,中国与下游国家政府在跨境安全、水资源、经济和人文合作方面已经取得一定进展。

在跨境安全合作方面,中国与下游国家在打击毒品犯罪和保障湄公河航运通道安全等传统安全领域的合作取得突出成绩。自2011年10月中国与老挝、缅甸、泰国达成《关于湄公河流域执法安全合作的联合声明》至今,中老缅泰四国累计执行了77次湄公河联合巡逻执法行动,共派出执法船艇654艘、执法队员12297人、总航程4万余公里,救助遇险商船123艘,查获毒品582.28千克,为数千艘中外船舶护航,联合巡逻执法行动开展7年以来,湄公河流域安全合作已成为国际执法安全合作的典范。[1]在跨境非传统安全领域,中国与下游国家在打击电信诈骗和网络赌博等领域的合作进展顺利。自2019年以来,中柬在取缔网络赌博、打击犯罪、执法能力建设等方面成效显著,双方适时启动联合严打专项行动,聚焦重大案件,联合打击恶性暴力犯罪、电信网络诈骗、跨国贩毒和组织偷渡等,抓捕遣返各类在逃犯罪人员,加强出入境管控、执法能力建设合作,切实维护区域安全和社会稳定。[2]

除此之外,中国与下游国家在跨境水资源合作进展顺利。在水资源利用方面,澜湄水资源合作首次部长级会议于2019年12月发布了《澜湄水资源合作部长级会议联合声明》和《澜湄水资源合作项目建议清单》,确保水资源的可持续开发和利用。在水文数据共享方面,自2003年起,

---

① 《国际执法安全合作的典范——携手打造湄公河"平安航道"》,中国青年网,http://www.lmcchina.org/2019-01/09/content_41447256.htm/,2022年10月10日。

② 《中柬执法合作成效显著》,新华网,http://www.lmcchina.org/2021-06/05/content_41739667.htm,2022年11月1日。

中国已连续 19 年向下游国家提供特定水文站的汛期水文信息。在 2020 年 10 月,中国、缅甸和湄公河委员会第 24 次对话会签署了《中华人民共和国水利部与湄公河委员会关于中国水利部向湄公河委员会秘书处提供澜沧江全年水文信息的协议》(以下简称《协议》),中国更是承诺向下游国家开放了全年的水文信息。为落实《协议》内容,自 2020 年 11 月 1 日起,中国水利部以试点的形式,先行向下游国家及湄公河委员会提供了澜沧江允景洪和曼安两个国际水文站的全年水文信息。①其中,允景洪水文站作为澜湄水资源合作水文信息共享的具体承担单位,自 2003 年以来,允景洪水文站已经向湄公河委员会和下游五国报送水情信息 17.85 万条,从未发生迟报、漏报、错报的情况。②与此同时,为加强数据共享的准确性和时效性,中国和缅甸等湄公河五国在北京共同启动澜湄水资源合作信息共享平台网站,进一步加强六国在水资源数据、信息、知识、经验和技术等方面的共享,为下游国家开展防洪减灾和粮食稳产等工作提供了知识支持。

目前,以 2022 年 7 月澜沧江—湄公河合作第七次外长会为标志,中国与下游国家的合作迈上新台阶。第七次外长会达成了一系列新的合作共识:一是规划了加强战略引领、深化经济融合、做大农业合作、坚持绿色发展、促进数字合作、密切人文交往的六大合作方向。二是宣布将实施"澜湄农业合作百千万行动计划""澜湄兴水惠民计划""澜湄数字经济合作计划""澜湄太空合作计划""澜湄英才计划""澜湄公共卫生合作计划"六大惠湄举措。三是审议通过了《澜湄合作五年行动计划(2023—2027)》,发表了联合新闻公报和关于深化海关贸易安全和通关便利化合作、农业合作和保障粮食安全、灾害管理合作、文明交流互鉴 4 份联合声明。③这些文件不仅回顾了中国与下游国家在澜湄合作框架下业已取得的成绩,还为澜湄合作下一个"金色五年"勾画了蓝图。

---

① 《2020 年澜湄合作大事记》,http://www.lmcchina.org/2021-02/26/content_41479489.htm, 2022 年 10 月 10 日。

② 《一江相连共命运 澜湄水资源合作迈上提质升级新台阶》,中国新闻网,http://www.chinanews.com.cn/gn/2022/08-30/9840422.shtml, 2022 年 11 月 1 日。

③ 《澜沧江—湄公河合作第七次外长会在缅甸举行》,外交部官网,https://www.mfa.gov.cn/web/wjbz_673089/bzzj/202207/t20220704_10715100.shtml, 2022 年 11 月 1 日。

从国际规范重塑的效果来看,澜湄合作机制(LMC)协调了中国和下游国家的观念和利益分歧,促进了双方合作,取得了丰硕成果。对于中国而言,基于统筹治理规范搭建起的跨境安全合作平台能够实现常态化联合执法,回应了中国对湄公河航行安全的关切;对下游国家而言,统筹治理规范能够满足对水文数据共享和水资源分配的需求,回应了其对跨境水资源合作的关切。

综上所述,目前以统筹治理理念为核心的新型国际规范已经深深扎根于湄公河流域的区域治理当中,并开始上升为全球治理的新理念,成为中国提出全球发展倡议的实践来源之一。

五、上合组织与中亚区域统筹治理的实践

作为第一个由中国发起并以中国城市命名的区域性国际组织,上合组织是中国重塑中亚区域治理的主要平台,也是中国形成统筹治理新型国际规范的另一个重要实践来源。

为推动上合组织的经济合作①,2003年9月,中国在上合组织总理会晤中提出了加强上合组织经济合作的"三步走倡议":第一,推进贸易和投资的便利化,为实现上合组织框架内的货畅其流,减少直至消除通关口岸、检验检疫、统一标准、交通运输等环节上的非关税壁垒;第二,确定若干大的经济合作项目,把交通、能源、电信、农业及家电、轻工纺织等领域作为优先方向;第三,确立长远的区域经济合作目标,逐步建立上合组织自由贸易区。②中国提出的加强上合组织经济合作的"三步走倡议"以及推动达成的《上海合作组织成员国多边经贸合作纲要》具有促进区域经济合作的积极意义,但这也使得俄罗斯开始质疑中国推动上合组织经济合作的意图。

---

① 2001年,上合组织达成了《"上海合作组织"成员国政府间关于区域经济合作的基本目标和方向及启动贸易和投资便利化进程的备忘录》。虽然达成了备忘录,但上合组织经济合作的进程依旧进展缓慢。

② 须同凯:《上海合作组织区域经济合作:发展历程与发展前景》,人民出版社2010年版,第31—33页。

　　俄罗斯一直致力于推动后苏联地区的一体化,而经济一体化是其敲门砖。因此,俄罗斯担心中国提出的上合经济合作"三步走倡议"会使得中国在中亚的经济影响力迅速上升,这不利于俄罗斯对后苏联地区的经济整合。①

　　下文,笔者将通过规范对话、规范争论和规范重塑三个路径,来分析中国如何以统筹治理的新规范重塑中亚区域治理。

　　第一,规范对话。在上合组织框架内,中国逐渐重视经济合作的话语建构,包容其他成员国的利益诉求。上合组织首任秘书长张德广指出,上合组织经济合作首先关注的是交通、能源和基础设施等方面的问题,而俄罗斯和中国这样相对发达的国家,希望在科学技术领域和贸易方面的合作更多,但这些只是一个侧重点问题,很容易协调。②针对俄罗斯的疑虑,中国适时调整了规范对话方式,在官方文件和领导人发言中,将"上合组织经济合作"改称为"上合组织务实合作",将"上合组织自贸区"改称为"上合组织地方经贸合作示范区",综合考虑地缘政治与国际法基本原则等因素,避免了词语误读,澄清了中国在中亚区域内发展经济的本意,减轻了成员国的疑虑。③

　　第二,规范争论。中国在与上合组织成员国,特别是与俄罗斯进行对话的过程中,逐渐意识到俄罗斯对中亚区域治理的构想存在偏重安全合作议题而忽视经济发展议题、偏重国家主体而忽视人民主体的政策倾向。如何走出困境、找到联结点成为中国重塑区域治理国际规范的关键。

　　针对上合组织的经济合作,俄罗斯的态度较为复杂。从政策表态看,俄罗斯虽然认为上合组织的功能定位不应是单一的,经济合作也是其一部分,但强调上合组织的主要功能应该是安全和反恐领域的合作。④尽管俄罗斯也同意将"实现货物、服务、资本和技术的自由流动"的目标写进《上海合作组织成员国多边经贸合作纲要》,但对于目标的实现路径存在不同

---

①　赵华胜:《上海合作组织:评析和展望》,时事出版社 2012 年版,第 115 页。

②　张德广:《聚焦上合:访谈与演讲》,世界知识出版社 2011 年版,第 75 页。

③　张宁:《"一带一路"框架下中国与中亚国家反极端主义合作》,《国际安全研究》2018 年第 5 期,第 137 页。

④　赵金龙、萧莘玥:《上海合作组织经济一体化进程中的相异性研究》,载李进峰等主编:《上海合作组织黄皮书:上海合作组织发展报告(2013)》,社会科学文献出版社 2013 年版,第 14 页。

看法。对于中国提出的建立上合组织自贸区倡议,俄罗斯认为"为时尚
早"。①从实际行动上看,俄罗斯始终强调上合组织应该以安全为主、经济
为辅,对上合组织框架内的经济合作采取拖延战略。实际上,这反映出俄
罗斯不愿在中亚地区与中国分享优势地位,而仅是把上合组织看作对其
主导的独联体、欧亚经济共同体、俄白哈乌四国统一经济空间和集体安全
条约组织的一种补充。②早在1993年,俄罗斯就积极推动独联体国家签订
了经济联盟条约,决定在独联体的范围内实现经济一体化,逐步走向经济
联盟。1994年,独联体国家签订了《独联体自由贸易区协定》,计划建立独
联体自由贸易区,在成员国之间取消关税和进出口配额等贸易壁垒,逐渐
向关税同盟过渡。普京就任总统后,俄罗斯进一步强化了独联体框架内
的经济合作进程。2000年,俄罗斯联合哈萨克斯坦、白俄罗斯、吉尔吉斯
斯坦、塔吉克斯坦发起成立了欧亚经济共同体,并提出了一系列经济合作
设想:推动建立统一的能源市场,制定能源产品和服务的价格体制;促进
建立统一的金融市场,推动资本的自由流动;实施协调的农业制度,研究
制定统一的农业补贴规则等。

在上合组织人文合作方面,俄罗斯认为人文合作不是中亚区域合作
的核心议题,对上合组织的人文交流总体上态度消极。虽然在上合组织
成立之前,中国与俄罗斯及中亚国家就已经在文化、科技、教育等部门实
现互访,并签署了诸多人文交流的合作协议,但合作协议的执行状况并不
理想。③上合组织成立以后,尽管在《〈上海合作组织成员国多边经贸合作
纲要〉落实措施计划》中对人文交流作出了具体规定,但是人文交流仍然
是以双边、官方为主,多边、民间交流过于单一,且尚未形成规模。俄罗斯
文化虽然在中亚各国中认同程度较高,但由于俄罗斯并未将人文交流视
为上合组织的工作重点,对上合组织人文交流的投入有限,导致上合组织
人文交流缺少有代表性的大型文化合作项目。④

为协调中俄双方在上合组织中的合作偏好与利益诉求的差异,中国
提出以一种统筹治理的方式来应对规范争论。一方面,中国积极回应俄

① 须同凯:《上海合作组织区域经济合作:发展历程与发展前景》,人民出版社2010年版,第84—85页。
② 邢广程、孙壮志:《上海合作组织研究》,长春出版社2007年版,第174页。
③④ 邢广程、孙壮志:《上海合作组织研究》,长春出版社2007年版,第139页。

罗斯的诉求,在反恐、禁毒、能源和交通等俄罗斯合作意愿较高的领域,将俄罗斯的利益关切与中国的利益关切都纳入其中。[①]另一方面,中国也强调,安全合作不是上合组织的唯一领域,合作范围应涵盖安全、经济、贸易、投资、科技、文化、人文交流等多方面。"如果这些国家经济发展水平提高了,文化程度提高了,恐怖主义赖以滋生的土壤就会减少,因此,消除贫困、发展经济也是反对恐怖主义的一个根本措施,反对恐怖主义不能光靠强制措施,也要通过软手段、软措施。"[②]

第三,规范重塑。通过规范对话和规范争论,在统筹治理国际规范的指引下,中国与俄罗斯在推进上合组织经济合作与人文合作方面达成了一定共识,取得了一定的成效。

为落实上合组织总理会晤确定的经济合作目标,2004 年上合组织两次经贸部长会议启动了电子商务、过境投资、海关和商品质检四个工作组,标志着上合组织经贸合作在具体合作领域落地。2005 年上合组织总理会晤通过了《上海合作组织银行间合作(联合体)协议》,宣布建立上合组织银联体,这被认为是上合组织在经济合作领域的一个实质性进展。2006年上合组织实业家委员会成立,各成员国实业家直接接触,标志着上合组织的"二轨"合作机制确立。2009 年上合组织总理会晤批准了更多政府部门纳入上合组织机制,包括科技部门领导人会晤机制、农业部长会晤机制、财长和央行行长会晤机制等。2011 年上合组织总理会晤对上合组织经济合作的总方向进行了规定,强调要把提高各国福祉和改善民生作为重要任务之一,集中精力制定和落实交通、通信、科技、创新、节能、农业、贸易和旅游等领域的联合项目,促进成员国国民经济的现代化。2018 年建立的中国—上海合作组织地方经贸合作示范区(以下简称"上合示范区")已发展成为本地区重要的物流新枢纽,让哈萨克斯坦等不临海的上合组织国家有了关键的"出海口"。根据 2022 年 10 月 18 日发布的《中国—上

---

① 在上合组织的交通合作中,中国最初的设想是以打通"中国—中亚—欧洲"为主线的东西大通道,形成三横三纵的中亚交通布局。而俄罗斯的利益关切是以打通"中国—中亚—俄罗斯"为主线的南北大通道,以进一步维持俄罗斯在中亚交通布局中的核心地位。在最终形成的《上海合作组织成员国政府间国际道路运输便利化协定》中,俄罗斯的利益关切和中国的利益关切实现了统筹兼顾,既体现了俄罗斯希望的南北走向,也体现了中国希望的东西走向。

② 张德广:《聚焦上合:访谈与演讲》,世界知识出版社 2011 年版,第 43 页。

海合作组织地方经贸合作示范区发展报告》,在基础设施互联互通方面,目前上合示范区多式联运中心常态化开行国际国内班列 27 条,通达上合组织与"一带一路"沿线 22 个国家和地区的 51 个城市,已形成"东联日韩、西接中西亚、北达蒙俄、南至东盟"的国际物流网络。①

为落实上合组织总理会晤确定的人文合作目标,中国提出从文化部会晤机制和文化艺术节机制两个层次来启动多边文化合作。在教育合作方面,针对中亚六国在教育资源上的空白和短板,在培养成员国专家和学生方面,中国积极支持上海合作组织大学建设,目前,成员国在人才培养领域的合作非常活跃。在 2012—2022 年的 10 年间,上海合作组织大学联盟中方共派出学生 812 人,接受来华留学生 338 人,中方 20 所项目院校与 4 个成员国 30 余所项目院校共签署框架合作协议 50 余个,在区域学、能源学、生态学、信息技术、纳米技术、经济学、教育学 7 个合作领域实现多元多领域合作模式,目前正在推进上合院校扩员扩专的工作,计划增加法律、农学和医学三个专业以及相关院校。②在中国文化推广方面,中国在俄罗斯莫斯科矿业大学、圣彼得堡大学、远东大学和吉尔吉斯斯坦比什凯克人文大学设立了汉语中心,在乌兹别克斯坦建立孔子学院,为各成员国派出汉语教师,出版中文教材,为促进上合组织框架内的人文交流作出表率。

在 2022 年上合组织元首峰会上,中国国家主席习近平提出了关于上合组织发展的五点主张,即加大相互支持、拓展安全合作、深化务实合作、加强人文交流、坚持多边主义。③其中,关于务实合作,建议落实好峰会框架内通过的贸易和投资、基础设施建设、维护供应链、科技创新、人工智能等领域合作文件,继续加强共建"一带一路"倡议同各国发展战略和地区合作倡议对接,拓展小多边和次区域合作,打造更多合作增长点。据中国

① 《报告:上合示范区"先行先试"助推上合组织国家间地方经贸合作》,中国新闻网,http://www.chinanews.com.cn/cj/2022/10-18/9875389.shtml,2022 年 11 月 1 日。
② 《上合大学在 7 个领域开创国际组织大学联盟新模式》,京报网,https://baijiahao.baidu.com/s?id=1743814900050494380&wfr=spider&for=pc,2022 年 11 月 2 日。
③ 《把握时代潮流 加强团结合作 共创美好未来——在上海合作组织成员国元首理事会第二十二次会议上的讲话》,外交部官网,http://www.gov.cn/gongbao/content/2022/content_5713981.htm,2022 年 10 月 23 日。

商务部统计,2001年中国与上合组织成员国贸易额为120亿美元,到2020年达2450亿美元,20年间增长20倍。截至2021年7月底,中国与上合组织成员国贸易额1806亿美元,对上合组织成员国各类投资总额超过700亿美元,在上合组织银联体框架内发放贷款超过1500亿美元,中资企业在各成员国承包工程超过2900亿美元。①

除此之外,元首峰会通过的《撒马尔罕宣言》也特别强调了教育、科技和青年等领域的人文合作项目。要求在上合组织框架内进一步加强教育领域合作,扩大校际交流,举办校长论坛、科学会议和研讨会,以及开展上合组织大学工作具有重要意义。考虑到数字全球化时代世界经济发展趋势,为扩大数字素养领域合作,成员国通过了《上合组织成员国授权部门数字素养发展合作纲要》等人文合作纲要。各成员国还积极评价2022年6月10日在塔什干举行的上合组织青年委员会会议成果,支持举办大学生和中小学生"模拟上合组织"智力竞赛、创业论坛、青年创新创业大赛、青年科学家志愿者运动,认为在上合组织青年委员会框架内落实"上合组织青年创业国际孵化器"项目具有重要意义。

从国际规范重塑的效果来看,统筹治理的新型国际规范协调了中国和俄罗斯的观念和利益分歧,促进了上合组织框架内的多边经济合作与人文合作。对于中国而言,基于统筹治理规范搭建起的上合组织平台满足了其安全合作、经济合作与人文合作"多管齐下"的构想。对于俄罗斯来说,统筹治理规范能够满足其对中亚区域安全合作的诉求,同时也回应了其对经济合作和人文合作的一些利益关切。

综上所述,中国在上合组织内倡导统筹治理的新型国际规范,较好地化解了俄罗斯对中国倡议建设上合组织自贸区的质疑。除了积极推进俄罗斯偏好的中亚安全合作外,中国倡议开展中亚经济合作和人文合作,平衡该机制侧重安全合作和国家间合作的倾向,实现了发展与安全、人民与国家的统筹治理。目前,以统筹治理理念为核心的新型国际规范已经在上合组织和重要区域治理中深深扎根,并开始上升成为全球治理的新理念,成为中国提出全球发展倡议的一个重要实践来源。

---

① 《商务部:中国与上合组织成员国贸易额20年间增长20倍》,中国网财经,https://finance.china.com.cn/news/20210916/5657092.shtml,2022年10月23日。

六、结　　语

通过将全球发展倡议理解为中国在全球治理体系变革中倡导的一种统筹治理的新型国际规范，本文探讨了全球发展倡议的规范内涵与实践来源。从规范内涵来看，全球发展倡议中"坚持发展优先"原则和"坚持以人民为中心"原则体现了统筹发展与安全、统筹人民与国家的新型全球治理理念。从实践来源来看，全球发展倡议来源于中国近年通过澜湄合作、上合组织等机制来重构周边区域治理的一系列成功实践，是中国通过规范对话、规范争论和规范重构三个路径来重构国际规范的一次尝试。

在澜湄合作中，中国提出统筹治理的新思路，在湄公河流域既有跨境经济合作的基础上拓展了跨境安全合作、跨境水资源合作和跨境人文合作。在上合组织中，中国以统筹治理的新思路来应对，既回应俄罗斯的利益诉求，积极推进俄罗斯偏好的安全领域合作，又强调上合组织不是一个单纯的安全合作组织，而应该安全、经贸、人文多领域并举，成为一个多领域合作的区域性国际组织。

从更广泛的意义来看，全球发展倡议是中国特色大国外交的创新性成果，也将成为新时代中国积极参与全球治理体系变革的指导思想之一。在中国参与全球治理的过程中，不可避免会遇到其他国家的一些质疑和批评，如何应对双方的偏好差异和不同利益诉求？全球发展倡议所蕴含的统筹治理新理念要求尊重彼此之间的偏好差异，从互惠互利的角度来处理利益分歧，从统筹发展与安全、统筹人民与国家的角度来平衡合作诉求。在当前大国竞争加剧和全球治理陷入空前困境的情况下，全球发展倡议显示了中国的大国担当，也展现出了中国在全球治理中高超的议程设置能力。

逆流而动：利益集团与美国退出国际组织[*]

【内容提要】 国内政治对美国在国际组织的外交行为具有显著影响。历史上，尽管美国通过创立和维护国际组织获得了巨大收益和全球影响力，但因为国际组织的政策目标与美国利益之间的冲突，美国也会选择退出某些组织。本文认为，美国国内政治中存在着具有不同国际制度偏好的众多利益集团，这些利益集团持续影响了美国政府与国际组织间的长期对话和议价谈判。利益集团的偏好及其对政策制定者的影响力和国际组织对美国改革诉求的反应程度，共同决定了美国是否退出国际组织。通过对美国退出国际劳工组织和退出联合国教科文组织的实证研究，本文揭示了利益集团对国家偏好影响的两个阶段：第一，对国际制度持保留态度的利益集团会游说美国与国际组织重新谈判，以使政策目标更符合美国利益；第二，谈判结果将反过来影响各利益集团的力量平衡。如果美国在国际层面上采取拒绝支付会费等措施向国际组织施压但未能成功，那么对国际制度偏好较弱的利益集团的议价能力将相对得到提升，最终可能促使美国退出该组织。

【关键词】 美国，利益集团，退出谈判，国际劳工组织，教科文组织

【Abstract】 The domestic politics of the United States have a significant impact on its diplomatic behavior with international organizations. Historically, although the U.S. has gained substantial benefits and global influence through the creation and maintenance of international organizations, it has also opted to withdraw from some due to conflicts between the organizations' policy objectives and American interests. This article argues that there are numerous interest groups with different preferences for international institutions within American domestic politics, and these interest groups continuously influence the long-term dialogue and bargaining negotiations between the U.S. government and international organizations. The paper argues that the preferences of interest groups and their influence on policymakers, combined with the responsiveness of international organizations to U.S. reform demands, jointly shape the outcomes of withdrawal decisions. Through empirical studies of the U.S. withdrawals from the International Labour Organization (ILO) and the United Nations Educational, Scientific and Cultural Organization (UNESCO), the paper reveals a two-stage influence of interest groups on national preferences: initially, groups with reservations about international institutions lobby for renegotiations with international organizations to align policy goals more closely with U.S. interests. Subsequently, the outcomes of these negotiations in turn affect the power dynamics among various interest groups. If the U.S. applies pressure on international organizations through measures such as refusing to pay dues and fails to achieve success, the bargaining power of groups with weaker institutional preferences is relatively enhanced, ultimately leading to the U.S. withdrawing from the organization.

【Key Words】 United States, Interest Groups, Withdrawal Bargaining, ILO, UNESCO

　＊ 本文系国家社科基金青年项目"比较视野下中国向联合国的资金贡献策略与影响力提升研究"（22CGJ008）的阶段性研究成果之一。

　＊＊ 张雪滢，复旦大学国际关系与公共事务学院青年副研究员。

一、引　　言

进入 21 世纪以来,国内政治①,尤其是利益集团在构建美国外交政策方面的影响已成为学术界和美国政府的关注重点。②然而,很少有研究深入讨论利益集团如何影响美国政府在国际组织中的外交行为。鉴于国际组织在应对全球挑战中的重要性,以及在特朗普政府时期美国退出国际组织行为的增多,弄清美国国内政治,特别是利益集团如何影响美国在维持成员国身份或寻求退出这些组织的决策,显得尤为关键。

本文主要探讨以下问题:具有不同对国际制度偏好的利益集团如何影响美国政府在维持成员国身份或退出国际组织的决策? 研究表明,利益集团通过运用其资源、组织能力以及与政策制定者的互动,显著影响美国在国际组织中的角色,推动美国持续留在或退出这些组织。这种影响主要由两个因素驱动:第一,利益集团的国际制度偏好及其对决策层的影响力;第二,国际组织对美国改革诉求的响应程度。总体而言,议价能力较强且明确反对国际制度的利益集团更有可能促使美国退出国际组织。具体来说,本文分析的双层博弈过程主要分为两个阶段:第一阶段也即通知期,是指美国向国际组织宣布其退出决定的时期。在此阶段,议价能力较强的利益集团若持负面偏好,则会游说政府寻求与国际组织的重新谈判。美国政府可能首先停止支付会费,然后通知国际组织其退出决定,通过这种方式施加压力,以使国际组织的政策更符合美国利益。第二阶段通常

---

① 本文"国内政治"若无特别说明,统指美国国内政治。

② 探讨利益集团如何影响美国外面决策的著作与论文,虽未达到浩如烟海之势,但已有许多著名作品出现。譬如 Trubowitz, Peter. *Defining the National Interest: Conflict and Change in American Foreign Policy*, Chicago: University of Chicago Press, 1998; Smith, Tony. *Foreign Attachments: The Power of Ethnic Groups in the Making of American Foreign Policy*, Cambridge, MA: Harvard University Press, 2000; Mearsheimer, John J., and Stephen M. Walt. *The Israel Lobby and U.S. Foreign Policy*, New York: Farrar, Straus and Giroux, 2007; Haney, Patrick J., and Walt Vanderbush. "The Role of Ethnic Interest Groups in U.S. Foreign Policy: The Case of the Cuban American National Foundation." *International Studies Quarterly*, Vol,43, No. 2, 1999, pp.341—361。

从通知期结束到退出决定正式生效的两年内,在此阶段中,谈判结果将调节国内各利益集团的力量平衡。如果谈判成功(国际组织在较大程度上响应了美国的改革诉求),偏好国际制度的利益集团的力量增强,从而可能中止或逆转美国的退出决定;相反,如果谈判失败(国际组织未能充分响应美国的改革诉求),则增强了偏好退出的利益集团的议价力,最终推动美国执行退出决定。

本文有以下四点主要贡献:首先,目前关于美国退出国际组织动因的文献较少,且多聚焦于领导人个人因素;本文从美国国内政治行为体的互动博弈出发,认为退出国际组织的决策更多是国内利益相关方协商的结果,并着重分析了利益集团在决策过程中的关键作用。作为"退出国际组织"和"国内政治如何影响美国外交政策"两个主题的交叉研究,本文丰富了对国内政治影响外交决策的理解,并提供了美国退出国际组织动机的新视角。其次,本文细化了双层博弈逻辑,并具体讨论了美国退出国际组织过程中的双层博弈。罗伯特·普特南认为国内政策制定者之间的冲突和竞争影响了政府的国际策略选择。本文进一步探讨了利益集团如何在美国决策层与国际组织之间的退出谈判过程中施加影响,并对国内与国际层面因素的互动提供了解释。再次,现有研究主要聚焦于特朗普政府时期的退出行为,本文则从更长的历史维度审视此问题,并尝试解开国内政治的"黑箱"。通过"美国退出国际劳工组织"和"美国退出教科文组织"的实证案例,具体讨论了利益集团如何影响政府外交决策的机制和路径。最后,本文对理解利益集团如何影响美国退出国际组织外交行为的形成机制具有较强理论意义,同时在当前逆全球化背景下,美国政治极化加剧,对国际制度与组织态度的大规模转变可能增加不确定性,研究利益集团的主张和偏好塑造能力,对于评估美国的国际组织外交行为具有重要的实践意义。

本文共分四个部分。继引言后,第二部分回顾了有关利益集团影响外交政策及美国退出国际组织的相关研究;第三部分提出了一个结合利益集团研究和退出研究的分析框架;第四部分通过对美国退出国际劳工组织和教科文组织的案例进行实证分析,验证了这一框架;最后,本文综合研究发现提出结论并探讨未来的研究方向。

二、国内政治与美国退出国际
组织外交的研究现状

（一）国内政治与美国外交政策

国内政治尤其是利益集团如何影响美国是否退出国际组织的判断和决定？本文尝试对这一问题进行解释。国家与国际制度的互动关系研究自20世纪七八十年代开始发展,逐渐形成了三大研究范式:国内政治如何作用于对外决策①、国际组织如何影响国内政策(又被称为"第二种设想的颠倒"②)与双层博弈③。

海伦·米尔纳(Helen Milner)认为,国内政治的内容体现在两个方面:第一,一些社会行为体支持合作而另一些行为体反对合作。"施压—承诺策略"可以增加选举支持或威胁撤回支持。第二,政策可以带来选举效应。促进经济的政策有助于增加官员保住职位的可能性。④

自罗伯特·普特南开始,比较政治与国际关系学者开始对国际体系和国内政治如何互相塑造的关系进行思考。普特南认为,如果政府在国际博弈中达成了某项协议,但这个协议不能被国内的利益集团接受,政府可能会面临国内的反弹和批评。反之,如果政府在国内政治上成功地获取了利益集团的支持,但达成的协议并不符合国家利益,政府可能会失去国际声誉和利益。因此,政府需要平衡国际博弈和国内博弈的要求。基于国际政治的维度,国家会尽可能将结构变化带来的不利后果最小化,同时

① Fearon, James D. "Domestic Political Audiences and the Escalation of International Disputes." *American Political Science Review*, Vol.88, No.3, 1994, pp.577—592.

② Gourevitch, Peter. "The Second Image Reversed: The International Sources of Domestic Politics", *International Organization*, Vol.32, No.4, 1978, pp.881—912.

③ Putnam, Robert. "Diplomacy and Domestic Politics: The Logic of Two-level Games", *International Organization*, Vol.42, No.3, 1988, pp.427—460.

④ Milner, Helen. "Partisanship, Trade Policy, and Globalization: Is There a Left-Right Divide on Trade Policy?" *International Studies Quarterly*, Vol.48, 2004, pp.95—119.

最大化提高其满足国内需求的能力。基于国内政治的维度,国内利益集团会迫使政府采取合意政策来寻求保障自身的利益,国内利益集团的利益和偏好可能会随着时间和政策环境的变化而发生变化,政府也需要根据利益集团的变化来调整对外政策的制定。

具体而言,现有研究对国内利益集团如何对国际合作决策产生影响进行了许多实证分析,涉及国际金融、多边援助、环境保护等多个领域。劳伦斯·布鲁兹(Lawrence Broz)及其与迈克尔·豪威斯(Michael Hawes)的研究阐释了国内利益集团如何影响国际金融合作的决策。他们认为,金融业的利益集团通过政治捐款和游说活动来影响政策制定,以实现对国际金融协定的支持或反对。这些利益集团的目标是实现金融市场的开放,以便获得更大的市场份额和投资机会。而劳工组织则会要求政府减少对国际组织的拨款支持,以保护国内就业及利益。[1]海伦·米尔纳及其与达斯汀·廷利(Dustin Tingley)、克莉丝汀·施耐德(Christina Schneider)和托宾(J. L. Tobin)等研究作品挖掘了国内利益集团如何影响多边援助政策,并展示了国内利益集团之间的博弈如何影响政府在多边援助领域的决策和承诺。例如,国内农业或武器制造商会游说政府将援助重点放在符合它们利益的领域,而不是最需要援助的国家和地区;同时,非政府组织和慈善机构可能推动援助政策,以支持发展中国家的经济发展和民生改善。[2]帕特里克·博哈根(Patrick Bernhagen)和何增格(Holzinger)等人的研究关注了国内利益集团如何影响环境合作政策。这些研究发现,环保组织和工业界之间的利益冲突会影响国家参与国际环

---

① Broz, Lawrence, J. "Congressional Politics of International Financial Rescues." *International Organization*, Vol.59, No.2, 2005, pp.339—364; Broz, Lawrence, J., and Michael B. Hawes. "Congressional Politics of Financing International Organization." *International Studies Quarterly*, Vol.50, No.1, 2006, pp.1—23.

② Milner, Helen V. and Dustin Tingley. 2010. "The Political Economy of US Foreign Aid: American Legislators and the Domestic Politics of Aid Allocation." *Economics & Politics*, Vol.22, No.2, pp.200—232; Milner, H. V., and Dustin Tingley. "Who Supports Global Economic Engagement? The Sources of Preferences in American Foreign Economic Policy." *International Organization*, Vol.65, No.1, 2011, pp.37—68; Schneider, Christina, J., and J. L. Tobin. "Lobbying for Foreign Aid: The Role of Interest Groups in US Foreign Aid Allocation." *Political Research Quarterly*, Vol.69, No.2, 2016, pp.245—258.

境合作的意愿。环保组织倾向于推动更严格的环境政策,以减少污染和气候变化的影响。然而,工业界可能反对此类政策,因为这样做可能导致成本上升和竞争力下降。①以上研究表明,国内政治特别是利益集团对美国的对外决策产生了深刻影响,且不同利益集团的竞争博弈结果带来了美国对外政策的方向性变化。那么,美国的国际组织政策的大方向是什么? 国内政治尤其是利益集团如何作用于美国的国际组织政策的相关改变?

(二)单边与多边之间:美国的国际组织政策倾向

学界对美国如何处理与国际组织的关系持续关注。关于美国的国际组织战略应当更具"理想主义"还是"现实主义"色彩,一直是美国外交政策界的论争重点,在实践中两种观点的支持声也经常此消彼长。

在国际组织的创设和稳定初期,由于国际组织依赖美国的程度大过美国依赖国际组织的程度,因此,它往往能在国际组织的议程设置中给予美国和其追随国更多的利益。而当国际组织逐渐发展、不断演化,当国际组织的政策目标和霸权国家的目标出现分野、霸权国家在国际组织中的力量对比发生变化时,霸权国家在国际组织中的制度地位就会受到削弱。

在过去很长一段时期中,由于美国的单极权力格局与一个中心化的国际秩序的存在,美国较少通过退出国际组织的形式表达自身对国际组织的不满。随着国家实力的相对衰落,美国在全球范围内进行战略收缩看似是大势所趋。一种观点认为,在相对衰落期间,如果霸权仍然保持如"单极时刻"时的战略投入,那么无法承受的经济负担和成本将加速它的衰落过程。②因此,部分学者认为,美国应该摒弃"自由主义霸权"

---

① Bernhagen, Patrick. "Business and International Environmental Agreements: Domestic Sources of Participation and Compliance by Advanced Industrialized Democracies." *Global Environmental Politics*, Vol.8, No.1, 2008, pp.78—110; Holzinger, Katharina, Christoph Knill and Thomas Sommerer. "Environmental Policy Convergence: The Impact of International Harmonization, Transnational Communication, and Regulatory Competition." *International Organization*, Vol.62, No.4, 2008, pp.553—587.

② [美]保罗·麦克唐纳、约瑟夫·培伦特,《霸权的黄昏:大国的衰退和收缩》,吴雅斌、郭晓梦译,法律出版社2020年版,第2页。

的幻想①，采取更为克制的现实主义外交策略。因此，时任美国总统特朗普完全抽身于国际组织的行为和做法，也在国内获得了众多支持。随着一超多强格局的基本形成，美国在国际组织中期望实现的政策目标需要花费更多的成本去实现。此时的美国就将面临两个选择：其一是继续分摊维持国际组织的会费等经济成本，但预期的收益大不如前；其二是不交纳会费等经济成本，退出国际组织。

结合前文中关于获得选票对政治领导人的文献回顾，我们知道公众对领导人与政府的重要性。由于当前国际秩序使得许多美国民众未能切实感到受益，因此这部分民众会拒斥该国际秩序、产生反对全球化的思想②，这导致了当前国际秩序下的西方国家尤其是美国，面临前所未有的内部压力。在这种压力之下，美国两党、两院、民众间在许多问题上都不能凝聚充分共识，全球范围内的反全球化浪潮、保护主义、去中心化趋势上升。在美国国内政治极化加剧等多方因素叠加之下，"美国优先"的国际制度方略会压过"多边主义"，美国以中止会费缴纳、退出国际组织等形式作出"不履约"行动的频率增加。除此之外，美国对多边主义拒绝承诺的行为还通过"不签订、不批准、加入保留意见条款"等体现。③美国对多边主义国际组织的不安与不满在安全、经济、环境、人权等多个议题领域都有明确的体现。④

从经验事实的角度来看，本文的基本判断也得到了支持。根据笔者绘制的"总统退出国际制度"散点对应图，我们可以发现：自1945年第二次世界大战结束以来，虽然每一任美国总统在任期内都几乎作出过退出国际组织的决定（见图1），但21世纪以来的共和党政府（小布什总统任期内、特朗普总统任期内）发生了更多的退出国际组织行为。

---

① John J. Measheimer, *The Great Delusion*, *Liberal Dreams and International Realities*, Yale University Press, 2018, pp.12—13.

② 黄琪轩：《百年间国际政治经济秩序的转型压力——资本流动、产业——金融联系与自由秩序》，《东北亚论坛》2020年第1期，第42—53页。

③ Johannes Thimm, *The United States and Multilateral Treaties*, *a Policy Puzzle*, Lynne Rienner Publishers, 2016, pp.7—8.

④ Stewart Patrick, "Multilateralism and its Discontents", *in Multilateralism and US Foreign Policy: Ambivalent Engagement*, Stewart Patrick and Shepard Forman (eds.), Lynne Rienner Publishers, 2001, p.3.

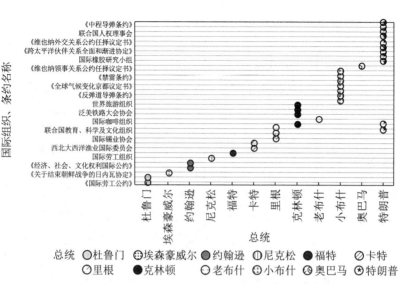

图1 执政总统与退出国际制度之间的对应关系(以年份排序)
资料来源:作者自制。

（三）国内政治与美国退出国际组织

那么,学界如何解释美国的这些退出国际组织行为? 随着特朗普政府退群外交的涌现,近年来也出现了许多"美国退出国际组织"的相关讨论。其中,任琳认为,学者应寻求现实主义与制度主义理论之间的通约性,借助权力与制度两种分析变量,进一步认知作为一种制度制衡手段的"退出外交"。[①] 凌胜利与王彦飞认为,"特朗普政府'退群'是出于国内政治成本的考虑,首要关注其政治支持者的态度与诉求"。[②] 温尧认为,"特朗普竞选时的国内政治情形为其提供了较好的制度收缩窗口;基于国家利益和他者过错等借口,特朗普得以合理化其决策"。[③] 王明国认为,"反制度化战略以选择性退出主义和竞争性多边主义为基本原则,试图把国际制度作

----

① 任琳:《"退出外交"与全球治理秩序》,《国际政治科学》2019 年第 1 期,第 84—115 页。

② 凌胜利、王彦飞:《特朗普政府为何"退群"?》,《国际政治科学》2020 年第 4 期,第74—114 页。

③ 温尧:《退出的政治:美国制度收缩的逻辑》,《当代亚太》2019 年第 1 期,第 4—37 页。

为继续维持霸权地位的工具"。①周方银等认为,特朗普政府以"美国优先"为指导原则,不以盟友和对手作为政策区分的基本依据,强调获取明确可见的实际利益。特朗普政府冲击国际规则体系的具体做法包括,"对无益于美国的国际规则直接退出、对已经运行良好的协议进行再谈判、瘫痪已有国际组织的职能或降低其行动能力"。②李明月认为,当国家在与国际制度的互动过程中出现收益损耗时,国家通常会面临退出、呼吁改革和沉默三种基本选项。"国际制度中的权力分配、国内利益和偏好及国际制度的约束力等国内国际因素,以及二者间的互动,共同推动国家退出偏好的形成。"③国家退出的偏好最终转化为退出的决策,也受到国际体系压力和国内政治框架的共同束缚。杨双梅认为,美国在相应国际制度中的制度地位变化是影响美国是否发起"退出外交"并最终决定去留的根本前提,而能否与相关国际制度开启有效谈判,维持其制度地位优势,维护其国家利益,则决定了美国是否从"威胁退出"走向"退出"的选择。④

上述的文献在描述和解释特朗普政府的退群行为时的观点有一定的一致性,譬如,他们大多都谈到了国内政治的决策过程、偏好和压力带来了退出行为发生的动机;再比如,他们大多探讨了退出的几种选项形式,退出、威胁退出等。但是这些解释也出现了较多分歧,譬如,特朗普的退群行为究竟是一种制度收缩的合理表现形式,即随着权力结构的变化导致的必然结果,还是美国以"退出制度"为战略工具,为了维持自身的霸权地位;再比如,退出决策的过程及考量因素也是各有千秋,究竟是权力地位、国内政治,还是收益萎缩导致的退出的发生是众说纷纭的。另外,特朗普的退群行为究竟是"理性"还是"非理性"的行为体,大家各持己见。更值得关注的是,利用特朗普政府的案例得出的结论是否能成为"美国退出国际组织"的一般性解释有待验证。而由于特朗普不被视为一个重视声誉影

---

① 王明国:《选择性退出、多边间竞争与特朗普的反制度化国际战略》,《国际论坛》2020年第1期,第20—40页。

② 周方银、何佩珊:《国际规则的弱化:特朗普政府如何改变国际规则》,《当代亚太》2020年第2期,第4—39页。

③ 李明月:《国际制度中的国家退出行为:国内—国际互动的解释》,《太平洋学报》2020年第8期,第12—26页。

④ 杨双梅:《制度地位、"退出外交"与美国的国际制度选择》,《外交评论》2020年第4期,第95—123页。

响的领导者,因此,此前被学者公认极为重要的"声誉考量"并未在解释特朗普的退群行为中出现。

这些解释还遵循成本收益的逻辑,学者们认为,美国实力的下降,使美国要进行收缩政策,而退出国际组织是其收缩外交的一个部分①;国际合作要首先服务于国家利益,美国对多边主义历来是选择性承诺,如若美国利益得不到优先保障,就放弃多边主义,转向单边主义。②

成本收益的逻辑的确是"不错"的解释,不过美国对国际组织的态度选择并非只有成本收益那么简单。首先,美国的经济实力的下降。国际组织收缩战略和实力下降之间不是统一的,从国家实力结构对比看,冷战后美国的经济实力呈现一个相对下降的趋势,但其组织参与/退出偏好并未随着权力结构变化呈线性变化。其次,单个组织的成本收益分析往往不能全面代表一届政府的整体面上的多边/单边主义部署。利用某一届政府的单边/多边主义倾向试图解释单个退出组织的原因则很容易受到以偏概全的批评。最后,关于美国应该奉行"自由主义外交"还是"现实主义外交",一直是美国外交政策界关于范式争论的焦点。③冷战后,由于美国成为唯一的超级大国,虽短暂地进行过朝着"现实主义转向"的争论,但它之后仍快速调整,选择继续在"自由国际秩序"的框架下进行国际制度选择。因此,对于一个大国来说,它在作国际制度选择时不会仅考虑机制是否符本国利益,还会考虑对制度选择参与会扩大、增强它的利益,而退出则会使得它背负较大的声誉损失。因此,仅用成本收益分析美国的国际组织偏好可能远远不够。

---

① 温尧:《退出的政治:美国制度收缩的逻辑》,《当代亚太》2019 年第 1 期,第 4—37 页。

② 王明国:《单边与多边之间:特朗普政府退约的国际制度逻辑》,《当代亚太》2020 年第 1 期,第 59—85 页。

③ 结构现实主义和新自由主义关于美国外交政策走向的争论,较为著名的有米尔斯海默和艾肯伯里的多篇讨论,John J. Mearsheimer, "The False Promise of International Institutions", *International Security*, Vol.19, No.3, 1994—95, pp.5—49; Steven G. Brooks, John G. Ikenberry and William C. Wohlforth, "Don't Come Home, America: the Case against Retrenchment", *International Security*, Vol.37, No.3, 2012, pp.7—51; John G. Ikenberry, "Why the Liberal World Order will Survive", *Ethnics and International Affairs*, Vol.32, No.1, 2018, pp.17—29; John J. Mearsheimer, *the Great Delusion: Liberal Dreams and International Realities*, Yale University Press, 2018.

考虑到美国退出国际组织并非特朗普执政期间的稀有事件,且成本收益逻辑不足以支撑对美国退出国际组织外交行为的解释,本文尝试使用双层博弈逻辑,对"利益集团如何影响了美国和国际组织议价谈判"这一问题进行研究。笔者将试图探讨以下问题:(1)美国为什么会选择退出?(2)利益集团如何影响了美国退出的决定过程和决策结果?(3)对国际制度偏好程度不同的各利益集团如何互相竞争?(4)国际层面的初步谈判结果如何进一步塑造国内意志,并最终作用于退出?

三、利益集团与美国退出国际组织的 议价谈判:一个作用机制

要了解利益集团如何影响美国退出国际组织的议价谈判,我们首先需要了解利益集团可以发挥影响的路径,这涉及美国的国内政治结构与退出谈判的国际程序两个方面的内容。

(一)美国的国内政治结构与利益集团对决策层偏好塑造的路径

在《美国外交政策的国内政治》一书中,海伦·米尔纳和达斯汀·廷利讨论了美国政府如何在多种外交政策偏好中进行选择。他们指出,美国的政治体制及其中的各种国内行为体对美国的外交政策制定起着至关重要的作用。这些行为体包括国会、白宫、利益集团与公众。各种国内行为体通过不同途径和方式,影响政府在国际谈判中的立场和决策,以及他们在履行国际承诺方面的意愿。

具体而言,美国的两院制国会(参议院和众议院)在外交政策制定中扮演着关键角色。国会议员可以对政府提出质疑,对政策进行审查,并通过立法来限制或扩大政府的行动空间。国会还负责批准国际条约和协议,使之具有法律约束力。美国总统在外交政策中具有很大的权力,总统可以直接与其他国家的领导人谈判,任命大使和其他高级外交官,以及发起军事行动。然而,总统的权力受到国会和其他宪法规定的制约,以确保行政权力的平衡。各种利益集团,如商业团体、工会、非政府组织和民间社会团体等,都会通过游说、宣传活动和其他手段向政府施加压力,以推动

符合他们利益的政策。这些集团可能在特定政策问题上产生重大影响，公众对外交政策的态度和看法也对政策制定产生影响。选民的支持和反对可能影响国会议员和总统的政策立场，媒体对政府的报道和舆论导向也可能影响外交政策制定的过程和结果。外交决策者往往会因为国内政治考虑作出次优的政策组合，这是因为国内政治而非外交政策目标驱动着政策工具的选择。①

那么，利益集团如何影响国内政治互动？本文认为，上述四类美国国内政治行为体可以大体分为两类：决策层（国会和白宫）与社会力量（利益集团与公众）。

对于决策层而言，其对国际制度的退出偏好主要取决于胜选（连任）的前景。行政部门和立法部门在就退出与否商讨的过程中，必须谨慎考虑退出是否有帮助其确保胜选（连任）机会的最大化。因此，利益集团影响国内政治可以有两种方法：一种是直接作用于领导决策层；另一种是通过公众影响决策层的态度和决定。在影响决策层的方式上，利益集团通过游说、提供政策建议、资助政治竞选等方式，试图影响国会议员和白宫在特定政策问题上的立场。他们可能与国会议员建立紧密的联系，以确保他们的诉求得到关注和支持。同时，利益集团也会试图影响总统和行政部门的决策，包括对政策制定、规章制定和执法实践的影响。在影响公众舆论的方式上，利益集团通过媒体宣传、广告活动、教育项目等手段向公众传达他们的观点和利益。通过塑造公众舆论，利益集团可以使政策制定者感受到来自选民的压力，从而迫使他们采取符合利益集团诉求的政策。此外，利益集团还可能组织抗议活动和示威游行，以传达他们的诉求并对政策制定产生影响。需要额外说明的是，在各利益集团的竞争中胜出也是至关重要的。在美国政治体系中，不同的利益集团之间经常存在竞争和冲突。对国际制度偏好程度不一的利益集团需要动员资源、建立联盟和利用政治机会，以争取在政策制定中占据有利地位，增强议价能力。成功的利益集团通常具有强大的组织能力、丰富的财务资源和高度专业化的知识，这使得他们在与其他利益集团竞争时具有

---

① Helen Milner and Dustin Tingley，*Sailing the Water's Edge*，*the Domestic Politics of American Foreign Policy*，Princeton University Press，2015，pp.1—10.

优势。

本文无意否认决策层在作出退出决定的领导地位,不过,就决策层所作出的退出还是继续合作的决定而言,他们至少从以下三个方面受到利益集团的影响:(1)决策层是否选择退出的态度受到利益集团的影响;(2)决策层在评估退出或合作带来的成本与收益时受到利益集团的引导;(3)决策层对于如何进行国际组织改革以更好地获得选民支持的观点受到利益集团的塑造。因此,在分析国际组织的参与与退出问题时,需要特别考虑国内利益集团对决策者的影响,以了解其如何建构国际合作的态度和策略。本文无意抗辩利益集团相较于决策者因素的重要性高低,而是把文章重心放在构建一个利益集团如何塑造美国退出谈判议价的作用机制上。

(二)美国退出国际组织的程序

美国退出国际组织受到严格的国际法和国内法程序约束。国际制度包含了国际组织和国际条约,特定的国际条约还可能是某些基于更基本的共识下的总协定的一部分与更为基本的国际条约,国际组织之间还可能是嵌套的关系。比如,作为《核不扩散条约》的缔约国,无论该国家是否是国际原子能机构的成员(无论是否退出了国际原子能机构),都必须继续接受原子能机构的核设施审查。同样地,尽管美国和英国都退出了联合国教科文组织,但他们仍然是教科文组织《世界版权公约》的缔约国。尽管小布什政府拒绝签署《京都议定书》、特朗普政府退出了《巴黎气候协定》,但美国依然是《联合国气候变化框架公约》的缔约国,需要履行公约规定的基本义务。基于此,本文将从退出条款的设计与退出的国内和国际法两个角度展开讨论。

从 20 世纪 80 年代起,为了促进各国对条约遵守的可能性,国际制度设计者注意到国家有拒绝履约的可能,因此考虑设计包括退出的条款。其初衷是要使国际条约长期存在下去,而不因为国家和个人的短期行为对国际体系和条约产生即时的巨大波动。具体而言,国际制度设计者通过对"通知期"(noticing period)和"等待期"(waiting period)的制度设计来确保国家在萌生退出想法后,国际制度仍有充分的时间思考采取应对的方法。劳伦斯·哈尔弗(Laurence Helfer)发现,对通知期和等待期的制度设计有效帮助国际制度得以更稳定地生存,国家的退出决定相对减少。①通知期的设置规定了国家在退出决定生效前必须提前多长时间向国际组织发出声明，最常见的通知期是 6—12 个月，尽管有些条约认可退出的立刻生效，但另一些则规定了长达 2 年的通知期，联合国粮农组织对通知期的规定更是长达 4 年。②在通知期到正式退出的这段时间里，国家仍然需要履行在成员国资格保留期间的义务。一般地，退出国际组织的国家有义务遵守通知期，并确保履行其财务义务。不过，在现实中，国际组织通常缺乏行之有效的实际措施向前成员国追讨拖欠的会费，譬如美国在退出教科文组织前就中止了对教科文组织的会费注资，教科文组织也没有可行的方法对美国进行惩罚。

从 2010 年开始，学者开始关注一国退出国际组织需要满足的国内法律的相关程序和条件。③根据比较宪法项目数据库（Comparative Constitution Project）的统计，190 个有记录的宪法里有 43 个国家存在关于国际组织和条约的退出、退约、终止的相关条款。④在这些国家中，有些立法机构需要批准所有的国际条约，有些宪法明确退出需要议会通过，有些明确条约的批准和废止遵循同一程序。大约十几个国家对关于退约的国内程序进行明确，他们一般都明确行政机关相对于立法机关的权力。剩下的 140 多个国家缺少宪法对退出的相关规定。一些法学家认为，退出应当适用关于批准的规则，即行政和立法部门都需要批准退约的行为。但实践中，关于行政机关的退出决定是否需要得到立法机关的批准是模糊不清的。

具体到美国而言，《美国宪法》第 2 条第 2 款规定，"总统有权缔定条约，但须争取参议院的意见和同意，并须出席的参议员中三分之二的人赞成"。譬如，美国在加入国联的问题上，有总统的大力号召，但缺少参议院的最终许可。又如，小布什政府时期仅签订未批准的《全面禁止核试验条约》和《联合国海洋法公约》，都反映了美国的国内政治决策过程对其参与国

① Laurence R. Helfer, "Exiting Treaties", *Virginia Law Review*, Vol.91, 2005, pp. 1579—1648. United Nations Treaty Section, *Final Clauses of Multilateral Treaties：Handbook*, United Nations Publications, 2003.

② Barbara Koremenos and Allison Nau, "Exit, No Exit", *Duke Journal of Comparative International Law*, Vol.81, 2012, pp.95—100.

③④ Laurence R. Helfer, "Treaty Exit and Intra-Branch Conflict at the Interface of International and Domestic Law", in Curtis A. Bradley（ed）, *Oxford Handbook of Comparative Foreign Relations Law*, Oxford University Press, 2019.

际条约的重要性。但在退约这一问题上,宪法没有言明任何规则。不过,
虽然美国行政部门通常对国家在国际条约的实践负责,但退出的高风险
也往往会受到立法机关(国会)和法院的注意。

通过以上关于利益集团对决策层偏好的塑造路径和美国退出国际制
度的相关国际、国内程序,我们可以大致推断由利益集团推动美国退出国
际组织的作用机制。

(三)作用机制及相关假设

本文提出:在国内政治的社会力量中存在着若干个对国际制度偏好
程度不同的利益集团,这些利益集团相互竞争,并通过直接或间接途径
(例如公众舆论)向决策层施加其利益偏好(见图2)。在特定时机下,决策
层会接受并遵循对国际制度偏好较弱的利益集团的主张,并据此寻求关
于国际组织改革的议价谈判。谈判过程中,决策层通过暂停会费缴纳向
国际组织施加财务压力。此后,美国向国际组织发出退出的通知。结合相
关程序,通知的发出至正式退出一般有两年时间。此后将可能出现两种
情况:在第一种情况下,若国际组织未按美国的要求和主张进行相关政策
调整和改革,则施压失败。这种国际谈判结果反馈至国内,使对国际制度
持弱偏好的利益集团议价能力上升,最终导致美国走向退出之路。在第
二种情况下,若国际组织按照美国的相应要求和主张进行相关政策调整
和改革,则施压成功。这种国际谈判结果反馈至国内,使对国际制度持强
偏好的利益集团议价能力上升,最终使美国中止退出之路。

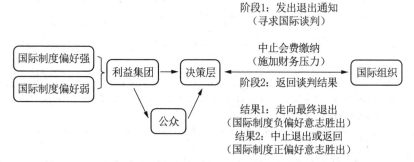

图 2 利益集团对美国退出国际组织议价谈判的作用机制

资料来源:作者自制。

本文提出:(1)利益集团的偏好及其对决策层的影响;(2)国际组织对美国改革诉求的回应程度,共同塑造了美国决策层与国际组织就退出谈判的过程和最终的退出结果。本文的相关理论假设为:

H_1:在保持其他条件不变的情况下,对国际制度持弱偏好且对决策层影响更强的利益集团,会促使决策层作出退出的宣告决定。相反地,对国际制度持弱偏好且对决策层影响更强的利益集团,不会使决策层作出退出的宣告决定。对决策层的影响能力决定了决策层作出退出的宣告决定的可能性大小。

H_2:在保持其他条件不变的情况下,国际组织对美国改革诉求的回应越积极,越会调节对国际制度持强偏好的利益集团的影响力上升,使美国中止和调整退出。相反地,在保持其他条件不变的情况下,国际组织对美国改革诉求的回应越消极,对国际制度持弱偏好的利益集团的影响力越容易上升,使美国继续退出决定。

那么,利益集团究竟如何在现实情境中完成上述对国家决策者就退出国际组织议价谈判所施加的影响?本文第四部分将分别对美国退出国际劳工组织(1977年)和美国退出联合国教科文组织(1984年)这两个案例进行比较分析。两个案例都源于对国际制度持弱偏好的利益集团提出的改革诉求和退出主张,都提到了该组织的"政治化"问题,并且决策层吸纳了这一偏好,进行了相应的议价谈判。不同之处在于,与国际组织的谈判结果有所不同。在国际劳工组织案例中,改革诉求得到了国际组织的响应和执行,因此对国际制度持强偏好的利益集团力量上升,最终停止了美国的退出。而在教科文组织的案例中,相应改革诉求遭到了国际组织的忽视。因此,对国际制度持弱偏好的利益集团力量上升,最终美国坚持了退出决定。

四、比较案例研究:美国在国际劳工组织 与教科文组织的退出议价谈判

(一) 案例选择

时任美国国务卿亨利·基辛格(Henry Kissinger)于 1975 年 11 月 5

日致信国际劳工组织,宣布美国退出该组织决定。按照国际劳工组织"两年通知期"的相关规定,美国的退出需于 1977 年正式生效。在退出的相关讲话中,美国提到,"国际劳工组织将不相关的政治问题引入,目前国际劳工组织的'政治化'是严重的"。①美国认为,因批准苏联的加入,国际劳工组织的三方代表结构受到了侵蚀。在这之后,1983 年 12 月 28 日,时任美国国务卿乔治·舒尔茨(George Shultz)致函时任联合国教科文组织总干事阿马杜·姆鲍(Amadou M'Bow),宣布美国打算退出该组织。该函提到:"美国需要重新审视自己和教科文组织的关系,之后将作出撤销或执行其退出通知的决定。"教科文组织规定"任何国家的退出需要满足一年的通知期"②,该函于 1983 年发出,美国政府在 1984 年 12 月 31 日正式退出了该组织。在退出的相关讲话中,美国多次提到了教科文组织"政治化"的问题。美国认为,教科文组织在完成一些与其使命和任务无关的项目,或者其许多主张的口吻和意识形态是"反西方的"的严重偏见。③

选择一对相似案例比较来验证假设,是因为除了关键解释变量——利益集团如何建构了国家偏好与立场——不明确外,其他条件和变量都比较相似。两个案例的相似之处包括它们都是冷战时期发生的案例,美国声明的退出原因是一致的,议价谈判的过程也较为相似。两个退出案例发生时的国家领导人有民主党和共和党两个党派,控制了党派领导人具体的国际制度偏好导致退出决定的变量,部分排除了竞争性解释。在退出原因上,美国均表达了对该组织"政治化"问题的不满。在议价谈判的过程中,美国均先中断拨款,胁迫国际组织改革,再宣告退出。而在退出结果上,在国际劳工组织的案例中,美国于 1977 年正式退出,但于四年后重返该组织,且其参与至今较为稳定。在教科文组织的案例中,美国缺席该组织时间长达约 20 年,在小布什政府时期宣布回归,而在特朗普政府时期又重新退出该组织。那么,利益集团如何两次影响了美国关于退出国际组织的议价谈判?

---

① Official Text, US Information Service, London, 1977/11/02, p.1.

② 教科文组织章程(Constitution of the UNESCO)。

③ Current Policy, No.634, US Department of State, Bureau of Public Affairs, 1984/08/31.

（二）美国退出国际劳工组织

1. 第一阶段：利益集团与退出主张的形成（1970—1975 年）

1975 年退出决定的宣告并非一次突发的事件。美国和国际劳工组织的紧张关系自 1970 年开始就初见端倪。在 20 世纪 70 年代发生的三个事件被认为是导致基辛格国务卿于 1975 年 11 月发表明确退出宣告的导火索。第一个事件发生在 1970 年，由于国际劳工组织委任一名苏联公民帕维尔·阿斯塔彭科（Pavel Astapenko）担任助理总干事，美国国会随即中止了向国际劳工组织的会费缴纳，用于表达不满和抗议。需要指出的是，作为世界第二大工业强国，苏联已成为国际劳工组织的合法成员 15 年。而缴纳会费数排名世界第二的国家的公民担任 6 个助理总干事职位中的一个，这个当选资格是成立的。但是对当时的美国而言，这种任命昭示着"在国际劳工组织中即将发生的某种共产主义渗透和颠覆，因此美国对此任命报以彻底的拒绝态度"。① 第二个事件发生在 1974 年，国际劳工组织大会通过了一项涉及以色列的相关决议。该决议谴责了以色列对阿拉伯领土的占领及其在该领土上的劳工行为。② 大会随即宣布认定以色列违反国际劳工法，但对有专家委员会出示报告的苏联违反行为驳回了决议申请。这让美国认为，国际劳工组织产生了双重标准的问题，表现在对人权问题的选择性关切上。第三个事件发生在 1975 年 6 月，国际劳工组织大会决定将巴勒斯坦解放组织（PLO）作为观察员代表团引入国际劳工组织，并有权参加工作组和全体会议。巴勒斯坦解放组织的相关决议以 246 票赞成，35 票中立，66 票反对的表决结果被大会接纳。得知结果后，以色列代表团退席，美国和荷兰也相继离开会场。随后挪威、芬兰、联邦德国和澳大利亚的劳工代表也纷纷退席。不过最后，除美国劳工代表外，所有代表团都返回了会场。③

自此，基辛格于 1975 年 11 月向国际劳工之递交退出通知，并提出了关于"政治化"的三点不满：（1）苏联的加入对三方代表制度的破坏和侵蚀；

---

① Robert Cox, "Labor and Hegemony", *International Organization*, Vol.31, No.3, 1977, p.401.

② ILO, Constitution, Annex, Article IV.

③ Lois McHugh, "International Labor Organization and International Labor Issues in the 105th Congress", Report for Congress, Vol.97, No.942, 1998, p.6.

(2)组织对人权问题的选择性关切(以色列);(3)程序正义出现瑕疵。基辛格写道,"我们对国际劳工组织的章程是以成员国内存在相对独立的、合理界定的、自我管理的工人和雇主为前提的,苏联显然不能满足这种要求。我们不能接受国际劳工组织内的工人和雇主团体受政府的支配"。①

1977 年 1 月,作为福特的继任者,吉米·卡特入主白宫,提出了以保护人权和多边主义为基础的外交政策,强调国际组织和多边主义的重要作用。那么,卡特政府为什么会延续上一届政府关于退出国际劳工组织的有关决定? 根据《纽约时报》解密的一份报道显示,卡特总统选择继续遵守退出决定,其中绝大部分原因是因为乔治·米尼(George Meany)与其带领的美国劳工联盟和产业工人联合会(American Federation of Labor and Congress of Industrial Organizations,AFL-CIO,以下简称"劳联—产联")在国内政治中发挥的重大影响作用。卡特总统希望能和米尼组建政治联盟,以卡特继续对国际劳工组织的退出作为交换条件,换取米尼在《巴拿马运河条约》谈判中的积极游说行动。

乔治·米尼的劳联—产联在政治游说中起到了决定性的作用,促使美国作出退出决策。乔治·米尼和美国劳联—产联的领导层倾向于从意识形态的角度看待世界。他们认为,与那些他们认为不允许工会发展的国家的谈判空间很小(譬如苏联)。虽然卡特政府与米尼的意识形态视角不同,但它需要美国劳联—产联的帮助来实现其外交政策目标。②在上任之初,卡特并没有从米尼那里得到多少支持。然而,这位劳工领袖后来为总统的《能源法案》和《巴拿马运河条约》争取到了支持。③可以说,卡特为了维持米尼的支持,妥协了美国在国际劳工组织的成员资格问题。雷·马歇尔(Ray Marshall)领导下的劳工部则完全支持美国劳联—产联的立场。一定程度上是因为,历史上美国政府和相关内阁部门对劳工组织事

———————————

① Letter, Henry A. Kissinger to Director General Francis Blanchard, 11/5/1975, International Labor Organization, 3/16/1977-09/12/1977 CF-OA 8 Box, Landon Butler's Files, JCL.

② Memo, Landon Butler to Zbigniew Brzezinski, 9/20/1977, International Organizations, IT 43, Box 3, JCL.

③ Christopher C. Joyner, "The United States' Withdrawal from the ILO: International Politics in the Labor Arena", *The International Lawyer*, Vol.12, No.4, 1978, p.734.

务的重视程度不高。①劳工部的工作人员很少，只能处理劳工组织的日常事务，国务院也没有一个全职的专业人员负责这项工作。②《华盛顿邮报》曾提道，"美国正在筹备退出国际劳工组织，这是因为劳联—产联主席米尼对该组织的敌对情绪"。《纽约时报》认为，"卡特政府在劳工组织事务上屈服于米尼的意志"。

除劳联—产联外，以美国商会为代表的美国企业界对国际劳工组织也没有展现太多兴趣，因为国际劳工组织的规约可能成为他们利益的掣肘，所以当美国劳联—产联主导退出时，美国商会予以附和。时任美国商会主席理查德·莱舍（Richard Lesher）在给卡特总统的信函中表达了该组织主张退出的理由：(1)退出将强调总统对人权的支持；(2)退出将表明在国际关系中美国并不会放弃自身国家利益的坚定性，这将会使总统赢得大多数美国人的认同；(3)美国方面的这种退出行动将迫使国际劳工组织和其他国家间组织进行工作改革和优化；(4)继续留在劳工组织将是一种政治债务。③

因此，美国劳联—产联与美国商会一起，达成了退出国际劳工组织的利益集团统一战线。他们认为，国际劳工组织的基本构成使其不可能进行重大改革。在当时国际劳工组织的 134 个成员国中，有 24 个是工业发达的民主国家，有 10 个是社会主义国家，有 100 个是第三世界国家。在大多数国际劳工组织的年会上，美国只能争取到 35 个到 40 个国家的支持。④

考虑到以色列在 1974 年大会上受到的决议公开批评，美国犹太人利益集团支持这一退出决定也就不足为奇了。时任美国犹太教理事会（Synagogue Council of America）执行副主席拉比·西格曼（Rabbi Siegman）直言不讳地说，"国际劳工组织就是一个具有强烈反美国和反以色列的

① Memo，Landon Butler to Zbigniew Brzezinski，9/20/1977，International Organizations，IT 43，Box 3，WHCF，JCL.

② Walter Galenson，The International Labor Organization，Mirroring the UN Problems，Heritage Foundation，1982，p.126.

③ Letter，Richard L. Lesher to President Carter，10/3/1977，International Organizations，IT 43，Box 4，WHCF，JCL.

④ Memo，Stuart Eizenstat to President Carter，10/24/1977，International Labor Organization，Box 34，Hamilton Jordan's Files，JCL.

国际组织"。①时任总统国内政策高级顾问斯图尔特·艾森斯塔特（Stuart Eizenstat）也认可劳联—产联、商会、犹太教理事会等利益集团集体一致的观点。在给卡特总统的一份备忘录中，他建议美国退出国际劳工组织，并列举了六条理由：(1)我们的信誉岌岌可危。两年来，我们一直呼吁国际劳工组织进行改革，并以退出作为威胁。但在此期间，我们一再遭到明确的拒绝。(2)尽管国际劳工组织的领导层和我们的盟友都作出了努力配合的承诺，但我们不能对该组织抱有明年会有很大改善的期待。另外，我们的离开可能会给国际劳工组织的成员带来足够的冲击，鼓励他们进行认真的改革。(3)如果我们不退出，美国劳联—产联和商会代表仍旧会坚定退出。这将破坏我们的一个关键主张，即该组织需要恢复其章程中要求的三方代表制。(4)我们可以想办法使我们的退出"软着陆"。我们可以通过列举国际劳工组织的未来潜力，承诺继续致力于帮助其实现原有目标，并承诺当真正的改革发生时，我们就会回归。(5)不用担心退出，它不一定会损害我们在其他多边主义和联合国的努力。(6)由于众议院的领导层支持退出的决定，因此，如果我们的政府不宣布退出，国会可能仍然会中止对该组织的财政、经费支持。这会使我们的处境变得更加尴尬。②

正如艾森斯塔特，乔治·米尼带领的劳联—产联不仅对白宫施加了重要影响，对国会亦是如此。随着劳联—产联的成功游说，国会不仅向国际劳工组织中止提供资金，也阻止了美国政府在 1978 年至 1979 年向该组织提供美国劳工联盟和产业工人联合会的年度捐款。这一决定不仅受到了劳联—产联的欢迎，还受到商会和许多亲以色列人的欢迎。

综上，这些强大的利益集团为卡特总统铺就了所有退出的合理化说辞，并得到了劳工部、商务部等行政部门支持，并将政府推向了一个不得不就范的处境。

2. 第二阶段：国际组织对美国改革诉求的回应与利益集团力量升降

在退出后，美国专门成立了一个联邦咨询委员会，由时任劳工部部长雷·马歇尔挂帅，评估美国退出后的国际劳工组织是否正进行着有效的

---

① Telegram, Rabbi Henry Siegman to President Carter, 11/3/1977, International Organizations, IT 43, Box 4, WHCF, JCL.

② Memo, Stuart Eizenstat to President Carter, 10/24/1977, International Labor Organization, Box 34, Hamilton Jordan's Files, JCL.

改革。马歇尔说:"我们不希望美国的退出受到曲解。此举无意降低我们对国际组织和多边主义的持续承诺。相反,我们非常重视国际组织的重要作用,因此我们清醒地认识到国际劳工组织出现的缺陷。我对国际劳工组织的改革和调整寄予很大希望,我相信不久的将来美国一定会回归国际劳工组织。"①这段话释放的积极信号是非常清晰的。第一,美国需要阐释其外交政策含义:从国际劳工组织退出并不意味着美国从多边主义出现任何更大规模的退出或收缩。第二,退出在美国看来是一种必要性冲击,目的是希望国际劳工组织按照美国期望的方向变革,如果改革成功,那么美国就愿意重新加入该组织。

需要指出的是,由于美国这一关键大国的退出,国际劳工组织的大部分经费没有着落。1977 年 11 月,劳工组织决定将未来两年的预算下调 3660 万美元,相当于之前预算总额的 21.6%。同时,时任国际劳工组织总干事布兰查德还呼吁各国自愿捐款,以弥补可预期的 570 万美元的赤字问题。②

也许是因为经费的问题,国际劳工组织开始对美国指出的"政治化"的问题作出了调整和安排。1978 年的国际劳工组织大会首先作了一些尝试。譬如,一项批评以色列的决议因未达到法定人数的赞成而未获通过。除此以外,专家委员会的报告(内含对苏联的严正谴责)获得了大会的决议。马歇尔注意到了这些发展,并说"美国对一些问题的解决感到高兴,不过美国关心的其他国际劳工组织问题还没有完全解决,需要进一步评估"。③1979 年的大会产生了更多实质性的进展,其中最重要的就是无记名投票规则的通过。④投票的保密性将使非政府代表,特别是来自苏联集

---

① Official Text, "A Statement by US Secretary of Labor Ray Marshall", USIS, London, 2 November 1977.

② Lois McHugh, "International Labor Organization and International Labor Issues in the 105th Congress", Report for Congress, Vol. 97, No.942, 1998, p.5.

③ Mark F. Imber, *The USA, ILO, UNESCO and IAEA*, Palgrave Macmillan, 1989, p.65.

④ 《议事规则》第 19 条规定了无记名投票的条件。《议事规则》第 19 条第 10 款规定了选举会议主席的无记名投票方式;第 19 条第 5 款要求对所有需要三分之二多数票的事项(如预算)进行记录表决;第 19 条第 11 款规定,对于第 5 款未包括的任何问题,如果出席会议的不少于 90 名代表以举手方式提出要求,或由某一集团的主席代表该集团提出要求,也应以无记名投票方式表决;第 19 条第 13 款规定,如果既要求记录表决又要求无记名投票,则应以无记名投票方式决定采用哪种方式。

团的劳工和雇主代表获得他们以前所没有的投票自由。随着无记名投票
的进行,基辛格信函中的第一类"政治化"问题——"三方代表结构"的侵蚀
问题得到了有效的改善。①在第二类"政治化"问题,即"有选择地关注人
权"方面,国际劳工组织也作出了相应调整。劳工组织于 1978 年谴责捷克
斯洛伐克违反劳工组织禁止就业歧视的标准,此外,还着手开始对苏联和
波兰侵犯工会权利的行为进行调查。②基辛格的信中所提到的第三类"政
治化"的问题,即程序正当性的问题,在 1978 年和 1979 年,国际劳工组织
没有再出现对以色列的新增谴责和指控。因此,这一类"政治化"问题也有
所缓和。

由于改革"卓有成效",对国际制度持正面态度的利益集团的声音也
慢慢多了起来。时任汽车工人联合会(United Auto Workers)主席道格拉
斯·弗雷泽(Douglas Fraser)给卡特写信说:"在我看来,我不清楚我们的
目标是否可以通过退出的方式得到推进。事实上,退出将为那些与我们
有强烈分歧的国家提供一条更为轻松的道路,使他们能够继续努力扩大
其影响。"③当时国务院中的重要官员塞勒斯·万斯(Cyrus Vance)、美国
驻联合国大使安德鲁·杨(Andrew Young)和国家安全顾问兹比格涅夫·
布热津斯基(Zbigniew Brzezinski)都赞成继续留在该组织。他们认为,如
果美国离开国际劳工组织,那么卡特政府对人权、南北对话和对联合国承
诺的力量将会被削弱。④随之,媒体的基调也发生了变化。许多有影响力
的报纸,包括《纽约时报》《基督教科学箴言报》《圣路易斯邮报》《洛杉矶时
报》等都呼吁美国留在国际劳工组织⑤,这一公众获得信息的重要来源与
渠道的态度的转变,也预示着对国际制度持强偏好的利益集团的胜利。
很快,国际劳工组织总干事向美国再次发出邀请,并承诺,如果美国重新

---

① Mark F. Imber. *The USA*, *ILO*, *UNESCO and IAEA*, Palgrave Macmillan, 1989, pp.65—66.

② US Department of Labor, US and ILO: A Revitalized Relationship, 1983, p.17.

③ Letter, Douglas Fraser to President Carter, 7/28/1977, International Organizations 1/20/1977—9/30/1977, IT 43, Box 3, WHCF, JCL.

④ Memo, Stuart Eizenstat to President Carter, 10/24/1977, International Labor Organization, Box 34, Hamilton Jordan's Files, JCL.

⑤ Memo, Andrew Sundberg to Landon Butler, 10/20/1977, International Organizations 9/19/1977—12/6/1977, CF OA 8, Box 102, Landon Butler's Files, JCL.

恢复其成员资格，国际劳工组织中的美国雇员将被任命为高级职员。①于是，美国于1980年2月18日重新加入国际劳工组织，停止了其短暂停留于国际劳工组织之外的旅程。

（三）美国退出联合国教科文组织

概括而言，美国退出联合国教科文组织的考虑主要包含两个方面。一方面，随着第三世界国家倡议的"世界信息和通信新秩序"（New World Information and Communication Order，NWICO）提案在教科文组织中获得支持，美国和教科文组织的分歧日益加深。美国和第三世界国家就重新调整国际传播市场的权力分配展开紧张角力。另一方面，美国认为，教科文组织大会中不公平对待以色列的提案数量正在逐渐增加。这些考量是如何成为导致美国最终退出教科文组织的原因的？

1. 第一阶段：利益集团与退出诉求的生成（1974—1983年）

在里根政府向联合国教科文组织提出退出的宣告之前，美国和该组织产生了不小的分歧。最早可追溯到1974年尼克松政府时期。1974年，在教科文组织大会上，发展中国家提出了"世界信息和通信新秩序"的提案，表达对长期以来遭受以美国和西方国家为领导的"文化帝国主义"威胁的不满。②然而，美国并不同意第三世界国家的上述观点，认为"世界信息和通信新秩序"提案本身有苏联驱动的痕迹，第三世界国家对无线电技术话语权分配的讨论威胁了美国在教科文组织中的规则制定权。

不过，时任民主党领导人吉米·卡特（Jimmy Carter）上台后，美国极大地改变了此前尼克松对联合国的系列国际制度的政策偏好，在联合国教科文组织的相关问题上采取了一种更加灵活和包容的态度。他总体上释放了缓和的信号。首先，他改变了此前尼克松时期对教科文组织人事任命重要性的轻视态度。卡特政府向教科文组织派驻了大使级外交官埃斯特班·托雷斯（Esteban Torres）作为常驻代表（1977—1979年），而后由美国知名教育家芭芭拉·纽维尔（Barbara Newell）接替该职位（1979—

---

① Memo, Ray Marshall to President Carter, 12/26/1979, International Organizations 1/1/1979—1/20/1981, IT 43, Box 4, WHCF, JCL.

② Peri, A. Hoffer, "Upheaval in the United Nations System: United States' Withdrawal from UNESCO", *Brooklyn Journal of International Law*, 1986, Vol.12, No.1, p.187.

1981 年);同时,在前教科文组织副总干事约翰·福布斯(John Forbes)任期期满后,将其委派担任教科文组织全国委员会主席①。卡特总统在教科文组织人事任命上均派出了大使级别外交官或资深教育家担任相关职务,这从一个侧面反映出他对多边主义合作的大力支持,以及对教科文组织的重视程度。

不过,随着共和党人罗纳德·里根(Ronald Reagan)入主白宫,美国与教科文组织的关系又重新紧张了起来。上台后不久,里根政府就对美国所参加的 96 个国际组织作了长达 18 个月的评估和审查。②评估结果显示,六个机构被美国认为具有明显的"政治化"问题,即国际原子能机构(IAEA)、国际粮农组织(FAO)、国际劳工组织(ILO)、联合国环境计划署(UNEP)、国际通信联盟(ITU)和联合国教科文组织(UNESCO),联合国教科文组织在整体评估中的排名垫底。③

里根总统还对联合国教科文组织任何可能的反美提案进行财务施压和警告。1982 年,经过国会授权,里根总统颁布了《比尔德修正案》(1982—1983 财政年度《国务院授权法案》第 109 条),根据新法案的规定,如果教科文组织"实施的任何政策或程序,其最终结果是向记者或其出版物颁发许可证,审查或以其他方式限制国家内部或国家之间的信息自由流动,或强制实施教科文组织标准的新闻实践或道德准则",那么美国将不再向该组织拨款。④此外,里根还希望能够加强在教科文组织中的规则制定权和投票权。他希望在第三世界国家成员众多的教科文组织中拥有类似安理会的否决权。"美国应该让教科文组织明白,美国坚决反对某些国家利用教科文组织助长反犹太主义的情绪、进行苏联间谍活动或任何对美国显露敌意的企图。"

那么,利益集团如何在这一过程中影响了退出的相关决策? 在

---

① Lawrence H. Shoup, *The Carter Presidency and Beyond: Power and Politics in the 1980s*, Ramparts Press, 1980, p.123.

② House Comm. On Foreign Affairs, Staff Study Mission Report on US Withdrawal from UNESCO, p.24.

③ On-the-record Briefing by Gregory Newell, Assistant Secretary of State, reprinted by US Department of State, 12/29/1983, p.18.

④ The US Department of State, "US-UNESCO Policy Review", May 2, 1984, pp.15—18.

1968—1984年间,美国对教科文组织不满的开端在尼克松政府时期生成,在卡特政府时期回调,又在里根政府时期将这种不满的情绪直接转化为资金拨款终止和退出宣告,在这个过程中,右翼保守派利益集团高度支持了共和党领导人的相关政策,猛烈批评民主党人的国际主义战略。与此同时,传媒业利益集团利用其资源、组织能力极有力地建构了大众对世界新闻自由组织和教科文组织管理的看法,并且通过和决策层的深入接触,使得决策层在作出退出决定的主张形成阶段、与评估退出带来的成本受益时与这些保守的利益集团的主张始终保持一致。为传统保守派传媒业的代表——传统基金会(Heritage Foundation)在此之中发挥着重要的作用。

作为社会力量的传统基金会,可以通过直接影响决策层(行政、立法机构)的决策,或通过塑造大众认知这一间接途径向行政部门施加压力进行偏好的建构。传统基金会认为,国际关系将出现"严重的紧张""令人震惊的恶化"以及"可能结束美国全球霸权的威胁"等问题和挑战。作为对这些挑战的回应,传统基金会在创始人右翼百万富翁约瑟夫·库尔(Joseph Coors)和理查德·M.斯卡伊夫(Richard M. Scaife)的领导下,投入了丰富的资源用于左右政治决策和影响大众舆论走向。1982年,该基金会的年度预算为1000万美元,拥有90名工作人员,以及一个由450个研究团体和1600名学者和公共政策专家组成的机构网络,这个基金会定期将其研究成果发送至7000名国会议员、政府官员、媒体记者和主要捐赠者手中。由于与《当代研究所》等社会团体有着密切的联系,传统基金会既拥有87家《财富》500强企业的财务支持,也拥有总计约13万名付费会员的基层支持。同时,它也没有忽视大众传播渠道,通过广播媒体推广其理念。这一保守主义传媒业利益集团,强有力地建构了美国的公众认知。1981年,民调显示,61%美国人认为,联合国教科文组织只是对美国生活方式的向外传播。①民众对是否应该投入这么多的美元资金在教科文组织中表示质疑,因为"联合国教科文组织就是联合国中的格林纳达——它脆弱且作用

---

① UNESCO Archives, "Relations between US and the UNESCO 1981—1989", FR PUNES AG 14-2-NAJMAN/1/6.

微小"。①

除了利用研究报告、广播媒体将其保守派理念对民众推广外,作为关键利益集团,它也与政治行为体互动,谋求美国对国际合作的态度向保守趋向转移。

传统基金会频繁与政府内部人员接触,并与时任美国助理国务卿乔治·纽维尔(George Newell)建立密切联系。纽维尔在政府里是主要负责国际组织相关事务的助理国务卿,他的另一个身份是传统基金会的高级研究员。传统基金会的大部分观点和政策建议获得了纽维尔的支持。譬如,传统基金会对外宣传"失败的联合国"理论,这个理论旨在说明联合国已经在从裁军、维和到卫生和人权等所有九个关键领域的功能失效,传统组织声称其秘书处存在从低效到腐败的所有官僚主义缺陷。纽维尔也认为,"美国应该重新评估教科文组织以及某些其他联合国机构的能力和'政治化'问题,使其运作符合其宣称的理想和宗旨。如果'政治化'问题严重,或组织效率低下,那么我们不能让美国通过在该组织内的努力来补救。我们不应排除终止财务支持的选项,甚至退出该机构的可能性"。②作为纽维尔的强大后盾,传统基金会开始了关于联合国的整体评估项目。截至 1986 年年底,该项目产生了 60 份研究报告、15 份备忘录和 7 本《联合国研究》。基于传统基金会庞大的财力资源和发行系统的支持,这些报告和书籍也为纽维尔策划美国后来退出经社理事会的事件提供了一些支持。③

最终,1983 年 12 月 28 日,时任美国国务卿乔治·舒尔茨(George Shultz)致函时任联合国教科文组织总干事阿马杜·姆鲍(Amadou M'Bow),宣布美国的退出决定。按照教科文组织"一年通知期"的相关规定,美国从 1984 年 12 月 31 日起正式退出。1983 年的退出信函提道:"美国需要重新审视自己和教科文组织的关系,之后将作出撤销或执行其退出通知的正式决定。"在 1983 年舒尔茨递交教科文组织的信函中,美国提出了四点对美国与教科文组织关系的担忧:(1)该机构"政治化"问题愈发

① Charles Maynes, "Serving Notice on UNESCO", *Newsweek*, Jan. 9, 1984.

② Confidential Memorandum, Gregory Newell to the Secretary through Mr. Eagleburger, Dec. 13, 1987.

③ Heritage Foundation, United Nations Assessment Project Publications, Jan. 8, 1987.

严重；(2)过度强调国家和集体权利而忽略个人权利；(3)在人事、财务活动
和计划方面管理不善；(4)预算不受限制。①

2. 第二阶段：国际组织对美国诉求的回应与利益集团力量升降

针对美国提出的"政治化"的几点问题，以及中止会费缴纳的行为，时
任教科文组织总干事姆鲍及教科文组织执行委员会对美国提出的改革诉
求也进行了认真回应。针对政治化问题，姆鲍成立了五个工作小组，分别
负责对教科文组织进行"预算技术审查、招聘和人员管理审查、项目评估、
公共信息评估和对项目的批判性分析"。②针对管理质量和预算增长问题，
执行委员会又成立了一个由13人组成的临时委员会，"负责提出改革教科
文组织的措施，审查教科文组织的计划以及行政和预算问题"。国会众议院
外事委员会的报告认为，这是教科文组织改革进程中的一个重要标志。除
了这些努力之外，总干事还配合了美国政府对管理和预算问题的调查，这些
改革一方面提高教科文组织的运作效率，实现预算零增长的承诺，另一方面
也反映了教科文组织试图减少或消除与美国在争议性问题上的分歧。③

然而，这些积极信号却并不能让利益集团中的右翼保守派人士满意。
1984年7月13日，时任美国助理国务卿，同时也是传统基金会的高级研
究员纽维尔，向姆鲍写了一封长信，对教科文组织提出了一系列新的要
求。第一，必须建立一个机制，确保在重大事项上，教科文组织的决定和计
划得到所有地域、集团的支持，必须得到占教科文组织预算主要部分的集
团的支持，从而使成员国在本组织中拥有正确的权力；第二，必须集中精
力实现教科文组织的最初宗旨，放弃那些使我们产生分歧的议题。纽维
尔声称，上述改革建议是美国继续参与教科文组织的最低方案。④然而，美

① Schultz Letter and Director-General M'Bow's Reply, a reprinted version: United States: Withdrawal from UNESCO, International Legal Materials, 1984.

② Bureau of Public Affairs, US Department of State, Current Policy, Aug. 31, 1984, No.634.

③ William Preston, Jr., Edward S. Herman and Herbert I. Schill, *Hope and Folly: The United States And UNESCO, 1945—1985*, University of Minnesota Press, 1989, pp.179—180.

④ US Congress, House Committee on Foreign Affairs, Recent Developments in UNESCO and their Implications for US Policy, Dec. 6, 1984, 98th Congress, 2nd Session, 1984.

国提出这些要求只有一个直接目的——教科文组织需要再次由美国绝对控制，这使姆鲍带领的教科文组织无法答应这一诉求。

由于国际组织无法回应对美国的相关诉求，对国际制度持弱偏好的利益集团继续对决策层产生巨大影响力，使美国延续了退出决定。1984年12月，纽维尔表示，"教科文组织的改革努力和美国的具体要求之间，显然还存在着不可接受的差距"。最终，美国于1984年12月19日正式退出教科文组织。

五、结论及未来研究方向

本文通过理论分析和案例比较，深入探讨了美国退出国际组织的决策过程。研究发现，在国内政治的社会力量中存在若干个对国际制度偏好程度不同的利益集团，这些利益集团相互竞争，并通过直接或间接途径向决策层施加其利益偏好。在特定时机下，决策层会接受并采纳对国际制度偏好较弱的利益集团的主张，并据此与国际组织进行改革的议价谈判。在谈判过程中，决策层通过暂停会费缴纳向国际组织施加财务压力，随后向国际组织发出退出的宣告。本文提出两个核心理论假设：第一，对国际制度持弱偏好且对决策层影响更强的利益集团，会促使决策层作出退出的宣告决定。第二，在保持其他条件不变的情况下，国际组织对美国改革诉求的回应越积极，对国际制度持强偏好的利益集团的影响力越会上升，使美国中止和调整退出。相反地，若国际组织未能很好回应美国的改革诉求，对国际制度持弱偏好的利益集团的影响力将增强与稳固，使美国继续执行退出决定。

本文重点关注了利益集团部门在退出决策的形成和退出的议价谈判过程中对美国国家偏好的建构能力。在国际劳工组织和联合国教科文组织的案例中，本文观察到，具有明确偏好的利益集团通过与政治行为体之间的互动，影响了美国对国际合作的态度。在国际劳工组织的案例中，劳联—产联作为具有较大影响力且持较强的对国际制度弱偏好的利益集团，通过直接途径与政治行为体之间进行互动，推动美国对国际合作的态度朝保守方向发展。随着决策层在国际组织中的议价谈判取得初步成功,对国际制度持弱偏好的利益集团的影响力随之下降,美国调整了其退出决定。在教科文组织的案例中,传统基金会通过直接和间接的两种途径,努力使美国决策层对国际合作的态度向保守趋向转变。由于决策层在与国际组织的议价谈判中未能取得成功,且国际组织未能很好满足美国的改革诉求,因此,对国际制度持弱偏好的利益集团的影响力进一步提升,美国继续执行其退出决定。

相较于现有研究主要关注特朗普政府时期的退出行为,本文将美国退出国际组织的行为放在一个更长的历史时期内分析。本文发现,过去美国退出国际组织的行为主要基于一个"以美国为中心"的国际秩序和其强大的国家实力。然而,随着美国在国际组织中的影响力逐渐减弱,退出行为可能逐渐削弱了美国在国际舞台上的领导地位。这种趋势在特朗普政府时期表现得尤为明显,频繁退出国际机构实质上削弱了美国的霸权地位,并加大了长期以来一直为华盛顿服务的国际秩序体系的改革压力。

当前,美国正经历严重的分化和分裂,经济民族主义正在否定国际组织和反全球化,美国的相对衰落也伴随着这种趋势的发展。在这一背景下,利益集团在美国退出国际组织的决策过程中可能发挥更加关键的作用,因为它们或许追求在国内政治分裂中寻求最大的相对收益,值得持续追踪和考察。未来研究可以进一步关注美国国内政治行为体之间的博弈与合作,以及国际组织如何应对美国的退出行为,以便更好地理解美国在国际组织中的角色和影响。此外,研究也可以重点探讨相对衰落和国内政治分裂对美国退出国际组织决策的影响以及利益集团在这一过程中的关键作用,这将对我们研究和思考美国的国际组织战略带来许多重要启示。

三角关系中行为体的策略分析
——以魏晋南北朝时期为例

孙畅驰[*]

孙畅驰 *

孙畅驰[*]

孙畅驰[*]

孙畅驰 [*]

【内容提要】 中国古代魏晋南北朝时期曾多次出现三国鼎立格局。与当代国际体系下的三角关系不同，它是一种在封闭环境中你死我活的博弈。每个行为体的最终目的是消灭另外两方，统一天下。根据强弱对比的不同，可以将这种三角关系分为三方均衡、一强两弱、一弱两强的三种格局。行为体在不同格局中有不同的最优策略。本文选择了魏晋南北朝时期的魏蜀吴、前秦前燕东晋、陈北周北齐三个案例，以过程追踪的方式验证了假设，总结了行为体在不同三角关系格局中争取利益最大化的策略。

【关键词】 魏晋南北朝，三角关系，行为体策略

【Abstract】 During the Wei, Jin and Northern and Southern Dynasties of China, the Three Kingdoms pattern appeared many times, forming an international pattern of triangular relationship. Unlike the triangular relationship under the contemporary international system, it is a life-and-death game in a closed environment. The ultimate goal of each actor is to eliminate the other two in order to unify China. If one observes triangular relationship with regard to relative strength, there are three types-the strong actor between two weak actors, the relation of approximate equality, and the weak actor between two strong actors. Actors have different strategies in different types. This dissertation then makes process-tracings of three specific cases-Wei-Shu-Wu, Former Qin-Former Yan-Eastern Jin, Chen-Northern Zhou-Northern Qi—to test the five hypotheses, and the results show that these cases support all three hypotheses to a large extent.

【Key Words】 Wei, Jin and Northern and Southern Dynasties, Triangular relationship, Actor strategy

* 孙畅驰，复旦大学国际关系与公共事务学院博士研究生。

　　葛剑雄在《中国历史的启示：统一与分裂》中表示："如果以历史上中国最大的疆域为范围，统一时间为八十一年。如果把基本上恢复前代的疆域、维持中原地区的和平安定作为标准，统一的时间是九百五十年。"按照这样的标准，如果以西周共和(公元前 841 年)至清亡(公元 1911 年)为计算阶段，第一个统一时间仅占百分之三，第二个统一时间也只占百分之三十五。①可以发现中国历史的分裂时间明显长于统一时间。

　　然而，长期以来"从观念层面，这种分裂被顽固地看作只是统一国家衰败时的不正常局面和下一次统一的孕育期"。②针对中国古代的国际关系研究也存在类似的现象，学术界最关注的是汉唐或明清等大一统王朝的朝贡体系。对分裂时期的研究则主要集中于春秋战国和宋辽金两个时期。春秋时期的"国际"体系中周王室是名义上的天下共主，诸侯国之间彼此承认对方的有限主权，所谓的"争霸"只是争夺代替周王室"攘夷"和维护"国际"体系的盟主。春秋时期的这种"有限主权的争霸体系"，自秦汉一统之后再未出现。到了战国时期，特别是中后期，春秋体系已趋崩溃，周王室仅存的权威也丧失殆尽，诸侯国之间开始陷入残酷的兼并战争中。虽然大一统思想随着秦灭六国而传播，但分封思想仍然影响广泛，并在秦朝灭亡后再度兴起，最终经两汉四百余年的历史，大一统思想才逐渐深入人心。战国时期更适合被视为从春秋时期"有限主权的争霸体系"向秦汉大一统体系的过渡时期。至于宋辽金时期形成的是一种类似当代国际体系的"列国体系"。虽然宋辽金的统治者并未放弃大一统理念，但由于现实主义的利益考虑，宋辽之间和宋金之间均视对方为平等国家，双方在外交上互相承认对方的领土主权和皇帝身份，也尊重对方建立的朝贡体系。

　　然而，中国古代的分裂时期并不是仅有上述两个时期。从秦汉体制的崩溃到隋唐体制的形成，魏晋南北朝的分裂历史持续了四百余年，这一时期中国北方分裂破碎严重，特别是东晋十六国时期先后出现了十余个分裂政权。还有五代十国时期，尽管持续时间相对较短，但中国北方政权更迭频繁，南方也出现了分裂破碎化的格局。与春秋战国和宋辽金时期

———————————

①　葛剑雄：《中国历史的启示：统一与分裂》，生活·读书·新知三联书店 1995 年版，第79 页。

②　姚大力：《追寻"我们"的根源：中国历史上的民族与国家意识》，生活·读书·新知三联书店 2018 年版，第 11—12 页。

不同,这两段分裂时期受到秦汉以来的大一统思想的影响,许多分裂的政权往往视其他政权为僭伪,有实力的政权更以追求大一统为战略目标。这种"国际"体系同样值得研究中国古代国际关系的学者重视。本文正试图研究魏晋南北朝时期多次出现的一种被视为"三角关系"的"国际"体系。

一、中国古代分裂时期的三角关系

中国古代最先出现的分裂格局往往是东西对立,而非南北对立。傅斯年在《夷夏东西说》一文中提到:"东汉末以来的中国史,常常分南北,或者是政治的分裂,或者由于北方为外族所统制。但这个现象不能倒安在古代史上。到东汉,长江流域才大发达。到孙吴时,长江流域才有独立的大政治组织。在三代时及三代以前,政治的演进,由部落到帝国,是以河、济、淮流域为地盘的。在这片大地中,地理的形势只有东西之分,并无南北之限。"①

这种东西对立的形成主要是地理因素导致的。"中国地势的第二级阶梯和第三级阶梯之间是一个巨大的隆起带,包括大兴安岭、太行山与吕梁山及其间的山西高原、豫西山地、鄂西—黔东—湘西山地。在古代的交通条件下,这一隆起带与山西高原西侧的黄河天堑配合,在中原的东西部之间形成了一道巨大的山河自然险阻。因此,这一自北而南的地理险阻将帝国的疆域分成东西两大部分"②,形成了"关中"和"关东"两个相对独立的地理单元。历史上两地经常处于对峙状态,如秦与六国、楚汉争霸、西汉时中央政府与关东诸国、两汉之际新朝与绿林赤眉、东汉末年董卓与关东联军、西晋时关中司马颙与关东司马越等。

汉代以来,长江以南的土地获得了进一步开发,逐渐成为一个独立的地理单元,构成了南北对峙的基础。东汉末年的孙吴政权的建立标志着秦朝以后南方开始出现相对统一的政治实体。自此,古代中国形成了相对独

① 傅斯年:《民族与古代中国史》,上海人民出版社 2014 年版,第 1 页。
② 梁万斌:《从长安到洛阳:汉代的关中本位政治地理》,复旦大学 2013 年博士学位论文,第 29 页。

立的三个政治地理单元:关中、关东和南方,这也是三角关系的地理基础。

此外,巴蜀由于其独特的地理环境,往往也会成为一个独立的地理单元。巴蜀土地肥沃,物产丰富,有"天府之国"之称,满足了割据政权的经济需求;而对外交通的艰难,又成为割据政权生存的地理屏障。在这样的背景下,东汉之后出现了魏蜀吴三国鼎立——中国历史上第一次三角关系。曹魏控制关东和关中两个地理单元;蜀汉占据巴蜀;孙吴立足南方。尽管三国时期的鼎立历史家喻户晓,但它并不是典型的三角关系。一是在分裂时期,关中和关东由于地理等因素经常被不同政权占据,实现北方的统一并非易事。二是由于巴蜀相对封闭的地理因素,当地政权往往不关心域外事务,不会对三角关系产生很大的影响。只有蜀汉政权是一个特例。刘备一直以进取中原、复兴汉室为目标。后来诸葛亮、姜维又多次北伐曹魏,对三角关系的"国际"体系影响很大。此后的巴蜀政权,如成汉、谯蜀、前蜀、后蜀、明夏等基本都偏安一隅。例如在 330—347 年,中国也出现了类似的"国际"体系,后赵基本统一北方,成汉占据巴蜀,东晋拥有南方。但成汉很少涉入巴蜀之外的事务,没有对"国际"体系产生多少影响,这段历史就不宜视为三角关系。①

因此,中国古代分裂时期最典型的三角关系由关中、关东和南方三个地理单元组成。魏晋南北朝时期就曾多次出现这种三角关系格局,如前赵后赵东晋、前秦前燕东晋、西魏东魏梁、北周北齐陈等(见图 1)。时人经常讨论这种"三方鼎峙"时局。②唐代杜佑亦在《通典》中也提到"自东西魏之后,天下三分"。③对于这一时期的三角关系,史学界已有许多研究,如万绳楠就从外交关系视角分析了北周北齐陈三国的政治格局。④牟发松认为

----

① 成汉立国以来,力求全控巴蜀,即益、梁、宁三州,除了同东晋在荆州边境偶有战事,基本没有干涉中原事务。后赵皇帝石虎曾致书成汉皇帝李寿,约定一同进攻东晋,共分天下。后在群臣苦谏下作罢。参见(唐)房玄龄等撰:《晋书》卷一百二十一,《李寿载记》,中华书局1974 年版,第 3043—3046 页。

② 参见(宋)司马光撰、(元)胡三省注:《资治通鉴》卷一百一,"晋海西公太和三年"条,中华书局 1956 年版,第 3211 页;(唐)姚思廉撰:《陈书》卷二十一,《孔奂传》,中华书局 1972年版,第 258 页等。

③ (唐)杜佑亦撰:《通典》卷一百七十一,《州郡·序目上》,中华书局 1988 年版,第4467 页。

④ 万绳楠:《从陈、齐、周、三方关系的演变看隋的统一》,《安徽师范大学学报》1985 年第 4 期,第 50—56 页。

"魏晋南北朝时期的天下三分之局也不止于三国时代"。他系统地总结了魏晋南北朝时期具有代表性意义的三次天下三分格局,并特别将北周、北齐和陈的历史称为"后三国",给本文很大的启发。[1]在此基础上,贾小军[2]、邱剑敏[3]等也梳理了古代中国的三角关系历史。但学者在讨论三角关系历史时,除了三国,多数只围绕"后三国"时期[4],对于其他时期的三角关系讨论仍然较少。

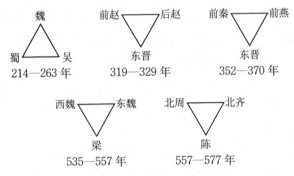

图1 魏晋南北朝时期的三角关系

资料来源:作者自制。

二、三角关系研究综述

提起国际关系中的三角关系,最为经典的莫过于冷战时期的中美苏大三角。尽管第二次世界大战后学术界已经出现许多关于三角关系

---

① 牟发松:《魏晋南北朝的天下三分之局试析》,《历史教学问题》2005 年第 1 期,第 4—9 页。

② 贾小军:《有关魏晋南北朝政治格局中几个问题的探讨》,西北师范大学 2005 年硕士毕业论文,第 90—92 页。

③ 邱剑敏:《中国古代三角斗争探析》,《军事历史研究》2008 年第 1 期,第 103—108 页。

④ 参见王光照:《陈宣帝太建北伐论述》,《安徽史学》2003 年第 6 期,第 17—22 页;洪卫中:《后三国时期外交与政局的变迁》,《许昌学院学报》2009 年第 3 期,第 27—30 页;何森:《论后三国时期的军事格局》,华东师范大学 2011 年硕士学位论文等。

的讨论①,但 1972 年尼克松访华后,中美苏大三角成为热点议题,相关的政策分析如雨后春笋般出现。冷战后又出现了关于中美日、中美印等各类三角关系的分析,并延续至今。②总的来说,国际关系中的三角关系研究仍偏重于时事和政策研究,理论研究相对较少,主要包括以下两个方面。

一是结构性研究。它关注三角关系的结构性特征,包括行为体之间力量对比和互动关系等。尼古拉斯·斯皮克曼(Nicholas Spykman)认为"区域性位置的另一个重要方面是国家间实力的相对强弱",将三角关系的结构分为"一强两弱""实力均衡"和"一弱两强"三种基本类型。③在此基础上,西奥多·卡普洛(Theodore Caplow)又将这种强弱关系细化为八种类型,基本涵盖了三角关系中行为体力量对比的各种情况。④而洛厄尔·迪特默(Lowell Dittmer)则另辟蹊径,研究行为体之间的互动关系,提出了经典的战略三角模型。他认为根据三角关系中,行为体之间互动关系是和睦或敌对,可以将三角关系分为三类:(1)三人共处式(Menage a trois),即三方和睦相处;(2)浪漫三角式(Romantic triangle),即一方分别与其他两方保持和睦关系,但这两方却相互敌对;(3)稳定婚姻式(Stable marriage),即两方保持和睦关系,却都敌视第三方。⑤如果说卡普洛的模

---

① 关于历史研究,参见 Akira Iriye, *Across the Pacific: An Inner History of American—East Asian Relations*, Harcount, Brace & World, 1967; Cordon Craig and Felix Gilbert et al., *The Diplomats, 1919—1939*, Princeton University Press, 1963 等。

② 相关研究参见 Thomas L. Wilborn, *International politics in Northeast Asia the China-Japan-United States strategic triangle*, Strategic Studies Institute, U.S. Army War College, 1996; John W. Garver, *The China-India-U.S. triangle: strategic relations in the post-Cold War era*, National Bureau of Asian Research, 2002;时殷弘:《中美日"三角关系":历史回顾·实例比较·概念》,《世界经济与政治》2000 年第 1 期,第 49—51 页;任晓、胡泳浩:《中美日三边关系》,浙江人民出版社 2002 年版;曹德军:《中美印不对称三角关系的"信任—权力"分析》,《国际展望》2015 年第 5 期,第 128—145 页等。

③ Nicholas J. Spykman, "Geography and Foreign Policy, II," *The American Political Science Review*, Vol.32, No.2, 1938, pp.213—236.

④ Theodore Caplow, "A Theory of Coalitions in the Triad," *American Sociological Review*, Vol.21, No.4, 1956, pp.489—493; Theodore Caplow, "Further Development of a Theory of Coalitions in the Triad," *American Journal of Sociology*, Vol.64, No.5, 1959, pp.488—493.

⑤ Lowell Dittmer, "The Strategic Triangle: An Elementary Game—Theoretical Analysis," *World Politics*, Vol.33, No.4, 1981, pp.485—515.

型确定了三角关系中三个"点"的大小,那么迪特默的模型则确定了三条"边"的状态。此后相关研究也多立足于这两个模型,在此基础上进行案例分析。①

二是过程性研究。它关注三角关系的动态变化。在三角关系中,行为体的力量对比和互动关系是不断变化的。这种研究多在案例分析中出现,以过程追踪的方法,总结三角关系的变化过程,但理论研究则相对较少。例如马丁·怀特(Martin Wight)将三角关系视为一个不断变化的结盟和谈判过程。这个过程就像一场决斗,最终需要通过战争结束。因此,他将三角关系的过程比喻为体育比赛并分为四类:(1)决赛式(end-game),一方先后将击败另两方;(2)半决赛式(semi-final),两方联合击败第三方;(3)首轮式(first round),三方在战斗中精疲力竭,最终都被域外者击败;(4)预赛式(preliminary round),两方建立起紧密联盟,却最终无法击败第三方。②这四类过程已经基本包含了国际政治中各种三角关系的结局,无论是开放式或是封闭式三角关系。

现有的三角关系理论多数都着眼于体系层次,关注体系的结构和过程,对行为体本身的研究较少。少数如兰德尔·施韦勒(Randall Schweller)按行为体的力量强弱和是否为修正主义国家区分了不同情境,并在此基础上总结了行为体的决策方式。③然而,三角关系的变化正是由每个行为体的行为策略共同决定的。本文研究的就是三角关系中行为体策略,即如何让自身的利益最大化。此外,虽然很多关于中美苏、中美日等三角关系的研究都会涉及行为体的具体外交政策,但多不属于理论研究。这也是本文的价值所在。

马丁·怀特说:"在一个封闭的体系中,三角关系可以被最好地识别和观察。"④这是因为封闭式三角关系不需要考虑可能进入体系并改变结构的域外行为体,有利于控制其他因素,只聚焦于内部的三个行为体。但

---

① 如:Min Chen, *The Strategic Triangle and Regional Conflicts: Lessons from the Indochina Wars*, Lynne Rienner Publishers, 1992.

② Martin Wight, *Systems of States*, Leicester University Press, 1977, p.179.

③ Randall L. Schweller, "Tripolarity and the Second World War", *International Studies Quarterly*, Vol.37, No.1, 1993, pp.73—103.

④ Martin Wight, *Systems of States*, Leicester University Press, 1977, p.175.

当代国际体系中的三角关系属于全球化背景下的开放格局,并不存在严格意义上的封闭式三角关系。即使我们在讨论经典的中美苏大三角时,也经常需要考虑如欧洲、日本等域外行为体的影响。这些域外行为体虽然未必能改变三角关系的走向,但具有不可忽视的政治、经济影响力。事实上,在当代开放的国际体系中讨论三角关系,本身就是一种抽象简化的思考过程,与现实环境明显有一定的出入,而中国古代相对封闭的分裂历史就为研究三角关系提供了极好的研究视角。特别是魏晋南北朝时期,数百年间政权的频繁更迭,为本文提供了丰富的案例材料;多次出现的三角关系时空背景相似,既符合封闭式零和博弈的定义,又便于控制其他变量。与当代国际体系的三角关系相比,魏晋南北朝时期的三角关系有两个明显不同的特征。

第一,三角关系的封闭性。在全球体系形成之前,虽然域外政权偶尔也会对各个分裂政权产生一定的影响,但多数情况下不会参与华夏正统的争夺,也很难决定三角关系的最终走向。因此,在这个封闭的结构中基本不需要考虑其他域外行为体的影响,可以聚焦内部三个行为体的互动。

第二,三角关系只有一个胜利者。自秦朝以来,分裂时期各政权往往以大一统为目标。即使一些政权选择保守的偏安政策,也经常不承认其他政权的正统。这意味着三角关系只是一种短暂的共存状态。每一方的终极目标不是建立霸权,而是彻底吞并另外两方,即马丁·怀特所说的"决赛式"过程。这就为观察三角关系的动态变化提供了完整的时空材料。

总的来说,魏晋南北朝时期的三角关系类似于在一个封闭的空间中,存在三个相互敌对的行为体。每个行为体的目标都是彻底消灭另外两方,成为唯一的赢家。这种博弈的过程很适合简化为模型来分析行为体的策略。

三、三角关系中行为体的行动策略

本文的理论部分讨论的是三角关系中行为体的行动策略。本文的研究问题是:中国古代分裂时期的三角关系中,行为体选择哪种策略可以争取利益最大化? 具体来说,就是每个行为体如何吞并另外两方,最终实现大一统。在深入分析之前,首先要说明几个前提。

第一,三角关系中的行为体之间本质上是互相敌对的。每一方的最终目标都是吞并另两方,实现大一统。虽然行为体之间可能短暂出现结盟,但最终还是敌对关系。

第二,三角关系是一种零和博弈。一旦有一方被另一方吞并,后者就可以继承前者的土地、人口和物资等遗产,成为两极关系中的强者,而第三方在古代中国封闭环境下很难在域外获得其他资源弥补。最终结果必然是$1+1>1$,形成强对弱的格局(除非第三方原本就有绝对优势)。因此,每个行为体都会追求吞并一方,成为下一场两极关系中的强者。本文讨论的也正是三角关系被打破前的情境,即从三角关系变成两极关系这个过程中行为体的行动策略。

第三,三角关系中的各方都应积极参与三角互动。如上条所述,倘若一方始终采取中立战略,坐视其他两方对抗,最终必然会出现一方被吞并的局面,从而形成更强大的行为体。此时中立方只能以弱对强,使自己陷入极为不利的境地。消极中立战略是不可取的,这就是所谓的"王业不偏安"。因此行为体在三角关系中必须避免采取消极中立战略。

第四,在三角关系中,一方应尽可能避免同时与另两方对抗,陷入被动局面。但有时候可能难以避免,例如一强两弱格局中,强势方可能会面临两个弱势方结盟的情况。三角关系中的行为体应尽可能采取结盟或者中立战略,避免同时对另两方采取敌对战略。

第五,尽管本文讨论的是三角关系中行为体如何成为下一场两极关系中的强者。但是这并不意味着强者一定会战胜弱者。一个国家战略的成败受到多个变量的影响,国家之间的力量对比只是其中之一。"理解一个战略行动的失败,不能简单地认定'战略本身失败了',对不同阶段的判断也是至关重要的。"①因此,本文只分析在理想状态下,行为体如何争取到有利的力量对比局面。至于其他因素导致目标最终未能实现则不在本文讨论范围之内。

在由 A、B、C 组成的三角关系中,以 A 为例,它的策略选择有三种:

---

① 左希迎、唐世平:《理解战略行为:一个初步的分析框架》,《中国社会科学》2012 年第11 期,第189 页。

与 B 结盟、与 C 结盟和中立。中立策略应避免消极中立,可以先观望 B 和 C 的对抗,再根据对抗的形势,选择与优势方或劣势方结盟(见图 2)。

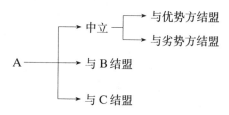

图 2　三角关系中行为体的策略选择

资料来源:作者自制。

接着,根据行为体的力量对比的不同,可以将三角关系分为三种基本类型:三方均衡、一强两弱和一弱两强。不同类型的关系中各方的行动策略也有所不同。

（一）三方均衡

三方均衡意味着在三角关系中,A、B、C 的实力相对接近,A 的选择存在多种结果(见图 3)。

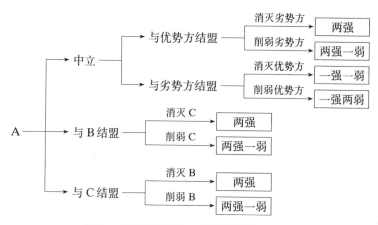

图 3　三方均衡格局中行为体的策略选择

资料来源:作者自制。

策略 1: A 选择中立,先观望 B 和 C 的对抗。当 B 或 C 有一方取得决定性优势时:(1)A 选择与优势方结盟,将会对劣势方产生决定性优势。若劣势方被彻底消灭,其资源将被 A 和优势方瓜分,最终形成 A 与优势方的两强格局;若劣势方没有被消灭,也将处于绝对劣势,三方均衡将变为两强一弱格局。(2)A 选择与劣势方结盟,能消灭优势方,将形成一强一弱格局;若优势方未能被消灭,也会被削弱,从而达到同时削弱 B 和 C 的目的,形成一强两弱格局。

策略 2:A 选择与 B 结盟,A、B 将对 C 形成绝对的优势。结果有两种:C 被彻底消灭,形成两强格局;即使 A、B 未能彻底消灭 C,也将削弱 C 的实力,形成两强一弱格局。

策略 3:A 选择与 C 结盟,结果与策略 2 相同,同样会出现两强或两强一弱这两种格局。

对比各种策略结果,最优解显然是一强一弱,A 在两极关系中将有明显优势;其次是一强两弱,A 是强势方;两强或两强一弱都不是最理想结果。可见,在三方均衡格局中,A 选择暂时中立,再与另两方对抗后的劣势方结盟,这对 A 来说收益最大。

假设 1:在三方均衡格局中,行为体的最优策略是中立,先观望其他两方对抗的结果,再与劣势方结盟。

（二）一强两弱

一强两弱意味着三角关系中,A 的实力有明显的优势,即 A 强 B、C 弱。与第一种情况不同的是,在这种情况下,B 和 C 结盟的可能性明显增加,A 很可能面临同时与两方敌对的风险。因此,对于 A 来说,首先就要尽可能可能避免 B、C 结盟。其后,由于 A 的力量优势,选择的结果都比较理想,容错率高(见图 4)。

策略 1：A 选择中立,先观望 B 和 C 的对抗结果。当 B 或 C 有一方取得决定性优势时:(1)A 选择与优势方结盟,则劣势方会被彻底消灭。由于 A 原本就有优势,因此当 A 和优势方共同瓜分劣势方资源后,最终 A 的实力仍会更强,形成一强一弱格局;即使劣势方未被彻底消灭,A 也仍是一强两弱中的强势方。(2)A 选择与劣势方结盟,结果同理,仍会出现一强一弱或一强两弱格局,但是消灭优势方的可能性要小一些。

策略 2：A 选择与 B 结盟,A、B 将对 C 形成绝对的优势。结果有两种:C 被彻底消灭,形成 A 强 B 弱的格局;A、B 未能彻底消灭 C,C 的实

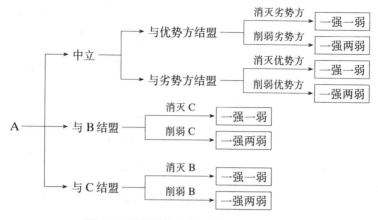

图 4　一强两弱格局中强势方的策略选择

资料来源：作者自制。

力被削弱,继续保持一强两弱格局。

策略 3:当 A 选择与 C 结盟时,结果与策略 2 相同,同样会出现一强一弱或一强两弱格局。

可见,A 作为一强两弱中的强势方,需要尽可能避免 B、C 结盟,除此之外,无论选择哪种策略,结果都会是一强一弱或继续保持一强两弱,基本不会处于劣势。因此,对于 A 来说,关键是在做出策略选择前,判断消灭对手的可能性有多大,争取一强一弱的最优解。相反,B、C 作为三角关系中的弱势方,处境相对被动,选择空间也较小(见图 5)。

策略 1:B 选择中立,观望 A 和 C 的对抗。由于 A 对 C 有明显优势:
(1)B 选择与优势方 A 结盟并消灭劣势方 C,则双方共同瓜分 C 的资源后,B 的实力仍会明显弱于 A,形成一弱一强格局;即使未能彻底消灭 C,A 仍然是强势方,则保持两弱一强格局。(2)B 选择与劣势方 C 结盟,若能消灭 A 就会形成两强格局;若削弱 A 则会出现三方均衡格局。

策略 2:B 选择与 A 结盟,A、B 将对 C 形成绝对的优势。结果有两种:C 被彻底消灭,形成一弱一强的格局;即使 A、B 未能彻底消灭 C,将削弱 C 的实力,保持两弱一强格局。

策略 3:B 选择与 C 结盟,两个弱势方一起对抗强势方,若能消灭 A 就会形成两强格局;若能削弱 A 则会出现三方均衡格局。

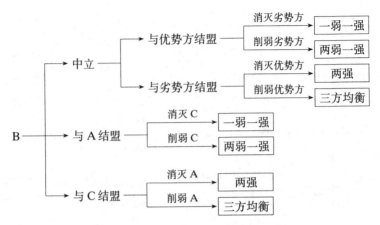

图 5　一强两弱格局中弱势方的策略选择

资料来源:作者自制。

可见,B、C 作为弱势方,最优选择是互相结盟,争取消灭优势方取得两强格局或取得三方均衡格局。最差选择则是与强势方结盟,因为另一个弱势方被消灭后,必然出现以弱对强的被动局面。

假设 2:在一强两弱格局中,强势方的最优策略是尽可能消灭任何一方,以优势地位进入两极关系。

假设 3:在一强两弱格局中,两个弱势方的最优策略都是与另一方结盟。

(三)一弱两强

一弱两强意味着三角关系中,C 的实力相比 A、B 两方处于绝对劣势。此时 C 的处境极为被动(见图 6)。

策略 1:C 选择中立,观望 A 和 B 的对抗。当 B 和 A 中的某一方取得决定性优势时:(1)C 选择与优势方结盟,将会对劣势方将产生优势,劣势方被彻底消灭,其资源被瓜分,最终 C 与优势方形成一弱一强格局;若劣势方未被消灭,它和 C 将都处于弱势,形成两弱一强格局。(2)C 选择与劣势方结盟,若能消灭优势方,将形成两强格局;若未能消灭,至少可以共同削弱优势方,达到同时削弱 B、A 的目标,最终形成三方均衡格局。

策略 2:C 选择与 A 结盟,A、C 将对 B 形成绝对的优势。结果有两种:B 被彻底消灭,形成一弱一强的格局;即使 A、C 未能彻底消灭 B,将进

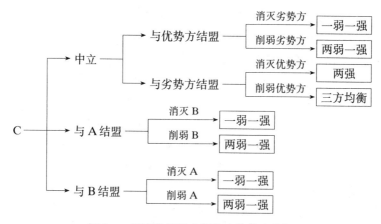

图 6 一弱两强格局中弱势方的策略选择

资料来源:作者自制。

一步削弱 B 的实力,维持两弱一强格局。

策略 3:C 选择与 B 结盟,结果与策略 2 相同,同样会出现一弱一强或两弱一强格局。

可见,C 作为一弱两强中的唯一的弱势方,策略选择的结果多数不利,无论是一弱一强还是两弱一强格局,C 始终是弱势一方。最优选择应该是先保持中立,再与劣势方结盟。而 A、B 作为强势方,本身处于比较有利地位(见图 7)。

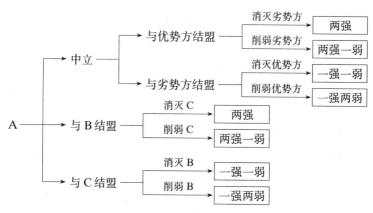

图 7 一弱两强格局中强势方的策略选择

资料来源:作者自制。

策略1：A选择中立,观望B和C的对抗。由于B对C有明显优势:(1)A选择与优势方B结盟并消灭劣势方C,则双方共同瓜分C的资源后,会形成两强格局;即使未彻底消灭C,A和B仍然是强势方,保持两强一弱格局。(2)A选择与劣势方C结盟,若能消灭B就会形成一强一弱格局;若仅削弱B,A也将对B和C同时保持优势,形成一强两弱格局。

策略2：A选择与B结盟,A、B将对C形成绝对的优势。结果有两种:C被彻底消灭,形成两强格局;即使A、B未能彻底消灭C,将削弱C的实力,仍保持两强一弱格局。

策略3：A选择与C结盟,若能消灭B就会形成一强一弱格局;若削弱B,A也将对B和C保持优势,形成一强两弱格局。

可见,A、B作为一弱两强中的强势方,策略选择的结果多数都会让自身处于优势地位,但最优选择是与弱势方结盟。

假设4：在一弱两强格局中,弱势方的最优策略是中立,先观望其他两方对抗的结果,再与劣势方结盟。

假设5：在一弱两强格局中,强势方的最优策略是与弱势方结盟。

四、案例分析

提出理论假设后,本文针对三种格局选择案例进行验证。案例包括魏晋南北朝时期的魏蜀吴、前秦前燕东晋、陈北周北齐三个时期,分别对应一强两弱、三方均衡和一弱两强格局。

（一）一强两弱:魏蜀吴

三国历史广义上始于黄巾之乱,狭义上从曹丕代汉建魏开始。本文讨论的魏蜀吴三角关系,以214年刘备夺取益州,三角关系形成开始,到263年钟会、邓艾灭蜀汉,三角关系被打破,这一局面持续了约50年。

1. 魏蜀吴三角关系的特点

魏蜀吴是一强两弱的三角关系。第一,三国中魏国实力明显超过吴蜀两国。从疆域方面来看,以夷陵之战前为例,汉末十三州中,曹魏占有司、豫、兖、徐、青、凉、并、冀、幽和荆州部分;蜀汉占有益州;孙吴占有扬、交和荆州部分。曹魏在整体实力上远胜于吴蜀。这一点也可参考时人的评价:"中国十有其八。吴、蜀各保一州,阻山依水,有急相救。"①从经济方面来看,古代人口为经济的极重要的因素,当时南方人口比北方要少得多②,明显是北强南弱,曹魏在经济上也远胜于吴蜀。魏蜀吴三国是一强两弱格局。第二,魏蜀吴三国统治者各自称帝,都有统一天下的目标。曹魏方面,自曹丕称帝以来,一直以吞并吴蜀、统一天下为己任,即"伐不从命以一天下""灭二贼"。③蜀汉方面,诸葛亮在隆中规划:先"跨有荆、益",待"天下有变,则命一上将将荆州之军以向宛、洛,将军身率益州之众出于秦川",最终"则霸业可成,汉室可兴矣"。④孙吴尽管长期偏安江东,但仍可参考鲁肃对孙权的建议:先"鼎足江东,以观天下之衅",接着"剿除黄祖,进伐刘表,竟长江所极据而有之",最终"建号帝王,以图天下,此高帝之业也"。⑤第三,虽然魏蜀吴周边尚有鲜卑、羌胡等政权,但没有对三角关系的走向产生决定性影响。本案例将选择夷陵之战这个时间点,以强势方曹魏为主视角,分析其策略选择,验证理论假设。

2. 魏蜀吴三角关系:以夷陵之战为例

221年,刘备为报荆州之仇,亲率四万大军伐吴。蜀汉军队沿长江出巫峡后,先后占领巫县、秭归,于翌年二月推进到夷陵,便舍弃船只,在此连营七百余里,与吴军对峙。吴蜀开战对于曹魏来说是一个战略机遇。三角关系中两个弱势方陷入战争,强势方的选择就显得非常重要。此时吴蜀对魏均有示好之意。早在刘备听闻曹操去世时,就曾派韩冉奉书吊丧。这正是刘备在向曹丕作政治试探。⑥孙权也在刘备出兵后,派人向曹魏称藩,并将曹魏降将于禁等送回。

① (晋)陈寿撰、(宋)裴松之注:《三国志》卷十四,《刘晔传》裴松之注,中华书局1971年版,第447页。

② 陈寅恪:《魏晋南北朝演讲录》,贵州人民出版社2012年版,第192页。

③ (晋)陈寿撰、(宋)裴松之注:《三国志》卷十,《贾诩传》,中华书局1971年版,第331页;(晋)陈寿撰、(宋)裴松之注:《三国志》卷十四,《刘晔传》,中华书局1971年版,第446页。

④ (晋)陈寿撰、(宋)裴松之注:《三国志》卷三十五,《诸葛亮传》,中华书局1971年版,第913页。

⑤ (晋)陈寿撰、(宋)裴松之注:《三国志》卷五十四,《鲁肃传》,中华书局1971年版,第1268页。

⑥ 田余庆:《秦汉魏晋史探微》,中华书局2015年版,第258—259页。

魏文帝曹丕首先拒绝了刘备的示好。因刘曹仇隙既久且深,更厌恶刘备因求好。①接着,曹魏君臣针对时局进行讨论,商议下一步策略。如模型所示,曹魏可以选择与蜀汉或东吴结盟,也可以先中立,待局势明朗再行动。三种策略均在这次讨论中出现。

首先是刘晔的方案,他说:"今天下三分,中国十有其八。吴、蜀各保一州,阻山依水,有急相救,此小国之利也。今还自相攻,天亡之也。宜大兴师,径渡江袭其内。蜀攻其外,我袭其内,吴之亡不出旬月矣。吴亡则蜀孤。若割吴半,蜀固不能久存,况蜀得其外,我得其内乎!"②

刘晔认为,魏蜀吴是一强两弱格局。吴蜀作为弱者,凭借地理优势和同盟战略才得以与魏抗衡。如今两个弱者发生战争,同盟破裂,对于曹魏来说,这是一次战略机遇。曹魏应该立刻配合蜀汉一起进攻孙吴。那么孙吴很快就会在两国夹攻下灭亡。由于魏的实力原本就强于吴蜀,因此,灭吴后魏实力仍会强于蜀(见图8)。更何况曹魏占领的是孙吴疆域的核心部分(扬州),而蜀汉只能夺取外延部分(荆州部分)。在一强两弱格局中,当两个弱势方交战时,强势方 A 选择与一方结盟,争取消灭另一个弱势方,最终取得一强一弱的结果,此时 A 的收益最大。刘晔的方案符合模型的推演。

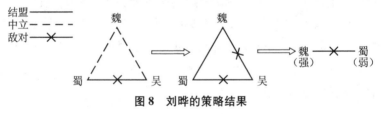

图8 刘晔的策略结果

资料来源:作者自制。

接着,魏文帝曹丕提出了相反的方案:"人称臣降而伐之,疑天下欲来者心,必以为惧,其殆不可!孤何不且受吴降,而袭蜀之后乎?"③

曹丕出于政治角度考量,认为孙权称臣,曹魏却趁机讨伐,会让天下

---

① 田余庆:《秦汉魏晋史探微》,中华书局 2015 年版,第 258—259 页。
②③ (晋)陈寿撰、(宋)裴松之注:《三国志》卷十四,《刘晔传》裴松之之注,中华书局 1971 年版,第 447 页。

疑虑。于是他提出了第二种方案，结盟孙吴，进攻蜀汉（见图9）。曹丕方案的预期结果看似和刘晔没有区别。因为一强两弱格局中，强势方A选择与B或C结盟，策略结果是类似的。但关键是采取哪一种策略消灭对手的可能性更高。因此，刘晔提出反对意见："蜀远吴近，又闻中国伐之，便还军，不能止也。今备已怒，故兴兵击吴，闻我伐吴，知吴必亡，必喜而进与我争割吴地，必不改计抑怒救吴，必然之势也。"①

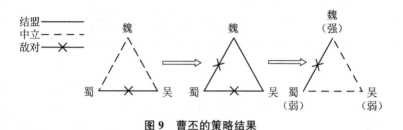

图9　曹丕的策略结果

资料来源：作者自制。

根据假设，一强两弱格局中，两个弱势方选择结盟的收益最大。因此双方结盟的意愿也自然很高。因此，当强势方A选择与B结盟并试图消灭C时，如果C向B表示妥协。B很可能愿意与C缓和关系，导致C不会被彻底消灭，最终结果仍然是一强两弱。这并不是A所期望的结果。事实上，这种情况确实出现过。215年，刘备夺取益州后，孙权要求刘备让出荆州。双方矛盾激化，一度在荆州对峙。但刘备听到曹操进攻汉中的消息后，立刻与孙权妥协，同意双方平分荆州疆域，并恢复同盟关系，共同进攻曹操。

然而夷陵之战前，由于荆州被袭，蜀汉对孙吴仇恨极高。曹魏选择支援蜀汉或孙吴的结果看起来类似，实际却非常不同。如果曹魏进攻蜀汉，行军路途远，刘备听到消息，会立刻与孙权达成妥协并撤军。但如果曹魏进攻孙吴，此时刘备对孙权袭取荆州的行为非常愤怒，肯定不会接受孙权的妥协请求，反而会配合曹魏一同进攻。结果必然是魏蜀两国一起消灭吴，取得一强一弱的结果。所以，相比曹丕，刘晔选择与蜀汉结盟，消灭孙

---

① （晋）陈寿撰、（宋）裴松之注：《三国志》卷十四，《刘晔传》裴松之之注，中华书局1971年版，第447页。

吴的可能性很大,对曹魏最有利。

此时王朗提出了第三种方案,"天子之军,重于华、岱,诚宜坐曜天威,不动若山。假使权亲与蜀贼相持,搏战旷日,智均力敌,兵不速决,当须军兴以成其势者,然后宜选持重之将,承寇贼之要,相时而后动,择地而后行,一举更无余事。今权之师未动,则助吴之军无为先征。且雨水方盛,非行军动众之时"。①

王朗的观点是曹魏的第三种选择:先保持中立,等吴蜀战争胜负已分,再考虑出兵。根据模型,此时强势方 A 无论与优势方或劣势方结盟,都可能形成一强一弱或一强两弱格局(见图 10)。但先保持中立,再与优势方结盟,消灭第三方的可能性比较大。

最终,曹丕选择了王朗的方案,接受了孙权的求和,并封其为吴王。但没有实际出兵支援孙吴,而是选择观望吴蜀战争的结果。

此时,吴蜀双方已在夷陵的山地之间对峙六个多月。到了六月末,东吴大都督陆逊趁盛夏炎热和蜀军士气低落之际发起火攻,连破蜀军四十多营。刘备率余部登马鞍山,列兵防守。吴军四面围攻,激战一天一夜,蜀军彻底崩溃,刘备率轻骑突围而走,最终撤回白帝城。②夷陵之战后,孙吴已经取得决定性优势。蜀汉军队"舟船器械,水步军资,一时略尽。尸骸漂流,塞江而下"。③

蜀军大败后,曹魏终于开始采取行动。曹丕的策略是进攻刚刚获胜的孙吴。222 年,曹丕命征东大将军曹休等出洞口,大将军曹仁出濡须,上军大将军曹真等围南郡,魏军兵分三路,大举攻吴。④

如模型所示,当 B 和 C 的战争出现决定性结果时,如果 A 选择进攻优势方,那么消灭优势方的可能性必然较低。因为此时优势方士气正盛,同时劣势方也已经损失惨重,对 A 的支援必然有限。

---

① (晋)陈寿撰、(宋)裴松之注:《三国志》卷十三,《王朗传》,中华书局 1971 年版,第 411 页。

② (宋)司马光撰、(元)胡三省注:《资治通鉴》卷六十九,"魏文帝黄初三年"条,中华书局 1956 年版,第 2203 页。

③ (晋)陈寿撰、(宋)裴松之注:《三国志》卷五十八,《陆逊传》,中华书局 1971 年版,第 1347 页。

④ (宋)司马光撰、(元)胡三省注:《资治通鉴》卷六十九,"魏文帝黄初三年"条,中华书局 1956 年版,第 2207—2208 页。

果然,当刘备闻魏军大出,寄书给陆逊:"贼今已在江陵,吾将复东,将军谓其能然不?"刘备显然不甘心夷陵之战的失败,仍有进取之意。而陆逊回答说:"但恐军新破,创痍未复,始求通亲,且当自补,未暇穷兵耳。若不惟算,欲复以倾覆之余,远送以来者,无所逃命。"①蜀汉已经无力再出兵配合曹魏进攻孙吴了。最终曹魏的进攻未能成功。223 年,曹仁部攻濡须口失败,曹真部围攻江陵无法攻下,又逢疾病流行,只能撤军。曹魏的军事行动未能获得理想的结果。此后吴蜀再度结盟,三角关系最终仍维持战前一强两弱格局。

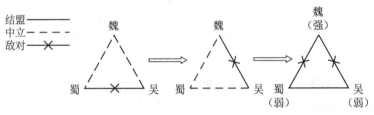

图 10　王朗的策略结果

资料来源:作者自制。

总之,夷陵之战前,曹魏选择了先保持中立,等吴蜀战争出现决定性结果后,再进攻优势方孙吴。这个方案错误地估计了消灭优势方的可能性。相反,曹魏如果采取刘晔配合蜀汉进攻孙吴的方案,或者在夷陵之战后进攻惨败的蜀汉,则更有可能消灭一方并争取一强一弱的有利格局。这正是一强两弱中强势方的策略核心。而对于弱势方吴蜀来说,结盟无疑是最有利的策略。夷陵之战前,孙刘互相配合,曾多次挫败曹操的进攻。但由于孙权袭取荆州,吴蜀联盟破裂甚至引发战争,两个弱势方都陷入极为危急的局面而曹魏在这个关键节点未能选择正确的策略。夷陵之战后,吴蜀两国再度结盟,重新选择了符合弱势方利益的策略。

(二)三方均衡:前秦前燕东晋

公元 280 年,晋武帝出兵灭吴,结束了三国鼎立的格局,但统一如昙花

---

①　(晋)陈寿撰、(宋)裴松之注:《三国志》卷五十八,《陆逊传》裴松之注,中华书局 1971年版,第 1348 页。

一现。此后,西晋的统治阶级内部矛盾激化,发生了持续 16 年的八王之乱,终在永嘉之乱中灭亡。司马睿与世家大族等衣冠南渡,退居南方,并于 318 年称帝,史称东晋。

而北方自 330 年以来,基本被后赵统一,与东晋形成南北对峙局面。349 年,后赵皇帝石虎病死,诸子争立,互相残杀,北方大乱。原后赵大将军冉闵夺取政权建立冉魏,但仍与后赵残余势力混战不止。此时,辽东的鲜卑族慕容氏趁机进兵中原,于 352 年灭冉魏,夺取关东大部。同年,慕容儁在邺城称帝,国号燕,史称前燕。另一方面,氐族苻氏也趁北方大乱而占据关中。352 年苻健在长安称帝,国号秦,史称前秦。

关中的前秦、关东的前燕和南方的东晋又一次形成了三角关系。从 352 年苻健和慕容儁先后称帝,到 370 年前秦灭前燕,三角关系被打破,这一局面持续了近 18 年。

1. 前秦前燕东晋三角关系的特点

前秦前燕东晋是三方均衡的三角关系。第一,不同于魏蜀吴,前秦前燕东晋三国的实力是相对均衡的。前秦以关中为核心,又有陇右、河套;前燕占有关东大部以及辽东;东晋则以南方的荆州、扬州为核心,巴蜀、江淮为辅。在当时北强南弱的大背景下,三方势力接近。时人也用"今三方鼎峙,各有吞并之心"[1]"三方岳峙"[2]描述这一格局。第二,三个政权的统治者各自称帝,自认正统。各方目标均是吞并另外两方,实现大一统。时人评论:"邻国相并,有自来矣。况今并称大号,理无俱存。"[3]第三,三国周边还有北方的柔然、西北的前凉等政权存在,但在这一时期,均未对三角关系产生较大影响。本案例将以前秦为主视角,选择 369 年东晋桓温北伐为关键节点,分析其策略选择,验证理论假设。

2. 前秦前燕东晋三角关系

三角关系初期,各方都在瓜分后赵和冉魏政权崩溃后留下的政治遗产,除了 354 年东晋桓温北伐前秦外,彼此冲突不多,主要是争夺原后赵和冉魏将领控制的土地。这些将领在降燕、降晋、降秦之间摇摆不定,意图保

---

① (宋)司马光撰、(元)胡三省注:《资治通鉴》卷一百一,"晋海西公太和三年"条,中华书局 1956 年版,第 3211 页。

② (唐)房玄龄等撰:《晋书》卷一百十,《慕容儁载记》,中华书局 1974 年版,第 2836 页。

③ (唐)房玄龄等撰:《晋书》卷一百十一,《慕容暐载记》,中华书局 1974 年版,第 2854 页。

持中立,导致多次战争。①这是三角关系初步形成阶段,各方的对外战略均不明确。

358 年,前燕太宰慕容恪率军渡过黄河,略地东晋,三角关系进入燕晋对抗时期。双方在黄河与淮河之间的地区,特别是围绕豫州许昌和司州洛阳两大重镇进行了激烈对抗。这一阶段,东晋基本处于守势。到 366 年,前燕已基本占领了东晋在黄淮之间的司州、豫州全境和兖州大部。②但东晋仍然多次挫败前燕的攻势,前燕也没有威胁到东晋的核心区域荆扬两州。整体来说,双方实力仍然接近。在此期间,前秦一方面采取中立策略,没有涉入燕晋战争。另一方面密切关注局势变化,而不是消极中立。例如,当 365 年洛阳等地被前燕攻取后,关中大震,前秦皇帝苻坚曾亲自屯兵陕城,防备前燕。③

367 年,随着前燕在政治和军事方面的核心人物——太宰慕容恪的去世,前燕对东晋的长期攻势暂告停止。此后,由于皇帝慕容暐、辅政的慕容评在政事上昏庸无能,"政以贿成,官费才举"。经济上也因为庇荫制度过度发展,导致"国之户口,少于私家""民户殚尽、委输无人"。④前燕开始陷入衰败。

面对这一战略机遇,东晋立刻做出反应。369 年,东晋大司马桓温再次发起北伐,目标直指前燕的都城邺城。四月,桓温率步骑五万从姑孰出发,进抵山东金乡。接着他派人凿巨野三百里,引汶水会于清水。打通水路后,桓温采取水陆并进战略。他一方面派军队从陆路进攻,先后在黄墟、林渚击败前燕军队;另一方面亲率水军从清水进入黄河,逆流而上,舳舻数百里,进至枋头。⑤而枋头离邺城只有二百里,形势对前燕非常不利。前

① 牟发松、毋有江、魏骏杰:《中国行政通史:十六国北朝卷》,复旦大学出版社 2017 年版,第 196 页。
② 同上书,第 196—199 页。
③ (宋)司马光撰、(元)胡三省注:《资治通鉴》卷一百一,"晋哀帝兴宁三年"条,中华书局 1956 年版,第 3199 页。
④ 王仲荦:《魏晋南北朝史》,上海人民出版社 2008 年版,第 243—244 页。
⑤ 参见(宋)司马光撰、(元)胡三省注:《资治通鉴》卷一百二,"晋海西公太和四年"条,中华书局 1956 年版,第 3214—3215 页;台湾三军大学:《中国历代战争史(第 5 册)》,中信出版社 2013 年版,附图 5-194;(宋)司马光撰、(元)胡三省注:《资治通鉴》卷一百二,"晋海西公太和四年"条,中华书局 1956 年版,第 3214—3215 页。

燕君臣非常惶恐,一面向前秦求救并许诺割让土地;一面准备向辽东逃跑。

此时,前燕与东晋的战争正处于关键节点。东晋已经取得决定性优势,很可能吞并前燕,三角关系即将被打破。前秦的策略就显得非常关键。前秦君臣也对此多次讨论。多数大臣都反对出兵支援前燕:"昔桓温伐我,至灞上,燕不我救。今温伐燕,我何救焉!且燕不称藩于我,我何为救之!"①

正如前文所分析的,由于魏晋南北朝时期的政权往往只承认有一个正统,三角关系中的各方本质上互为敌对关系,不存在道义上的援助义务。而且各方最终目的都是吞并另外两方,统一天下。前秦的大臣从道义和现实出发,自然都不愿意援助前燕(见图 11)。

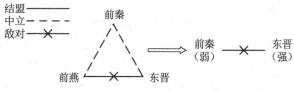

图 11 前秦多数大臣的策略结果

资料来源:作者自制。

此时王猛却提出不同意见。他认为:"燕虽强大,慕容评非温敌也。若温举山东,进屯洛邑,收幽、冀之兵,引并、豫之粟,观兵崤、渑,则陛下大事去矣。今不如与燕合兵以退温;温退,燕亦病矣,然后我承其弊而取之,不亦善乎!"②

王猛的观点恰好是对三方均衡格局的合理分析。虽然三方一度实力相当,但此时,前燕已经明显弱于东晋。如果东晋灭亡前燕,获得其土地、人口等资源,天下三分东晋占其二。前秦将处于绝对劣势,被吞并也就在所难免。这正是上文所述三角关系中的"1 + 1>1",前秦必须避免出现这一局面。因此,前秦应该先与前燕结盟,联合击败东晋,等东晋和前燕两败俱伤,再趁机吞并前燕。可见,王猛的策略是当另两方的战争出现决定性结果时,自己选择与劣势方结盟,争取削弱或消灭优势方,从而争取一强

---

①② (宋)司马光撰、(元)胡三省注:《资治通鉴》卷一百二,"晋海西公太和四年"条,中华书局 1956 年版,第 3216 页。

两弱或一强一弱的局面。根据模型来看,这无疑是最优的选择(见图12)。

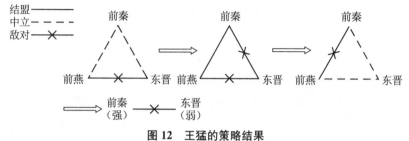

图12 王猛的策略结果

资料来源:作者自制。

　　最终,前秦皇帝苻坚听从了王猛的建议,派步骑二万救前燕。此时,由于冬天的北方缺水,水路不通,新的粮道也未能打通。桓温在枋头孤军深入,粮草不足,又听说前秦军队前来救援的消息,只能烧毁船只,丢弃辎重,从陆路撤退。前燕南讨大都督慕容垂认为晋军刚刚撤退,警惕性必然很高,因此亲率八千骑兵悄悄尾随在后。直到晋军撤至襄邑,士气松懈之时,燕军从两路突然出击,晋军大败,损失三万多人。此后,秦军又在谯郡发起截击,晋军死者复以万计。在前燕前秦联合下,东晋的军事行动彻底失败。①

　　桓温北伐失败后,东晋元气大伤,前燕也已经衰败,前秦成功实现了一强两弱的格局,成为强势方。按照王猛的策略,前秦下一步应该吞并前燕。恰好此时前燕皇帝慕容暐连续犯下战略性失误:先是排挤击败桓温的功臣慕容垂,迫使其投靠前秦;后又反悔承诺割让给前秦的领土。前秦趁机出兵进攻前燕。369年,王猛率秦军在一个月内连续攻下前燕洛阳、荥阳两大重镇。第二年,王猛再率秦军主力北上并州,占领壶关、晋阳,又在潞川大败前燕主力,兵临邺城。前燕皇帝慕容暐在逃亡中被擒,前燕正式灭亡。②

　　面对又一个关键节点,东晋却未能有任何动作。主要是因为桓温北

　　① (宋)司马光撰、(元)胡三省注:《资治通鉴》卷一百二,"晋海西公太和四年"条,中华书局1956年版,第3217—3218页。

　　② (宋)司马光撰、(元)胡三省注:《资治通鉴》卷一百二,"晋海西公太和四年"条,中华书局1956年版,第3226—3227页;(宋)司马光撰、(元)胡三省注:《资治通鉴》卷一百二,"晋海西公太和五年"条,中华书局1956年版,第3229—3237页。

伐刚刚惨败,东晋已经无力再战。此外,桓温借助北伐的过程逐渐控制了东晋朝廷,正有篡位之心,无暇顾及外部局势。加上桓温将北伐失败的责任归咎于豫州刺史袁真,导致袁真在前线叛乱。[①]最终,内忧外患的东晋只能看着前秦吞并前燕。

前秦顺利吞并前燕后,在下一场的两极关系中,秦强晋弱的格局已经一目了然。果然,前秦先在 373 年攻下东晋巴蜀之地,又在 379 年夺取荆州襄阳、徐州彭城等重镇。到了 383 年淝水之战前,东晋已经面临立国以来最危急的局面。

总的来说,在三角关系中,前秦首先选择了中立策略,观望前燕东晋相攻。待东晋取得决定性优势时,前秦再与劣势方前燕结盟,共同击败东晋,取得了一强两弱的优势局面。最终,前秦顺利灭亡前燕,成为下一场两极关系的强势方,实现了利益最大化。当然,正如上文所说,国家战略的成败不仅取决于强弱对比。优势极大的前秦在淝水之战中败于东晋,最终因为内部民族与文化问题而分崩离析。[②]这就不属于本文讨论的范围了。

(三)一弱两强:陈北周北齐

420 年,刘裕代晋建宋,史称刘宋。429 年,北魏统一北方,先后与南朝的宋、齐、梁形成南北对峙的局面。然而,随着北魏在 534 年分裂为西魏和东魏,南北对峙又转变为西魏东魏梁三方鼎立,是为"后三国"时代的开始。[③]

550 年,高洋迫使东魏孝静帝禅位,自己登基称帝,改国号为齐,史称北齐。557 年,宇文护逼西魏恭帝禅位后,扶持宇文觉登基称帝,改国号为周,史称北周。同年,陈霸先也逼梁敬帝禅位,自己登基称帝,改国号为陈。东魏、西魏、萧梁先后被北齐、北周和陈所代替,新的三角关系出现。从 557 年宇文觉和陈霸先称帝,到 577 年北周灭北齐,三角关系被打破,这一局面持续了约 20 年。

1. 陈北周北齐的三角关系的特点

陈、北周与北齐是一弱两强的三角关系。第一,陈的国力明显弱于北

---

① 田余庆:《东晋门阀政治》,北京大学出版社 2014 年版,第 173—175 页。

② 陈寅恪:《魏晋南北朝演讲录》,贵州人民出版社 2012 年版,第 196—197 页。

③ 牟发松:《魏晋南北朝的天下三分之局试析》,《历史教学问题》2005 年第 1 期,第 4—9 页。

周和北齐。萧梁发生侯景之乱后,北方的西魏、北齐趁机占领了萧梁的大批领土。这导致此后继承萧梁疆域的陈,西失巴蜀、中失江汉、东失江北,只能"西守三峡,北防江岸,土地之小,最于南朝"。[①]相反,北周相比前秦,除了据有关陇、河套,还占有巴蜀、江汉。北齐相比前燕,除关东以外,还拥有整个江北之地,与陈划长江而治。因此,陈北周北齐是一弱两强格局。第二,三方统治者均以自己为唯一正统。三国之间虽然有过外交联系,但终极目标依然是吞并另两方,一统天下。第三,尽管三国周边还有突厥、契丹、吐谷浑等政权,但它们并没有对三角关系的走向产生决定性影响。这个案例将以陈作为主视角,选择573年吴明彻北伐为关键节点,分析其策略选择,验证理论假设。

2. 陈北周北齐三角关系

陈立国之时,号令不出都城建康千里之外,最大的威胁是占领湘州和郢州王琳势力。因此,这一阶段陈主要在稳定自己的统治,先后与北周、北齐的干涉军队交战。560年,陈军先在芜湖击败王琳和北齐的联军,后又在湘州迫使北周军队撤退。陈在江南的统治基本稳定下来。

此后,北周与北齐开始了长期的战争。8年间,北周先后对北齐发起了三次大规模进攻。这一阶段北周对北齐的进攻都未能成功,对各自疆域影响并不大。在这段时期,作为弱者的陈,除了曾出兵讨伐北周扶持的傀儡政权后梁外,对周齐之间的战争一直采取中立策略。

在多次进攻北齐失败后,北周武帝宇文邕试图采取"联陈攻齐"的战略。572年,他派遣使者前往陈,希望双方可以结盟伐齐,共分天下。陈宣帝也有意改善自身在三角关系中的不利地位。他接见了北周使者,试图让北周归还南方失地——江汉地区,再结盟出兵。但北周使者表示拒绝,并建议双方共同瓜分北齐的领土。[②]最终,陈宣帝与北周达成协议,计划共同进攻北齐。573年,陈宣帝正式派遣吴明彻统兵十万伐齐。

陈作为弱者,最终选择了在两强战争没有出现决定性结果时,与一个强势方结盟的战略。从模型来看,这个选择有两种可能,若消灭北齐,结果

---

① 顾颉刚、史念海:《中国疆域沿革史》,商务印书馆2004年版,第118页。
② (宋)司马光撰、(元)胡三省注:《资治通鉴》卷一百七十一,"陈宣帝太建四年"条,中华书局1956年版,第5311页。

是陈弱周强的格局。若未能消灭北齐,则会形成齐、陈弱周强的格局(见图 13)。前者会导致三角关系被打破,最终陈以弱对强,非常不利。后者则会让北周成为三角关系中唯一的强势方。这两个结果对弱势方来说都不是很理想。

图 13　陈宣帝的策略结果

资料来源:作者自制。

陈军北上渡江后,吴明彻亲率军队攻秦郡,又派黄法氍攻历阳、任忠攻东关。三路大军进展顺利,黄法氍部先后攻下大岘、合州。吴明彻部则在石梁大败齐军,又攻下仁州,进抵寿阳。此后,陈军与北齐援军在寿阳大战,最终攻取寿阳。到了 575 年,吴明彻部进抵彭城,陈夺取了淮河以南的领土,并停止了北伐。[①]

当陈和北齐之间开始大规模战争时,长期与北齐交战的北周却没有了动静。北周仍然和北齐保持外交联系,双方关系甚至有所缓和。这是因为,北周与陈结盟,并非真要共分天下,只是权宜之计。北周一直在观望两国交战,希望同时削弱双方的力量。果然,北齐丢失淮南,疆域北缩,国势大衰。陈也因为"频年北伐,内外虚竭,将士劳敝"。[②]

当双方两败俱伤之时,北周开始了对北齐的军事行动。575 年,北周武帝兵分六路进攻河南,他亲率大军攻下河阴,但未能攻下洛阳,最终撤军。[③]576 年,北周武帝再度伐齐。这次他改变主攻河南的方针,改为从山

---

①　参见(宋)司马光撰、(元)胡三省注:《资治通鉴》卷一百七十一,"陈宣帝太建五年"条,中华书局 1956 年版,第 5316—5332 页;(宋)司马光撰、(元)胡三省注:《资治通鉴》卷一百七十一,"陈宣帝太建六年"条,中华书局 1956 年版,第 5337 页;台湾三军大学:《中国历代战争史(第 6 册)》,中信出版社 2013 年版,附图 6-254。

②　(唐)魏征等撰:《隋书》卷二十二,《五行志上》,中华书局 1973 年版,第 627 页。

③　(宋)司马光撰、(元)胡三省注:《资治通鉴》卷一百七十二,"陈宣帝太建七年"条,中华书局 1956 年版,第 5345—5346 页。

西进军。周军先攻平阳,在平阳城下击败齐军主力,北齐后主高纬逃回晋阳。周军又一路攻取高壁、介休和晋阳。577 年,周军攻陷北齐都城邺城,后俘获北齐君臣,北齐灭亡。[1]在北周灭北齐的过程中,陈由于之前北伐损耗过大,未能继续瓜分北齐的领土。

在陈和北周的联合进攻下,北齐终于灭亡,一弱两强的三角关系被打破。北齐的领土中,陈夺得淮南之地,北周则夺取了核心的关东地区。加上北周实力本就强于陈,下一场两极关系变成了陈弱周强格局,对陈非常不利。

果然,陈在北周灭北齐后,试图与北周争夺淮北之地。577 年,陈宣帝命吴明彻继续北伐。陈军猛攻彭城不下,后路又被周军截断,只能退兵。吴明彻率军掘开河坝,乘水势往南撤军。然而,当陈军退到清口时,水势逐渐变小,又被周军设置的障碍物堵塞,船只无法渡过。此时周军主力追上,陈军彻底溃散,吴明彻及三万余人都被俘,器械辎重也全部丢失。[2]陈因此国力大损。此后,北周开始向陈占领的淮南发起进攻,到第二年,尽占淮南、江北之地。吴明彻北伐的战果全部丢失,陈再度退守长江,已经摇摇欲坠。[3]581 年,杨坚废帝自立,改周为隋。588 年,陈被隋所灭。最终北周(隋)终结了这段三角关系,实现了大一统。

总之,陈作为三角关系中唯一的弱势方,面对北周北齐发生战争时,贸然与北周结盟。尽管陈与北周联合灭亡北齐,扩张了领土,接着却面临一弱一强的不利局面,最终被北周吞并。这个案例从反面说明了一弱两强格局中,弱势方的最优策略是中立,观望两个强势方对抗的结果,再与其中的劣势方结盟。而北周作为强势方,选择与弱势方陈结盟,先后吞并两国,成为三角关系中的最终胜利者。这也符合一弱两强格局中强势方

---

[1] 参见(宋)司马光撰、(元)胡三省注:《资治通鉴》卷一百七十二,"陈宣帝太建八年"条,中华书局 1956 年版,第 5353—5367 页;(宋)司马光撰、(元)胡三省注:《资治通鉴》卷一百七十三,"陈宣帝太建九年"条,中华书局 1956 年版,第 5368—5372 页。台湾三军大学:《中国历代战争史(第 6 册)》,中信出版社 2013 年版,附图 6-255、6-256。

[2] (宋)司马光撰、(元)胡三省注:《资治通鉴》卷一百七十三,"陈宣帝太建九年"条,中华书局 1956 年版,第 5380—5381 页;(宋)司马光撰、(元)胡三省注:《资治通鉴》卷一百七十三,"陈宣帝太建十年"条,中华书局 1956 年版,第 5384—5385 页;(宋)司马光撰、(元)胡三省注:《资治通鉴》卷一百七十三,"陈宣帝太建十一年"条,中华书局 1956 年版,第 5402 页。

[3] 王仲荦:《魏晋南北朝史》,上海人民出版社 2008 年版,第 435 页。

的策略选择。

五、结　　论

近年来,针对中国古代史的国际关系研究愈加丰富,无论是历史研究还是案例分析,多数集中于两大领域:春秋战国时期的列国体系和汉唐元明清等大一统王朝的朝贡体系。但针对春秋战国之外的分裂时期研究仍然不多。这些自秦以降分裂时期的"国际"体系,相比春秋战国,在体系结构和行为体逻辑等方面差别很大。因此,本文选择了魏晋南北朝作为研究视角,探讨了中国古代分裂时期三角关系中行为体的策略选择。

这是一种从三方到两方,最终只剩一个胜利者的演变过程,也是封闭的、你死我活的零和博弈。行为体之间互相敌对,本质上都是消极关系。但为了在博弈中获得利益最大化,行为体可以根据局势变化,选择敌对、结盟、中立三种策略。

第一,三方均衡格局下,行为体适合采取中立策略,待其他两方的战争出现决定性结果后,再与劣势方结盟,以达到同时削弱双方的目的,此时收益最大。在三方均衡格局中,各方实力相对接近,形成一种相对稳定的局面,削弱其他两方是每个行为体的核心考量。即使两个行为体选择结盟策略消灭了第三方,也会进入两强对抗格局,无法做到收益最大化。

第二,一强两弱格局下,两个弱势方应该尽可能选择结盟策略,共同对抗强势方。即使弱势方之间出现矛盾甚至冲突,在强势方的压力下,也可能会转为缓和。而强势方由于本身就更有优势,可选择的策略较多,核心是尽快消灭某个弱势方。这就需要主动选择结盟策略,尽可能分化两个弱势方。因此,三方都会倾向于采取结盟策略。

第三,一弱两强格局下,弱势方处境最为不利,若直接选择结盟战略,与一个强势方合作,即使顺利吞并第三方,也会导致自身成为下一场两极关系中的弱势方,处境更加不利。而弱势方若选择中立战略,则可以先观望强势方的对抗,以达到同时削弱强势方的目标。反过来说,强势方的最优策略是主动与弱势方结盟。

综上所述,三角关系中的行为体在策略选择时需要关注两个要素:力量对比和对方意图。首先,行为体应观察三角关系的力量结构。强弱的不同,决定了策略选择的不同。三角关系的初始结构决定了行为体的策略。其次,行为体选择策略时,还要考虑另两方的意图。选择与一方结盟共同进攻第三方时,需要判断另两方妥协并破坏自身联盟的意图;选择中立时,需要判断另两方是否有彻底消灭一方的意图。最后,三角关系始终是一个动态的过程,行为体应随时留意局势变化,选择合理的策略,争取自身利益最大化。

图书在版编目(CIP)数据

区域国别研究 ：新视野与新方法 / 张楚楚，贺嘉洁
主编.-- 上海 ：上海人民出版社，2024. --（复旦国
际关系评论). -- ISBN 978-7-208-19056-6

Ⅰ. D81

中国国家版本馆 CIP 数据核字第 2024G6C190 号

责任编辑　　冯　静　宋子莹
封面设计　　夏　芳
特约编辑　　赵荔红

复旦国际关系评论　第 33 辑
区域国别研究:新视野与新方法
张楚楚　贺嘉洁 主编

出　　版　上海人民出版社
　　　　　（201101　上海市闵行区号景路 159 弄 C 座）
发　　行　上海人民出版社发行中心
印　　刷　江阴市机关印刷服务有限公司
开　　本　635×965　1/16
印　　张　25.5
插　　页　4
字　　数　390,000
版　　次　2024 年 9 月第 1 版
印　　次　2024 年 9 月第 1 次印刷
ISBN 978 - 7 - 208 - 19056 - 6/D・4371
定　　价　116.00 元